Susann Kluge, Udo Kelle (Hrsg.)
Methodeninnovation in der Lebenslaufforschung

Statuspassagen und Lebenslauf

Herausgegeben von Walter R. Heinz
Band 4

Susann Kluge, Udo Kelle (Hrsg.)

Methodeninnovation in der Lebenslaufforschung

Integration qualitativer und
quantitativer Verfahren
in der Lebenslauf- und Biographieforschung

Juventa Verlag Weinheim und München 2001

Die Drucklegung dieses Werkes wurde von der Deutschen Forschungsgemeinschaft gefördert.

Die Deutsche Bibliothek - CIP-Einheitsaufnahme

Ein Titeldatensatz für diese Publikation ist bei
Der Deutschen Bibliothek erhältlich.

Das Werk einschließlich aller seiner Teile ist urheberrechtlich geschützt. Jede Verwertung außerhalb der engen Grenzen des Urheberrechtsgesetzes ist ohne Zustimmung des Verlags unzulässig und strafbar. Das gilt insbesondere für Vervielfältigungen, Übersetzungen, Mikroverfilmungen und die Einspeicherung und Verarbeitung in elektronischen Systemen.

© 2001 Juventa Verlag Weinheim und München
Umschlaggestaltung: Atelier Warminski, 63654 Büdingen
Umschlagabbildung: Oskar Kokoschka, Bildnis Etlinger, ca. 1912, © VG Bild-Kunst, Bonn 2001
Printed in Germany

ISBN 3-7799-1085-3

Vorwort des Herausgebers

Es gibt wenige Gebiete in den Sozialwissenschaften, die die Folgen des sozialen Wandels am Übergang in das 21. Jahrhundert besser dokumentieren als die Lebenslaufforschung. Sie vertieft und erweitert zugleich die Kenntnisse über das Zusammenspiel institutioneller und individueller Dynamiken über den Lebenslauf hinweg und erhellt Modernisierungsprozesse auf dem Weg in die industrialisierte Dienstleistungsgesellschaft. Der Lebenslauf ist eine zentrale Institution der sozialen Integration und bildet einen Kontext, in dem auch Spannungen zwischen Individuum und Gesellschaft entstehen. Planung, Gestaltung und Bilanzierung von Biographien werden durch das Lebenslaufkonzept der Gesellschaft zeitlich und sozial gerahmt. Die Individuen sind dabei mit Anforderungen und Risiken konfrontiert, die durch institutionelle Arrangements und individuelle Handlungsstrategien bearbeitet werden müssen. Individuelle Lebensläufe folgen nicht mehr festen Bahnen, sondern bestehen aus flexiblen und selbstverantwortlichen biographischen Arrangements, die durch sozial strukturierte, ungleiche Lebenschancen gefördert bzw. beschränkt werden.

Der 1988 an der Universität Bremen gegründete DFG-Sonderforschungsbereich (Sfb 186) „Statuspassagen und Risikolagen im Lebensverlauf" hat in diesem Forschungsfeld wissenschaftliches Neuland betreten. Im Zentrum seiner Studien stehen Übergangsdynamiken und Statussequenzen im Lebenslauf am Schnittpunkt institutioneller Regulierungsmechanismen und individueller Handlungsstrategien. In einer auf das Verhältnis von Institutionen, als Strukturgeber des Lebenslaufs, und individuellen Akteuren bezogenen Forschungsperspektive haben die Projekte des Sonderforschungsbereichs Veränderungen in der gesellschaftlichen Organisation von Lebensverläufen und die individuelle Koordination von Lebensbereichen und biographischen Übergängen empirisch ausgelotet und erforscht.

Im Unterschied zur demographischen Konzeption wird im Sonderforschungsbereich der Lebenslauf weder als Altersgraduierung noch als Lebenszyklus betrachtet, sondern als Sequenz von Statuskonfigurationen, bezogen auf die Teilhabe von Individuen an sozialen Institutionen - vor allem an Bildung, Arbeit und Beruf, Familie und Sozialstaat. Dieser institutionelle Ansatz grenzt sich einerseits von biographieanalytischen Ansätzen ab, nimmt andererseits bei der Analyse der Interaktion zwischen Individuum und Institution die individuellen Akteure ernst: Wie bewerkstelligen sie ihre Biographie entlang prekärer Übergänge, wie gelingt ihnen das Management von Interaktionen mit Institutionen im Rahmen von sozialen Strukturen, der durch Wohlfahrtsstaat, Bildungs- und Berufssystem sowie das Geschlechterverhältnis vorgegeben ist? Individuen durchlaufen gleichsam im biographischen Nacheinander und teilweise simultan eine Vielzahl institutioneller Felder, die insbesondere in Deutschland für die Regulierung von Lebensläufen zuständig sind: Bildung und Ausbildung, Familie, Arbeitsmarkt, Beruf und Betrieb und sozialstaatliche Instanzen. Auf der Grundlage der auf Institutionen und Übergänge ausgerichteten Längsschnittforschung, die an übergreifenden Strukturzusammenhängen von Wohlfahrtsstaat, Geschlechterverhältnis und berufsstrukturiertem Arbeitsmarkt ansetzt, werden die Konturen des spezifisch deutschen Lebenslaufregimes deutlich: An Übergängen im Lebenslauf werden biographische Weichenstellungen sichtbar, die auf das Zusammenspiel - in Form von Koordination und Konflikt - zwischen institutioneller Steuerung und individuellen Handlungsstrategien zurückgeführt werden können.

In den jetzt vorgelegten vier Abschlussbänden des Sonderforschungsbereichs werden Ergebnisse zusammengeführt, die in ihrer Gesamtschau Einblick in die zeitliche Dynamik des Lebenslaufs bieten, die aus dem Zusammenwirken institutioneller Programme, normativer Leitbilder und individueller Akteurstrategien entsteht. Da diese Dynamik als Lebenslaufpolitik institutionalisiert ist, bringt sie Sicherheit für Individuen und soziale Gruppen sowie Kontinuität sozialer Strukturen mit sich. Lebenslaufpolitik reproduziert jedoch auch ausgeprägte Ungleichheitsstrukturen und erzeugt soziale Spaltungslinien. Dies zeigt sich besonders im Geschlechterverhältnis in der Berufshierarchie und dem Arbeitsmarkt und in der sozialen Sicherung.

Die vier Bände repräsentieren jeweils eines der vier Leitthemen des Sonderforschungsbereichs: *Sequenzierung, Institutionalisierung, Verflechtung von Lebensläufen* und die *Kombination von quantitativen und qualitativen Methoden*. Mit dem Konzept der Sequenzierung (Band 1) wird, im Unterschied zu querschnittorientierten Betrachtungen, eine dynamische Forschungsperspektive begründet, die Lebensläufe als Prozesse des Statuszugangs, Statusabgangs und der Verweildauer in Episoden - also bezogen auf Übergänge und Sequenzen - rekonstruiert und systematisiert. Dadurch werden die zeitliche Verschiebung und die Ausdehnung von Übergängen und die damit verbundene Erweiterung oder Einengung individueller Handlungsspielräume sichtbar.

Der Begriff der *Institutionalisierung* (Band 2) des Lebenslaufs thematisiert, wie unterschiedliche Institutionen an der Lebenslaufpolitik beteiligt und untereinander in Bezug auf Übergänge abgestimmt sind und wie sich Veränderungen in ihrer Struktur und Praxis auf den Wandel von Lebenslaufmustern auswirken. Direkte Eingriffe in Lebensläufe sind eher selten; individuelle Lebenslagen werden indirekt durch soziale Mechanismen reguliert, die die Umstände und Bedingungen für individuelles Handeln an Übergängen und Risikolagen strukturieren, z.B. durch Ressourcen, Beratung oder Schutzrechte. Wie sich solche Vorgaben in individuellen Plänen und Biographien niederschlagen, ist angesichts der Entstandardisierung von Lebenslaufmustern, die mit einem Abbau des Sozialstaats, aber auch mit der Tendenz zur Individualisierung von Lebensläufen in Verbindung gebracht wird, von nicht zu unterschätzender Bedeutung.

Das Konzept der *Verflechtung* (Band 3) bezieht sich auf die oft vernachlässigte Tatsache, dass individuelle Lebensläufe zwischen Geschlechtern und Generationen vernetzt sind. Als eine der drei übergreifenden Strukturen des Lebenslaufs ist das Geschlechterverhältnis Kern der Betrachtung der Relationalität bzw. Verflechtung von Lebensläufen. In jeder Lebensgemeinschaft kreuzen sich gesellschaftlich unterschiedlich strukturierte Geschlechterbiographien sowie unterschiedliche Generationenbiographien. Als ein zentrales gesellschaftliches Verbundsystem erweist sich die Familie als Ort des indirekten Lebenslaufmanagements, in der unterschiedlich standardisierte Lebensläufe aufeinander abgestimmt werden müssen.

In den Projekten des Sonderforschungsbereiches wurde konsequent *Methodenintegration* (Band 4) durch die Verbindung von quantitativen Verlaufs- und Strukturanalysen mit qualitativen Analysen der Orientierungs- und Handlungsmuster von Akteuren betrieben. Dies bedeutet, über die klassischen sozialstrukturellen Variablen wie soziale Herkunft, Bildung, Geschlecht und Alter hinauszugehen und herauszufinden, wie Akteure soziale Chancen und Ressourcen bewerten und bei biographischen Entscheidungen ihre Orientierungen und Interessen zur Geltung bringen. Die Kombination verschiedener methodischer Strategien stellt hohe Anforderungen an eine theoriegeleitete Interpretationspraxis, die sich an der Längsschnittperspektive entwickelt und bewährt hat.

Nun zu diesem vierten Band der Reihe *„Statuspassagen und Lebenslauf"*.

Die Lebenslauf- und Biographieforschung ist ein bevorzugtes Feld für die Verbindung von quantitativ-standardisierten und qualitativ-interpretativen Forschungsmethoden. Hierbei bezieht sich die Methodenentwicklung weniger auf einzelne Verfahren und Forschungspläne, sondern auf eine angemessene Erfassung des Gegenstands, nämlich der zeitdynamischen Interaktion zwischen Institutionen, sozialer Lagerung und individuellen, biographischen Orientierungen, Entscheidungen und Handlungen. In diesem Band werden Theorie und Praxis des Methodendialogs in der Erforschung von Lebensläufen vorgestellt, und es wird gezeigt, wie die Grenze zwischen den beiden Forschungstraditionen in den Sozialwissenschaften überwunden werden kann. Die Fruchtbarkeit dieses Methoden integrierenden Forschungsansatzes wird anhand von Beispielen aus der Forschungspraxis der Projekte des Sfbs dokumentiert. Insbesondere wird durch die Verbindung qualitativer und quantitativer Erhebungs- und Auswertungsverfahren in Längsschnittstudien ein neuer und ertragreicher Weg für die Lebenslauf- und Biographieforschung aufgezeigt. Dieser Weg kann auch dazu beitragen, die in den Sozialwissenschaften seit langer Zeit geforderte Verbindung von mikrosoziologischer Feinanalyse und makrosoziologischer Strukturanalyse im Kontext von zeitdynamischen Prozessen herzustellen. Deutlich wird in diesem Sfb-Ansatz, dass qualitative Methoden in Verbindung mit standardisierten Erhebungen einen besonderen Auftrag bekommen, weil sie die Orientierungen und Handlungsstrategien der Akteure vor dem Hintergrund von Sequenz- bzw. Verlaufsmustern aufklären können. Was die Beurteilung von Forschungsergebnissen angeht, so trägt die Methodenkombination auch zur wechselseitigen Validierung und Erklärung von Diskrepanzen zwischen quantitativen und qualitativen Ergebnissen bei.

Ich möchte der Herausgeberin und dem Herausgeber, den Autorinnen und Autoren dieses Bandes für ihre lange und engagierte Mitarbeit an der Forschung des Sonderforschungsbereichs danken.

Bremen, im April 2001
Walter R. Heinz

Inhalt

Udo Kelle, Susann Kluge
Einleitung 11

Methodologische und theoretische Grundlagen der Methodenintegration in der Lebenslaufforschung

Susann Kluge
Strategien zur Integration qualitativer und quantitativer
Erhebungs- und Auswertungsverfahren. Ein methodischer und
methodologischer Bericht aus dem Sonderforschungsbereich 186
„Statuspassagen und Risikolagen im Lebensverlauf" 37

Udo Kelle, Christian Erzberger
Die Integration qualitativer und quantitativer Forschungsergebnisse 89

Udo Kelle, Susann Kluge
Validitätskonzepte und Validierungsstrategien bei der Integration
qualitativer und quantitativer Forschungsmethoden 135

Empirische Beispiele und spezielle Anwendungsprobleme der Methodenintegration

Christian Erzberger
Über die Notwendigkeit qualitativer Forschung:
Das Beispiel der Alleinerziehungszeiten in quantitativen Daten 169

Petra Buhr, Christine Hagen
Die subjektive Bedeutung von Sozialhilfeverläufen 189

Hildegard Schaeper, Andreas Witzel
Rekonstruktion einer qualitativen Typologie
mit standardisierten Daten 217

Andreas Böttger
„Das ist schon viele Jahre her ...". Zur Analyse biografischer
Rekonstruktionen bei der Integration qualitativer und quantitativer
Methoden in Panel-Studien 261

Jens Zinn
Die Integration qualitativer und quantitativer Daten und Methoden
bei der Untersuchung von Individualisierungsprozessen 275

Die AutorInnen 333

Udo Kelle, Susann Kluge

Einleitung

Die Überwindung der strikten methodologischen Trennung zwischen qualitativen und quantitativen Methoden der Sozialforschung hat sich in zahlreichen empirischen Studien, die der Erforschung des Lebenslaufs in sich modernisierenden Gesellschaften dienen, als außerordentlich fruchtbar erwiesen. Die dabei in der Lebenslaufsoziologie der letzten zwanzig Jahre entwickelten methodischen Konzepte und Strategien der Methodenintegration tragen jedoch vielfach den Charakter einer Folklore der Sozialforschung: als Institutstraditionen entwickelt und weitergegeben, wurden sie nur selten in entsprechenden Publikationen vorgestellt, methodologisch diskutiert und systematisch auf theoretische Ansätze in der Lebenslaufsoziologie bezogen. Mit dem vorliegenden Band möchten wir versuchen, diese Lücke zu schließen, indem wir Strategien der Methodenintegration in ihren methodologischen Grundlagen und anhand von Anwendungsbeispielen in ihren forschungspraktischen Aspekten darstellen und diskutieren.

Zuvor möchten wir jedoch in diesem einleitenden Beitrag in den Diskussionsstand um Methodenintegration in der Lebenslaufforschung einführen sowie Bezüge zu theoretischen Grundlagenfragen der Lebenslaufsoziologie herstellen. Die empirische Erforschung des Lebenslaufs hat sich in der Soziologie in zwei getrennten Traditionen, der quantitativ orientierten „Lebensverlaufsforschung" und der qualitativen „Biografieforschung", entwickelt. Im ersten Abschnitt der Einleitung werden wir diese beiden Ansätze kurz einander gegenüberstellen. Beide Traditionen repräsentieren Versuche, ein Grundlagenproblem des empirischen Gegenstands der Lebenslaufsoziologie methodologisch zu bearbeiten: die grundlegende und nicht hintergehbare Kontingenz biografischen Handelns, die eine prinzipielle soziokulturelle Kontingenz von Strukturen des Lebenslaufs erzeugt - ein Problem, welches wir im zweiten Abschnitt der Einleitung diskutieren werden. Qualitative und quantitative Methoden empirischer Sozialforschung weisen dabei jeweils spezifische Stärken und Schwächen bei der Bearbeitung dieses Problems auf und können sich in bestimmter Weise ergänzen. Im dritten Abschnitt der Einleitung werden wir auf diesen Aspekt eingehen, bevor wir abschließend eine Übersicht über die verschiedenen Beiträge des Bandes geben werden.

Quantitative Lebensverlaufsforschung vs. qualitative Biografieforschung - das methodologische Schisma der empirischen Soziologie des Lebenslaufs

Die methodologische Debatte in den Sozialwissenschaften ist seit langem von der Existenz zweier „Lager" geprägt, zwischen denen oft nur wenig ernsthafter Austausch von Argumenten und Positionen stattfindet. *Qualitative* und *quantitative SozialforscherInnen* haben ihre eigenen organisatorischen Strukturen geschaffen[1], sie veranstalten jeweils eigene Konferenzen und Tagungen, sie geben jeweils eigene Zeitschriften und Handbücher heraus. Diese besonders in Deutschland beobachtbare gegenseitige Abgrenzung[2] hat auch die soziologische Erforschung des Lebenslaufs stark beeinflusst. Das Forschungsprogramm der empirischen Lebenslaufsoziologie hat sich von den ersten Anfängen an in zwei getrennten methodologischen Traditionen entwickelt: Einer nur quantitativ vorgehenden Lebensverlaufsforschung stand eine rein qualitativ orientierte Biografieforschung gegenüber.

Die *quantitativ orientierte* Lebensverlaufsforschung (Mayer 1990), manchmal auch mit dem amerikanischen Begriff *life course* Forschung (Dausien 1996, 13 ff.) bezeichnet, konzeptualisiert die Lebensläufe der Individuen als eine Abfolge von Ereignissen, die deren sozialen Status verändern, etwa Übergänge von „ledig" zu „verheiratet" (Diekmann 1996), von „kinderlos" zu „Elternschaft" (Burkart 1993, 1998), von „erwerbstätig" zu „erwerbslos" (Andreß 1996) bzw. „im Ruhestand" (Wagner 1996), Übergänge zwischen beruflichen Statuspositionen (Blossfeld 1990; Behrens/Dreyer-Tümmel 1996) usw. Zumeist wird dabei die Veränderung von typischen Statusmerkmalen bei zahlreichen Individuen im Längsschnitt untersucht und statistisch aggregiert. Als Populationen werden oft gesamte Geburtskohorten betrachtet und miteinander verglichen, Statusübergänge also in Abhängigkeit von Kohortenzugehörigkeiten betrachtet. Als weitere unabhängige Variablen werden in der Regel entweder zeitunabhängige soziodemografische Merkmale (wie Geschlecht oder formaler Bildungsstatus) oder andere Statusübergänge in die statistischen Modelle einbezogen. Hiermit kann untersucht werden, in welcher Weise der Zeitpunkt bestimmter Statusübergänge bspw. von soziodemografischen Merkmalen der Individuen oder von dem Zeitpunkt anderer zentraler Lebensereignisse abhängt. Auf diese Weise lässt sich, um ein Beispiel zu nennen, etwa feststellen,

---

1 Ein Vorgang, der sich gegenwärtig bei der Gründung der Arbeitsgruppe „Methoden der qualitativen Sozialforschung" und deren organisatorischer Trennung von der Sektion „Methoden der empirischen Sozialforschung" in der Deutschen Gesellschaft für Soziologie erneut beobachten lässt.
2 Im Gegensatz zum angloamerikanischen Raum gibt es hier zur Zeit kein einziges Lehrbuch der empirischen Sozialforschung, welches qualitative und quantitative Methoden gleichgewichtig behandelt (wie etwa die Monografien von Cresswell 1994 oder von Bernard 2000).

dass der Zeitpunkt der Erstheirat oder der Geburt des ersten Kindes abhängig ist vom Bildungsniveau und von der faktischen Bildungsdauer der Eltern, insbesondere der Mütter (Blossfeld/Huinink 1989; Huinink 1990; Diekmann 1996). Da eine längere Ausbildungsphase zum Aufschub der Familiengründung führen kann, erscheint der Lebenslauf in dieser Perspektive als „endogener Kausalzusammenhang" (Meulemann 1990; Blossfeld 1990), der sich „aus der Folge von Entscheidungen einer Person in institutionell vorgegebenen Alternativen" ergibt (Meulemann 1990, 90), wobei frühere Entscheidungen einen kausalen Einfluss auf (die Möglichkeit zu) spätere/n Entscheidungen ausüben. Statuswechsel individueller Akteure können dabei, soweit sie als abhängige Variablen in die Modelle eingehen, verstanden werden als Folge von „Lebenslaufentscheidungen" (ebd.), die selber abhängig sind von sozialstrukturellen Einflüssen (die sich etwa durch die Zugehörigkeit zu bestimmten Geburtskohorten ergeben). Konkrete *Entscheidungsprozesse*, die den Statusübergängen zugrunde liegen, können auf diese Weise jedoch nur selten empirisch untersucht werden, weil die hierzu erforderlichen Daten in der Regel nicht vorliegen.

Auch die qualitative *Biografieforschung* (Alheit/Hoerning 1989; Fischer-Rosenthal/Alheit 1995; Fischer-Rosenthal/Rosenthal 1997; Dausien 1996) setzt in ihren Untersuchungen an individuellen Lebensläufen an, bezieht ihre Analysen dann aber nicht auf einzelne, mit soziodemografischen Variablen messbare Übergänge, welche im Prozess der Datenanalyse zu allgemeinen Aussagen über Kollektive aggregiert werden, sondern bemüht sich um die Rekonstruktion der Lebensgeschichte aus der Sichtweise der Befragten. Die relevanten Daten hierfür sind nicht nur die biografisch relevanten Statuswechsel und deren Zeitpunkt, sondern Erzählungen über den individuellen Lebensverlauf, also „Lebensgeschichten" im eigentlichen Wortsinne. Die für diese Forschungstradition bedeutsamen qualitativen Interviews liefern in der Regel umfangreiches Material über die retrospektive Beurteilung und Einschätzung von Statusübergängen und anderen biografisch relevanten Geschehnissen aus der Sicht der Befragten. Dieses Material kann genutzt werden, um in Erfahrung zu bringen, von welchen Gründen Befragte zu bestimmten Entscheidungen veranlasst wurden. (Eine solche Möglichkeit bieten die in der quantitativen Lebenslaufforschung verwendeten Rohdaten, wie gesagt, zumeist nicht.) Allerdings lassen sich wegen des erforderlichen hohen Aufwands bei der Auswertung dieses qualitativen Datenmaterials immer nur wenige Fälle vergleichend untersuchen, und somit stellen sich hier stets Fragen nach der Verallgemeinerbarkeit der Befunde.

Das methodologische Ausgangsproblem der Lebenslaufsoziologie: die Beschreibung und Erklärung kontingenter Strukturen des Lebenslaufs

Beide Traditionen der Erforschung von „Lebensverlauf" bzw. „Biografie" stellen Versuche dar, ein bestimmtes Grundlagenproblem des Gegenstandsbereichs - nämlich die *soziokulturelle Kontingenz der Strukturen des Lebenslaufs* - methodologisch in den Griff zu bekommen. Diese Kontingenz von Lebenslaufstrukturen bzw. des diese Strukturen konstituierenden biografischen Handelns hat die Erforschung des Lebenslaufs als theoretisches und empirisches Programm[3] von ihren Anfängen an beschäftigt. So wurde das ursprünglich von strukturfunktionalen Ansätzen vorgetragene Postulat universeller Altersnormen (vgl. etwa Cain 1964), welche den Lebenslauf kultur- und gesellschaftsübergreifend in ein strukturelles Korsett zwängen, von der empirischen Forschung bald als Fiktion aufgedeckt. Eine Reihe von Lebenslaufstudien zeigten die Grenzen universeller normativer Ordnungen auf, indem sie Abweichungen von dem normativ postulierten Lebenslauf in verschiedenen historischen Epochen und die relativ häufig zu beobachtende *Variation* in der zeitlichen Aufeinanderfolge von Lebensereignissen sichtbar machten (z.B. Rindfuss/Swicegood/Rosenfeld 1987; Marini 1978). So konnten kohortenvergleichende Studien etwa zeigen, dass in früheren Zeiten bestimmte Statusübergänge im Lebenslauf eine wesentlich größere zeitliche Varianz aufwiesen als in modernen Gesellschaften und dass erst in der ersten Hälfte des zwanzigsten Jahrhunderts eine Reduktion dieser Variabilität stattgefunden hatte (Elder 1978; Winsborough 1979)[4]. Solche Befunde machten deutlich, dass Strukturen des Lebenslauf in starkem Ausmaß sozialem Wandel unterliegen bzw. historisch kontingent sind und regten theoretische Entwicklungen an, in denen nicht mehr universelle, kulturunabhängige Normen im Mittelpunkt standen, welche den Lebenslauf hinsichtlich der Existenz und des Zeitpunkts von Statusübergängen strukturieren, sondern die Dynamik des sozialen Wandels, die zu einer Veränderung von Lebenslaufsstrukturen führt.

Zur Erklärung solcher Prozesse sind mittlerweile verschiedene Thesen, Konzepte und Theorien verfügbar, etwa das *Kohortenmodell* (Ryder 1965), Thesen von der *Segmentierung* des Lebenslaufs (Mayer/Müller 1989) oder die Theorie der *Institutionalisierung* des Lebenslaufs (Kohli 1985, 2), de-

---

3 Für einen Überblick über die Geschichte der Lebenslaufforschung und Lebenslaufsoziologie vergleiche Ecarius (1996) oder Sackmann (1998, 15 ff.).
4 Ein gutes Beispiel hierfür liefert die kohortenvergleichende Betrachtung des Heiratsalters: Untersuchungen aus dem Kontext der historischen Demografie wiesen darauf hin, dass seit der Mitte des 19. Jahrhunderts in Deutschland eine deutliche Vereinheitlichung des Heiratsalters stattgefunden hat (Imhof 1984, 183). In vergangenen historischen Epochen war offensichtlich die Zeitspanne im Lebenslauf, in welcher bestimmte biografisch relevante Ereignisse stattfinden konnten, wesentlich größer als heute.

nen gemeinsam ist, dass sie die empirisch feststellbare historische Veränderung von Lebenslaufmustern nicht mehr wie strukturfunktionale Ansätze auf universelle Strukturgesetze des Sozialen zurückzuführen suchen, sondern die Tatsache der historischen Kontingenz von Lebenslaufstrukturen zum Anlass nehmen für die Formulierung von theoretischen Konzepten mittlerer Reichweite für zeitlich und räumlich begrenzte, letztendlich historisch kontingente empirische Phänomene.

Die Kontingenz von Lebenslaufstrukturen wurde weiterhin von einem Theoriestrang thematisiert, der ansetzt an einer empirisch feststellbaren neuerlichen Pluralisierung von Lebensläufen, die die in der „ersten Moderne" stattgefundene industriegesellschaftliche und wohlfahrtsstaatliche Institutionalisierung und Standardisierung des Lebenslaufs während der letzten Jahrzehnte tendenziell aufzulösen begann. Die verschiedenen Spielarten der *Individualisierungsthese* (vgl. Beck 1986; Ecarius 1996; Friedrichs 1998) verstanden diese Pluralisierung als Ausdruck einer neuerlichen Beschleunigung der seit der Aufklärung im abendländischen Kulturraum stattfindenden säkulären Prozesse der Freisetzung des Individuums aus traditionalen Bindungen an Familie und Stand. Zunehmende „Handlungsspielräume" (Weymann 1989) in der modernen Industriegesellschaft vergrößern demnach für eine wachsende Zahl von Gesellschaftsmitgliedern die Autonomie über das eigene Leben unbeeinflusst von sozialen Strukturzwängen. Individualisierung in dieser Lesart bezeichnet einen Prozess, in dessen Verlauf Einstellungen, Normen und Handlungsmuster der Individuen in immer stärkerem Maße in den Bereich autonomer Entscheidungsfindung fallen und immer weniger von sozialen Herkunftsmilieus, Klassen- oder Standeszugehörigkeiten bestimmt werden (van den Broek/Heunks 1994, 72).

Das Kohortenmodell, Institutionalisierungs- und Segmentierungstheorien des Lebenslaufs auf der einen Seite und die These von der Individualisierung und der daraus folgenden Pluralisierung von Lebenslaufmustern auf der anderen Seite thematisieren die *Kontingenz der Strukturen in Lebensläufen* in jeweils unterschiedlicher Weise: Das Kohortenmodell, die Institutionalisierungs- und Segmentierungstheorien konzentrieren sich auf die Erklärung der *historischen Kontingenz* dieser Strukturen im Vergleich zwischen Geburtskohorten. Die Individualisierungs- bzw. Pluralisierungsthese kann und will dahingegen eine (wachsende) *individuelle Kontingenz* von Lebenslaufstrukturen innerhalb bestimmter Kohorten erklären, indem sie auf die prinzipielle Möglichkeit der Individuen verweist, sich zwischen verschiedenen Handlungsoptionen zu entscheiden und annimmt, dass aufgrund historischer Bedingungskonstellationen Gelegenheitsstrukturen entstanden sind, welche den Individuen die Wahl zwischen einer wachsenden Anzahl von Alternativen eröffnet.

Die Frage, ob die Sozialstruktur der (west)deutschen Industriegesellschaft seit den siebziger Jahren einen tiefgreifenden Wandel durch einen neuen

„Individualisierungsschub" erfährt, hat Anlass gegeben für heftige Kontroversen in der deutschen Soziologie (vgl. etwa Mayer/Blossfeld 1990; Burkart 1993, 1998; Beck/Beck-Gernsheim 1993, oder einen Überblick über die kritischen Argumente bei Friedrichs 1998, 11). Auch wenn die empirische Prüfung der Annahme eines neuen Individualisierungsschubes (verstanden als Zunahme von Handlungsspielräumen und in der Folge davon als wachsende Pluralität von Handlungs- und Lebenslaufmustern) offensichtlich mit zahlreichen methodischen und empirischen Schwierigkeiten belastet ist, so sind deren handlungstheoretische Implikationen jedoch von weitreichender Bedeutung. Denn die Annahme wachsender Heterogenität von Lebenslaufmustern aufgrund zunehmender Handlungsspielräume lässt sich nur dann sinnvoll formulieren, wenn dabei soziales Handeln als *prinzipiell kontingent* betrachtet wird, d.h. individuellen Akteuren unterstellt wird, dass sie sich (zumindest unter ganz bestimmten, z.B. modernen, industriegesellschaftlichen oder „postmodernen" Bedingungen) *frei* zwischen verschiedenen Handlungsoptionen entscheiden können. Falls Akteure diese Fähigkeit tatsächlich besitzen, so muss sie unabhängig sein von der faktisch konstatierbaren Kontingenz, also der empirisch vorfindbaren Pluralität von Handlungen und Handlungsmustern. Man muss vielmehr dann davon ausgehen können, dass auch Individuen, die sich konform bestimmten Regeln gegenüber verhalten, auch prinzipiell anders handeln könnten (wenn sie wollen), als sie dies empirisch tun.

Diese Unterstellung ist nun aber auch eine unhintergehbare handlungstheoretische Voraussetzung für Kohortenmodell, Segmentations- und Institutionalisierungstheorie. Zwar fokussieren diese Ansätze *prima facie* stärker auf strukturelle Handlungszwänge als die Pluralisierungs- bzw. Individualisierungsthese: Im Kohortenmodell etwa werden Mitglieder einer Geburtskohorte durch ähnliche Sozialisationserfahrungen in Handlungsmuster eingeübt, die sie während ihres gesamten Lebenslaufs beibehalten, die Segmentationstheorie betont die Strukturierung des Lebenslaufs durch wohlfahrtsstaatliche Regime, die Institutionalisierungstheorie stellt das industriegesellschaftliche Erwerbssystem als den zentralen erklärenden Faktor für Lebenslaufstrukturen heraus. Doch auch in diesen Ansätzen wird der Existenz von individuellen Handlungsspielräumen und von Wahlmöglichkeiten zwischen institutionell vorgegebenen Alternativen - allerdings in jeweils unterschiedlicher Gewichtung - Rechnung getragen[5]. In der quantitativen Lebenslaufforschung, für die das Konzept der Geburtskorte zentral ist, wird dieser Aspekt jedoch oft nicht aufgegriffen[6].

---

5 So räumt etwa Ryder ein, dass kohortenspezifische Sozialisationsprozesse gewisse Freiräume für individuelle Entwicklungen lassen, die dann Differenzierungen innerhalb der Kohorten („Intrakohortendifferenzierungen") ermöglichen.
6 Stattdessen dominiert hier, wie Sackmann (1998, 36) resümierend feststellt, die ebenfalls auf Ryder zurückgehende analytische Trennung zwischen Alters-, Kohorten- und Periodeneffekten.

Von größerer Bedeutung ist jedoch der Umstand, dass weder das Kohortenmodell noch die Segmentations- und die Institutionalisierungstheorie universellere soziale Gesetzmäßigkeiten benennen, auf die sich die in historischem Wandel ausdrückende Dynamik von Lebenslaufstrukturen rückführen ließe. Es stellt sich somit die Frage nach den eigentlichen Agenten sozialen Wandels: Sind es (bislang unbekannte) universelle „latente Strukturgesetze" des Sozialen, sind es historische Kontingenzen, etwa politische und ökonomische Umwälzungen, die lebenslaufsoziologischer Theoriebildung als externe Variablen nicht zugänglich sind, oder sind es individuelle Akteure selber, die kreativ bestehende Handlungsspielräume nutzen, um neue Formen sozialer Praxis zu entwickeln, welche von anderen Akteuren aufgegriffen und damit zu Keimen sozialen Wandels werden?

In der Soziologie des Lebenslaufs haben mikrosoziologische Ansätze, die in bewusster und starker Abgrenzung zu strukturfunktionalen, makrosoziologisch orientierten Theorien die Entscheidungsspielräume und Wahlmöglichkeiten individueller Akteure betonen, starke Fürsprecher (vgl. Heinz 1992; Born/Krüger 2001; Sackmann/Wingens 2001). Hierzu gehören so unterschiedliche Ansätze wie interaktionistische Theorien (Wilson 1981; Blumer 1969/1981) und insbesondere die auf interaktionistische Akteurskonzeptionen fortentwickelnde Theorie sozialer Strukturierung von Giddens (Giddens 1988), aber auch entscheidungstheoretische Modelle, welche die Entscheidungsfreiheit einzelner Akteure als für die soziologische Theoriebildung konstitutiv herausstellen (so etwa Coleman 1991, 5).

Aus der Perspektive solcher theoretischer Entwürfe erfordert die empirisch feststellbare Kontingenz von Lebenslaufstrukturen und individueller Lebensläufe eine akteursorientierte Sichtweise, die ein besonderes Augenmerk auf deren Situationsdefinitionen und Handlungsorientierungen legt. Für die Pluralisierungsthese, d.h. für die These der zunehmenden *individuellen Kontingenz* von Lebenslaufstrukturen stellt eine solche Sichtweise ohnehin eine unhintergehbare Grundlage dar. Ein akteursorientierter Ansatz kann aber auch dann eine wichtige Bedeutung erhalten, wenn die These der in der „zweiten Moderne" angeblich wachsenden Handlungsspielräume mit (mehr oder weniger plausiblen) empirischen Argumenten bestritten wird, indem zum Beispiel darauf hingewiesen wird „daß auch in der Vergangenheit wahrscheinlich ein höheres Maß an individueller Entscheidungsfreiheit vorhanden war, als wir häufig annehmen" (Burkart 1998, 117)[7]. Entscheidungsfreiheit wäre dann als eine handlungstheoretische Universalie zu betrachten, die die Tatsache der empirisch zu beobachtenden - mehr oder we-

---

7 Burkart diskutiert diesen Umstand am Beispiel der Entscheidung für (oder gegen) Elternschaft und argumentiert, dass möglicherweise Menschen zu allen Zeiten und in allen Kulturen bestimmte Spielräume bei solch zentralen Lebensentscheidungen hatten, so dass „Elternschaft als Schicksal mit der Konsequenz einer unkontrolliert hohen Fertilität ... in keiner Kultur jemals" existiert hat (Burkart 1998, 117).

niger großen - Varianz von Statusübergängen in allen Kulturen zu allen Zeiten erklären kann:

„(...) people of the same age do not march in concert across major events of the life course; rather they vary in pace and sequencing (...) Entry into full-time job, completion of schooling, cohabitation and marriage, childbearing - these and other events in the transition to adulthood are not experienced by all members of a birth cohort, and those who experience them do so at widely varied times in life. Even in highly constrained societies, such as Maoist China, individual agency ensures a measure of loose coupling in lived experience." (Elder 1995, 110 f)

In dieser Sichtweise wird also der „endogene Kausalzusammenhang" des Lebenslaufs zu einer „lockeren Verbindung" (*„loose coupling"*) und die empirisch vorfindbare Kontingenz von Lebensläufen erklärbar durch *„human agency and self regulation"*.

Die Daten, welche die quantitative Lebensverlaufsforschung über Statusübergänge im Lebenslauf zusammenträgt, können nun aber, obwohl sie sozialen Wandel ebenso wie individuelle Variation von Lebenslaufmustern oft erst sichtbar machen, eine bestimmte Art von Information über deren Ursachen nicht zur Verfügung stellen. Mit der Hilfe einer kohortenvergleichenden Untersuchung lässt sich vielleicht feststellen, dass in der Abfolge von Geburtskohorten das durchschnittliche Alter von Erstgebärenden kontinuierlich steigt und dass das durchschnittliche Alter bei der Geburt des ersten Kindes bei denjenigen Frauen, die sich einer längeren Ausbildung unterziehen, höher ist als bei Frauen, die eine kürzere Ausbildungsdauer aufweisen (vgl. etwa Blossfeld/Huinink/Rohwer 1993; Blossfeld/Jaenichen 1993). Solchen Daten lassen sich aber keine Informationen darüber entnehmen, welche konkreten (ggf. typischen und häufigen) Entscheidungsprozesse diesen Phänomenen zugrunde liegen und wie sich die Art, für oder gegen die Zeugung oder Geburt von Kindern zu entscheiden, in der Kohortenabfolge verändert hat (vgl. hierzu auch Burkart 1998, 117). Möchte man den Umstand, dass sich das durchschnittliche Alter bei der Erstgeburt eines Kindes zwischen verschiedenen sozialen Gruppen unterscheidet, handlungstheoretisch erklären, so muss man zusätzliche Annahmen über die in diesen Gruppen „typischen" Situationsdefinitionen und Handlungsorientierungen einführen, Annahmen, die sich aufgrund von soziodemografischen Daten und anhand der Informationen über Statusübergänge nicht empirisch erhärten lassen. Hierzu wären zusätzliche Informationen notwendig über die *Handlungsgründe* der Akteure: Sehen Personen, während sie eine bestimmte Ausbildung absolvieren, die Verpflichtungen, die eine Elternschaft mit sich bringt, als unvereinbar an mit ihrer ökonomischen Situation, mit ihren sonstigen zeitlichen Verpflichtungen, mit ihren Wünschen, zur Zeit ihrer Ausbildung einen Freiraum für andere Aktivitäten zur Verfügung zu haben u.a.m.?

Kohortenvergleichende, quantitative Lebenslaufstudien können solche Informationen in der Regel nicht liefern, sondern können nur Beziehungen herstellen zwischen bestimmten äußerlich beobachtbaren Merkmalen und Ereignissen (dem Bildungsstatus, dem Zeitpunkt der Beendigung der Ausbildung, der Geburt des ersten Kindes, der Heirat usw.). Theoretische Erklärungen, die für diese Zusammenhänge angeboten werden, führen in der Regel Hypothesen über die Situationswahrnehmung und die Handlungsziele der sozialen Akteure ein, die zwar oft plausibel sind, aber in der Regel empirisch ungeprüft bleiben müssen. Zusammenhänge zwischen soziodemografischen Merkmalen und dem Zeitpunkt von Statusübergängen lassen dabei oft eine ganze Reihe unterschiedlicher, auch konkurrierender Erklärungen zu, mit denen den Handelnden unterschiedliche Situationsdefinitionen und Handlungsorientierungen unterstellt werden. Beispiele hierfür lassen sich in nahezu allen Untersuchungsfeldern der Lebenslaufforschung finden[8]. Datenmaterial, das empirische Informationen über Situationsdefinitionen und Handlungsorientierungen von Akteuren liefert, wird aber nur selten im Kontext der quantitativen Lebenslaufforschung gesammelt.

Im Gegensatz hierzu ermöglicht die qualitativ orientierte *Biografieforschung* eine empirische Analyse solcher Sachverhalte. „Erzähldaten", wie sie dort in narrativen oder leitfadenorientierten qualitativen Interviews erhoben werden, machen nämlich zwei Ebenen von Handlungsgründen zugänglich, über die aufgrund von quantitativen demografischen Daten im Allgemeinen nur spekuliert werden kann (vgl. Dausien 1996, 84):

1. allgemeine „Normen, Ideologien, gesellschaftliche Leitbilder und Interpretationsmuster, die Teil der sozialen und kulturellen (Meso-) Struktur" (ebd.) sind, also gesellschaftlich vermittelte Wissensbestände über soziale Handlungsregeln,

2. die *„Erfahrungen und Interpretationen"* konkreter Akteure, also deren Situationsdeutungen und Handlungsziele.

---

8 Die empirisch feststellbare Bildungsabhängigkeit des Heiratsalters von Frauen (in dem Sinne, dass Frauen mit höherer Bildung in allen Geburtskohorten später heiraten; vgl. hierzu z.B. Diekmann 1996) lässt sich bspw. der familienökonomischen Theorie zufolge erklären durch die Tatsache, dass Frauen mit höherer Bildung und damit höherem Einkommenspotenzial weniger von der geschlechtsspezifischen Arbeitsteilung in der Ehe profitieren, unabhängiger sind und eher Alternativen zur Ehe wahrnehmen können (Becker 1974, 1981). Akteuren werden dabei spezifische Handlungsziele unterstellt (z.B. die Maximierung des persönlichen Nutzens in einer intimen Zweierbeziehung), in der Regel ohne dass hierfür empirische Hinweise oder Belege dem Datenmaterial entnommen werden können. Aus diesem Grund lassen empirische Zusammenhänge dieser Art oftmals eine ganze Reihe von Erklärungen zu. Das vergleichsweise hohe durchschnittliche Heiratsalter von Frauen mit hohem formalen Bildungsabschluss könnte - insbesondere in den jüngeren Geburtskohorten - auch die Folge davon sein, dass diese Frauen an den betreffenden Bildungseinrichtungen bestimmte normative Orientierungen kennenlernen und übernehmen, die einer Heirat entgegenstehen (Diekmann 1996, 167).

Mit Hilfe solchen Datenmaterials können jene Innovationen ausfindig gemacht werden, die „strukturbildend" wirken, das heißt zu Veränderungen von Lebenslaufmustern führen, Veränderungen, die auf der statistischen Aggregatebene als Unterschiede zwischen Kohorten sichtbar werden. Empirische Untersuchungen dieser Art können also helfen, jene Fragen zu beantworten, die sich aus kohortenvergleichenden quantitativen Studien ergeben - etwa „more general questions of innovations in womens life patterns - how they first change their roles and then begin to change the larger institutions of work and family of which they are a part" (Giele/Elder 1998, 7)[9].

Insbesondere die Formulierung erklärungskräftiger und empirisch gehaltvoller Aussagen über sozialen Wandel erfordert also die Rekonstruktion von Situationsdefinitionen und Handlungsorientierungen sozialer Akteure, wie sie im Kontext einzelfallorientierter, biografieanalytischer Studien geleistet werden kann. Aber die Kontingenz sozialer Strukturen im Lebenslauf erzeugt nicht nur für die quantitative Lebenslaufforschung, sondern auch für die qualitative Biografieforschung jeweils spezifische methodologische Probleme. Die Art der Datenerhebung und -auswertung in der Biografieforschung erfordert nämlich eine manchmal sehr starke Beschränkung der Größe der untersuchten Samples. Unter einer akteurstheoretischen Perspektive und unter der Annahme wachsender Pluralität von Lebenslaufmustern kann sich dieser Umstand problematisch auf die Validität der so ermittelten Ergebnisse auswirken. In Handlungsfeldern, die empirisch durch eine starke Pluralisierung gekennzeichnet sind, wirft die Ziehung kleiner qualitativer Stichproben stets die Frage auf, ob die bei den Befragten gefundenen Situationswahrnehmungen und Handlungsorientierungen relevant für die betrachtete Untersuchungspopulation oder aber ideosynkratisch sind. Die Gültigkeit von Aussagen, wonach anhand weniger Fälle relevante soziale Strukturen in den empirisch untersuchten Handlungsfeldern identifiziert worden sind, wird also umso fraglicher, je größer die Pluralität von Handlungsmustern in dem untersuchten Gegenstandsbereich ist.

---

[9] Ein gutes Beispiel für die Beschreibung sozialer Innovationsprozesse liefert dabei insbesondere die Studie von Born, Krüger und Lorenz-Meyer über den *unentdeckten Wandel* in den Lebensläufen von Frauen (1996, 284 ff.). Die Autorinnen bemühen sich, anhand qualitativer Interviews mit den weiblichen Angehörigen einer bestimmten Geburtskohorte jenen (unspektakulären, unbemerkten) sozialen Wandel zu rekonstruieren, der sich in der Veränderung der Lebensläufe von Frauen zeigt. Ihre durch das empirische Material gestützte These lautet dabei, dass die zum Zeitpunkt der Untersuchung 60jährigen Frauen Vorreiterinnen eines neuen Verständnisses von weiblicher Berufsarbeit waren und normative Orientierungen gestiftet haben, die erst durch die folgenden Kohorten öffentlich wahrnehmbar gemacht wurden (Born/Krüger/Lorenz-Meyer 1996).

Integration qualitativer und quantitativer Verfahren bei der Analyse biografischen Handelns und von Lebenslaufstrukturen

Die Kontingenz sozialer Strukturen im Lebenslauf wirft also für beide Traditionen sozialwissenschaftlicher Forschung, die Strukturen von Lebensläufen analysieren, für die demografisch orientierte quantitative Lebensverlaufsforschung ebenso wie für die qualitative Biografieforschung, jeweils unterschiedliche methodische und theoretische Schwierigkeiten auf.

Wenn in der quantitativ orientierten Lebensverlaufsforschung die Varianz von Handlungsresultaten (etwa die Verteilung von Berufswahlen, Heiraten, Geburten von Kindern usw. in einer bestimmten Population) durch Strukturvariablen (etwa Geschlecht oder Bildungsabschluss) erklärt werden soll, ist der die statistischen Zusammenhänge letztlich erzeugende kausale Nexus zwischen den Entscheidungen der Akteure und den statistisch erfassbaren Handlungsresultaten empirisch oft gar nicht fassbar. Dieses Problem kann jedoch solange unentdeckt bleiben, wie gesellschaftliche Modernisierungsprozesse noch nicht zu einer deutlichen Trennung von Mikro- und Makroebene geführt haben. In einer von Restelementen traditionaler Ordnung geprägten Gesellschaft etwa, in der die Handlungsorientierungen der Akteure in stabiler, exklusiver und deutlicher Weise mit ihren sozialen Zugehörigkeiten korrelieren, ist die Varianz sozialen Handelns oft problemlos durch strukturelle Faktoren erklärbar. Hier kann die Sozialforscherin dann bei der Erklärung der statistischen Zusammenhänge oft problemlos auf ihr Alltagswissen über die in bestimmten Milieus allgemein akzeptierten Handlungsorientierungen und Situationsdefinitionen zurückgreifen. Die Anwendung dieser in der quantitativen Sozialforschung häufig genutzten *Gewohnheitsheuristik des Alltagswissens* wird jedoch hochgradig problematisch, wenn an die Stelle des eindeutigen Drucks klar bestimmbarer Normen ein Netz sich überkreuzender und gegenseitig entstabilisierender Ligaturen entsteht, welches die engen Verbindungen zwischen sozialen Lagen und individuellen Handlungsorientierungen lockert. Die zunehmende Individualisierung von Handlungsstrategien führt dann bei strukturanalytisch angelegten Forschungsdesigns einerseits zu einer sinkenden Erklärungskraft statistischer Modelle. In dem Maße, wie die Akteure bei ihren Entscheidungen nicht mehr auf eine beschränkte Anzahl kulturell vermittelter Ziele und habitualisierter Handlungsmuster zurückgreifen, sondern ihre Präferenzstrukturen und Wissensbestände (über adäquate Mittel zur Erreichung ihrer Ziele) kreativ aus umfangreichen kulturellen Angeboten zusammenstellen können, gerät andererseits die Gewohnheitsheuristik des Alltagswissens in eine Krise. Bei der Suche nach Hypothesen darüber, welche Handlungsorientierungen in einer gegebenen sozialen Situation für welche Gruppen von Akteuren im Allgemeinen relevant sind, greift der Forscher ins Leere, wenn er nicht bereits über empirische Informationen über das von ihm untersuchte

Handlungsfeld verfügt. Nur systematische *explorative* und *qualitative* Studien können dann jenes (lokale) Wissen über die für bestimmte Handlungsfelder typischen Handlungsorientierungen und Deutungsmuster zu Tage fördern, mit dessen Hilfe statistische Zusammenhänge auf der Makroebene überhaupt erst soziologisch verstanden werden können.

Auch für die qualitative Forschung erzeugt eine (unter bestimmten gesellschaftlichen Bedingungen wachsende) Kontingenz von biografischen Handlungsmustern und daraus resultierenden Lebenslaufstrukturen besondere Herausforderungen: Wegen der notwendigen Beschränkung der Fallzahl in qualitativen Studien erhält die Frage nach der Verallgemeinerbarkeit qualitativer Befunde ein besonderes Gewicht gerade in jenen sich rasch modernisierenden Handlungsfeldern, die durch eine Pluralität von Handlungsmustern und einen raschen sozialen Wandel gekennzeichnet sind. Die hiermit aufgeworfenen methodologischen Probleme lassen sich wiederum durch eine Verbindung qualitativer Forschung mit der klassischen quantitativen Surveymethodologie erheblich entschärfen. Dies betrifft nicht nur die Möglichkeit, an kleinen Stichproben gewonnene qualitative Befunde durch die Befragung umfangreicher Samples mit standardisierten Instrumenten zu validieren - qualitative Verfahren also zur Generierung von Hypothesen und quantitative Methoden zu deren Überprüfung zu verwenden, wie dies bereits in der klassischen Arbeit von Barton und Lazarsfeld (1955/1984) vorgeschlagen wurde. Die hierbei oft vorgenommene Reduktion von qualitativen Methoden auf die Funktion von Ideen- und Hypothesenlieferanten für quantitative Forschung greift allerdings wesentlich zu kurz. Werden qualitative Verfahren der Datenerhebung und -auswertung bei der Erforschung sozialer Strukturen des Lebenslaufs zur Exploration umfangreicher Handlungsfelder eingesetzt, handelt es sich zumeist um aufwendige Forschung, die mit umfangreichen Stichproben in systematischer Weise vorgenommen werden muss und von deren Ergebnissen allein aus forschungsökonomischen Gründen ein hoher Grad an Validität erwartet werden muss. Qualitative Studien machen dann einen wesentlichen, wenn nicht den dominanten Teil einer Multimethodenstudie aus. Angesichts der notwendigen Beschränkung des Umfangs qualitativer Samples ist hier etwa eine besonders elaborierte Form der Stichprobenkonstruktion erforderlich. Prinzipien bewusst heterogener Auswahl und der Auswahl „typischer Fälle" müssen so miteinander kombiniert werden, dass der Einbezug theoretisch relevanter Fälle gesichert werden kann. Die Verknüpfung mit quantitativen Untersuchungen kann sich hierbei als äußerst fruchtbar erweisen, indem die Ergebnisse dieser Untersuchungen relevante sozialstrukturelle Rahmendaten liefern, mit deren Hilfe differierende Handlungsbedingungen für die Akteure im Untersuchungsfeld identifiziert werden können. Auf diese Weise kann die qualitative Analyse von Akteursorientierungen systematisch auf Aspekte der Sozialstruktur bezogen und die oft in interpretativen Ansätzen vorherrschende „Strukturblindheit" überwunden werden.

In der Forschungspraxis der empirischen Lebenslaufsoziologie wurden bislang eine Reihe solcher Strategien der Methodenintegration entwickelt, aber nur selten in ihrer methodologischen Bedeutung diskutiert. Der vorliegende Band versammelt eine Reihe von Arbeiten, in denen methodologische Grundlagen und forschungspraktische Probleme der Methodenintegration anhand theoretischer Grundlagenbeiträge und anhand der Darstellung von empirischen Anwendungsbeispielen diskutiert werden. Alle hier vorgestellten Arbeiten entstammen dem Kontext des Sonderforschungsbereichs 186 „Statuspassagen und Risikolagen im Lebensverlauf" der Universität Bremen, der von 1988 bis 2001 von der Deutschen Forschungsgemeinschaft finanziert wurde.

Die Teilprojekte dieses Sonderforschungsbereichs untersuchten die Strukturierung von Lebensläufen im Deutschland der 1980er und 1990er Jahre zwischen institutioneller Steuerung und individuellen Handlungsstrategien, wobei Statusübergänge in vier Lebensbereichen analysiert wurden: Übergänge vom Ausbildungs- in das Erwerbssystem, Statuspassagen zwischen Reproduktions- und Erwerbsarbeit, Statuspassagen innerhalb der Erwerbsarbeit und Übergänge zwischen Erwerbssystem und sozialer Sicherung (vgl. u.a. Weymann/Heinz 1996; Dietz et al. 1997; Leisering/Leibfried 1999; Heinz 2000; Born/Krüger 2001; Sackmann/Wingens 2001; Leisering/Müller/Schumann 2001). Das Forschungsprogramm des Sonderforschungsbereichs strebte von seinem Anfang eine Verbindung der in der soziologischen Theoriedebatte oftmals disparaten Perspektiven auf „Handeln" und „Struktur" an: Auf der einen Seite sollte die Tatsache berücksichtigt werden, dass Akteure kulturelle Wissens- und Sinnangebote kreativ für die Bildung eigener Präferenzen zusammenbasteln und dabei kontingente (d.h. durch Struktureinflüsse nicht vollständig erklärbare) Entscheidungen treffen. Auf der anderen Seite sollte dabei der Umstand nicht aus dem Blick geraten, dass strukturell bestimmte Handlungsbedingungen für die Akteure einen mehr oder weniger großen Spielraum an Handlungsoptionen festlegen. Die Verbindung der beiden Perspektiven auf Handlung und Struktur erforderte in den meisten Teilprojekten des Sfb die Verknüpfung einer quantitativ ausgerichteten Strukturanalyse mit der qualitativen Untersuchung subjektiver Verarbeitungsmuster der Akteure. Nur durch diese Verbindung quantitativer und qualitativer Erhebungs- und Auswertungsverfahren konnten sowohl die Momente objektiver Sozialstruktur als auch die subjektiven Deutungsmuster und Interpretationsleistungen der Akteure analysiert werden. Um hierbei sowohl die gesellschaftliche als auch die individuelle Dynamik von Lebenslaufstrukturen angemessen in den Blick zu nehmen, wurde die überwiegende Zahl der empirischen Studien als *Panel*studien angelegt. Methodisch liegt damit das Besondere dieses Forschungsansatzes nicht nur in der Verbindung qualitativer und quantitativer Erhebungs- und Auswertungsverfahren, sondern auch darin, die beiden Methodenstränge in der *Längsschnittperspektive* miteinander verbunden zu haben.

In den meisten Teilprojekten des Sfb wurden qualitative und quantitative Erhebungs- und Auswertungsverfahren parallel eingesetzt. Qualitative Untersuchungsschritte waren hier nicht auf die Rolle von *pilot studies* beschränkt, bei denen (nur mehr oder weniger systematisch) „im Feld" Anregungen und erste Hypothesen gesammelt wurden. Vielmehr wurden umfangreiche qualitative Stichproben gezogen und systematisch ausgewertet. In mehreren Projekten wurden dabei strukturierte qualitative „Mikro"-Panels aufgebaut und mit standardisierten „Makro"-Panels synchronisiert. Qualitative und quantitative Ergebnisse ergänzten und validierten sich dabei wechselseitig und wurden gemeinsam zur Hypothesengenerierung und Hypothesenprüfung genutzt. Dabei wurden einerseits aus dem qualitativen Material Konzepte und Hypothesen entwickelt, die in den folgenden Wellen der standardisierten Befragung überprüft wurden. Andererseits wurde das qualitative Material eingesetzt, um Annahmen über Akteursorientierungen nachzugehen, die auf der Basis quantitativer Auswertungen formuliert werden konnten.

Die Integration qualitativer und quantitativer Analyseschritte gestaltete sich jedoch keineswegs von vornherein reibungslos. Vielmehr mussten bislang eine ganze Reihe von methodischen und methodologischen Problemen im Rahmen forschungsbegleitender Methodenentwicklung bearbeitet werden. Diese forschungsbegleitende Methodenentwicklung diente dazu, typische methodische und methodologische Probleme der Methodenintegration zu identifizieren, hierfür auf das einzelne Forschungsprojekt bezogene lokale Lösungen zu entwickeln, und diese Lösungen schließlich anhand methodologischer und theoretischer Reflektionen zu verallgemeinern.

Überblick über die Beiträge des Bandes

Der vorliegende Band fasst die Ergebnisse aus zwölf Jahren forschungsbegleitender Methodenentwicklung am Sonderforschungsbereich in systematischer Weise zusammen. Anhand der Forschungserfahrungen der Teilprojekte sollen die methodologischen und theoretischen Erfordernisse und Voraussetzungen für eine Integration qualitativer und quantitativer Methoden diskutiert werden. Dabei werden Konzepte der Methodenintegration auf allen Ebenen des Forschungsprozesses anhand praktischer Anwendungsbeispiele vorgestellt sowie hierbei häufig entstehende Probleme und mögliche Lösungen aufgezeigt. Der Band gliedert sich dabei in zwei Teile. Während im ersten Teil zunächst die methodologischen und theoretischen Grundlagen der Verbindung qualitativer und quantitativer Verfahren erörtert werden, wird im zweiten Teil anhand von Anwendungsbeispielen der theoretische und empirische Ertrag der Methodenintegration demonstriert.

Dabei werden Probleme aufgezeigt, die bei der Verbindung qualitativer und quantitativer Verfahren entstehen können, und es werden Lösungen für diese Probleme vorgestellt.

Methodologische und theoretische Grundlagen der Methodenintegration werden in den drei Beiträgen des *ersten Teils* erörtert. Zunächst diskutiert Susann Kluge *Strategien der Integration qualitativer und quantitativer Verfahren bei der Datenerhebung und -auswertung*. Anhand von Beispielen aus der Forschungspraxis des Bremer Sonderforschungsbereichs zeigt die Autorin, wie qualitative und quantitative Methoden nicht nur bei der *Stichprobenziehung*, sondern auch bei der *Datenerhebung* und *Datenauswertung* miteinander verknüpft werden können. So lag z.B. der Stichprobenziehung der qualitativen Samples in der Regel ein expliziter Stichprobenplan zugrunde, der anhand *zuvor* durchgeführter quantitativer Befragungen erstellt wurde und somit den klassischen Ablauf des „Phasenmodells" nach Barton und Lazarsfeld (1955/1984) - zuerst die qualitative Pilot-Studie, der dann die quantitative Untersuchung folgt - umdrehte. Weitere Kombinationsmöglichkeiten qualitativer und quantitativer Verfahren bei der Datenerhebung und Datenauswertung ergaben sich u.a. aufgrund des *integrativen Paneldesigns*: In vielen Studien wurden nämlich sowohl im qualitativen als auch im quantitativen Methodenstrang - parallel oder zeitlich versetzt - Mehrfachbefragungen durchgeführt, um die Veränderungen in den Sichtweisen und Handlungsorientierungen der Akteure möglichst zeitnah zu den verschiedenen Risikolagen und Statuspassagen untersuchen zu können. Anhand zahlreicher Beispiele aus den Forschungsprojekten des Sonderforschungsbereichs zeigt Susann Kluge daher, wie qualitative und quantitative Verfahren in einem Paneldesign fruchtbar kombiniert werden können.

Die Verbindung von qualitativen und quantitativen Methoden in einem gemeinsamen Forschungsdesign wirft nicht nur forschungspraktisch-methodische, sondern auch forschungslogische und theoretische Fragen auf nach der logischen Beziehung zwischen jenen theoretischen Aussagen, die auf der Basis von qualitativen und quantitativen (Teil-)Studien formuliert wurden. Udo Kelle und Christian Erzberger widmen sich daher in ihrem Beitrag dem *Verhältnis von qualitativen zu quantitativen Forschungsergebnissen*. Hierzu greifen sie die Diskussion um den Begriff der *Triangulation* auf, der in den Debatten über Methodenintegration der letzten 20 Jahre eine besondere Bedeutung gewonnen hat. Dieser Begriff hat bislang nicht zur Formulierung eines brauchbaren methodologischen Modells der Methodenintegration geführt, weil - so die Autoren des Beitrags - sich die Debatten hierum zumeist nur auf erkenntnistheoretischem und methodologischem Terrain bewegten und der Gegenstandsbezug sozialwissenschaftlicher Forschung ausgeklammert blieb. Eine entscheidende Frage blieb auf diese Weise unthematisiert: die Frage nämlich, *wie* sich Ergebnisse der beiden Forschungsstränge theoretisch zueinander verhalten. Grundlegende Fragen der Methodenintegration lassen sich nur beantworten, wenn die Ebene des

Theoriewissens in die methodologische Reflektion einbezogen wird. Zu diesem Zweck entwickeln die Autoren ein Modell, mit dessen Hilfe sie unter Verwendung empirischer Beispiele drei Möglichkeiten diskutieren, wie sich qualitative und quantitative Forschungsergebnisse zueinander verhalten können: Diese können sich erstens *komplementär* zueinander verhalten, wenn sie unterschiedliche Aspekte eines bestimmten sozialen Phänomens oder unterschiedliche soziale Phänomene beleuchten (ein Beispiel dafür enthält auch der Beitrag von Buhr und Hagen). Qualitative und quantitative Ergebnisse können aber zweitens auch konvergieren und somit zur *gegenseitigen Validierung* genutzt werden, oder sie können drittens *divergieren* bzw. sich widersprechen (hierfür liefern auch Schaeper und Witzel ein Beispiel). Jede dieser Möglichkeiten erfordert einen spezifischen Modus der Verbindung zwischen empirischen Daten mit theoretischen Aussagen, der jeweils durch eine besondere Kombination klassischer logischer Schlussverfahren (Induktion, Deduktion und Retroduktion bzw. Abduktion) realisiert werden kann.

Der methodologische Grundlagenteil des Bandes schließt mit einem Beitrag von Udo Kelle und Susann Kluge über *Validitätskonzepte und Validierungsstrategien im Kontext der Methodenintegration*. Die Kombination qualitativer und quantitativer Verfahren eröffnet einen neuen Zugang zu klassischen Validitätsproblemen, denn beide methodischen Traditionen weisen jeweils spezifische Schwächen und Validitätsbedrohungen, aber auch bestimmte Stärken auf, die sie in etlichen Bereichen für eine gegenseitige Validierung nutzbar machen. Eine Integration qualitativer und quantitativer Methoden zu einer gegenseitigen Validierung von Daten, Methoden und Forschungsergebnissen erfordert jedoch einen gemeinsamen methodologischen Bezugsrahmen, und es ist in der Diskussion zwischen qualitativen und quantitativen Methodikern streitig, ob ein solcher Bezugsrahmen gefunden werden kann. Der erste Teil des Beitrags diskutiert dieses Problem und skizziert eine mögliche gemeinsame Basis von qualitativer und quantitativer Methodologie auf fallibilistischer Grundlage. Anschließend werden anhand konkreter empirischer Beispiele verschiedene Möglichkeiten aufgezeigt, wie qualitative Methoden genutzt werden können, um typische Bedrohungen der internen und externen Validität quantitativer Forschungsergebnisse zu identifizieren und zu bearbeiten.

Im *zweiten Teil* des Bandes werden eine Reihe von methodenintegrativen Studien aus dem Sonderforschungsbereich unter methodologischer und methodischer Perspektive dargestellt und diskutiert. Hierbei wird der Ertrag der Methodenkombination für die sozialwissenschaftliche Wissensproduktion und Theorieentwicklung exemplarisch verdeutlicht, es werden aber auch spezifische Probleme bei der Integration qualitativer und quantitativer Verfahren sowie mögliche Lösungen diskutiert.

Christian Erzberger zeigt zunächst anhand des Problems der *Analyse von „Alleinerziehungszeiten"* von Müttern die Grenzen quantitativer Analysen in der Lebenslaufforschung auf und verdeutlicht die *Notwendigkeit einer qualitativen Forschungsstrategie*, die nicht nur als „Hypothesenlieferant" für die quantitative Forschung fungiert, sondern zur systematischen Sammlung von Datenmaterial führt, welches in standardisierten Umfragen in dieser Form kaum zu erheben ist. Qualitativen Methoden kommt dabei ein eigener Stellenwert im Rahmen sozialwissenschaftlicher Erkenntnisgewinnung zu, weil mit Hilfe dieser Methoden die Relevanzsetzungen und Deutungsmuster der Akteure viel umfassender untersucht werden können als mit standardisierten Daten. Anhand der „Alleinerziehungszeiten" von Müttern erläutert Erzberger ausführlich, wie quantitative Methoden in Zeiten sozialen Wandelns bei der Analyse von Lebensläufen schnell an ihre Grenzen gelangen - und zwar nicht nur die erfolgreiche Technik der „Event-History-Analysis" (Blossfeld/Rohwer 1995), sondern auch *explorative* Analyseverfahren für Längsschnittdaten wie die relativ neue „Optimal-Matching"-Technik (Aisenbrey 1999). Bei beiden Techniken können Erklärungslücken auftreten, wenn erklärende Ereignisse fehlen und empirisch gehaltvolle theoretische Vorannahmen über die Wirkungen der Ereignisse nicht formuliert werden können bzw. die ermittelte Phasenstruktur von Lebensverläufen keine Hinweise zu ihrer Interpretation liefert. Da diese „Lücken" nur mit Hilfe explorativer, *qualitativer* Verfahren geschlossen werden können, ist eine Integration qualitativer und quantitativer Daten und Methoden unverzichtbar.

Petra Buhr und Christine Hagen führen in ihrem Beitrag die von Erzberger sehr ausführlich dargelegte Kritik an einer einseitig ausgerichteten Forschungstrategie fort und zeigen anhand der Ergebnisse ihrer Studie zu *„Sozialhilfekarrieren"*, wie die Varianz der subjektiven Bedeutung von objektiven Bezugszeiten von Sozialhilfe mit Hilfe qualitativer Daten detailliert herausgearbeitet werden kann. Während in den quantitativen Untersuchungen dieses Forschungsprojektes zunächst die zeitlichen Muster des Sozialhilfebezugs im Mittelpunkt standen - etwa die Häufigkeit und Dauer der Sozialhilfeepisoden sowie die Einstiege in den und Ausstiege aus dem Sozialhilfebezug -, wurden diese Verlaufsbetrachtungen im qualitativen Methodenstrang um den Handlungsaspekt erweitert. Buhr und Hagen zeigen dabei eindrücklich, wie sich qualitative und quantitative Auswertungsergebnisse entscheidend ergänzen, weil die objektiven Verläufe des Sozialhilfebezugs durch die subjektiven Relevanzsetzungen der Betroffenen in bedeutsamer Weise relativiert und überformt werden: Weder wird Langzeitbezug immer als belastend und ausweglos erlebt, noch stellt sich Kurzzeitbezug immer als folgen- und bedeutungslos dar. Aufgrund dieser Ergebnisse kommen die Autorinnen zu der Schlussfolgerung, dass ein ausschließlich quantitatives Vorgehen bei der Analyse und Interpretation von Sozialhilfeverläufen zu kurz greift und eine methodenintegrierende Strategie erforderlich ist. Darüber hinaus zeigen sie abschließend, inwiefern die gewonnenen Erkenntnisse nicht nur für das soziologische Konzept von Armut, sondern auch für die Entwicklung sozialpolitischer Maßnahmen relevant sind.

Hildegard Schaeper und Andreas Witzel beschreiben in ihrem Beitrag anhand von Datenmaterial aus einer umfangreichen Längsschnittstudie über „Statuspassagen in die Erwerbstätigkeit" einen eher konventionellen Weg der Methodenintegration, indem sie aufzeigen, wie eine *Typologie „Berufsbiografischer Gestaltungsmodi"*, die zunächst anhand qualitativer Daten entwickelt wurde, *mit Hilfe einer zusätzlichen quantitativen Befragung rekonstruiert* werden kann. Dazu stellen sie die beiden Typologien - d.h. die anhand der qualitativen Daten entwickelte Typologie „Berufsbiografischer Gestaltungsmodi" (BGM) sowie die mit Hilfe der quantitativen Daten rekonstruierte Typologie „Berufsbiografischer Orientierungsmuster" (BOM) - ausführlich dar und skizzieren das Verfahren der Rekonstruktion (Operationalisierung und empirische Klassifikation mittels Clusteranalysen). Anders als zu Beginn der Analysen erwartet, deckten sich die Forschungsergebnisse der beiden Methodenstränge jedoch nur partiell: Obwohl drei Typen der BGM rekonstruiert und damit validiert werden konnten, verhalten sich die übrigen Typen divergent zueinander. Diese Abweichungen zwischen den Ergebnissen führten jedoch zu fruchtbaren Einsichten hinsichtlich des theoretischen und konzeptionellen Status der beiden Typologien sowie bzgl. des Verhältnisses von qualitativen und quantitativen Verfahren zueinander. Schaeper und Witzel legen in ihrem Beitrag ausführlich dar, wie die Differenzen in den Befunden mit *methodenspezifischen Faktoren* (und dabei insbesondere mit dem clusteranalytischen Verfahren), mit *Sozialisationseffekten* (aufgrund der Zeitspanne zwischen der letzten qualitativen Befragungswelle und der vierten quantitativen Erhebung) sowie mit *konzeptionellen Differenzen der Typenkonstruktion* (und zwar zum einen mit dem Ausblenden der Handlungsebene und zum anderen mit der dynamischen bzw. statistischen Herangehensweise) zusammenhängen.

Andreas Böttger befasst sich mit der Frage nach der *Validität qualitativer Erzähldaten* und demonstriert anhand eines Beispiels aus der Forschungspraxis, wie die *Analyse biografischer Rekonstruktionen* effektiv unterstützt werden kann, wenn *qualitative und quantitative Methoden in Panel-Studien kombiniert* werden. Dabei unterscheidet er zunächst zwischen drei Bezugsebenen empirisch-sozialwissenschaftlicher Erkenntnis - der objektiven *Verlaufsebene*, der subjektiven *Erlebensebene* sowie der späteren *Aktualisierungsebene* -, um zu verdeutlichen, dass verschiedene Rekonstruktionen derselben biografischen Ereignisse zu verschiedenen Zeitpunkten nicht vorschnell als Validitäts- bzw. Reliabilitätsproblem begriffen werden dürfen. Vielmehr können auch spezifische biografische Erfahrungen zu verschiedenen „Realitätsvorstellungen" geführt haben, die von den Akteuren zu unterschiedlichen Zeitpunkten als subjektiv sinnvoll erachtet werden. Im Rahmen eines integrativen Paneldesigns ist es jedoch möglich, die Einflüsse der jeweiligen Erhebungssituation und -interaktion sowie die Auswirkungen der zur Zeit der Erhebung jeweils wirksamen Selektions- und Deutungsmechanismen genauer zu identifizieren.

Der Beitrag von Jens Zinn greift schließlich verschiedene Aspekte der *Integration qualitativer und quantitativer Daten und Methoden bei der Untersuchung von Individualisierungsprozessen* auf. Dazu setzt sich Zinn zunächst mit der vielfältigen Verwendung des Individualisierungsbegriffs sowie dem Verhältnis von objektiven Ereignissen zu subjektiven Deutungen einerseits und von Institutionen zu Akteuren andererseits auseinander. Er kommt dabei zu dem Ergebnis, dass die im Individualisierungsdiskurs häufig mitgeführte Trennung zwischen Handlungs*resultaten* und Handlungs*sinn* überwunden werden muss. Wenn der Prozess gesellschaftlicher Individualisierung fundiert untersucht werden soll, müssen vielmehr die Verbindungen zwischen diesen beiden „Teilaspekten" sozialer Handlungen in der Form von Handlungs*logiken* analysiert werden. Da in sich modernisierenden Gesellschaften nicht unhinterfragt davon ausgegangen werden kann, dass sozialstruktureller Wandel auf der Makro-Ebene und institutioneller Wandel auf der Meso-Ebene unidirektional zu Veränderungen auf der Mikro-Ebene der handelnden Akteure führen - was der Autor als *institutionelle Individualisierungsprozesse* bezeichnet -, müssen auch die Sichtweisen, Handlungsorientierungen und Relevanzsetzungen von Akteuren detailliert untersucht werden - wozu es jedoch (ergänzend) qualitativer Verfahren bedarf. Nur wenn qualitative und quantitative Verfahren kombiniert werden, kann auch erforscht werden, welche Handlungslogiken (im Sinne eines neuen gesellschaftlichen Integrationsmodus; Beck 1986) von Akteuren in Auseinandersetzung mit institutionellen Handlungsbedingungen etabliert werden. Auf dieser Ebene spricht der Autor von *personaler Individualisierung*. Mit der Unterscheidung zwischen institutionellen und personalen Individualisierungsprozessen würde sich nach Zinn die Möglichkeit eröffnen, sozialstrukturelle Veränderungen entweder auf Individualisierungsprozesse oder andere gesellschaftliche Wandlungsprozesse zurückzuführen. Anhand eines empirischen Beispiels aus der Lebenslaufforschung zeigt Zinn schließlich die Produktivität der Methodenintegration für die Theoriediskussion. Er bezieht sich dabei insbesondere auf die Typologie *„Berufsbiografischer Gestaltungsmodi"*, die auch im Beitrag von Schaeper und Witzel im Mittelpunkt steht. Anhand dieser Studie verdeutlicht Zinn wie qualitative und quantitative Verfahrensweisen nicht nur bei der Stichprobenziehung, sondern auch bei der Typenbildung und der Quantifizierung der zunächst qualitativ gewonnenen Typologie verbunden werden können, um hinreichend valides empirisches Material für eine fundierte *Analyse von gesellschaftlichen Individualisierungsprozessen* zu erheben.

So zeigen alle diese Beispiele die vielfältigen Möglichkeiten, die mit einer Integration qualitativer und quantitativer Verfahren verbunden sind, aber auch die verschiedenen Probleme, die dabei auftreten können, sowie mögliche Lösungswege. Dabei wird jedoch in allen Beiträgen deutlich, dass Lebensläufe in sich modernisierenden Gesellschaften nur umfassend und angemessen untersucht werden können, wenn qualitative und quantitative Verfahren integriert werden.

Literatur

Aisenbrey, Silke (1999): Optimal Matching Analyse. Opladen: Leske und Budrich
Alheit, Peter/Hoerning, Erika M. (Hrsg.) (1989): Biographisches Wissen. Beiträge zu einer Theorie lebensgeschichtlicher Erfahrung. Frankfurt a. M. und New York: Campus
Andreß, Hans-Jürgen (1996): Arbeitslosigkeit und Arbeitsunfähigkeit. In: Behrens, J./Voges, W. (Hrsg.): Kritische Übergänge. Statuspassagen und sozialpolitische Institutionalisierung. Frankfurt a. M. und New York: Campus, 227-273
Barton, Allen H./Lazarsfeld, Paul F. (1955/1984): Einige Funktionen von qualitativer Analyse in der Sozialforschung. In: Hopf, Chr./Weingarten, E. (Hrsg.): Qualitative Sozialforschung. Stuttgart: Klett-Cotta, 41-89
Beck, Ulrich (1986): Risikogesellschaft. Auf dem Weg in eine andere Moderne. Frankfurt a. M.: Suhrkamp
Beck, Ulrich/Beck-Gernsheim, Elisabeth (1993): Nicht Autonomie, sondern Bastelbiographie. Anmerkungen zur Individualisierungsdiskussion am Beispiel des Aufsatzes von Günter Burkart. In: Zeitschrift für Soziologie 22/93, 178-187
Becker, Gary S. (1974): A Theory of Marriage. In: Schultz, T. W. (Hrsg.): Economics of the Family. Marriage, Children and Human Capital. Chicago: University of Chicago Press, 299-344
Behrens, Johann/Dreyer-Tümmel, Anne (1996): Abstiegskarrieren und Auffangpositionen. In: Behrens, J./Voges, W. (Hrsg.): Kritische Übergänge. Statuspassagen und sozialpolitische Institutionalisierung. Frankfurt a. M. und New York: Campus, 188-226
Bernard, Russell H. (2000): Social Research Methods. Qualitative and Quantitative Approaches. Thousand Oaks: Sage
Blossfeld, Hans-Peter (1990): Berufsverläufe und Arbeitsmarktprozesse. Ergebnisse sozialstruktureller Längsschnittuntersuchungen. In: Mayer, K. U. (Hrsg.): Lebensverläufe und Sozialer Wandel (Sonderheft 31 der Kölner Zeitschrift für Soziologie und Sozialpsychologie). Opladen: Westdeutscher Verlag, 118-145
Blossfeld, Hans-Peter/Huinink, Johannes (1989): Die Verbesserung der Bildungs- und Berufschancen von Frauen und ihr Einfluss auf die Familienbildung. In: Zeitschrift für Bevölkerungswissenschaft 15/89, 383-404
Blossfeld, Hans-Peter/Huinink, Johannes/Rohwer, Götz (1993): Wirkt sich das steigende Bildungsniveau der Frauen tatsächlich negativ auf den Prozess der Familienbildung aus? In: Diekmann, A./Weick, S. (Hrsg.): Der Familienzyklus als sozialer Prozeß. Berlin: Duncker und Humblot, 216-233

Blossfeld, Hans-Peter/Jaenichen, Ursula (1993): Bildungsexpansion und Familienbildung. In: Diekmann, A./Weick, S. (Hrsg.): Der Familienzyklus als sozialer Prozeß. Berlin: Duncker und Humblot, 165-193

Blossfeld, Hans-Peter/Rohwer, Götz (1995): Techniques of Event History Modeling. New Approaches to Causal Analysis. Mahwah und New Jersey: Lawrence Erlbaum Associates

Blumer, Herbert (1969/1981): Der methodologische Standort des symbolischen Interaktionismus. In: Arbeitsgruppe Bielefelder Soziologen (Hrsg.): Alltagswissen, Interaktion und gesellschaftliche Wirklichkeit. Opladen: Westdeutscher Verlag, 80-146

Born, Claudia/Krüger, Helga (Hrsg.) (2001): Individualisierung und Verflechtung. Geschlecht und Generation im deutschen Lebenslaufregime. Weinheim/München: Juventa

Born, Claudia/Krüger, Helga/Lorenz-Meyer, Dagmar (1996): Der unentdeckte Wandel. Annäherung an das Verhältnis von Struktur und Norm im weiblichen Lebenslauf. Berlin: Sigma

Broeck, Andreas van den/Heunks, Felix (1994): Political Culture: Patterns of Political Orientations and Behaviour. In: Ester, P./Halman, L./Moor, R. de (Hrsg.): The Individualizing Society. Value Change in Europe and North America. Tilburg: Tilburg University Press, 67-69

Burkart, Günter (1998): Individualisierung und Elternschaft. Eine empirische Überprüfung der Individualisierungsthese am Beispiel USA und ein Systematisierungsvorschlag. In: Friedrichs, J. (Hrsg.): Die Individualisierungsthese. Opladen: Leske und Budrich, 107-142

Burkhart, Günter (1993): Individualisierung und Elternschaft: Das Beispiel USA. In: Zeitschrift für Soziologie 22/93, 159-177

Cain, Leonard D. (1964): Life Course and Social Structure. In: Faris, R.E.L. (Hrsg.): Handbook of Modern Sociology. Chicago: Rand Mc Nally, 272-309

Coleman, James Samuel (1991): Grundlagen der Sozialtheorie. Band 1: Handlungen und Handlungssysteme. München: Oldenbourg

Cresswell, John W. (1994): Research Design. Qualitative and Quantitative Approaches. Thousand Oaks: Sage

Dausien, Bettina (1996): Biographie und Geschlecht. Zur biographischen Konstruktion sozialer Wirklichkeit in Frauenlebensgeschichten. Bremen: Donat

Diekmann, Andreas (1996): Zeitpunkt der Erstheirat und Streuung des Heiratsalters. In: Behrens, J./Voges, W. (Hrsg.): Kritische Übergänge. Statuspassagen und sozialpolitische Institutionalisierung. Frankfurt a. M. und New York: Campus, 154-168

Ecarius, Jutta (1996): Individualisierung und soziale Reproduktion im Lebensverlauf. Konzepte der Lebenslaufforschung. Opladen: Leske und Budrich

Elder, Glen H. (1978): Family History and the Life Course. In: Hareven, T. K. (Hrsg.): Transitions. New York: Academic Press, 17-64

Elder, Glen H. (1995): The Life Course Paradigm: Social Change and Individual Development. In: Moen, P./Elder, G. H./Lüscher, K. (Hrsg.): Examining Lives in Context. Perspectives on the Ecology of Human Development. Washington: APA, 101-140

Fischer-Rosenthal, Wolfgang/Alheit, Peter (1995) (Hrsg.): Biographien in Deutschland. Soziologische Rekonstruktionen gelebter Gesellschaftsgeschichte. Opladen: Westdeutscher Verlag

Fischer-Rosenthal, Wolfgang/Rosenthal, Gabriele (1997): Warum Biographieanalyse und wie man sie macht. In: Zeitschrift für Sozialisationsforschung und Erziehungswissenschaft 17/97, 405-427
Friedrichs, Jürgen (Hrsg.) (1998): Die Individualisierungsthese. Opladen: Leske und Budrich
Giddens, Anthony (1988): Die Konstitution der Gesellschaft. Grundzüge einer Theorie der Strukturierung. Frankfurt a. M.: Suhrkamp
Giele, Janet Z./Elder, Glen H. (Hrsg.) (1998): Methods of Life Course Research. Qualitative and Quantitative Approaches. Thousand Oaks: Sage
Heinz, Walter R. (1992): Introduction: Institutional Gatekeeping and Biographical Agency. In: Heinz, W. R. (Hrsg.): Institutions and Gatekeeping in the Life Course. (Status Passages and the Life Course, Vol. III). Weinheim: Deutscher Studienverlag, 9-30
Heinz, Walter R. (Hrsg.) (2000): Übergänge: Individualisierung, Flexibilisierung und Institutionalisierung des Lebensverlaufs. 3. Beiheft der Zeitschrift für Soziologie der Erziehung und Sozialisation (ZSE), Weinheim: Juventa
Huinink, Johannes (1990): Familie und Geburtenentwicklung. In: Mayer, K. U. (Hrsg.): Lebensverläufe und Sozialer Wandel (Sonderheft 31 der Kölner Zeitschrift für Soziologie und Sozialpsychologie). Opladen: Westdeutscher Verlag, 239-271
Imhof, Arthur E. (1984): Von der unsicheren zur sicheren Lebenszeit. In: Vierteljahresschrift für Sozial- und Wirtschaftsgeschichte 71/84, 175-198
Kohli, Martin (1985): Die Institutionalisierung des Lebenslaufs. In: Kölner Zeitschrift für Soziologie und Sozialpsychologie 37/85, 1-29
Leisering, Lutz/Leibfried, Stephan (1999): Time and Poverty in Western Welfare States. United Germany in Perspective. Cambridge: Cambridge University Press
Leisering, Lutz/Müller, Rainer/Schumann, Karl F. (Hrsg.) (2001): Institutionen und Lebenslauf im Wandel. Weinheim/München: Juventa
Marini, Margaret M. (1978): The Transition to Adulthood: Sex Differences in Educational Attainment and Age of Marriage. In: American Sociological Review 43/78, 483-507
Mayer, Karl Ulrich (Hrsg.) (1990): Lebensverläufe und Sozialer Wandel (Sonderheft 31 der Kölner Zeitschrift für Soziologie und Sozialpsychologie). Opladen: Westdeutscher Verlag
Mayer, Karl Ulrich/Blossfeld, Hans-Peter (1990): Die gesellschaftliche Konstruktion sozialer Ungleichheit im Lebensverlauf. In: Berger, P. A./Hradil, S. (Hrsg.): Lebenslagen, Lebensläufe, Lebensstile. Sonderband 7 der Zeitschrift „Soziale Welt", Göttingen, 297-318
Mayer, Karl Ulrich/Müller, Walter (1989): Lebensverläufe im Wohlfahrtsstaat. In: Weymann, A. (Hrsg.): Handlungsspielräume. Untersuchungen zur Individualisierung und Institutionalisierung von Lebensläufen in der Moderne. Stuttgart: Enke, 41-60
Meulemann, Heiner (1990): Schullaufbahnen, Ausbildungskarrieren und die Folgen im Lebensverlauf. Der Beitrag der Lebenslaufforschung zur Bildungssoziologie. In: Mayer, K. U. (Hrsg.): Lebensverläufe und Sozialer Wandel (Sonderheft 31 der Kölner Zeitschrift für Soziologie und Sozialpsychologie). Opladen: Westdeutscher Verlag, 89-117

Rindfuss, Ronald R./Swicegood, C. Gray/Rosenfeld, Rachel A. (1987): Disorders in the Life Course. In: American Sociological Review 52/87, 785-801

Ryder, Norman B. (1965): The Cohort as a Concept in the Study of Social Change. In: American Sociological Review 30/65, 843-861

Sackmann, Reinhold (1998): Konkurrierende Generationen auf dem Arbeitsmarkt. Altersstrukturierung in Arbeitsmarkt und Sozialpolitik. Opladen: Westdeutscher Verlag

Sackmann, Reinhold/Wingens, Matthias (Hrsg.) (2001): Strukturen des Lebenslaufs: Übergang, Sequenz, Verlauf. Weinheim/München: Juventa

Wagner, Gert (1996): „Gemeinsamer Rentenzugang". In: Behrens, J./Voges, W. (Hrsg.): Kritische Übergänge. Statuspassagen und sozialpolitische Institutionalisierung. Frankfurt a. M. und New York: Campus, 323-348

Weymann, Ansgar (Hrsg.) (1989): Handlungsspielräume. Untersuchungen zur Individualisierung und Institutionalisierung von Lebensläufen in der Moderne. Stuttgart: Enke

Weymann, Ansgar/Heinz, Walter R. (Hrsg.) (1996): Society and Biography. Interrelationships between Social Structure, Institutions and the Life Course. Weinheim: Deutscher Studien Verlag

Winsborough, Halliman H. (1979): Changes in the Transition to Adulthood. In: Riley, M. W. (Hrsg.): Aging from Birth to Death. Boulder/Col.: Westview Press, 137-152

Methodologische und theoretische Grundlagen der Methodenintegration in der Lebenslaufforschung

Susann Kluge

Strategien zur Integration qualitativer und quantitativer Erhebungs- und Auswertungsverfahren
Ein methodischer und methodologischer Bericht aus dem Sonderforschungsbereich 186 „Statuspassagen und Risikolagen im Lebensverlauf"

Einleitung

Die mit dem Forschungsprogramm des Sonderforschungsbereichs 186 angestrebte Verknüpfung der Analyse sozialer Strukturen mit der Untersuchung biografischer Orientierungen der Akteure erforderte den *parallelen Einsatz* qualitativer und quantitativer Erhebungs- und Auswertungsverfahren (siehe hierzu ausführlich die Einleitung in diesem Band): Während mit Hilfe *quantitativer* Methoden vor allem jene sozialstrukturellen Bedingungen ermittelt werden konnten, die die Handlungskontexte der Akteure ausmachen, wurde mit Hilfe *qualitativer* Verfahren erforscht, wie die Akteure die strukturell vorgegebenen Situationslogiken und Handlungsoptionen deuten und auf sie reagieren. Durch diese integrative Vorgehensweise konnten zudem weitere Stärken beider Verfahrensweisen genutzt werden: So führten die Analysen der umfangreichen verbalen Daten in der Regel zu einem umfassenderen und tiefergehenden Verständnis der Sichtweisen und Deutungsmuster der Akteure, weil die Befragten in den qualitativen Interviews die Gelegenheit hatten, die verschiedenen biografischen Prozesse, die sie durchlaufen haben, in allen Einzelheiten zu berichten. Andererseits konnte mit Hilfe der standardisierten Daten u.a. geprüft werden, inwiefern die Ergebnisse qualitativer Untersuchungen generalisierbar sind (siehe u.a. Dietz 1997, 41).

Die Integration qualitativer und quantitativer Verfahren ging jedoch über diese „klassische" Arbeitsteilung im Sinne von Barton und Lazarsfeld (1984) weit hinaus, bei der die qualitativen Daten lediglich Hypothesen liefern, die dann mittels quantitativer Untersuchungen überprüft werden (vgl. hierzu auch Kelle/Kluge in diesem Band). Die Vielfältigkeit der Kombinationsmöglichkeiten beider Verfahren zeigte sich dabei nicht nur bei der *Stichprobenziehung*, sondern auch bei der *Datenerhebung* und *Datenaus-*

wertung. Im zweiten Abschnitt dieses Beitrags werden daher eine Reihe ganz unterschiedlicher Strategien zur Integration qualitativer und quantitativer Erhebungs- und Auswertungsverfahren anhand zahlreicher Beispiele präsentiert. Ein Teil dieser Strategien war allerdings nur realisierbar, weil sowohl die qualitativen als auch die quantitativen Untersuchungen als prospektive Längsschnittstudien *mit mehreren Erhebungswellen* - und damit als Panelstudien - konzipiert worden sind, die komplexere Wege der Integration ermöglichten. Das Grundkonzept eines solchen *integrativen Paneldesigns* soll daher zunächst im ersten Abschnitt ausführlich erläutert werden.

1. Das Grundmodell des „integrativen Paneldesigns"

Im Mittelpunkt der Forschungsaktivitäten des Sonderforschungsbereichs 186 stand die Untersuchung von „Statuspassagen und Risikolagen im Lebensverlauf". Dabei wurden sowohl Übergänge *vom Ausbildungs- in das Erwerbssystem* (Projektbereich A), Statuspassagen zwischen *Reproduktions- und Erwerbsarbeit* (Projektbereich B) sowie *innerhalb der Erwerbsarbeit* (Projektbereich C) als auch Übergänge zwischen *dem Erwerbssystem und sozialer Sicherung* (Projektbereich D) erforscht. Um nun fundiert untersuchen zu können, wie das Erleben dieser verschiedenartigen Übergänge und Statuspassagen - wie z.B. die Wege in die, durch die und aus der Sozialhilfe hinaus - die Sichtweisen und Deutungsmuster der Akteure veränderte, war es sinnvoll, die individuellen Akteure möglichst *vor* (bzw. zu Beginn), *während* und *nach* diesen entscheidenden Lebensphasen zu befragen. Zum einen können sich die Befragten in der Regel besser erinnern, wenn die zeitliche Distanz zu den Ereignissen, die berichtet werden, geringer ist. Zum anderen kann durch Mehrfachbefragungen zu verschiedenen Zeitpunkten besser gewährleistet werden, dass frühere Meinungen und Einstellungen nicht von späteren Erfahrungen „überblendet" oder der heutigen Sichtweise auf diese Lebensphasen „angepasst" werden (zu diesem Problem ausführlich Böttger in diesem Band).

Um nun diese verschiedenen Vorteile prospektiver Längsschnittstudien mit mehreren Erhebungswellen nutzen zu können, wurden in der Regel sowohl bei den qualitativen als auch bei den quantitativen Befragungen im Schnitt jeweils drei Wellen erhoben. Wie Abbildung 1 zu entnehmen ist, sind dabei die quantitativen und qualitativen Erhebungen - soweit dies zeitlich möglich war - zumeist *abwechselnd* durchgeführt worden.

Im Teilprojekt A3, in dem die Zusammenhänge zwischen *Ausbildung, Beruf und abweichendem Verhalten bei jungen Erwachsenen* erforscht wurden (vgl. Dietz et al. 1997), sind in beiden Methodensträngen sogar jeweils *fünf* Wellen erhoben worden. So war es möglich, den Entwicklungsweg sowie die Einstellungen und Verarbeitungsmuster der Jugendlichen über den sehr langen Beobachtungszeitraum von zwölf Jahren - beginnend mit dem

Schulabgang über die gesamte Ausbildungszeit bis in die ersten Berufsjahre hinein - *prozessbegleitend* zu verfolgen.

Abb. 1: Ausgewählte Teilprojekte des Sonderforschungsbereichs 186 „Statuspassagen und Risikolagen im Lebensverlauf"

Projekt*	Quantitative Erhebungen		Qualitative Erhebungen	
	Anzahl der Wellen	n	Anzahl der Wellen	n
Statuspassagen in die Erwerbstätigkeit Walter R. Heinz (A1)	1. Welle (1989) 2. Welle (1991) 3. Welle (1994) 4. Welle (1997)	2230 1304 1040 989	1. Welle (1989) 2. Welle (1991) 3. Welle (1994)	194 113 91
Ausbildung, Beruf und Delinquenz Karl F. Schumann (A3)	1. Welle (1989) 2. Welle (1992) 3. Welle (1995) 4. Welle (1997) 5. Welle (2000)	732 426 376 370 329	1. Welle (1989) 2. Welle (1990) 3. Welle (1992) 4. Welle (1994) 5. Welle (1997)	60 55 48 57 52
Berufsverläufe im Sozialen Wandel Ansgar Weymann (A4)	1. Welle (2 Koh./1994) 2. Welle (3 Koh./1997) 3. Welle (3 Koh./2000)	2130 3783 2203	1. Welle (1993) 2. Welle (1995)	67 47
Erwerbsverläufe in typischen Frauenberufen Helga Krüger (B1)	1. Erhebung (1989) 2. Erhebung (1991) 3. Erhebung (1994)	220 74 149	1. Erhebung (1989) 2. Erhebung (1991) 3. Erhebung (1994)	52 (w) 37 (m) 46 (w/m)
Sozialhilfekarrieren. Die Bremer Langzeitstudie Stephan Leibfried (D3)	1. Kohorte (1983) 2. Kohorte (1989)	586 922	1. Kohorte (1983) 2. Koh./1.W. (1995) 2. Koh./2.W. (1997)	82 72 36

* Neben einem Kurztitel für das Projekt werden die ProjektleiterInnen sowie die Projektkürzel im Rahmen des Sonderforschungsbereichs 186 genannt, wobei der Buchstabe für den jeweiligen Projektbereich steht.

Auch die Analysen des Teilprojekts A1, in dem die *Statuspassagen junger Fachkräfte in die Erwerbstätigkeit* nach dem Abschluss einer Berufsausbildung erforscht wurden (vgl. Mönnich/Witzel 1994; Heinz et al. 1998), haben gezeigt, dass das *Beobachtungsfenster* einen Zeitraum von mehreren Jahren umfassen muss, um den Prozesscharakter der Berufseinmündung angemessen untersuchen und *langfristige* Handlungsstrategien und Orientierungsmuster ermitteln und validieren zu können. Entsprechend wurde in dieser Studie der Übergang in das Erwerbsleben über einen Zeitraum von acht Jahren nach dem Ausbildungsende der jungen Fachkräfte untersucht. Ist der Beobachtungszeitraum zu klein, besteht nämlich die Gefahr, dass langfristige Handlungs- und Orientierungsmuster von den Erfahrungen mit zeitlich begrenzten Ereignissen (wie z.B. der Lehrstellensuche) überlagert werden (siehe Schaeper/Witzel in diesem Band sowie Witzel/Kühn 1999). Andererseits dürfen die einzelnen Erhebungszeitpunkte nicht zu weit auseinander liegen, damit sich die Befragten auch noch gut an die interessierenden Statuspassagen und andere bedeutsame Lebensereignisse erinnern können. Durch regelmäßige Befragungen in einem Abstand von maximal drei Jahren sollten deshalb Erinnerungslücken möglichst gering gehalten und die Gefahr von linearisierten ex-post-Rekonstruktionen minimiert werden. Aufgrund dieses komplexen Forschungsdesigns war es letztlich in beiden Studien möglich, die Handlungs- und Problemlösungsmuster der befragten Jugendlichen - während ihrer Statuspassagen von der Schule über Bildungsmaßnahmen in den Beruf - nicht nur detaillierter, sondern auch in ihrer Prozesshaftigkeit nachzuzeichnen.

Mit Hilfe der durchgeführten *Mehrfachbefragungen* konnten nun die *Veränderungen* in den Sichtweisen und Deutungsmustern der Akteure sehr differenziert erfasst werden, ohne dass die Schilderung und Bewertung früherer Ereignisse von späteren Erfahrungen beeinflusst wurde, wie dies bei einer retrospektiven Schilderung von Lebensereignissen über einen längeren Zeitraum der Fall wäre. So konnte detailliert untersucht werden, *wie* bestimmte Erfahrungen - etwa während der Lehrstellensuche, in der Ausbildung, in den ersten Jahren der Erwerbstätigkeit oder während Phasen der Erwerbslosigkeit oder des Sozialhilfebezugs - Veränderungen in den ursprünglichen Vorstellungen und Plänen der individuellen Akteure bewirken (siehe auch Hagen/Niemann 2001 sowie Buhr/Hagen in diesem Band). Teilweise mussten entsprechende Auswertungsschemata, die dem Längsschnittcharakter der Daten gerecht wurden, erst entwickelt werden. So wurde etwa in der erwähnten Studie über *Statuspassagen in die Erwerbstätigkeit* ein heuristisch-analytisches Schema entwickelt, um die Einmündungsprozesse in den Beruf sowie die ersten Berufsjahre junger Fachkräfte angemessen untersuchen zu können: Indem die ursprünglichen *Aspirationen*, die jeweils an eine berufliche Option (z.B. eine Bewerbung) geknüpft wurden, zur erfolgten *Realisation* dieser Aspiration und späteren *Bilanzierung* in Bezug gesetzt wurden (wobei diese *Bilanzierungen* wiederum den Anknüpfungspunkt für spätere Aspirationen darstellten), konnten die sich entwickelnden Handlungsketten sowie die ihnen zugrunde liegenden Motive differenziert analysiert werden (zu diesem sog. BARB-Schema - abgeleitet aus den Anfangsbuchstaben der vier zentralen Stationen: *B*ilanzierung, *A*spiration, *R*ealisation und *B*ilanzierung - siehe Witzel/Kühn 2000).

Da die Befragten auch in späteren Interviews immer wieder Bezug auf frühere Ereignisse und Erfahrungen nehmen, um z.B. „Entwicklungslinien" aufzuzeigen, ist es mit Hilfe eines solchen Paneldesigns möglich, nicht nur Veränderungen, sondern auch die *Konsistenz* bestimmter Themen, Handlungs- und Sichtweisen zu untersuchen und damit die *Validität der „Erzähldaten"* zu überprüfen. Diese Validitätsprüfungen konnten z.B. in der Studie über *Delinquenzmuster junger Erwachsener* durchgeführt werden, weil in jeder qualitativen Welle neben den verschiedenen Schwerpunkt-Themen *übergeordnete Fragen* gestellt wurden, die sich einerseits auf die Auswertungen der vorangegangenen Wellen, andererseits aber immer wieder auf den Zusammenhang zwischen den Erfahrungen der Jugendlichen im Berufsbildungssystem, ihrem abweichenden Verhalten und den Reaktionen der Kontrollinstanzen darauf bezogen. Entsprechend berichteten die Jugendlichen in jeder Welle, wie sie die erreichte aktuelle Berufssituation einschätzten, ob sie ihre ursprünglich angestrebten Ziele weiterhin für erreichbar hielten, ob (weitere) Selektions- und Kontrollerfahrungen gemacht wurden und wie sie diese verarbeitet hatten. Dieser Forschungsansatz bot daher eine besondere Gelegenheit, Validitätsprobleme biografischer Befragungen, die bereits seit längerem in der qualitativen Sozialforschung diskutiert werden, grundlegend zu untersuchen (vgl. Bude 1985; Gerhardt 1985; Kelle/Kluge/Prein 1993, 71 f; Strobl/Böttger 1996; Kühn/Witzel 2000, Abs. 8; sowie auch Böttger in diesem Band). In der Studie über die *Statuspassagen junger Fachkräfte in die Erwerbstätigkeit* wurde zudem versucht, eine umfangreiche Typologie berufsbiografischer Gestaltungsmodi, die zunächst anhand der *qualitativen* Paneldaten entwickelt worden ist, mit Hilfe der *quantitativen* Daten einer späteren Erhebungswelle zu rekonstruieren. Auf diese Weise sollte die ursprüngliche Typologie validiert und ihre Generalisierbarkeit geprüft werden. Außerdem konnten die Zuordnungen der untersuchten Personen zu den verschiedenen (qualitativen) Typen überprüft und weitere Zusammenhänge zwischen sozialstrukturellen und berufsspezifischen Faktoren untersucht werden (siehe hierzu ausführlich Schaeper/Witzel in diesem Band).

Überprüft man die Konsistenz von biografischen Erzählungen, muss jedoch bedacht werden, dass es manchmal auf den ersten Blick so scheint, als ob einzelne Ereignisse oder Einstellungen (wie z.B. Berufswünsche, die bereits in der Kinder- und Jugendzeit bestanden) von den Befragten in einer späteren Welle des Panels „anders" geschildert werden als in früheren Befragungen. Die Änderung der Darstellung kann allerdings sowohl auf aktuelle Erinnerungslücken hinweisen als auch von jenen Erlebnissen beeinflusst worden sein, die zwischen den Panelwellen gemacht wurden. Bei Panelstudien ist es nun oft möglich, solche Erfahrungen anhand einer späteren Befragung zu ermitteln und so die vermeintlichen Inkonsistenzen in der Darstellung zu klären (siehe hierzu insbes. den Beitrag von Böttger in diesem Band, aber auch Witzel/Kühn 1999). In Einzelfällen konnten aufgrund einer späteren Befragung auch Unklarheiten und Widersprüche, die zwischen den Aussagen in einem früheren Interview auftraten und die zunächst nicht erklärbar waren, in späteren Wellen ausdrücklich thematisiert und geklärt werden. So verschwieg z.B. in der Studie über *Sozialhilfekarrieren* (siehe hierzu auch Buhr/Hagen in diesem Band) eine Sozialhilfeempfängerin im Erstinterview ihre Drogensucht. Dies führte zunächst zu Brüchen und Widersprüchen im Text, die jedoch vor dem Hintergrund der im Zweitinterview berichteten Drogenabhängigkeit geklärt werden konnten.

Erfahrungen bei der Umsetzung eines integrativen Paneldesigns zeigten darüber hinaus, dass das Vertrauen zwischen den Befragten und den InterviewerInnen bei Mehrfachbefragungen oftmals von Welle zu Welle zunimmt und die Befragten sich dann auch offener über „schwierige" Themen äußern, die wie abweichendes Verhalten oder der Bezug von Sozialhilfe zu Diskriminierungen und Stigmatisierungen im sozialen Umfeld führen können. Diese wachsende Offenheit verringert die Gefahr von Verzerrungen durch die Interviewsituation und erhöht damit die externe Validität[1] des qualitativen Interviewmaterials (vgl. Kelle/Kluge/Prein 1993 sowie Kelle/ Kluge in diesem Band).

Schließlich konnten Ergebnisse, die anhand der qualitativen Daten gewonnen wurden, mit Hilfe des quantitativen Panels auf ihre *Verallgemeinerungsfähigkeit* hin überprüft werden. So wurde z.B. in der Studie zu *Delinquenzmustern junger Erwachsener* untersucht, inwieweit negative Selektionen - etwa wenn die Jugendlichen keine Lehrstelle in ihrem Wunschberuf bekommen konnten oder die Gesellenprüfung nicht bestanden - in der Berufssphäre akzeptiert wurden, weil ein mittelfristiges Ziel trotzdem weiterverfolgt werden konnte, oder wie Ereignisse des beruflichen Scheiterns verarbeitet und ggf. zu neuen Chancen umgedeutet wurden. Während anhand der qualitativen Daten die *subjektive* Rationalität solcher individuellen Verarbeitungsprozesse untersucht wurde, konnte die *Verbreitung* entsprechender Deutungstechniken und Adaptionsformen anhand der standardisierten Daten ermittelt werden (vgl. Dietz et al. 1997, 41 f).

Das Besondere dieses methodischen Ansatzes besteht also nicht nur in der parallelen Verwendung qualitativer und quantitativer Erhebungs- und Auswertungsverfahren, sondern auch darin, die beiden Methodenstränge in der *Längsschnittperspektive* miteinander zu verbinden. Die qualitativen Untersuchungen dienen dabei nicht primär als Pilotstudien zur Generierung von Hypothesen, die dann in den quantitativen Teilstudien überprüft werden können, sondern stellen einen systematisch aufgebauten eigenen Untersuchungsstrang dar. Qualitative und quantitative Datenerhebung und -auswertung ergänzen sich dabei in mehrfacher Weise.

So wurden in vielen Studien des Sonderforschungsbereichs 186 die Ergebnisse der ersten standardisierten Erhebung, die fast immer vor der ersten qualitativen Befragung erfolgte, genutzt, um auf dieser Basis das qualitative Sample zu ziehen (siehe hierzu ausführlich den folgenden Abschnitt 2.1 sowie Abb. 2). Oft sind auch bereits im Laufe einer Studie die mit Hilfe des einen Methodenstrangs produzierten *Zwischen*ergebnisse in der nächsten Welle der Befragung, die mit Hilfe des anderen Methodenstrangs durchgeführt wurde, einbezogen worden. Hierdurch konnten neue Fragestellungen, die sich aus den bisherigen Befunden ergaben, mit Hilfe weiterer Befragungen beantwortet oder neue Themenbereiche vertieft behandelt werden (siehe hierzu Abschnitt 2.2).

Komplexe statistische Modelle können oftmals die Zusammenhänge zwischen den verschiedenen Einzelfaktoren nur konstatieren, aber nicht weiter

---

1 Zur externen Validierung konnten in den Studien des Sonderforschungsbereichs darüber hinaus nicht nur die qualitativen und quantitativen Daten, sondern auch weitere prozessproduzierte Daten aus administrativen Kontexten (etwa aus Aktenanalysen wie in den Studien zu Sozialhilfekarrieren und den Zusammenhängen zwischen Ausbildung, Beruf und Delinquenz) genutzt werden.

erklären, d.h. es bleibt dabei vielfach offen, *warum* diese Zusammenhänge bestehen (siehe hierzu insbes. Kelle/Erzberger und Erzberger in diesem Band).

Abb. 2: Modell zur Integration qualitativer und quantitativer Verfahren in der Lebenslaufforschung

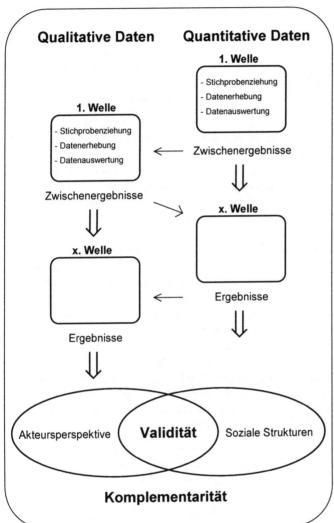

Auch die ForscherInnen, die die Zusammenhänge zwischen dem *Berufsverlauf und dem abweichenden Verhalten bei Jugendlichen* untersucht haben, konnten sich zunächst ein Ergebnis der quantitativen Datenauswertung nicht erklären: Bei der Untersuchung des Delinquenzverhaltens der Mitglieder ihres Samples stellte sich heraus, dass gerade beruflich erfolgreiche Jugendliche, die eigentlich über genug finanzielle Mittel verfügen müssten, überproportional häufig Eigentumsdelikte begingen. Erst Analysen der qualitativen Daten ermöglichten es, die verschiedenen Handlungsmotive und -muster der Jugendlichen detailliert und in ihrer Prozesshaftigkeit zu ermitteln (siehe hierzu Dietz et al. 1997, 41 f, 249 f sowie Abschnitt 2.2.3, aber auch Kelle/Kluge sowie Buhr/Hagen in diesem Band). Weil quantitative (Längsschnitt-)Daten notwendigerweise standardardisiert sind, eignen sie sich nur sehr bedingt für solche ins Detail gehenden Analysen. Mit Hilfe qualitativer Daten ist es dagegen möglich, Annahmen über spezifische Akteursorientierungen, die auf der Grundlage quantitativer Analysen entwickelt worden sind, weiterzuverfolgen. Umgekehrt können aber auch Hypothesen, die auf qualitativen Analysen und Auswertungsergebnissen basieren, in der darauf folgenden quantitativen Panelwelle weiter erhärtet werden.

Diese Überlegungen verweisen nun auf einen zentralen Aspekt der Methodenintegration, der in diesem Band ausführlich von Kelle und Erzberger behandelt wird. Es existieren zwar zahlreiche Möglichkeiten, qualitative und quantitative Verfahrensweisen bei der Stichprobenziehung sowie bei der Datenerhebung und -auswertung zu kombinieren, im Mittelpunkt eines methodenintegrativen Vorgehens müssen jedoch - wie in jeder anderen Studie auch - die Forschungs*resultate* stehen. Die Methoden sind lediglich Mittel zum Zweck, empirisch angemessene Antworten auf die Untersuchungsfrage(n) zu ermitteln. Liegen jedoch bei einer Studie, in der qualitative und quantitative Methoden kombiniert werden, die (End-)Ergebnisse aus beiden Methodensträngen vor, muss geprüft werden (siehe auch Abb. 2), inwiefern diese Ergebnisse (1.) *übereinstimmen* und damit zur gegenseitigen Validierung beitragen, (2.) sich *zueinander komplementär* verhalten, indem sie unterschiedliche Aspekte eines bestimmten sozialen Sachverhalts beleuchten, oder (3.) *sich widersprechen*. In diesem Fall muss dann untersucht werden, ob einer - oder beide - Methodenstränge unzuverlässige Ergebnisse erbracht haben oder ob die zugrunde gelegten theoretischen Modelle überprüft werden müssen (siehe hierzu ausführlich Kelle/Erzberger in diesem Band sowie Kelle/Erzberger 1999).

Insgesamt trägt die Integration qualitativer und quantitativer Verfahrensweisen damit zu einem erhöhten *Erkenntnisgewinn* bei: Ergänzen sich die Ergebnisse der beiden Methodenstränge, ergibt sich ein vollständigeres Bild des Untersuchungsgegenstandes. Stimmen die Ergebnisse überein, so validieren sie sich gegenseitig und tragen damit zur Absicherung und Bestätigung der gewonnenen Resultate bei. Und widersprechen sich die Ergebnisse, kann dies zu weiteren wichtigen Forschungen führen. Ein integratives *Panel*design bietet dabei in der Regel die Möglichkeit, die notwendigen Überprüfungen noch in der gleichen Studie vorzunehmen: und zwar entweder in der nächsten Erhebungswelle der anderen Verfahrensweise oder in der folgenden Welle des gleichen Methodenstrangs.

Das Hauptziel der Methodenintegration besteht jedoch in der Regel darin, *die untersuchten sozialen Phänomene von verschiedenen Seiten und unter verschiedenen Perspektiven zu beleuchten.* Insofern sich dabei die jeweiligen Ergebnisse auf gleiche Sachverhalte beziehen, kann selbstverständlich auch deren Validität überprüft werden, was jedoch in der Regel eher einen „Nebeneffekt" als den Hauptzweck der Methodenintegration darstellt.

2. Strategien zur Integration qualitativer und quantitativer Erhebungs- und Auswertungsverfahren

Auch wenn mit der Kombination von qualitativen und quantitativen Methoden im Rahmen eines Forschungsdesigns meist bezweckt wird, anhand der einzelnen Auswertungsergebnisse einer Studie verschiedene Aspekte eines Phänomens zu beleuchten, können sich beide Verfahrensweisen auch im Laufe des Forschungsprozesses - z.B. bei der Datenerhebung und -auswertung - in sinnvoller und fruchtbarer Weise ergänzen. Im Folgenden werden deshalb konkrete Strategien der Methodenintegration vorgestellt und diskutiert, die auf verschiedenen Ebenen des Forschungsprozesses zur Anwendung kommen können. Anhand von Beispielen aus der Forschungspraxis werden verschiedene Strategien (1.) für die *Stichprobenziehung,* (2.) für die *Datenerhebung* und (3.) für die *Datenauswertung* aufgezeigt und vertieft.

2.1 Stichprobenauswahl

In der Regel wird im Kontext empirischer Sozialforschung nicht mit Vollerhebungen gearbeitet: Die untersuchten Grundgesamtheiten sind in der Regel so groß, dass sich ein solches Vorgehen schon aus forschungsökonomischen Gründen verbietet. Selbst dort, wo es möglich ist, bestimmte - z.B. regional begrenzte - Vollerhebungen vorzunehmen, beziehen sich die Ergebnisse, die auf dieser Grundlage formuliert werden, in der Regel auf Populationen, die größer sind als die untersuchte Gruppe: Wenn etwa ein Forschungsprojekt alle Haupt- und SonderschülerInnen eines Jahrgangs in Bremen befragt, so liegt das Ziel nicht darin, eine Theorie über Bremer Haupt- und SonderschülerInnen dieses bestimmten Jahrgangs zu entwickeln, sondern einen Beitrag zur Theorie abweichenden Verhaltens bei bildungsbenachteiligten Jugendlichen bzw. jungen Erwachsenen insgesamt zu liefern.

Die Übertragung von quantitativen Samplingstrategien auf qualitative Untersuchungen erweist sich jedoch als problematisch. Die hier angewendeten Verfahren der Zufallsauswahl (vgl. Kerlinger 1975, 109; Mayntz et al. 1972, 70; Sahner 1990, 14; Schnell/Hill/Esser 1999, 284), mit deren Hilfe sichergestellt werden soll, dass alle möglichen Ausprägungen bzw. Kombinationen von Ausprägungen relevanter Variablen gemäß ihrer Verteilung in der

Grundgesamtheit erfasst werden, sind (auch im Rahmen quantitativer Untersuchungen) für kleine Stichproben wegen der hier zu erwartenden Stichprobenfehler bzw. „Lotterieschäden" nur bedingt einsetzbar (vgl. Kelle/Prein 1994, 1995; Prein/Kluge/Kelle 1994). Die qualitative Sozialforschung ist jedoch, weil die einzelnen Fälle einer intensiveren inhaltlichen Analyse unterzogen werden, stets auf die Ziehung kleiner Stichproben angewiesen (siehe auch Erzberger/Kluge 2000).

Für die Ziehung von qualitativen Stichproben hatten Glaser und Strauss (1967/1998, 1974) bereits das Konzept des *theoretical sampling* entwickelt (siehe hierzu auch Kelle/Kluge 1999, 44 ff.). Grundlage des Verfahrens ist eine *sequentielle* Ziehung von Fällen: Nachdem durch eine sorgfältige Analyse des ersten Falles Hypothesen entwickelt wurden, werden auf deren Basis so lange weitere *kontrastierende* Fälle erhoben, bis gewährleistet scheint, dass durch die Untersuchung weiterer Fälle keine neuen Erkenntnisse mehr gewonnen werden können („theoretische Sättigung" des Samples). Durch ein solches Vorgehen soll sichergestellt werden, dass wesentliche Faktoren für eine Theorie über das untersuchte Phänomen in die Analyse einbezogen worden sind. Hierbei gehen Fallanalyse und Stichprobenziehung Hand in Hand. Die UntersucherInnen verfügen deshalb zu Anfang über keinen Stichprobenplan, welcher ihnen Kriterien zur Ziehung des Samples oder die Stichprobengröße angibt. Da dieses Verfahren also offene Untersuchungsdesigns erfordert, in denen weder Stichprobenpläne noch die Dauer des Erhebungsprozesses festgelegt sind, kann der Aufwand für die Erhebung und Auswertung der Daten im Vorfeld nur sehr begrenzt abgeschätzt werden.

Das Prinzip einer *bewusst heterogenen Stichprobenauswahl* lässt sich jedoch auch auf andere Weise realisieren. Durch eine a priori Definition von *relevanten Schichtungsmerkmalen* kann sichergestellt werden, dass Träger bestimmter theoretisch relevanter Merkmalskombinationen im Sample vertreten sind und damit theoretisch bedeutsame Verzerrungen vermieden werden. Für die Stichprobenvalidität ist dann nicht Repräsentativität bezogen auf alle denkbaren Merkmale ausschlaggebend, sondern es muss lediglich sichergestellt werden, dass Träger der Merkmalskombinationen, die als theroretisch relevant erachtet werden, in der Stichprobe hinreichend vertreten sind (vgl. auch Kriz/Lisch 1988, 220). Merkmale, die für die Fragestellung nicht relevant sind, können dagegen vernachlässigt werden (vgl. Kelle/ Kluge/Prein 1993, 62 f).

Bei einem bewusst heterogenen Auswahlverfahren wird ein Grundsatz berücksichtigt, der auch in der quantitativen Forschung gilt: Bei kleinen Stichproben muss eine dysproportionale Schichtung als das Samplingverfahren der Wahl betrachtet werden, weil hierdurch am ehesten Verzerrungen vermieden werden können. Im Gegensatz zum *theoretical sampling* sensu Glaser und Strauss werden bei diesem Vorgehen einer theoriegeleiteten Stichprobenziehung der Stichprobenumfang und die Ziehungskriterien *vor* der Erhebung festgelegt und die Daten erst *nach* der Erhebung analysiert. Eine solche Samplingstrategie wurde bereits von Cook und Campbell (1979, 75 ff.) vorgeschlagen, die allerdings nicht deutlich gemacht hatten, durch welche Kriterien und Prozeduren die Erfassung möglichst großer Heterogenität sichergestellt werden kann. Die Erfassung von Heterogenität durch die Festlegung von a priori Kriterien wird in der Literatur auch von qualitativ orientierten Autoren, etwa von Alan Bryman gefordert (vgl. Bryman 1988, 136 f; siehe auch Merkens 2000, 290 ff. mit weiteren Hinweisen). Auch hier werden jedoch konkrete Strategien einer theoriegeleiteten Samplebildung und methodologische Regeln für eine solche Vorgehensweise nicht beschrieben.

Dabei muss berücksichtigt werden, dass auch diese methodologischen Regeln wiederum nicht ohne Bezug auf einen theoretischen Kontext formuliert werden können. Bei der theoriegeleiteten Stichprobenziehung anhand eines festgelegten Stichprobenplans müssen die wesentlichen Auswahlkriterien - die „Schichtungsmerkmale" - anhand theoretischer Vorüberlegungen bestimmt werden. Wird, wie im Sonderforschungsbereich 186, bei der Untersuchung sozialer Phänomene die Verschränkung der Perspektive auf soziale Strukturen mit der Erforschung der Sichtweise der Akteure angestrebt, so bietet sich folgende Strategie an: In einem ersten Schritt werden die wesentlichen sozialstrukturellen Einflüsse, denen das Handeln der Akteure in dem untersuchten Feld unterliegt, identifiziert. Dies kann bspw. aufgrund von Vorab-Setzungen geschehen, etwa indem „Geschlecht", „Schichtzugehörigkeit" oder „Bildungsabschluss" (oder sonstige demografische Merkmale) als entscheidende Einflussgrößen bestimmt werden. Wird ein Einfluss dieser Variablen auf das interessierende Phänomen angenommen, so verlangt eine rationale Samplingstrategie, dass diese Merkmale in einem Stichprobenplan so miteinander kombiniert werden, dass Vertreter aller relevanten Merkmalskombinationen im Sample vertreten sind.

Der Einfluss von sozialstrukturellen Faktoren auf das untersuchte Handeln kann jedoch auch auf der Basis *quantitativer Voruntersuchungen* korrelationsstatistisch geprüft werden. In diesem Fall kann eine Form der theoriegeleiteten Stichprobenziehung verwirklicht werden, bei der ein dysproportional geschichtetes qualitatives Sample so aus einer größeren quantitativen Stichprobe gezogen wird, dass die kleine Stichprobe bestimmte Merkmale der größeren Stichprobe (manchmal allerdings in bewusst verzerrter Form) trägt. Eine solche Form der Stichprobenziehung kann eine bestimmte Bandbreite sozialstruktureller Einflüsse abdecken, indem sichergestellt wird, dass alle theoretisch relevant erscheinenden Strukturmerkmale in der qualitativen Stichprobe in ausreichendem Umfang durch Einzelfälle vertreten sind. Die quantitativen Analysen können aber nicht nur genutzt werden, um genauere Informationen über die Verteilung der einzelnen Merkmale in Erfahrung zu bringen, sondern auch um Fälle mit spezifischen Kombinationen für die qualitative Stichprobe auszuwählen. Mit Hilfe qualitativer Methoden kann dann untersucht werden, wie die Akteure ihre sozialstrukturell vorgegebenen Handlungsoptionen und -einschränkungen wahrnehmen und deuten, welche Handlungsziele sie unter diesen Bedingungen entwickeln und welche Mittel sie zur Erreichung dieser Ziele einsetzen (siehe hierzu noch ausführlich die Beispiele in diesem Abschnitt).

Auch innerhalb einer so gezogenen qualitativen Stichprobe können - in Anlehnung an das Verfahren von Glaser und Strauss (1967/1998) - Fälle für die Feinanalysen kontrastierend ausgewählt und ausgewertet werden. Durch die Berücksichtigung der theoretisch relevant erscheinenden Strukturmerkmale bei der Stichprobenziehung ist dabei (natürlich nur bis zu einem gewissen Grad) sichergestellt, dass keine unbekannten oder ungewollten Verzerrungen vorliegen und keine „weißen Flecken" bleiben: Die Auswahl der Fälle findet hinsichtlich der quantitativ erhobenen Merkmale kontrolliert statt.

Bei einem solchen Vorgehen wird also das von Barton und Lazarsfeld (1984) empfohlene „Phasenmodell", bei dem eine der Hypothesengenerierung dienende qualitative Studie der quantitativen Hauptuntersuchung vorausgeht, umgedreht: Eine quantitative Voruntersuchung dient der „strategischen Platzierung" des qualitativen Samples, indem quasi die Topografie der strukturellen Bedingungen des Handlungsfeldes kartografiert wird.

Die kriteriengeleitete Ziehung eines qualitativen Samples auf der Grundlage von Ergebnissen einer quantitativen Voruntersuchung wird in der Forschungspraxis zunehmend praktiziert (vgl. u.a. Bryman 1988, S. 136 f; Geissler/Oechsle 1996, 42 ff.; Witzel/Helling/Mönnich 1996) und methodologisch diskutiert (vgl. u.a. LeCompte/Preissle 1993, 71 ff.; Prein/Kluge/ Kelle 1994, 17 ff.; Kelle/Kluge 1999, 46 ff.). Es bleibt aber auch dann, wenn alle theoretisch relevant erscheinenden Strukturmerkmale bei der Stichprobenziehung berücksichtigt wurden, anzumerken, dass die Validität der so gezogenen Stichprobe nur bis zu einem gewissen Grad sichergestellt werden kann. Inwieweit etwa qualitativ erhobene Deutungsmuster oder Situationsdefinitionen auf die Populationen der jeweiligen Merkmalsträger übertragbar sind, hängt nämlich einerseits von deren Binnenvarianz und andererseits von der Anzahl der ausgewählten Fälle pro Gruppe ab. Sind die Zellenbesetzungen innerhalb des qualitativen Stichprobenplans sehr klein, lassen sich die Homogenität und die Bandbreite von Deutungen innerhalb einer Gruppe von Merkmalsträgern oftmals nur unzureichend abschätzen. Bei sehr kleinen Fallzahlen ist daher nur schwerlich nachzuweisen, dass Deutungsmuster einzelner Akteure als repräsentativ für die von ihnen vertretenen Gruppen gelten können. Umso wichtiger ist eine genaue Kenntnis der Verteilung der Merkmalskombinationen und eine entsprechend angelegte Auswahlstrategie. Um die Variation von Merkmalen innerhalb der ermittelten Subgruppen möglichst wenig zu verzerren und damit zumindest Rückschlüsse auf die jeweilige Subpopulation zu ermöglichen, können aber z.B. *innerhalb* der einzelnen Gruppen auch Zufallsstichproben gezogen werden.

Anhand von drei Beispielen sollen nun im Folgenden verschiedene Strategien für eine *theoriegeleitete Stichprobenziehung* vorgestellt und verdeutlicht werden:

1. In der bereits dargestellten Studie zu *Integrationsrisiken und Delinquenzmustern bildungsbenachteiligter junger Erwachsener* wurde das qualitative Panel nach dem „Konzept der maximalen Variation" bewusst heterogen ausgewählt: Der Ziehung lag dabei ein Stichprobenplan zugrunde, der sowohl soziostrukturelle als auch theoretisch relevante Merkmale kombinierte. Für die verschiedenen Kombinationsmöglichkeiten, die sich anhand der ausgewählten Merkmale ergaben, wurden dann entsprechende Fälle gesucht.

2. Um typische *Integrationsverläufe und Problemlagen von DDR-ZuwanderInnen* zu ermitteln, ist bei der Stichprobenziehung ein „kombiniertes" Auswahlverfahren angewendet worden: Ein Drittel des Samples wurde aus einer zuvor erhobenen quantitativen Stichprobe nach dem Zufallsprinzip ausgewählt, während die Ziehung der restlichen Fälle anhand theoretisch relevanter Kriterien erfolgte.

3. Im dritten Beispiel wird schließlich gezeigt, wie mit Hilfe der „Optimal-Matching"-Technik in quantitativen Voruntersuchungen verschiedene Gruppen von *Lebensverlaufsmustern* ermittelt werden können, die dann als Grundlage für die Ziehung der qualitativen Stichprobe dienen können. Die Auswahl eines qualitativen Samples aus einer quantitativen Stichprobe führt in der Lebenslaufforschung nämlich zu Problemen, wenn die auswahlleitenden Kriterien nicht durch eine Kombination von einzelnen Variablenwerten definiert werden können, sondern die Abbildung unterschiedlicher Lebensverlaufsmuster erfordern. Um auch in diesen Fällen eine systematische Auswahl von Fällen für eine qualitative Teiluntersuchung durchführen zu können, welche die im quantitativen Datenmaterial enthaltene Varianz berücksichtigt, können bestimmte mathematische Verfahren zur Identifikation von Sequenzmustern eingesetzt werden. Durch die Berücksichtigung der unterschiedlichen Verlaufsmuster kann dann die Verallgemeinerbarkeit von Ergebnissen, die anhand der notwendigerweise kleinen Stichproben erlangt wurden, erhöht werden.

2.1.1 Das „Konzept der maximalen Variation" bei der Erforschung von „Integrationsrisiken bildungsbenachteiligter junger Erwachsener"

Um die Zusammenhänge zwischen dem beruflichen (Ausbildungs-)Verlauf und delinquentem Verhalten von Jugendlichen zu untersuchen, wurde in der bereits erwähnten Studie über die *Integrationsrisiken bildungsbenachteilig-*

ter junger Erwachsener[2] (siehe u.a. Dietz et al. 1997) eine Kohorte von AbgängerInnen aus Bremer Haupt- und Sonderschulen in einem Zeitraum von zwölf Jahren mehrfach befragt. In den insgesamt fünf Wellen des quantitativen „Makro"-Panels konnten im Schnitt 450 Jugendliche mit einem standardisierten Fragebogen erreicht werden (siehe Abb. 3). Parallel hierzu wurden mit ca. 55 Jugendlichen aus der quantitativen Stichprobe - dem sog. qualitativen „Mikro"-Panel - in ebenfalls fünf Wellen leitfadengestützte, problemzentrierte Interviews geführt (zum Forschungsdesign siehe: Dietz et al. 1997, 41 ff., 52 f; zur Methode des problemzentrierten Interviews vgl. Witzel 1982; 2000).

Abb. 3: Forschungsdesign der Studie über *Integrationsrisiken bildungsbenachteiligter junger Erwachsener (*vgl. auch: Dietz et al. 1997, 44, Tabelle 2.1)

Jahr der Erhebung	Makro-Panel	Mikro-Panel
1989	1. Welle (Juni) n = 732	1. Welle (Dez.) n = 60
1990		2. Welle (Sept.) n = 55
1991		
1992	2. Welle (Dez.) n = 426	3. Welle (April) n = 48
1993		
1994		4. Welle (April) n = 57
1995	3. Welle (April) n = 376	
1996		
1997	4. Welle (April) n = 370	5. Welle (Sept.) n = 52
1998		
1999		
2000	5. Welle (Febr.) n = 329	

Da im Sommer 1989 zunächst die erste Welle des Makro-Panels erhoben wurde, lagen für die Stichprobenziehung des Mikro-Samples im Dezember desselben Jahres bereits wichtige Informationen vor. Das qualitative Sample sollte nämlich nach dem *Konzept der maximalen Variation* möglichst heterogen gezogen werden (siehe Cook/Campbell 1979, 76; Prein/Kluge/Kelle 1993, 17 ff.; Kelle/Kluge 1999, 49), um in der qualitativen Stichprobe eine möglichst *große Bandbreite* soziostruktureller und weiterer, für die Forschungsfrage relevanter Einflussfaktoren wie z.B. Kontakt zu sozialen Kontrollinstanzen (Jugendamt, Polizei oder Justiz) zu erzielen. Anhand der quantitativen (Vor-)Untersuchung konnten nun Informationen über das Vorhandensein und die Verteilung solcher Merkmale gewonnen und bei der qualitativen Stichprobenziehung entsprechend berücksichtigt werden.

Neben dem Merkmal *Geschlecht* war vor allem der *schulische Abgangsstatus* der Jugendlichen (haben sie die Hauptschule mit oder ohne entsprechenden Abschluss verlassen bzw. die Sonderschule besucht) von Interesse,

---

2 MitarbeiterInnen der fünften Forschungsphase (1999-2001) des Teilprojektes A3 waren Karl F. Schumann (als Leiter) sowie Andreas Böttger, Beate Ehret, Fred Othold, Gerald Prein und Lydia Seus.

weil die weiteren Chancen im Berufsbildungssystem in erster Linie vom erreichten Schulabschluss abhängen. So gelingt den Jugendlichen der *Einstieg in eine berufsqualifizierende Ausbildung* in der Regel nur mit einem erfolgreichen Hauptschulabschluss. Entsprechend diesen Überlegungen wurden bei der Stichprobenziehung zunächst diese drei Merkmale mit den folgenden Ausprägungen berücksichtigt:

Merkmal	Ausprägungen
Geschlecht	weiblich
	männlich
Schulischer Abgangsstatus	mit Hauptschulabschluss
	ohne Hauptschulabschluss
	Abgang von der Sonderschule
Einstieg in das Berufsbildungssystem	berufsqualifizierend
	nicht berufsqualifizierend

Da diese Kriterien bereits zu einer Vielzahl von Kombinationsmöglichkeiten führten, musste der Stichprobenumfang entsprechend groß angelegt werden, um alle tatsächlich vorkommenden Kombinationen der interessierenden Merkmale mit jeweils mehreren Fällen berücksichtigen zu können. Insgesamt wurden daher 60 Jugendliche aus dem Makro-Sample ausgewählt, wobei jeweils zur Hälfte Jungen und Mädchen sowie Jugendliche, die eine Ausbildung mit bzw. ohne berufsqualifizierendem Abschluss absolvierten, befragt wurden (siehe Abb. 4). Da Jugendliche ohne Hauptschulabschluss in der Regel keine Chance haben, eine qualifizierende Lehrstelle zu bekommen, mussten - bis auf die Ausnahme eines männlichen Sonderschülers - jedoch einige Felder leer bleiben.

Als ergänzende Kriterien wurden darüber hinaus die Merkmale *Alter* (zwischen 15 und 18 Jahren), *Nationalität* (Deutsche, AusländerInnen, AussiedlerInnen) sowie *Erfahrungen mit strafrechtlicher Kontrolle* - also „Kontakt zu Kontrollinstanzen" (geringe bzw. umfangreiche Erfahrungen) - in unsystematischer Weise und mit geringerer Priorität herangezogen (Dietz et al. 1997, 50). Dazu wurde *innerhalb* der einzelnen Felder darauf geachtet, dass die Jugendlichen, die ausgewählt wurden, sich hinsichtlich der *Erfahrungen mit strafrechtlicher Kontrolle* sowie des *Alters* und der *Nationalität* unterschieden.

Da das Mikro-Sample jedoch nicht im statistischen Sinne „repräsentativ" - und damit ein *„(verkleinertes) ‚Abbild' des Makro-Samples"* (Dietz et al. 1997, 49 ff.) - sein musste, fand vor allem im Hinblick auf soziale Kontrollerfahrungen ein *„oversampling"* statt, um vermehrt solche Jugendlichen zu befragen, von denen erwartet werden konnte, dass sie Probleme beim Übergang von der Schule in den Beruf aufweisen. Die Anzahl der Jugendlichen mit Kontrollerfahrungen bzw. Polizeikontakten ist daher etwa doppelt so hoch wie in der quantitativen Stichprobe (in 17 Fällen große, in 43 geringe Erfahrung). Außerdem enthält die qualitative Stichprobe im Vergleich zum Makro-Sample doppelt so viele SonderschulabgängerInnen, je 5 % mehr

Mädchen und AusländerInnen (44 Deutsche, 14 AusländerInnen, 2 Aussiedler), 12 % weniger Jugendliche, die in das duale System eingemündet sind, und 23 % mehr Jugendliche in AVJ/BGJ-Kursen (Arbeitsvorbereitungs- bzw. Berufsgrundbildungsjahr) (ebd., 51).

Abb. 4: Realisierte Interviews der 1. Interviewwelle in der Studie über *Integrationsrisiken bildungsbenachteiligter junger Erwachsener* (in Anlehnung an: Dietz et al. 1997, 51, Tabelle 2.3)

Geschlecht	Schulabgang	Ausbildung mit berufsqualifizierendem Abschluss		Summe
		ja*	nein**	
30 Jungen	Hauptschule mit Abschluss	13	4	17
	Hauptschule ohne Abschluss	-	4	4
	Sonderschule	1	8	9
30 Mädchen	Hauptschule mit Abschluss	14		23
	Hauptschule ohne Abschluss	-	4	4
	Sonderschule	-	3	3
Summe		28	32	60

* ja: Lehre, andere Formen der Berufsqualifizierung
** nein: ohne Ausbildungsplatz, arbeitslos, AVJ (Arbeitsvorbereitungsjahr), BGJ (Berufsgrundbildungsjahr), BPJ (Berufspraktisches Jahr)

Die überproportionale Ziehung von Jugendlichen mit diesen Merkmalen gewährleistete jedoch, dass im Sample auch jeweils genügend Fälle vorhanden waren, um entsprechend der Forschungsfragestellung untersuchen zu können, ob - und wenn ja, inwiefern - diese Faktoren das mögliche Zusammenspiel zwischen den beruflichen (Ausbildungs-)Verläufen der jungen Erwachsenen einerseits und ihrem abweichenden Verhalten andererseits beeinflussten. Da jene Jugendlichen, die kein (oder kaum) abweichendes Verhalten aufwiesen, zudem nur als Kontrast- bzw. „Kontroll"gruppe von Bedeutung waren, musste ihr Anteil auch nicht so hoch sein, wie in der zu untersuchenden Grundgesamtheit. Aufgrund des erstellten Stichprobenplans konnte also von vornherein gewährleistet werden, dass jeweils genügend Fälle für die Analysen der *verschiedenen Problemkonstellationen*, die für die Fragestellung relevant waren, vorhanden waren, um z.B. sinnvolle Fallvergleiche durchzuführen (siehe hierzu auch Kluge 1999, 30).

Abschließend sind jedoch noch zwei Punkte bei einer *theoriegeleiteten Stichprobenziehung*, die sich am *Konzept der maximalen Variation* orientiert, zu bedenken. Da die Auswertung verbalen Datenmaterials sehr aufwendig ist, werden bei qualitativen Studien im Schnitt meist nicht mehr als 60 bis 80 Personen befragt - in vielen Studien sogar weit weniger. Entsprechend dieser Fallzahlen müssen daher die Kriterien, nach denen eine solche Stichprobe geschichtet wird, zahlenmäßig begrenzt werden, um zu verhindern, dass aufgrund der Vielzahl an Kombinationsmöglichkeiten zu wenig Fälle für sinnvolle Fallvergleiche zur Verfügung stehen (siehe hierzu auch Kelle/Kluge 1999, 49 f). In der Regel führen diese Überlegungen bereits zu einer gezielten Auswahl der Untersuchungspopulation. So wurden z.B. in dem soeben dargestellten Projekt nur Haupt- und SonderschülerInnen befragt und in der Studie über *Statuspassagen in die Erwerbstätigkeit* wurde die Auswahl auf junge Fachkräfte aus sechs verschiedenen Berufen beschränkt. Diese Reduzierung der Zielpopulation ermöglicht es jedoch gleichzeitig, die Varianz innerhalb der Gruppe zu erhöhen, um so möglichst unterschiedliche Problemkonstellationen fundiert untersuchen zu können. Angesichts der großen Vielfalt an Berufen gab es zudem kaum eine Alternative zu einer solchen Reduktion. Um die relevanten beruflichen Handlungskontexte *systematisch* untersuchen zu können, musste die Anzahl der Berufe begrenzt werden. Zudem lagen bei dieser Studie auch der Auswahl der einzelnen Berufe bestimmte Kriterien zugrunde, die für die Fragestellung des Projektes von entscheidender Bedeutung waren. So wurden einerseits Ausbildungsberufe mit hohen bzw. niedrigen Beschäftigungsrisiken berücksichtigt und andererseits sowohl typische Frauen- und Männerberufe als auch Mischberufe ausgewählt, um Beschäftigungschancen und geschlechtsspezifische Einflüsse zu variieren (siehe hierzu Mönnich/Witzel 1994 sowie Zinn in diesem Band).

Darüber hinaus sollte bei einem qualitativen *Panel*design dennoch darauf geachtet werden, dass möglichst umfangreiche Stichproben gezogen werden, um die zu erwartende Panelmortalität auszugleichen. So mussten z.B. in der Studie zum *Delinquenzverhalten junger Erwachsener* in der vierten Welle des qualitativen Samples zwölf Personen, die ähnliche Merkmale aufwiesen wie die jungen Erwachsenen, die nicht mehr erreicht werden konnten, aus dem Makro-Panel nachgezogen werden (Dietz et al. 1997, 52 f), um die Stichprobe „aufzufüllen" (siehe auch Abb. 1). Allerdings konnten diese sog. „NachrückerInnen" zu ihren Erfahrungen in den ersten Jahren des Beobachtungsfensters nur noch retrospektiv befragt werden. In der Studie über die *Statuspassagen junger Fachkräfte in die Erwerbstätigkeit* wurde hingegen die qualitative Stichprobe in der zweiten Welle systematisch auf 113 Fälle reduziert, weil der Aufwand für eine *systematische* Auswertung des Fallmaterials der ersten Welle - und damit von 194 Fällen - zu groß war. Aufgrund des sehr guten Rücklaufs konnten dann in der dritten Welle immer noch 91 Personen erreicht werden (siehe auch Abb. 1), auf die sich die Auswertungen auch schließlich konzentrierten.

2.1.2 „Kombinierte Stichprobenziehung" bei DDR-ZuwanderInnen
In einer Studie über die *berufliche und soziale Integration von DDR-ZuwanderInnen*[3], die zwischen 1983 und 1986 in die Bundesrepublik über-

---
3 Die Studie wurde unter Leitung von Karl F. Schumann und unter Mitarbeit von Gerhard-Uhland Dietz, Manfred Gehrmann und Heidi Kaspras durchgeführt.

gesiedelt sind (siehe Schumann et al. 1996), wurden nun - anders als im Beispiel zuvor - verschiedene Auswahlmechanismen bei der Stichprobenziehung des qualitativen Samples kombiniert. Zuerst wurde allerdings auch hier für die zunächst durchgeführte *standardisierte* Befragung aus der Grundgesamtheit eine repräsentative (Zufalls-)Stichprobe gezogen, für die nach einem Rücklauf von fast 40 % - der ca. 2500 verschickten Fragebögen - schließlich 937 auswertbare Fragebögen vorlagen (ebd., 369 ff.). Neben dieser (teil-)standardisierten Befragung, die bereits zahlreiche offene Fragen bzgl. Einstellungen, Motiven, Verarbeitungsweisen und Deutungsmustern enthielt, sollte jedoch noch eine Teilgruppe in ausführlichen *leitfadengestützten Gesprächen* interviewt werden, um typische Integrationsverläufe und Problemlagen zu identifizieren. Diese Interviews sollten zu einem vertieften Verständnis der Fragebogen-Ergebnisse führen, weil die verschiedenen Einzelaspekte des Wanderungsgeschehens im mündlichen Gespräch viel ausführlicher und detaillierter geschildert und bewertet werden können.

Von den 937 Personen der standardisierten Befragung waren 533 zu einem leitfadengestützten Interview bereit (zur Ziehung des qualitativen Samples siehe auch Schumann et al. 1996, 380 f). Aufgrund des zu erwartenden Transkriptions- und Auswertungsaufwandes sollten jedoch nur 60 Personen interviewt werden. Dabei wurde (1.) ein Drittel des qualitativen Samples *zufällig* ausgewählt und (2.) ein weiteres Drittel anhand *festgelegter Kriterien* bestimmt. (3.) Das letzte Drittel setzte sich schließlich aus „*Sonderfällen*" zusammen, die der Kontrastierung und „Abrundung" der bereits einbezogenen Fälle dienen sollten:

1. Zunächst wurden 20 Personen nach einem „*systematischen Zufallsprinzip*" ausgewählt, um später kontrollieren zu können, inwieweit diese Fälle möglicherweise von denen abwichen, die nach inhaltlichen Kriterien (siehe 2 und 3) ausgewählt worden sind.

2. Für eine gezielte Auswahl des zweiten Drittels wurden zunächst alle Fragebögen der 533 Personen, die zu einem Interview bereit waren, von den Mitgliedern des Forschungsteams bezogen auf *Fall-Merkmale*, die für die verschiedenen Forschungsschwerpunkte (Individualisierung und soziale Netzwerke als Dimensionen der Integration, Biografie-Konstruktionen und Bilanzierungen, Integration von Frauen, Deutschland-Politik) relevant waren, durchgesehen. Diese wurden notiert und gemeinsam im Team diskutiert. So entstand ein *Pool* von 80 bis 100 Fällen, aus dem jeweils sechs Fälle auswählt wurden, von denen angenommen werden konnte, für die vier Arbeitsschwerpunkte besonders ergiebig zu sein. Auf diese Weise wurden also 24 weitere Personen bestimmt.

3. Die restlichen 16 InterviewpartnerInnen sollten nun so ausgewählt werden, dass Einseitigkeiten bei der bisherigen Stichprobenziehung korrigiert und „Lücken" - wie z.B. zu wenig erfolgreiche Personen bzw. „AufsteigerInnen" - aufgefüllt wurden. So wurden z.B. ein Obdachloser

und ein Strafgefangener in die Stichprobe aufgenommen, die zwar keinen Fragebogen ausgefüllt, sich aber zu einem Interview bereit erklärt hatten. Obwohl zur weiteren „Ausbalancierung" des Samples nach Möglichkeit auf Fälle aus dem unter 2) genannten Pool zurückgegriffen wurde, war es teilweise erforderlich, einige - noch fehlende - Fallkonstellationen außerhalb des Pools zu suchen, also unter denjenigen, die ursprünglich nicht in die engere Wahl gekommen waren. So wurden u.a. noch folgende Fälle ergänzt:

- Ehemalige SED-Mitglieder oder Funktionäre.
- Personen, deren Ehen oder Partnerschaften nach der Übersiedlung nach Westdeutschland durch eine Trennung beendet wurden (hier wurde vermutet, dass solche Trennungen mit unterschiedlichen Entwicklungswegen nach der Übersiedlung zu tun haben könnten).
- Fälle, in denen Berufs- bzw. Studienwünsche in der BRD erfüllt werden konnten, die in der DDR verschlossen waren.
- Personen mit beruflichen Integrationsproblemen, weil es für die bestehenden Qualifikationen in der BRD keine Entsprechung gab.
- Personen, deren mitgebrachte berufliche Qualifikation auf dem Arbeitsmarkt nicht verwertbar war und die deswegen in einem ganz neuen Berufsfeld einen beruflichen Aufstieg verwirklicht hatten.

Schließlich lagen der bewussten bzw. gezielten Fallauswahl, mit deren Hilfe zwei Drittel der gesamten qualitativen Stichprobe gezogen wurde, die folgenden Merkmale zugrunde:

- Geschlecht.
- Ankunftsjahr, um das Fehlen bestimmter Jahrgänge zu vermeiden (1983, 1984, 1985, 1986).
- Geburtsjahrgang, um sicherzustellen, dass Vertreter verschiedener Geburtskohorten in das Sample gelangten und nicht etwa ein Geburtsjahrzehnt ganz oder weitgehend fehlte.
- Qualifikationsstufe, d.h. Art der in der DDR erworbenen Qualifikation (manuell, nicht-manuell, AkademikerIn).
- Familiärer Status bei der Ankunft in der Bundesrepublik (allein, nicht allein gekommen).
- Hafterfahrungen in der DDR (Haft, keine Haft).

Für die Merkmale *Geschlecht, Ankunftsjahr, Geburtsjahrgang* und *Qualifikationsstufe* wurde darüber hinaus durch Auszählungen kontrolliert, dass die Zusammensetzung des qualitativen Samples nicht wesentlich von der standardisierten Stichprobe abwich. Trotz Nichterreichbarkeit oder Zeitmangel konnten von den 60 Fällen, die für ein Interview ausgewählt worden waren, noch 56 Personen zwischen November 1989 und Februar 1990 - also *nach* Öffnung der innerdeutschen Grenze - befragt werden.

In dieser Studie sind also insgesamt zwei Drittel der InterviewkandidatInnen durch eine gezielte Auswahl und ein Drittel durch eine Zufallsauswahl gezogen worden. Zweck dieser „kombinierten Stichprobenziehung" war es u.a., später kontrollieren zu können, inwieweit sich die beiden Gruppen voneinander unterscheiden. Bei diesen Kontrollen zeigte sich, dass durch die gezielte Auswahl von Fällen die Relevanz bestimmter Problemlagen systematisch überschätzt wurde. Die Suche nach Fällen für die verschiedenen Forschungsschwerpunkte einerseits sowie nach „Sonderfällen" andererseits führte nämlich dazu, dass Personen mit extremen Lebenslagen in Relation zu Durchschnittsfällen relativ häufig gewählt wurden (siehe Schumann et al. 1996, 257). Während bspw. 49,7 % aller Frauen mit Mann und Kindern in den Westen gekommen sind, betrug der Anteil dieser Gruppe im qualitativen Sample nur ein Drittel. Da die Assimilation für Ehefrauen meist nicht so „spektakulär" verläuft wie bei ledigen, geschiedenen oder getrennt lebenden Frauen, wurden sie bei der Fallauswahl auch seltener berücksichtigt. Dass die Zahl der verheirateten Frauen in der qualitativen Stichprobe immer noch relativ hoch war, lag allein an dem Drittel, das durch Zufallsauswahl bestimmt worden war, denn hier dominierten die Ehefrauen mit Kindern.

Liegt der Ziehung eines qualitativen Samples also kein ausgearbeiteter Stichprobenplan zugrunde, der sich am „Konzept der maximalen Variation" orientiert (siehe den vorherigen Abschnitt 2.1.1), sondern werden die Fälle anhand besonderer Kriterien ausgewählt, kann die Stichprobenziehung z.B. durch eine Zufallsauswahl ergänzt werden, um die Varianz innerhalb der Stichprobe zu erhöhen und grobe Verzerrungen zu vermeiden.

2.1.3 Weibliche Lebensverlaufsmuster als Grundlage der Samplebildung

In einer Studie über *Berufe im weiblichen Lebensverlauf und sozialen Wandel* wurde am Sonderforschungsbereich 186 die Bedeutung des Ausbildungsberufs für den weiteren Lebensverlauf von Frauen untersucht[4] (vgl. Born 2000; Krüger/Levy 2001). Dazu wurden zunächst 2130 Frauen postalisch befragt, die ihre Berufsausbildung als Facharbeiterinnen und Fachangestellte in jenen zehn Berufen[5] absolviert haben, die von ca. 70 % der insgesamt auf diesem Niveau ausgebildeten Frauen in den untersuchten Ausbildungsabschlusskohorten 1960, 1970, 1980 als Ausbildungsberuf gewählt worden waren (siehe Born/Erzberger 1999). Mit dem standardisierten - und teilweise kalendarisch angelegten - Fragebogen wurden sowohl zahlreiche

---

4 MitarbeiterInnen in der vierten Phase (1997-1999) des Teilprojekts B1 waren Helga Krüger und Claudia Born (als Leiterinnen) sowie Katherine Bird und Christian Erzberger.

5 Friseurinnen, Krankenschwestern, Nahrungsmittelverkäuferinnen, Arzthelferinnen, Groß- und Außenhandels-, Einzelhandels-, Bank-, Büro- und Industriekaufleute sowie Hotel- und Gaststättengehilfinnen.

Informationen zur *Erwerbsarbeit* (Berufsarbeit und Arbeit in berufsfremden Tätigkeiten: vollzeit, teilzeit, geringfügig; Arbeitslosigkeit) als auch zum *familialen Bereich* erhoben (Heiraten, Scheidungen, Pflegezeiten von Angehörigen, Kinderbetreuungszeiten usw.) (vgl. Bird/Born/Erzberger 2000). Die Auswertungsergebnisse bestätigten zunächst die forschungsleitende Annahme, dass dem Ausbildungsberuf im Leben von Frauen eine weit höhere Bedeutung zukommt als in der entsprechenden Literatur bislang angenommen wird und dass der weibliche Lebensverlauf nicht nur durch die Geburt, Pflege und Betreuung von Kindern, sondern auch sehr stark durch eine bestimmte Berufsausbildung strukturiert wird (vgl. Krüger et al. 1996, 1999).

Während jedoch vor allem bei den Frauen aus der 1980er Kohorte die Geburt von Kindern fast automatisch zur Inanspruchnahme von Erziehungsurlaub und damit zu einer Unterbrechung des Erwerbsverlaufs führt (88 % von allen Frauen der 1980er Kohorte mit Kindern haben in diesem Sinne ihre Erwerbsbiografie durch eine „Familienpause" unterbrochen), stellt sich die Situation bei *kinderlosen* Frauen, deren Lebensverläufe in der Regel von eher kontinuierlicher Erwerbsarbeit geprägt sind, gänzlich anders dar: Da Unterbrechungen oder Beendigungen des Erwerbsverlaufs, für die im standardisierten Fragebogen nur allgemein „familiale Gründe" angegeben werden, verständlicherweise nicht durch ein Geburtsereignis ausgelöst sein können, müssen in diesen Fällen qualitative Interviews mit den entsprechenden Frauen herangezogen werden, um die einzelnen erwerbsbiografischen Verlaufsmuster, die nicht anhand der spezifischen Verlaufsstruktur interpretiert werden können, deuten zu können (siehe auch Erzberger in diesem Band).

Für die Stichprobenziehung des qualitativen Samples stellte sich jedoch das Problem, dass Lebensverläufe - definiert als *„Abfolge von Aktivitäten und Ereignissen in verschiedenen Lebensbereichen und Handlungsfeldern von der Geburt bis zum Tod"* (Mayer 1998, 438) - als Auswahlkriterien für ein qualitatives Sample nicht, wie in den Beispielen zuvor, durch die (einfache) Kombination einiger Variablen erfasst werden können, weil sie große Zeiträume umspannen und durch sehr verschiedenartige Ereignisse und unterschiedliche Phasen charakterisiert werden. Lebensverläufe müssen vielmehr als Ganzes gesehen und mit entsprechenden Methoden analysiert werden (siehe hierzu auch Erzberger in diesem Band).

Anhand der abgebildeten Erwerbsbiografie einer 40-jährigen Frau (siehe Abb. 5) kann sehr gut verdeutlicht werden, wie jeder Lebensverlauf einer Person ein individuelles Muster bildet, das aus einem Nacheinander von unterschiedlichen Phasen und Ereignissen besteht: In diesem Beispiel beginnt der durch die Grafik abgebildete Lebenslauf zunächst mit dem Abschluss der Ausbildung im 18. Lebensjahr. Anschließend arbeitete die Frau bis zur Geburt ihres Kindes sechs Jahre im *gelernten Beruf*. Nach einer *Pause von zwei Jahren* begann sie mit 26 eine Tätigkeit in einem *berufsfremden Bereich*. Die Daten legen die Annahme nahe, dass der Umzug der Familie zur Beendigung dieser Tätigkeit führte und die Frau an dem neuen Wohnort lediglich einer Arbeit unterhalb der Rentenversicherungspflicht nachgehen konnte oder wollte.

Abb. 5: Individuelles Lebensverlaufsmuster

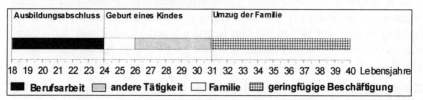

Auch wenn dieser Lebensverlauf durch verschiedene Merkmale strukturiert wird (Art der Erwerbsbeteiligung, Grad der Erwerbsbeteiligung, Kinderbetreuungszeiten, Zeiten der Betreuung von Angehörigen usw.), kann sich eine adäquate Analysestrategie nicht auf die Betrachtung einzelner Zeitpunkte oder singulärer Phasen beschränken. Immer ist es der Lebensverlauf in seiner Gesamtheit, der den Untersuchungsgegenstand bilden muss.

Der *individuelle* Lebensverlauf erhält also sein charakteristisches Bild durch die Art, Lage und Dauer von unterschiedlichen Statuspositionen. Und obwohl die Einzelfälle zunächst unterschiedliche Verlaufsmuster zeigen, ist die mögliche Varianz der Kombinationen von Statuspositionen im Leben begrenzt. Die Vielfalt kann daher meist auf *eine Reihe von Mustern* reduziert werden, für die jeweils eine bestimmte Abfolge von Statuspositionen charakteristisch ist.

Diese verschiedenen Muster müssen nun zunächst ermittelt werden, um anschließend für jedes Muster eine größere Anzahl von Fällen für das qualitative Sample auswählen zu können. Da hierbei nicht davon ausgegangen werden kann, dass die qualitative Analyse *eines* Falles stellvertretend für eine Gruppe von Fällen mit gleichem oder sehr ähnlichem Lebensverlaufsmuster steht, sollte für jede dieser Gruppen *eine ganze Reihe* von Fällen möglichst zufällig ausgewählt werden. Nur so können eventuelle Besonderheiten eines Einzelfalles ausgeglichen und die Varianz erfasst werden, mit der die Akteure eine bestimmte - und ihnen gemeinsame - Verlaufsstruktur deuten und interpretieren.

Um nun die individuellen Muster der verschiedenen Verläufe so miteinander vergleichen und ordnen zu können, dass daraus klar beschreibbare Gruppen von Fällen entstehen - die letztlich als Auswahlpool für die Ziehung des qualitativen Samples dienen können -, wurde in der hier dargestellten Studie auf neuere methodische Entwicklungen in der Lebensverlaufsforschung zurückgegriffen, die unter den Oberbegriff „Sequenzanalyse" zusammengefasst werden können. Dabei ist insbesondere das explorative Verfahren des Mustervergleichs durch die sog. „Optimal-Matching"-Technik zur Anwendung gekommen, mit deren Hilfe die Distanzen zwischen solchen Lebensverläufen berechnet werden können (vgl. Abbot/Forrest 1986; Abbot/Hrycak 1990; Abbot 1995; Tak Wing 1995; Stovel/Savage/Bearman 1996; Erzberger/Prein 1997; Aisenbrey 1999; Schaeper 1999; sowie Erzberger in diesem Band).

In der Studie wurde eine Variante der Sequenzanalyse angewandt, bei welcher der Bildung der Auswahlgruppen *theoretische Überlegungen* zugrunde gelegt wurden (siehe hierzu ausführlich Erzberger/Kluge 2000). Dieser Auswahlprozess begann (1.) mit der *Formulierung von Idealtypen*[6], wie sie in mehr oder weniger ähnlicher Weise in den Daten vermutet wurden. Anschließend (2.) wurden alle empirischen Fälle mittels der „Optimal-Matching"-Technik mit den verschiedenen *idealtypischen Verläufen verglichen*, um die individuellen Distanzen zu den vorab theoretisch konstruierten Typen zu ermitteln (hierin kann eine Methodisierung eines bereits von Weber (1904/1988, 212) vorgeschlagenen Vorgehens der „Konfrontierung des Empirischen mit dem Idealtypus" gesehen werden; vgl. auch Gerhardt 1986, 103). Anhand der berechneten Distanzen wurden die empirischen Fälle jeweils *dem Idealtypus zugeordnet*, zu dem sie die geringste Distanz aufwiesen. Aufgrund dieser Zuordnung der Fälle zu den verschiedenen Idealtypen entstanden Gruppen, die (3.) schließlich den Auswahlpool für das qualitative Sample bildeten.

(1.) Konstruktion der Idealtypen
Die *idealtypischen* Verlaufsmuster *kinderloser* Frauen[7], die ex ante theoretisch formuliert wurden, basierten sowohl auf allgemeinen Überlegungen zu den Möglichkeiten lebenslanger Existenzsicherung durch Erwerbsarbeit als auch auf empirischen Ergebnissen aus dem Forschungsprojekt und den vorangegangenen Projektphasen (vgl. Born/Krüger/Lorenz-Meyer 1996). Die Komplexität der erwerbsbiografischen Sequenzen wurde dabei auf vier unterschiedliche Statusausprägungen reduziert, und zwar

- Arbeit im erlernten Ausbildungsberuf,
- Arbeit in ausbildungsfremden Tätigkeiten,
- Arbeit unterhalb der Rentenversicherungspflicht,
- Familienarbeit.

Für die Idealtypenbildung wurden vier unterschiedliche Verlaufsformen vorgeschlagen (siehe Abb. 6):

---

6 Der Begriff des Idealtypus wird hier im Sinne Webers als „Utopie" bzw. „Gedankenbild" verwendet, wobei diese „theoretische Konstruktion" in ihrer idealen Form empirisch nicht oder kaum vorfindbar sein muss (Weber 1904/1988, 190 ff.).
7 Insgesamt waren 219 Frauen der 1980er Abschlusskohorte (mit einem Beobachtungszeitraum von 17 Jahren) kinderlos.

- Die Erwerbsbiografie des *ersten Typus* wird vom Ausbildungsabschluss bis zum Befragungszeitpunkt durchgängig von Arbeit im ursprünglich erlernten Beruf bestimmt.
- *Typus 2* unterscheidet sich von Typ 1 lediglich durch die Art der Erwerbtätigkeit, da im gesamten Verlauf der Erwerbsbiografie eine ausbildungsfremde Tätigkeit ausgeübt wird.
- *Typus 3* weist einen Wechsel von Arbeit im erlernten Beruf zu Tätigkeit in anderen Berufsfeldern auf, wobei der Zeitpunkt des Wechsels hier ungefähr nach acht Jahren festgelegt wurde.
- *Typus 4* zeigt ein „unruhiges" Muster unterschiedlicher Statuspositionen. Ohne erkennbaren Grund reihen sich verschiedene Phasen aneinander. Bei diesen Fällen ist der Erklärungsbedarf am größten, weil das Auftreten von Phasen, in denen nur Familienarbeit und keine Berufsarbeit geleistet wird, ohne Kinderbetreuung erklärungsbedürftig ist.

Alle Typen sind Idealtypen in dem Sinne, dass sie nicht in dieser Weise exakt in den Daten vorhanden sein müssen. Jedoch sollten sich ihnen die empirisch vorliegenden Fälle mehr oder weniger annähern (vgl. Kluge 1999, 60 ff.).

Abb. 6: Idealtypen

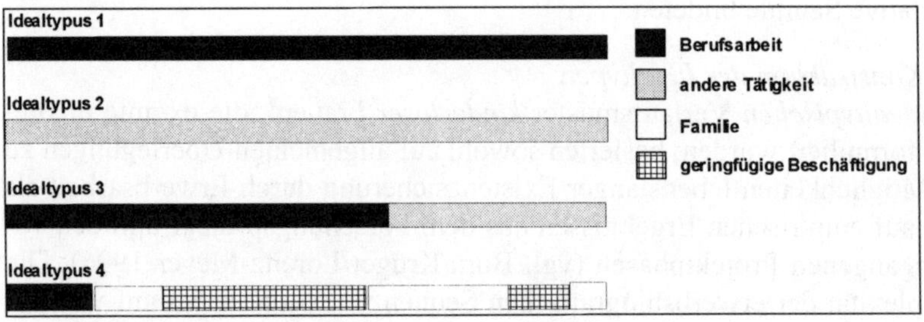

(2.) Vergleich der empirischen mit den idealtypischen Verläufen und Gruppierung der Fälle

Mit dem Verfahren des *„Optimal-Matching"* wurden die Distanzen zwischen den Verläufen der einzelnen Fälle und den gebildeten Idealtypen berechnet (siehe hierzu ausführlich Erzberger/Kluge 2000, 307 ff.). Anschließend wurden die Einzelfälle jeweils dem Idealtypus zugeordnet, zu dem sie die größte Nähe aufwiesen (ebd., 309). Abbildung 7 ist zu entnehmen, dass die Zuordnung der Fälle zu den verschiedenen Idealtypen recht gut gelungen ist. Diese Abbildung zeigt für jeden der vier Typen die Anteile der Jahre - die die zu diesem Typus zugeordneten Befragten in den unterschiedlichen Statuspositionen verbracht haben - an der gesamten Betrachtungszeit. So waren z.B. alle Befragten, die dem ersten Typus zugeordnet wurden, 96,3 % der Zeit, die sie insgesamt erwerbstätig waren, im *gelernten Beruf* tätig. Nur 3,7 % der Gesamtzeit waren sie mit „anderen Tätigkeiten", mit

„Familienarbeit" oder mit „geringfügigen Beschäftigungen" befasst. Auch bei Typus 2 und Typus 3 waren die Befragten nur relativ geringe Zeit (10,2 % bzw. 6,3 %) in solchen Statuspositionen, die dort idealtypischer Weise nicht anzutreffen sein sollten. Lediglich in der Gruppe mit großer Nähe zum Typus 4, in dem alle vier Statuspositionen mit großen Anteilen vertreten sind, ist - wie erwartet - (bisher) kein spezifisches Muster zu erkennen.

Abb. 7: Anteile der unterschiedlichen Tätigkeiten innerhalb der ermittelten Gruppen (in Prozent)

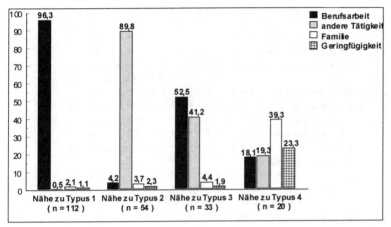

(3.) Auswahl des Samples

Die *Auswahl des qualitativen Samples* muss nun entsprechend der jeweiligen Forschungsfragestellung vorgenommen werden. Es können beispielsweise (1.) aus allen vier Gruppen jeweils die Fälle mit der größten Nähe zum Idealtypus ausgewählt werden. Mit Hilfe der ermittelten Distanzwerte können nämlich zunächst alle Fälle, die einem Idealtypus zugeordnet worden sind, nach ihrer Nähe zum idealtypischen Verlauf geordnet werden. Abbildung 8 zeigt exemplarisch alle 33 Fälle, die dem Typus 3 zugeordnet wurden, bei dem die Frauen nach einigen Jahren im erlernten Beruf (diese Zeiten sind mit einem „#" gekennzeichnet) eine berufsfremde Tätigkeit (mit einem „*" markiert) ausüben. Am rechten Rand ist der Distanzwert jedes Falles zum idealtypischen Verlauf angegeben: je kleiner der Distanzwert, desto größer die Nähe zum Idealtypus. Sollen nun die Fälle mit der größten Nähe zu ihrem Idealtypus für das qualitative Sample ausgewählt werden, könnten z.B. alle Fälle verwendet werden, deren Distanzwert unter 0,2 liegt. So würden 13 Fälle des Typus 3 in das qualitative Sample gelangen. Man könnte aber auch aus jedem Typus die 15 oder 20 Fälle nehmen, die dem idealtypischen Verlauf am nächsten sind. Auf diese Weise könnte man - bei *vier* idealtypischen Gruppen - einen zuvor festgelegten Stichprobenumfang von 60 bzw. 80 Personen erzielen.

Abb. 8 Nähe zum Idealtypus 3 (n=33)

```
###########################**************
```

`#########################*************** `	0,11
`########################**************** `	0,11
`############################************ `	0,11
`###############################********* `	0,11
`##########################************** `	0,11
`#########################*************** `	0,11
`##############################********** `	0,11
`########################**************** `	0,11
`####################******************** `	0,16
`###########################**##*** `	0,16
`#########################**********++ `	0,16
`###########        ****************`	0,17
`###############################----** `	0,18
`################************************ `	0,20
`##############************************** `	0,20
`####--##########************************ `	0,20
`##########         *******************`	0,23
`#####    ###########      ****** `	0,24
`#########        *******************-- `	0,24
`###############-*--************---- `	0,25
`###+++++++-########******************* `	0,27
`##########-***************************** `	0,27
`######         ******************`	0,27
`#####################--      ---**** `	0,28
`#########******************************* `	0,30
`#####           *********************`	0,32
`#############            *****####### `	0,32
`####################****-##-+++++ `	0,34
`##########------         ******** `	0,34
`####################----------***** `	0,34
`############****    #######***--#### `	0,36
`###        -**************____ `	0,36
`#####+++++++*************##******** `	0,36

\#   Berufsarbeit
*   andere Tätigkeit
\+   Familie
\-   geringfügige Beschäftigung

Die Auswahl kann sich aber auch (2.) auf Fälle beschränken, die bisher nicht zu erklärende Strukturen aufweisen, wie etwa jene 20 Fälle mit „gebrochenen" Mustern, die mittels der „Optimal-Matching"-Technik dem Typus 4 zugeordnet wurden, oder es kann (3.) per Zufallsauswahl aus jeder der vier Gruppen eine bestimmte Anzahl gezogen werden. Wie in der Studie über die DDR-ZuwanderInnen (siehe Abschnitt 2.1.2) können aber auch (4.) verschiedene Auswahlmechanismen miteinander kombiniert werden, indem z.B. ein Teil des Samples aus allen Gruppen per Zufall gezogen wird und ein Teil anhand bestimmter und für die Forschungsfrage relevanter Kriterien ausgewählt wird.

Wie auch immer das Verfahren gehandhabt wird, stets stützt sich die Auswahl auf die unterschiedlichen Muster des Lebensverlaufs und nicht auf Kombinationen von Werten einzelner Variablen. Aufgrund des Auswahlmodus lassen sich die anhand der qualitativen Daten ermittelten subjektiven Deutungsmuster und Interpretationen auch jederzeit auf bestimmte Verlaufstypen beziehen und können - wegen der Berücksichtigung der Heterogenität der Verläufe - mit gewissen Einschränkungen erste tentative Verallgemeinerungen hinsichtlich der ermittelten Lebensverlaufsmuster gestatten.

2.2 Datenerhebung

Eine systematische Berücksichtigung struktureller Einflüsse auf soziales Handeln erfordert auch spezifische Strategien der Interviewführung. Anders als bei der kultursoziologisch motivierten Erkundung von Lebenswelten ist ein Vorgehen, bei dem die ForscherInnen ihre InterviewpartnerInnen durch offen formulierte Narrationsstimuli zu biografischen Stegreif-Erzählungen motivieren, hier nur begrenzt geeignet. Im Unterschied zum *narrativen Interview* (Schütze 1983) muss vielmehr durch einen Leitfaden sichergestellt werden, dass im Interview auch die sozialstrukturellen Aspekte, die dem Forschungsteam bedeutsam erscheinen, angesprochen werden. In den hier dargestellten Studien wurden deshalb vorwiegend Methoden strukturierter qualitativer Interviewführung - wie etwa das sog. *problemzentrierte Interview* (Witzel 1982, 2000) - verwendet (siehe z.B. Dietz et al. 1997, 52 ff.).

Über diese Techniken der Interviewführung hinaus lassen sich aber auch weitere Methoden einsetzen, um die Berücksichtigung sozialstruktureller Faktoren sicherzustellen. Bei einem integrativen Forschungsdesign, das qualitative und quantitative Methoden miteinander verknüpft, kann das zuvor erhobene standardisierte Datenmaterial nämlich auch genutzt werden, um die Erzählungen der InterviewpartnerInnen auf bestimmte Aspekte des Lebensverlaufs zu fokussieren und auf diese Weise sicherzustellen, dass theoretisch bedeutsame Lebensphasen während des Interviews nicht unberücksichtigt bleiben. Zu diesem Zweck wurden bspw. in der schon dargestellten Studie, in der *Erwerbsverläufe in typischen Frauenberufen* untersucht wurden, auf der Grundlage der quantitativ erhobenen Daten zum Lebensverlauf für jede einzelne Interviewpartnerin bzw. jeden einzelnen Interviewpartner Lebenslaufgrafiken erstellt, in denen die unterschiedlichen Lebenslaufphasen auf den unterschiedlichen Ebenen (z.B. Berufstätigkeit, Familienarbeit etc.) auf einer gemeinsamen Zeitachse dargestellt waren. Diese Grafiken wurden den Befragten während der Interviews mit der Bitte um Kommentierung vorgelegt. Die konkrete Vorgehensweise bei dieser Art der kombinierten Datenerhebung sowie die mit ihr verbundenen Vorteile werden ausführlich im Abschnitt 2.2.1 beschrieben.

Eine weitere Möglichkeit, objektive Lebensverlaufsdaten und subjektive Situationsdeutungen der Akteure bei der Datenerhebung zu verknüpfen, wird anschließend im Abschnitt 2.2.2 erläutert. Hierbei werden zunächst die *subjektiven* Sichtweisen und Einstellungen der Akteure anhand der *verbalen* Textdaten erarbeitet, weil dies aufgrund der ausführlichen Äußerungen der Befragten in den qualitativen Interviews viel besser und differenzierter möglich ist als in standardisierten Interviews. Anschließend können diese subjektiven Sichtweisen und Deutungsmuster dann für das standardisierte Erhebungsinstrument entsprechend in Items transformiert werden, um auch im quantitativen - und daher umfangreicheren - Sample die Zusammenhänge zwischen den strukturellen Einflüssen und den Handlungsweisen und Einstellungen der Befragten fundiert und detailliert zu untersuchen. In der Studie über *Statuspassagen junger Fachkräfte in die Erwerbstätigkeit* wurden z.B. anhand der qualitativen Interviewdaten zunächst komplexe *berufsbiografische Gestaltungsmodi* erarbeitet, die sowohl auf den Handlungs*orientierungen* als auch auf konkreten Handlungs*schritten* der Akteure basierten. Die verschiedenen Gestaltungsmodi wurden schließlich für die vierte standardisierte Befragung der Studie entsprechend operationalisiert (siehe auch Schaeper/Witzel sowie Zinn in diesem Band).

In der bereits dargestellten Studie zu den *Delinquenzmustern junger Erwachsener* wurde schließlich noch eine weitere Möglichkeit genutzt, die ein integratives *Panel*design bietet und die in Abschnitt 2.2.3 ausführlich beschrieben wird. In dieser Studie konnten die ForscherInnen anhand der quantitativen Daten zunächst nicht weiter erklären, warum beruflich erfolgreiche Jugendliche überproportional häufig Eigentumsdelikte begehen. Die Analysen der parallel erhobenen qualitativen Daten zeigten ebenfalls, dass es eine Gruppe von Jugendlichen gibt, die als Typus „Doppel-Leben" bezeichnet werden kann. Um nun die bisherigen Ergebnisse der quantitativen und qualitativen Analysen zu vertiefen und unmittelbar mit den Sichtweisen der Befragten zu konfrontieren, wurde das qualitative Erhebungsinstrument - also der Leitfaden für die problemzentrierten Interviews - in der letzten Welle des qualitativen Panels ergänzt, um die jungen Erwachsenen direkt zum Thema „Doppel-Leben" zu befragen. So war es möglich, die bisherigen Forschungsergebnisse einer *„kommunikativen Validierung"* (vgl. Steinke 2000, 320, 329) zu unterziehen.

2.2.1 Quantitativ ermittelte Lebensverläufe als Erhebungsgrundlage für qualitativ zu erhebende Biografien[8]

Eine erste Möglichkeit, wie qualitative und quantitative Methoden bei der Datenerhebung integriert werden können, soll anhand der Studie über *weibliche Erwerbsbiografien* gezeigt werden. Nachdem in der ersten Forschungsphase (1988-1991) Frauen, die eine Ausbildung auf Facharbeiterniveau in fünf mehrheitlich mit Frauen besetzten Berufen absolviert und eine Familie gegründet hatten, quantitativ und qualitativ befragt wurden (vgl. Born/Krüger/Lorenz-Meyer 1996), erfolgte in der zweiten Phase des Projekts (1991-1993) eine Befragung der Ehemänner (vgl. Krüger 1995). In der dritten Projektphase (1994-1996) wurden schließlich die Kinder der befragten Ehepaare in die Untersuchung einbezogen[9] (vgl. Braemer 1994). Unter dem Thema *„Statuspassagengestaltung und intergenerationales Erbe. Zum Wandel der Sequenzmuster zwischen Erwerbsarbeit und Familie im Generationentransfer"* sollte die These geprüft werden, dass die Labilisierung familialer Lebensformen auf asynchronen Modernisierungsprozessen zwischen den Geschlechtern und Generationen basiert. Gefragt wurde daher, inwieweit die in den Vorläuferprojekten *„festgestellte Modernisierungsdifferenzierung zwischen den Geschlechtern intergenerational vergrößert oder auf Basis innerfamilialer Erfahrungen in neue Gestaltungsformen eines eigenen Familienlebens überführt wird"* (Krüger et al. 1993).

Anhand von Ergebnissen aus dieser dritten Forschungsphase soll nun gezeigt werden, wie quantitative Daten herangezogen werden können, um die Erhebung qualitativ zu ermittelnder subjektiver Interpretationen und Deutungen zu unterstützen und auf diese Weise quantitative Lebensverlaufsdaten mit qualitativen Biografiedaten zu verbinden. Zunächst sollten in dieser Phase die Kinder der in der ersten Phase befragten Frauen mittels einer *quantitativen* schriftlichen Befragung retrospektiv Auskunft über ihr bisheriges Erwerbsarbeitsleben, ihre Wohn- und Beziehungsformen etc. geben. Anschließend wurde ein Teil der Befragten gebeten, ihre Lebensverläufe und Erwerbsbiografien in *qualitativen* Leitfadeninterviews ausführlicher zu erläutern. Von den insgesamt 326 Kindern (Geburtsjahrgänge 1953-1964) füllten 149 den Fragebogen aus und 96 gaben darüber hinaus noch ihre Bereitschaft an, an einem qualitativen Interview teilzunehmen. Letztlich konnten 44 Personen für das qualitative Sample der Kinder ausgewählt werden, wobei sich die Auswahl u.a. an den Kriterien „Geschlecht" und „Geschwisterverhältnisse" orientierte, weil nicht nur Einzelkinder und Geschwisterkinder, sondern auch gegengeschlechtliche Geschwisterpaare befragt werden sollten. Bei den Töchtern wurde zudem berücksichtigt, inwieweit ihre

---

8 Mein besonderer Dank gilt Christian Erzberger für das umfangreiche Material, das er mir zu diesem Themenaspekt zur Verfügung gestellt hat.
9 Die Teilprojekte wurden unter der Leitung von Helga Krüger und Mitarbeit von Claudia Born, Gudrun Braemer (1992-1996), Christian Erzberger (seit 1992), Maria Scholz (bis 1991) und Horst Stenger (1991/1992) durchgeführt.

Berufs- und Familienverläufe den Verläufen ihrer Mütter ähnelten bzw. eine möglichst große Distanz aufwiesen.

Wie aus dem Titel der Studie bereits hervorgeht, standen einerseits die Lebensverläufe der Elterngeneration im Blickfeld der *qualitativen* Untersuchung, andererseits spielte aber auch das Leben der in dieser Phase befragten Kinder selbst eine zentrale Rolle. In der folgenden Beschreibung des methodischen Vorgehens steht dieser zweite Aspekt im Vordergrund, indem eine Strategie zur Erhebung jener Interpretationen und Deutungen dargestellt wird, die die befragten Kinder hinsichtlich ihres eigenen Lebenslaufs entwickelt hatten. Aufgrund des Forschungsinteresses müssen dabei unterschiedliche Ebenen einbezogen werden: Neben der *Erwerbsarbeitsgeschichte* bilden *Bildungsphasen, Beziehungs-* und *Wohnformen* bzw. deren subjektive Interpretation und Deutung durch die Befragten zentrale Untersuchungsdimensionen. Diese Vielzahl an Untersuchungsebenen verkompliziert den Erhebungsprozess und stellt große Anforderungen an die Gedächtnisleistung der Befragten, da die interessierenden Ereignisse teilweise viele Jahre zurückliegen.

Zur Strukturierung des Gespräches wurde neben einem Leitfaden, der gewährleisten sollte, dass möglichst alle forschungsrelevanten Aspekte thematisiert werden, auf die quantitativ erhobenen Daten zurückgegriffen. Aus diesen Daten wurde zunächst für jede qualitativ zu befragende Person eine Lebenslaufgrafik erstellt, wie sie beispielhaft in Abbildung 9 zu sehen ist (vgl. zur Lebenslaufgrafik auch: Born/Krüger/Lorenz-Meyer 1996; Erzberger 1998)

Abb. 9: Lebenslaufgrafik

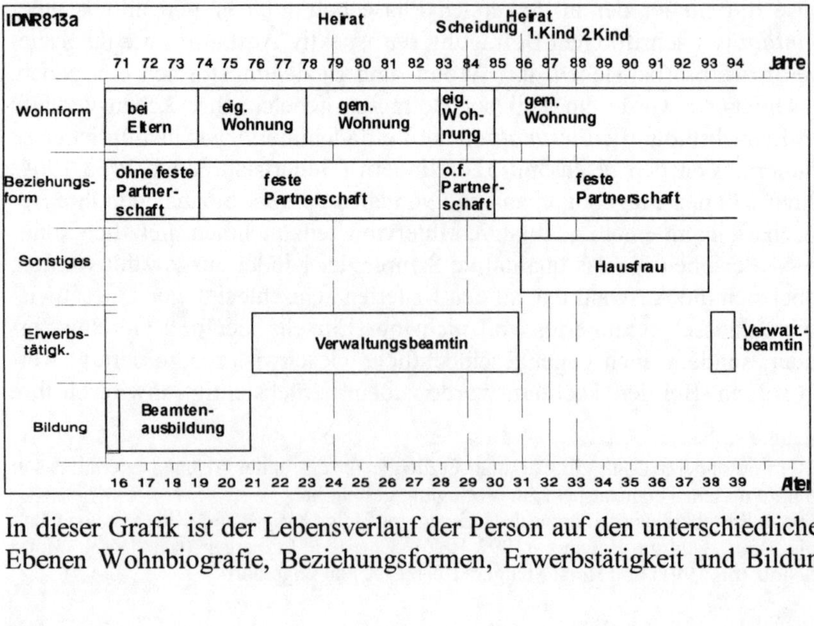

In dieser Grafik ist der Lebensverlauf der Person auf den unterschiedlichen Ebenen Wohnbiografie, Beziehungsformen, Erwerbstätigkeit und Bildung im Längsschnitt dargestellt. Die horizontale Skala im oberen Teil der Grafik enthält eine Einteilung in Jahreszahlen, auf der unteren horizontalen Skala befindet sich analog dazu eine Einteilung in Lebensalter. Die Person, auf die sich die Grafik in Abbildung 9 bezieht, hat z.B. bis 1974 (19. Lebensjahr) bei den Eltern gewohnt, bezog dann eine eigene Wohnung, in der sie bis 1978 wohnte, und zog dann in eine gemeinsame Wohnung mit einem Partner. 1983 erfolgte ein Wechsel der Wohnverhältnisse, und bis 1985 wurde wieder eine eigene Wohnung allein bezogen. Von 1985 bis 1994 (dem Befragungszeitpunkt) wohnte die Person dann wieder in einer gemeinsamen Wohnung mit einem Partner. Entsprechend finden sich in der Zeile darunter die Beziehungsformen, die mit den Wohnformen korrespondieren. Als parallele Prozesse sind in dieser Abbildung weitere Ebenen des Lebensverlaufs (Erwerbstätigkeit, Bildung und Sonstiges) und die wechselseitigen Beziehungen all dieser Lebensverlaufsebenen zueinander zu erkennen.

Die Grafik wurde während des qualitativen Interviews dem oder der Befragten vorgelegt und bildete die Basis des Gesprächs. Der Fokus lag dabei auf den dargestellten Ereignissen und Statuswechseln und deren möglicher Wechselwirkung. Thematisiert wurden vor allem Interpretationen von Entscheidungsfindungen und Auseinandersetzungen mit den jeweiligen LebenspartnerInnen sowie weiteren Familienmitgliedern (insbesondere mit den eigenen Eltern und Kinder), die zum Verständnis der Struktur des individuellen Lebensverlaufes unerlässlich waren. Die grafische Visualisierung erleichterte den Einstieg in das Gespräch, da eine solche Darstellung des eigenen Lebens von den Befragten in der Regel als interessant und ungewöhnlich empfunden wurde. Sie unterstützte darüber hinaus das Gedächtnis der InterviewpartnerInnen und konzentrierte das Gespräch insbesondere auf die Verbindungen zwischen den einzelnen Ebenen.

Entscheidungen, die verschiedene Lebensbereiche (Erwerbstätigkeit, Familie, Wohnform etc.) betreffen, sowie Auseinandersetzungen mit dem Lebenspartner und anderen wichtigen Bezugspersonen sind immer kontextgebunden. Sie spielen sich in bestimmten gesellschaftlichen und persönlichen Umfeldern ab und verändern sich über die Jahre vor allem durch Erfahrungsaufschichtung der individuellen Akteure. Überlegungen, nach einer „Familienphase" wieder in das Arbeitsleben einzusteigen werden z.B. durch die gesellschaftliche Akzeptanz bzw. Ablehnung weiblicher Erwerbsarbeit beeinflusst. Solche Entscheidungsprozesse und Überlegungen werden zunehmend kompliziert, wenn die Befragten in Familien eingebunden sind. Die Lebensverlaufsgrafik bietet bei der Rekonstruktion solcher Entscheidungsprozesse im qualitativen Interview große Vorteile, da die unterschiedlichen Ebenen stets präsent sind. Die obere Achse der Grafik, die die historische Zeit abbildet, stellt dabei den Zusammenhang mit einem makrosozietären gesellschaftlichen Kontext her, und die Visualisierung der unterschiedlichen Ebenen sorgt dafür, dass Erzählungen nicht nur auf eine Dimension des Lebenslaufs, etwa auf die Familien- oder die Erwerbsbiografie, beschränkt bleiben.

Ebenso können durch diese Technik Prozesse sichtbar gemacht werden, die in den quantitativen Daten nicht erkennbar sind. So bedeutet eine in dem quantitativen Datenmaterial gefundene ununterbrochene Phase der Erwerbsarbeit nicht zwangsläufig, dass in der Zwischenzeit nicht vielleicht Entscheidungsprozesse stattgefunden haben. Wenn diese jedoch zu einer Fortführung der Erwerbstätigkeit führten, sind sie in der Grafik nicht sichtbar. Auch die *Ablehnung* einer möglichen Alternative auf der beruflichen oder familiären Ebene kann aber von ebensolcher Tragweite sein, wie die Entscheidung für deren Annahme. Beispielsweise könnte das Beharren von Frauen auf der Fortführung einer bis dahin bestehenden Vollzeiterwerbstätigkeit nach der Heirat zu nicht unerheblichen Spannungen und Krisen in der Beziehung zum Ehepartner führen. Eine Scheidung könnte dann auch durch dauerhafte Auseinandersetzungen über Erwerbsarbeit motiviert sein (vgl. Abb. 9). Die *Abbildung* des Erwerbsverlaufs selbst bleibt allerdings in diesen Fällen von den Auseinandersetzungen unberührt, d.h. die familiären Konflikte und Krisen, die u.U. durch die Ebene der Erwerbstätigkeit ausgelöst werden, bleiben im standardisierten Datenmaterial unsichtbar.

Gleichzeitig findet bei dieser Erhebungsstrategie eine Überprüfung der Validität der quantitativen Daten des standardisierten Fragebogens statt. Die befragte Person kann bei der Betrachtung der Lebenslaufgrafik die visualisierten Eintragungen mit ihrer eigenen Erinnerung vergleichen. Bei Inkongruenzen zwischen der Grafik und der eigenen Erinnerung können Fehler in den Daten korrigiert werden. Darüber hinaus werden die eigenen Erinnerungen auf diese Weise einer Kontrolle unterworfen, und damit der Rekonstruktionsprozess für die Befragten erleichtert.

Die Aufbereitung des Lebensverlaufs als Grafik und deren Verwendung im qualitativen Interview verbindet quantitative und qualitative Daten. Sie ist damit eine Brücke zwischen objektiver Faktendeskription und deren subjektiver Interpretation. Dabei werden die quantitativen Daten allerdings nicht - wie bei statistischen Auswertungen - aggregiert, sondern bleiben immer auf den jeweiligen Einzelfall bezogen. So gelingt es, den Aspekt des „objektiven Lebensverlaufs", der in rein biografisch orientierten Forschungszusammenhängen oftmals vernachlässigt wird, in die Erhebung subjektivbiografischer Erzählungen zu integrieren. Es kann Datenmaterial gesammelt werden, welches beide Aspekte - biografische Narration mit subjektiven Situationsdeutungen, Prozessinterpretationen und Relevanzsetzungen einerseits, linear gemessene, normierte Zeit andererseits - einbezieht. Durch die „Mitführung" der objektiven Lebensverlaufsdaten sind die qualitativ gewonnenen Ergebnisse an statistische Verlaufsdatenanalysen anschlussfähig, da den quantitativen und qualitativen Daten eine gemeinsame Zeitachse zugrunde liegt. Qualitative und quantitative Verlaufsdaten können aufeinander bezogen und gemeinsam analysiert werden.

2.2.2 Operationalisierung der qualitativen Typologie „Berufsbiografischer Gestaltungsmodi" für eine quantitative Befragung

Anhand der schon erwähnten Studie über *Statuspassagen junger Fachkräfte in die Erwerbstätigkeit*[10] (Mönnich/Witzel 1994; Heinz et al. 1998) soll nun gezeigt werden, wie nicht nur objektive Lebenslaufdaten, sondern auch subjektive Sichtweisen und Handlungsorientierungen mit Hilfe eines standardisierten Fragebogens erhoben werden können, wenn aufgrund qualitativer Analysen bereits fundierte Kenntnisse über die Deutungsmuster und Handlungsorientierungen der Akteure vorliegen.

In dieser Studie wurden zunächst jeweils parallel zueinander drei qualitative und drei quantitative Befragungen durchgeführt (1989, 1991 und 1994), bevor 1997 abschließend noch eine vierte Welle standardisierter Daten erhoben wurde. Wie in den bereits dargestellten Studien wurde auch hier das qualitative Sample auf der Basis der zuvor erhobenen quantitativen Daten gezogen (siehe Mönnich/Witzel 1994 sowie auch Zinn in diesem Band). Über alle drei Wellen der qualitativen Befragung konnten 91 Fälle erreicht werden. Im Makro-Panel wurden im Schnitt ca. 1000 Personen befragt.

Anhand der *qualitativen* Daten der ersten drei Befragungswellen wurde nun von den ForscherInnen eine Typologie *„Berufsbiografischer Gestaltungsmodi"* (kurz: BGM) erarbeitet (siehe Witzel/Kühn 2000 sowie Schaeper/Witzel und Zinn in diesem Band), um die unterschiedlichen biografischen Orientierungen und Handlungsstrategien junger Fachkräfte im Spannungsfeld der Institutionen Beruf, Familie und Arbeitsmarkt zu erfassen. Insgesamt wurde zwischen sechs verschiedenen Modi bzw. Typen unterschieden, die idealtypische Auseinandersetzungsweisen von jungen Erwachsenen aus gewerblich-technischen und kaufmännischen Ausbildungsberufen mit ihren Handlungskontexten darstellen und aufgrund ihrer Komplexität hier nur sehr knapp skizziert werden können: So arrangieren sich z.B. die Befragten mit dem BGM *Lohnarbeiterhabitus* aufgrund einer fehlenden Karriereorientierung auch mit ungünstigen Beschäftigungschancen und Laufbahnstrukturen, solange die Bezahlung in einem angemessenen Verhältnis zu ihren Ansprüchen steht, weil sie die (Lohn-)Arbeit lediglich als Notwendigkeit für ihre materielle Reproduktion betrachten. Für junge Erwachsene mit dem BGM *Betriebsidentifizierung* ist es hingegen von Bedeutung, dass sie ein familiäres Betriebsklima vorfinden, mit dem sowohl ein niedriges Einkommen als auch fehlende berufliche Perspektiven ausgeglichen werden. Junge Fachkräfte mit den BGM *Laufbahnorientierung* und

---

10 MitarbeiterInnen in der vierten Forschungsphase (1997-1999) des Teilprojektes A1 waren Walter R. Heinz (als Leiter) sowie Thomas Kühn, Hildegard Schaeper, Andreas Witzel und Jens Zinn.

Chancenoptimierung legen indessen großen Wert auf Handlungs- und Gestaltungsspielräume in ihrer Erwerbstätigkeit, um Karrierewünsche verwirklichen zu können. Während sich die Ersteren jedoch an vorgegebenen Laufbahnstrukturen orientieren, halten sich die Letzteren möglichst viele verschiedene Berufswege offen, weil sie immer wieder neue Herausforderungen suchen. Junge Fachkräfte mit dem BGM *Selbständigenhabitus* orientieren sich schließlich bei beruflichen Entscheidungen hauptsächlich an ihren persönlichen Ansprüchen und Bedürfnissen, weil sie eine „sinnvolle" Beschäftigung wünschen, lehnen jedoch - anders als diejenigen mit dem BGM *Persönlichkeitsgestaltung* - eine abhängige Beschäftigung ab.

Um die mit Hilfe der BGM aufgedeckten Zusammenhänge zwischen sozialstrukturellen bzw. institutionellen Einflüssen einerseits und individuellen Familien- und Karriereentscheidungen andererseits nun generalisieren zu können, sollte die Typologie der sechs verschiedenen Modi berufsbiografischen Handelns anhand der Daten einer weiteren *quantitativen Erhebung* - und zwar in der vierten Welle im Jahr 1997 - rekonstruiert werden. Hieraus erhoffte man sich eine Ergänzung und Differenzierung der qualitativen Typologie, die zur Spezifikation und Generalisierung bestimmter Zusammenhänge nur bedingt geeignet war. Durch die Quantifizierung der BGM sollten u.a. weitere Verbindungen zwischen den BGM und verschiedenen Strukturmerkmalen wie Geschlecht und Ausbildungsberuf aufgedeckt und die Stärke der beobachteten Assoziationen genauer bestimmt und abgesichert werden.

Um nun die BGM anhand der quantitativen Daten rekonstruieren zu können, mussten sie für das quantitative Erhebungsinstrument - einen standardisierten Fragebogen - operationalisiert werden. Hierzu wurden die - auf der Basis synoptischer Analysen des qualitativen Fallmaterials erstellten - ausführlichen Beschreibungen der sechs berufsbiografischer Gestaltungsmodi und der ihnen zugrunde liegenden Dimensionen (Arbeitstätigkeit, Qualifikation, Karriere, Einkommen und Betrieb) herangezogen. Das ursprüngliche Ziel der Operationalisierung bestand darin, jede Dimension, die den BGM zugrunde lag, durch mindestens einen Indikator (d.h. durch mindestens ein Fragebogenitem) zu repräsentieren, was jedoch nicht in allen Fällen zufriedenstellend gelang. So ergaben sich z.B. Probleme bei der Operationalisierung des Modus *Selbständigenhabitus*, und es war schwierig, die BGM *Laufbahnorientierung* und *Chancenoptimierung* trennscharf voneinander abzugrenzen (siehe hierzu ausführlich Schaeper/Witzel in diesem Band).

Um nun die qualitative Typologie möglichst weitgehend mit Hilfe der zu erhebenden quantitativen Daten rekonstruieren zu können, mussten sowohl die Handlungs*orientierungen* und *-begründungen* - und damit die subjektiven Sichtweisen und Deutungsmuster - der jungen Fachkräfte als auch ihre konkreten Handlungs*schritte* in Form objektiver Ereignisdaten entsprechend operationalisiert werden. Dabei war es möglich, auch die subjektiven Deutungen, Bewertungen und Orientierungen mit Hilfe des standardisierten Instruments zu erfassen, weil aufgrund der qualitativen Analysen mittlerweile ein fundiertes (Vor-)Wissen in Form der Typologie *„Berufsbiografischer Gestaltungsmodi"* über den Untersuchungsbereich vorlag. Diese subjektiven Orientierungen und Aspirationen wurden nun aufgrund ihrer Mehrdimensionalität mit -zum Teil - gängigen Skalen zur Messung von Orientierungen bzgl. Beruf, Arbeit und Weiterbildung erfasst. Um darüber hinaus auch die weibliche Perspektive auf Erwerbsarbeit und Beruf differenzierter untersuchen zu können, wurden weitere Items und Fragen anhand des qualitativen Datenmaterials sowie anhand anderer Studien entwickelt. Die konkreten Handlungs*schritte* der jungen Fachkräfte wurden durch Items zu den beruflichen Tätigkeiten, zum Berufsverlauf allgemein und zu Weiterbildungsaktivitäten ermittelt. Während diese Fragen größtenteils schon in den ersten drei Makro-Wellen gestellt worden waren und die entsprechenden Angaben daher als Längsschnittsdaten vorlagen, handelt es sich bei den erfragten Orientierungen um Querschnittsdaten, die in der vierten Makro-Welle zum ersten und bislang einzigen Mal erhoben wurden.

Mit den so definierten Variablen wurden nach der Datenerhebung Clusteranalysen durchgeführt und eine Typologie „Berufsbiografischer *Orientierungs*muster" (kurz: BOM) erarbeitet. Für die Rekonstruktion der BGM konnte letztlich nämlich nur auf die (querschnittsbezogenen) Orientierungen der jungen Fachkräfte zurückgegriffen werden, weil die *Verhaltens*variablen die Clusterstruktur so stark beeinflussten, dass die Gruppenbildung kaum interpretierbar war. Die Verhaltensvariablen wurden deshalb nur extern zur Charakterisierung der Cluster herangezogen (zu den clusteranalytischen Berechnungen sowie den Ergebnissen siehe Schaeper/Witzel in diesem Band).

Anhand dieses Beispiels lässt sich also sehr gut zeigen, wie es möglich ist, auch komplexe Deutungsmuster und Handlungsorientierungen, die zunächst anhand qualitativer Analysen sehr differenziert untersucht werden konnten, in Items für ein standardisiertes Erhebungsinstrument zu transformieren. Aufgrund der definierten Items für den standardisierten Fragebogen konnte anhand der quantitativen Daten obendrein eine Typologie „Berufsbiografischer *Orientierungs*muster" erarbeitet werden.

2.2.3 „Kommunikative Validierung"

In der schon mehrfach erwähnten Studie über Zusammenhänge zwischen *Bildungskarriere und Delinquenzverlauf von jungen Erwachsenen* warf zu Beginn der Datenauswertung ein Sachverhalt eine Reihe von Fragen auf: Gerade die beruflich erfolgreichen Jugendlichen, die eigentlich über genug finanzielle Mittel verfügen müssten, begingen überproportional häufig Eigentumsdelikte (Dietz u.a. 1997, S. 278 f). Angesichts dieser Befunde, die gängigen Annahmen in der Kriminologie widersprachen, stellte sich für die

ForscherInnen des Projektes die Frage, warum das delinquente Verhalten der Jugendlichen deren beruflichen Werdegang bisher nicht gefährdete, obwohl es bereits zu offiziellen Kontakten mit Instanzen sozialer Kontrolle, wie etwa Justizbehörden, geführt hatte, und wie es den Befragten gelang, beide Bereiche getrennt voneinander zu halten.

Zur Beantwortung dieser Fragen wurden nun zunächst die *verbalen* Daten der qualitativen Stichprobe herangezogen, weil die Jugendlichen in den problemzentrierten Interviews ihre konkrete Lebenssituation im Betrieb sowie in der Freizeit wesentlich ausführlicher als in der standardisierten Befragung geschildert hatten. Anhand der qualitativen Stichprobe konnten zunächst die Befunde des quantitativen Untersuchungsteils bestätigt werden: Auch hier fand sich eine Gruppe von Jugendlichen, die trotz hoher Delinquenz beruflich erfolgreich war, und daher als Typus *„Doppel-Leben"* bezeichnet wurde (Dietz u.a. 1997, 247 ff.). Mit Hilfe des qualitativen Interviewmaterials konnten aber nicht nur die Ergebnisse des quantitativen Untersuchungsstrangs validiert werden, sondern es konnten fundierte Erklärungen für das Zustandekommen einer solchen Konstellation erarbeitet werden (siehe hierzu auch Kelle/Kluge in diesem Band): So arbeiteten die vorwiegend männlichen Jugendlichen des Typus „Doppel-Leben" meist in ihrem Wunschberuf und waren daher hoch motiviert, ihre Lehre erfolgreich abzuschließen, weil sie mit ihrer beruflichen Situation und ihren Zukunftsperspektiven zufrieden waren. Die Jugendlichen wollten daher mit ihren Taten nicht etwa frustrierende Erlebnisse am Arbeitsplatz kompensieren, sondern suchten vielmehr Spaß, Action und Nervenkitzel. Zudem erfuhren sie umfangreiche Unterstützung durch ihre unmittelbaren sozialen Netzwerke wie peers und Elternhaus und blieben von anderen sozialen Kontrollinstanzen - wie Betrieben oder Justiz - unbehelligt, solange sie die geforderten Arbeitstugenden zeigten und sich als „gute" Auszubildende erwiesen (siehe ausführlicher: Dietz u.a. 1997, 247 ff.).

Das Forschungsteam wollte jedoch zum einen zusätzliche Informationen über jene Zusammenhänge erheben, die ein solches „Doppel-Leben" ermöglichen, und zum anderen die bisherigen Ergebnisse, die sowohl anhand der *quantitativen* als auch der *qualitativen* Analysen erarbeitet worden waren, direkt mit den Sichtweisen der Betroffenen konfrontieren, um die bisherigen Befunde zu vertiefen und ggf. zu ergänzen. Da die jungen Erwachsenen in der fünften - und letzten - Welle des Mikro-Panels ohnehin gebeten wurden, ihre persönlichen Erfahrungen mit delinquentem Verhalten rückblickend zu bilanzieren, wurden im Rahmen dieses Themenbereichs auch Fragen zum „Doppel-Leben" im Leitfaden aufgenommen. Diese Art der Rückkoppelung von Auswertungsergebnissen an die Untersuchten im Forschungsprozess wird in der Literatur als „kommunikative Validierung" bzw. „member check" bezeichnet (vgl. Steinke 2000, 320, 329).

Den Befragten wurde zunächst mitgeteilt, dass das Forschungsteam überrascht gewesen sei, wie stark es manchen der Befragten gelungen ist, Freizeitleben einerseits und Arbeitsleben andererseits zu trennen, indem sie einerseits während der Arbeit eine hohe Konformität normativen Erwartungen gegenüber zeigten und andererseits in ihrer Freizeit „mächtig auf den Putz hauten". Falls die Befragten für ihre eigene Person ein solches Verhalten einräumten, wollten die InterviewerInnen von ihnen wissen, wie es ihnen *konkret* gelänge - bzw. gelungen ist -, in dieser Weise doppelgleisig zu leben, worin der Reiz und positive Seiten für die Befragten bestünden und ob sie glaubten, dass ihnen die Straftaten - langfristig gesehen - schaden würden. Falls die Befragten nicht selbst betroffen waren, sollten sie berichten, ob sie im Bekanntenkreis Personen kannten, die in solcher Weise ein „Doppel-Leben" führten.

Da die ForscherInnen von der Annahme ausgingen, dass es auf Dauer sehr schwierig ist, in solcher Weise doppelgleisig zu leben, wollten sie zudem in Erfahrung bringen, ob die Jugendlichen, die nach der Auswertung der ersten drei qualitativen Erhebungswellen dem Typus „Doppel-Leben" zugeordnet worden sind (siehe Dietz et al. 1997, 246 ff.), dieses Verhaltensmuster auch zum Zeitpunkt der letzen Welle zeigten oder ob sie es in der Zwischenzeit aufgegeben hatten bzw. aufgeben mussten. Das in den ersten Wellen beschriebene delinquente Verhalten hätte schließlich auf Dauer zu einer Marginalisierung durch härtere strafrechtliche Sanktionen (etwa Freiheitsentzug) oder auch zum Verlust des Arbeitsplatzes führen können, wenn berufliche Anforderungen über einen längeren Zeitraum hinweg nicht mehr erfüllt werden konnten. Andererseits hätte aber auch die Aufnahme einer festen Partnerbeziehung oder die Trennung von der Clique, in der delinquente Handlungen oft nach Alkoholkonsum verübt werden, zu einem Ausstieg aus der delinquenten Karriere führen können.

Ergebnisse der Analyse des qualitativen Datenmaterials zeigten nun (siehe Böttger 2000, 83 ff.), dass einige der jungen Erwachsenen, die ihr Doppel-Leben aufgegeben haben, sich bewusst für diesen Schritt entschieden haben, weil sie nicht mehr so risikobereit waren und mittlerweile „mehr zu verlieren hatten" als noch wenige Jahre zuvor. Zum einen unterlagen sie spätestens vom 21. Lebensjahr an dem Erwachsenenstrafrecht und mussten daher mit stärkeren strafrechtlichen Konsequenzen als vorher rechnen. Zum anderen hätten sie nach dem erfolgreichen Abschluss der Lehre ihren bisher erworbenen beruflichen Status sowie ihren weiteren beruflichen Werdegang gefährdet.

Das Beispiel zeigt, wie mit Hilfe der „kommunikativen Validierung" in einem integrativen Paneldesign sowohl quantitative als auch qualitative Ergebnisse vertieft, ergänzt und überprüft werden können, wenn die Erhebungsinstrumente - unabhängig davon, ob es sich um standardisierte Fragebögen oder um Leitfäden für problemzentrierte Interviews handelt - aufbauend auf den bisher gewonnenen Erkenntnissen des anderen Methodenstrangs entsprechend erweitert bzw. vervollständigt werden. Da anhand der quantitativen Daten zunächst nicht erklärt werden konnte, warum Jugendliche, die beruflich erfolgreich sind, überproportional häufig Eigentumsdelikte begehen, wurde nach einer ausführlichen und fruchtbaren Analyse der bis dahin erhobenen qualitativen Daten - die zur Entwicklung des Typus „Doppel-Leben" führte - die durch das Paneldesign gebotene Möglichkeit genutzt, die jungen Erwachsenen in einer späteren Erhebung direkt zu den untersuchten Zusammenhängen befragen zu können.

2.3 Datenauswertung

Um die Aufbereitung und Auswertung qualitativen Datenmaterials, das meist aus umfangreichen und wenig strukturierten Mengen von Textdaten besteht, möglichst systematisch und nachvollziehbar zu gestalten, sind seit gut zwei Jahrzehnten formatfreie Textdatenbanksysteme verfügbar (vgl. Kelle 1997, 2000; Kelle/Prein/Bird 1995; Kuckartz 1999). Diese Datenbanksysteme unterstützen jedoch nicht nur eine genuin qualitative bzw. interpretativ-hermeneutische Auswertung: Bei einigen Systemen besteht darüber hinaus die Möglichkeit, quantitative Daten zu integrieren, so dass qualitative und quantitative Daten für bestimmte Auswertungsschritte miteinander verknüpft werden können. Die genaue Vorgehensweise sowie die damit verbundenen Möglichkeiten einer Integration qualitativer und quantitativer *Auswertungs*strategien werden ausführlich in Abschnitt 2.3.1 erläutert.

Eine „engere" Verknüpfung beider Verfahrensweisen - wie etwa eine quantitativ-statistische Auswertung qualitativer Daten - ist dagegen mit nicht unerheblichen methodischen Problemen behaftet. So erfordert die Anwendung der meisten statistischen Analyseverfahren bestimmte Voraussetzungen - bspw. bestimmte Vorgehensweisen bei der Stichprobenauswahl und ein möglichst hohes Messniveau der Variablen -, die von den in qualitativen Studien erhobenen Daten oftmals nur in eingeschränktem Umfang erfüllt werden. Werden daher Methoden aus der quantitativen Tradition schematisch auf Daten, die im Rahmen qualitativer Forschung gewonnen worden sind, übertragen, müssen die Ergebnisse oft mit großer Vorsicht betrachtet werden.

Trotz der Probleme, die sich ergeben können, wird die Integration statistischer Verfahren in die Analyse qualitativer Daten in der Methodenliteratur häufig (vgl. etwa Kuckartz 1996, 239 ff.; 1999, 233 ff.) empfohlen. Um nun die Vor- und Nachteile einer solchen Vorgehensweise fundiert beurteilen zu können, wurden in der Studie zu *Delinquenzmustern junger Erwachsener* bei der Auswertung qualitativer ExpertInnen-Interviews Clusteranalysen für die Typenbildung durchgeführt. Im Abschnitt 2.3.2 werden die Vorteile einer solchen Vorgehensweise sowie die Probleme, die sich dabei ergeben können, erläutert.

2.3.1 Selektive Retrievals bei der computergestützten Auswertung qualitativer Daten

Seit den 1980er Jahren stehen verschiedene formatfreie Textdatenbanksysteme zur Verfügung, mit deren Hilfe qualitative Daten systematisch und nachvollziehbar so aufbereitet und strukturiert werden können, dass die für eine interpretative Analyse relevanten Textsegmente anhand komplexer Indizierungssysteme kodiert und für vergleichende Analysen automatisiert aus dem Textkorpus herausgesucht werden können (siehe u.a. Bos/Tarnai 1996; Fielding/Lee 1998; Kelle 1997, 2000; Kelle/Prein/Bird 1995; Kluge/ Opitz 1999, 2000; Kuckartz 1999). Um die Vorteile einer solchen Vorgehensweise nutzen zu können, müssen jedoch nach dem Einlesen der qualitativen Daten (die zumeist in Form transkribierter offener Interviews vorliegen) zunächst alle forschungsrelevanten Textpassagen thematisch indiziert bzw. kodiert werden, indem ihnen entsprechende „Kodes", also thematische Stichworte oder Schlagworte, zugeordnet werden. Nach der Kodierung - und der entsprechenden Eingabe der Fundstellen in das Textdatenbanksystem - können in kurzer Zeit zu jedem Kode sog. „Textretrievals" erstellt werden. Dabei werden alle Textpassagen, die mit einem gemeinsamen Thema indiziert wurden, „zusammengestellt".

Im Prinzip handelt sich bei dieser Vorgehensweise also um eine (partielle) Automatisierung und Weiterentwicklung von manuellen Methoden, die in der qualitativ orientierten Sozialforschung seit langem verbreitet sind und ebenfalls auf einer thematischen Kodierung des qualitativen Datenmaterials beruhen (siehe vor allem: Glaser/Strauss 1967/1998, 101 ff.; Strauss 1991, 56 ff., 90 ff.; Strauss/Corbin 1991, 57 ff.; Strauss/Corbin 1996, 43 ff.; Kelle/ Kluge 1999, 54 ff.). Während die thematische Zuordnung der Kodes jedoch weiterhin *von den ForscherInnen* anhand inhaltlicher, forschungsrelevanter Kriterien durchgeführt werden muss, kann die langwierige Suche und das Zusammenstellen der Passagen (*„Retrieval"*) nun mit geringem Aufwand EDV-gestützt vorgenommen werden. Gleichzeitig ist es möglich, vielschichtige Kategorienschemata zu entwickeln und komplexe Suchabfragen zu gestalten, die mit manuellen Mitteln nicht zu bewältigen wären. Ein weiterer wesentlicher Vorteil der computergestützen Kodierung besteht darin, dass sie besser dokumentierbar sowie intersubjektiv leichter nachvollziehbar ist als ein manuelles Vorgehen und weitergehende Möglichkeiten für verschiedenste Arten von Textretrievals eröffnet (vgl. Kelle/Kluge 1999, 54 ff.; Kluge 1999, 189 ff.; Kuckartz 1999).

Eine besondere Form des Textretrievals soll hier ausführlicher vorgestellt werden, weil dabei quantitative Daten, die bei der untersuchten qualitativen Stichprobe gesammelt wurden, in methodologisch sinnvoller Weise verwendet werden können. Um nämlich verschiedene Teilgruppen eines Samples miteinander zu vergleichen, können sog. *"selektive Retrievals"* durchgeführt werden. Auf diese Weise ist es nicht nur möglich, Teilgruppen - wie bspw. Männer und Frauen oder Befragte mit oder ohne Hauptschulabschluss - direkt miteinander zu vergleichen, sondern es können auch einzelne Gruppen - wie etwa Personen über 65 Jahre oder Mütter im Erziehungsurlaub - gesondert und damit intensiver analysiert werden. Üblicherweise wird diese Option realisiert durch eine Definition bestimmter theoretisch relevanter - z.B. soziodemografischer - Merkmale wie Geschlecht, Alter oder Schulabschluss. Diese Merkmale können sowohl bei der Auswertung der qualitativen Daten ermittelt als auch - bei einem integrativen Forschungsdesign - in einer parallel erfolgten standisierten Befragung erhoben werden.

Um die Erwerbsverläufe in typischen Frauenberufen zu untersuchen, wurden in der bereits erwähnten Studie zu *Berufen im weiblichen Lebensverlauf und sozialem Wandel* (siehe auch Abschnitt 2.1.3) sowohl Frauen, die kurz nach Kriegsende (1948-1950) eine Ausbildung in einem der damals häufigsten Frauenberufe absolviert haben, als auch deren Ehemänner zunächst mit einem standardisierten Erhebungsinstrument befragt, bevor mit ihnen leitfadengestützte, problemzentrierte Interviews geführt wurden. Viele deskriptive Strukturdaten, die in den quantitativen Teiluntersuchungen ermittelt wurden, konnten anschließend auch als externe Variablen in ein Textdatenbanksystem eingegeben werden, mit dem die qualitativen Textdaten verwaltet und für weitere Auswertungschritte aufbereitet wurden (Erzberger 1998, 174).

Durch die Einbeziehung quantitativer Variablen konnte nun überprüft werden, ob - und ggf. in welcher Art und Weise - zwischen den (subjektiven) Verarbeitungs-, Interpretations- und Argumentationsmustern, die anhand der qualitativen Daten ermittelt wurden, und den verschiedenen (objektiven) Strukturmerkmalen, die mit den quantitativen Daten abgebildet wurden, Verbindungen und Zusammenhänge bestehen, oder ob die qualitativ analysierten Interpretationen und Deutungen unabhängig von den sozialstrukturellen Merkmalen sowie den quantitativ ermittelten Ereignissen und Ereignisabfolgen sind. Hierdurch konnten bspw. Aussagen der befragten Männer über die subjektive Bedeutung der männlichen Ernährerrolle - differenziert nach den verschiedenen Erwerbsarbeitsverläufen ihrer eigenen, ebenfalls interviewten Ehefrauen untersucht werden (Erzberger 1998, 174 f). Diese Analysen konnten weiterhin noch differenziert werden, indem mit Hilfe selektiver Retrievals und dem Einsatz von *"Booleschen Operatoren"* (wie: und, oder, nicht) und *"Vergleichsoperatoren"* (wie: gleich, kleiner als, größer als etc.) Männer einer bestimmten Altersgruppe herausgefiltert wurden, deren Ehefrauen eine bestimmte Mindestzeit am Erwerbsleben teilgenommen hatten.

Auch bei der Untersuchung der *Statuspassagen junger Fachkräfte in die Erwerbstätigkeit* (vgl. Abschnitt 2.2.2) sind in dem entsprechenden Textdatenbanksystem Fallmerkmale[11] eingegeben worden, um die kodierten Aussagen der Befragten differenziert nach der jeweiligen Berufsgruppe, dem Geschlecht oder der regionalen Herkunft der Befragten vergleichend analysieren zu können (Kühn/Witzel 2000, Abs. 21, 52 ff., 83 f). Durch eine logische Verknüpfung von Fallmerkmalen war es z.B. möglich, gezielt die beruflichen Zukunftsperspektiven von Bremer Bankkaufleuten zu betrachten und mit denen von Münchener Bankkaufleuten zu vergleichen (ebd., Anmerkung 8).

Ein Teil der Fallmerkmale basierte auch in diesem Projekt auf den Ergebnissen der parallel zu den qualitativen Untersuchungen durchgeführten *quantitativen* Datenerhebungen (ebd., Abs. 88). So konnte z.B. das aufgrund der quantitativen Befragung ermittelte Wissen über unterschiedliche Formen von erwerbsbiografischen Verläufen genutzt werden, um - anhand der *qualitativen* Daten - zu untersuchen, wie die Befragten Diskontinuitäten erfahren, deuten und gestalten. Anhand quantitativer Analyseergebnisse wurden die Mitglieder des qualitativen Samples dabei nach Fällen differenziert (a) mit *kontinuierlicher Erwerbsbiografie*, (b) mit *eher kurzen* oder (c) *eher langen Diskontinuitätsphasen* im Rahmen von Berufs- oder Betriebswechseln oder von Fortbildungen - und Personen, (d) die ein *Studium absolvierten*, sowie (e) *Müttern*. Durch diese Systematisierung der Diskontinuitäten auf der quantitativen Ebene konnte bei der qualitativen Analyse die gesamte Spanne an Verarbeitungs- und Gestaltungsweisen innerhalb der diskontinuierlichen Verläufe gesichert werden.

Ein weiteres Fallmerkmal - die Zugehörigkeit der Befragten zu einem bestimmten „Berufsbiografischen Gestaltungsmuster" (BGM; siehe hierzu Witzel/Kühn 2000 sowie Abschnitt 2.2.2 und Schaeper/Witzel in diesem Band) - ist zuvor anhand der Interviewtexte erarbeitet und anschließend als Variable den qualitativen Interviews aus allen Befragungswellen zugeordnet worden, die mit diesen Befragten geführt worden sind. So konnte die Zuordnung der Befragten zu den berufsbiografischen Gestaltungsmustern bei der weiteren Auswertung berücksichtigt werden. Auf der Basis der erweiterten Datenlage konnten dann neue Zusammenstellungen von Textsegmenten erstellt werden, um weitere Fragestellungen zu beantworten.

2.3.2 Der Einsatz von Clusteranalysen bei der (computergestützten) Auswertung qualitativer Daten

Ein innovatives Konzept, um quantitative Verfahren in den Prozess der qualitativen Datenanalyse zu integrieren und z.B. statistische Auswertungsstrategien als *Heuristiken* für die Aufstellung deskriptiver Typologien im Rahmen qualitativer Untersuchungen zu nutzen, hat Kuckartz vorgeschla-

---

11 Interviewphase, Region, Ausbildungsberuf, Geschlecht, Schulabschluss, Alter, Berufe der Eltern, BGM (zu den „Berufsbiografischen Gestaltungs*M*ustern" siehe Schaeper/Witzel in diesem Band sowie Witzel/Kühn 2000).

gen (vgl. Kuckartz 1990, 501; 1995; 1996, 239 ff.; 1999, 233 ff.). Da nicht nur der (üblicherweise beschränkte) Umfang und das Ziehungsverfahren qualitativer Stichproben, sondern auch das meist niedrige (nominale) Skalierungsniveau der qualitativen Daten Probleme für den Einsatz von Standardverfahren der multivariaten Statistik bereiten können, schlägt er den Einsatz von mathematisch voraussetzungsärmeren, explorativen Verfahren wie der Clusteranalyse zur statistischen Analyse solcher Daten vor (Kuckartz 1996, 240; 1999, 234). Durch den Einsatz dieser Techniken soll die Suche nach Mustern erleichtert, die Bildung von Typologien systematisiert und gleichzeitig die Nachvollziehbarkeit des Prozesses der Typenbildung und die Replizierbarkeit der konstruierten Typologie gewährleistet werden.

Nach der Durchführung der clusteranalytischen Berechnungen müssen die damit identifizierten Cluster allerdings zunächst evaluiert und inhaltlich interpretiert werden, indem z.B. untersucht wird, welche Merkmalsausprägungen in den jeweiligen Gruppen überproportional vertreten und daher für sie charakteristisch sind. Erst nach diesen Analysen kann die Entscheidung für eine „optimale" Clusterlösung getroffen werden, die neben dem erwünschten Grad an Differenzierung, vor allem von der Evidenz der Interpretation der Typologie abhängt (ebd., 248, 253 f). Werden die Zuordnungen der Fälle zu den Clustern anschließend als Variablenwerte den im *Textdatenbanksystem* gespeicherten qualitativen Interviews der einzelnen Befragten zugeordnet, kann die Evidenz und Konsistenz der gebildeten Typen auch anhand des qualitativen Datenmaterials überprüft werden, indem z.B. die Argumentationsmuster der Befragten, die jeweils dem gleichen Cluster bzw. Typus zugeordnet worden sind, miteinander verglichen werden. Anschließend können die Zuordnungen der Fälle zu den verschiedenen Typen dann auch für weitergehende Analysen genutzt werden (ebd., 254 f; siehe auch das Beispiel der *Berufsbiografischen Gestaltungsmuster* (BGM) in der Studie über *Erwerbspassagen junger Fachkräfte in die Erwerbstätigkeit* im Abschnitt 2.3.1).

Der Einsatz clusteranalytischer Verfahren wurde auch in der Studie über *Delinquenzmuster junger Erwachsener* (vgl. die Abschnitte 2.1.1 und 2.2.3) - und zwar bei der Interpretation von Interviews mit BerufsausbilderInnen im dualen System - erprobt (siehe Mariak/Kluge 1998, 333 ff.; Kluge 1999, 235 ff.). Diese Interviews hatten den Charakter von ExpertInnengesprächen, weil nicht die biografischen Konstruktionen der Interviewten im Vordergrund standen, sondern deren berufsspezifische Wissensbestände, etwa formale und informelle Normen innerhalb von Betrieben und Ausbildungsinstitutionen aus verschiedenen Bereichen von Handwerk, Dienstleistungsbereich und Industrie.

Analog zu dem von Kuckartz beschriebenen Verfahren wurde versucht, durch die Verbindung qualitativer Analysen mit multivariaten statistischen Verfahren Gruppen von Befragten zu identifizieren, die hinsichtlich der

Kombinationen von Ausprägungen von verschiedenen Rahmenvariablen (Betriebstyp, Größe etc.) und bestimmten Normen- und Anforderungskategorien eine möglichst große Homogenität aufwiesen. Nach der Kodierung der Interviews mit einem offenen Kategoriensystem und ersten tentativen Analysen wurden Variablen und deren Wertebereiche definiert, die den clusteranalytischen Berechnungen zugrunde gelegt werden konnten. Die Relevanz der identifizierten Cluster wurde schließlich anhand des Textmaterials überprüft, denn die durch die quantitative Analyse entwickelten Typen oder Strukturen können erst dann als gesichert gelten, wenn sich die Typen ausgehend von den Aussagen der Befragten rekonstruieren lassen, d.h. wenn sie durch Interpretationen des ursprünglichen Textmaterials belegt werden können.

Die Durchführung der clusteranalytischen Berechnungen sowie die Interpretation der Ergebnisse war zunächst sehr aufwendig, weil verschiedene Proximitätsmaße und Fusionierungsalgorithmen angewandt wurden, um unerwünschte Gewichtungen zu vermeiden und die Relevanz einzelner Merkmale zu prüfen (siehe Kluge 1999, 246 ff., 253). Es kann nämlich zunächst nicht gewährleistet werden, dass nur *relevante* Merkmale ausgewählt werden, weil die Relevanz erst *nach* den Berechnungen beurteilt werden kann. Die Einbeziehung eines einzigen, für die Clusterbildung irrelevanten Merkmals kann aber bereits dazu führen, dass eine Clusterstruktur verzerrt bzw. im Extremfall nicht erkannt wird (vgl. Bacher 1994, 163 ff.). Außerdem stellte sich das Problem, das nicht zu allen Variablen „Werte" von den Befragten vorlagen, da sie sich - wie in qualitativen Studien üblich - in den Interviews nicht immer zu allen Themen äußerten. Entsprechend konnten dann für einzelne Fälle die jeweiligen Merkmalsausprägungen für diese Variablen nicht definiert werden. Zwar kann dieses Problem fehlender Werte durch die Wahl entsprechender Algorithmen gemildert werden, fehlen diese Informationen jedoch in zu vielen Fällen, muss das Merkmal von den weiteren Auswertungen ausgeschlossen werden, was die Forschungsergebnisse nicht unerheblich beeinflussen kann.

In der Regel kann mit Hilfe der zahlreichen Proximitätsmaße und Fusionierungsalgorithmen, die diese Verfahren zur Verfügung stellen, jedoch der Bandbreite qualitativer Fragestellungen sowie der unterschiedlichen Beschaffenheit qualitativer Daten (insbesondere ihrem eingeschränkten Messniveau) begegnet werden. Die statistischen Verfahren zwingen außerdem zu einer präzisen Definition der in die Analysen einbezogenen Merkmale und ermöglichen es, eine große Anzahl von Variablen, deren mögliche Zusammenhänge und Korrelationen ansonsten nur schwer zu überblicken sind, einzubeziehen. So kann verhindert werden, dass zu früh - d.h. zu einem Zeitpunkt, an dem man über die Relevanz einzelner Merkmale und ihrer Bezüge zueinander noch zu wenig weiß - relevante Faktoren von den weiteren Analysen ausgeschlossen werden. Zudem erlauben die ermittelten Cluster die Formulierung von Hypothesen über Zusammenhänge innerhalb und zwischen den gebildeten Gruppen, die durch einen Rückgriff auf das qualitative Datenmaterial weiter untersucht werden können.

Da jedoch für jede Clusterlösung u.a. geprüft werden musste, ob sie die Mitglieder des untersuchten Samples hinsichtlich der Forschungsfrage angemessen gruppiert und welche Merkmale für die Charakterisierung der gebildeten Cluster relevant sind - um schließlich eine Entscheidung über die plausibelste Clusterlösung treffen zu können - erhöhte sich der Aufwand für die Interpretation der verschiedenen Clusterlösungen enorm. Insgesamt bringt ein solches Vorgehen daher einen relativ hohen Arbeitsaufwand mit sich, der in der Regel nur in besonderen Fällen - z.B. wenn die untersuchten Stichproben sehr umfangreich sind und mehr als 80 bis 100 Fälle umfassen - durch den Ertrag gerechtfertigt ist.

3. Fazit und Ausblick

Um die Zusammenhänge zwischen den sozialstrukturellen und institutionellen Rahmenbedingungen einerseits und den subjektiven Sichtweisen und Deutungsmustern der sozialen Akteure andererseits in sich modernisierenden Gesellschaften angemessen untersuchen zu können, ist es oftmals zweckmäßig, quantitative und qualitative Daten und Methoden im empirischen Forschungsprozess miteinander zu verknüpfen (siehe hierzu die Einleitung sowie Zinn in diesem Band). Die Möglichkeiten, diese beiden Verfahrensweisen in einer Studie zu kombinieren, gehen dabei weit über das von Barton und Lazarsfeld empfohlene „Phasenmodell" hinaus (Barton/ Lazarsfeld 1984), bei dem qualitative Forschung lediglich zur Generierung von Hypothesen führt, die dann in der quantitativen Untersuchung überprüft werden können. Wie anhand zahlreicher Studien mit einem integrativen Paneldesign gezeigt werden konnte, lassen sich qualitative und quantitative Methoden nicht nur bei der Stichprobenziehung, sondern auch bei der Erhebung und Auswertung der Daten in unterschiedlichster Weise kombinieren. Aufgrund der Mehrfachbefragungen zu verschiedenen Zeitpunkten konnte dabei fundiert untersucht werden, wie sich Sichtweisen und Handlungsorientierungen sozialer Akteure verändern - oder auch konsistent bleiben -, wenn einschneidende Risikolagen oder Statuspassagen im Lebensverlauf wie etwa der Einstieg in eine Erwerbstätigkeit, die Geburt eines Kindes, der Beginn des Sozialhilfebezugs usw. bewältigt werden müssen. Sofern es möglich war, wurden die individuellen Akteure so früh wie möglich befragt. Um etwa die Zusammenhänge zwischen dem beruflichen Ausbildungs-/Verlauf und abweichendem Verhalten bei bildungsbenachteiligten jungen Erwachsenen untersuchen zu können, wurden die befragten Bremer Haupt- und SonderschülerInnen noch kurz vor dem Ende ihrer Schulzeit im Klassenverbund interviewt. Unbeeinflusst von den ersten Erfahrungen in der Lehrzeit oder in berufsvorbereitenden Maßnahmen konnten auf diese Weise berufsbezogene Vorstellungen und Wünsche der Jugendlichen erfragt - und nach weiteren Erhebungswellen - mit den späteren Äußerungen der jungen Erwachsenen verglichen werden. Während bei retrospektiven Befragungen, die sich auf sehr lange Zeiträume beziehen, die Gefahr besteht, dass frühere Meinungen und Einstellungen nicht mehr erinnert oder von späteren Erfahrungen „überblendet" werden, vermindert sich diese Validitätsbedrohung von Mehrfachbefragungen im Abstand von zwei bis drei Jahren erheblich.

Darüber hinaus eröffnet ein integratives Paneldesign, bei dem qualitative und quantitative Befragungen abwechselnd durchgeführt werden, vielfältige Kombinationsmöglichkeiten beider Verfahrensweisen. Im Gegensatz zum klassischen „Phasenmodell" der Methodenintegration von Barton und Lazarsfeld sind in den hier dargestellten Studien zunächst *quantitative* Daten erhoben worden, um auf dieser Basis explizite Stichprobenpläne für das qualitative Sample zu entwickeln und so die Validität der qualitativen Daten und die Reichweite ihrer Auswertungsergebnisse zu erhöhen.

Obwohl bei dieser Form der *kriterien-* bzw. *theoriegeleiteten Stichprobenziehung* sehr unterschiedliche Auswahlmechanismen - teilweise sogar kombiniert - zur Anwendung kamen, wurde - ganz im Sinne des *theoretical sampling* nach Glaser und Strauss - immer versucht, mit den verschiedenen Strategien eine möglichst große Varianz in der Stichprobe zu erreichen. Wobei jedoch beachtet werden muss, dass die Heterogenität im Sample nicht so groß sein darf, dass die Fälle kaum noch Gemeinsamkeiten aufweisen und daher nicht mehr miteinander verglichen werden können. Entsprechend sollten die Anzahl der Auswahlkriterien sowie die Heterogenität der Untersuchungspopulation begrenzt werden. In der Studie über *weibliche Berufsverläufe* konnte zudem gezeigt werden, wie mit Hilfe der „Optimal-Matching"-Technik im quantitativen Sample verschiedene *Typen von Lebensverlaufsmustern* ermittelt werden können, die dann als Basis für die Ziehung der qualitativen Stichprobe dienen. Aber auch hier können schließlich verschiedene Mechanismen bei der Auswahl der Fälle aus den gebildeten Gruppen zum Zuge kommen.

Effektive Kombinationsstrategien lassen sich auch bei der *Datenerhebung* anwenden. So können etwa anhand von quantitativen Lebenslaufdaten Lebenslauf-Grafiken angefertigt werden, die im qualitativen Interview als Erinnerungs- und Strukturierungshilfe von großem Nutzen sind. Durch die Abbildung verschiedener Lebensbereiche wie etwa der Berufsbiografie und den Beziehungs- und Wohnformen auf einer gemeinsamen Zeitachse können dabei leicht Verknüpfungen zwischen den unterschiedlichen Bereichen erkannt und thematisiert werden. Darüber hinaus können neue Fragestellungen, die sich aus den bisherigen Ergebnisse des einen Methodenstrangs ergeben, bei der Konstruktion eines Erhebungsinstrument des anderen Methodenstrangs so berücksichtigt werden, dass sie in einer weiteren Welle des Panels untersucht werden können. Oder es können bisherige Ergebnisse durch systematische Untersuchungen, die mit der anderen Methode durchgeführt werden, geprüft und ergänzt werden. Entsprechend wurde z.B. in der Studie über *Statuspassagen in das Erwerbsleben* eine umfangreiche Typologie „Berufsbiografischer Gestaltungsmodi", die zunächst anhand der qualitativen Projektdaten entwickelt wurde, für den standardisierten Fragebogen der nächsten Makro-Welle operationalisiert, um zu prüfen, inwieweit diese qualitative Typologie mit Hilfe der quantitativen Daten rekonstruiert werden kann. Ein Paneldesign bietet zudem die Möglichkeit, die Befragten in einer späteren Welle *unmittelbar* mit den bisherigen Auswertungsergebnissen zu „konfrontieren" - also eine „kommunikative Validierung" durchzuführen - und auf diese Weise zu untersuchen, wie die Akteure selbst verschiedene Befunde erklären. Um etwa zusätzliches Material über die Hintergründe des Typus „Doppel-Leben" zu sammeln, fragten die ForscherInnen in der Studie zu *Delinquenzmustern junger Erwachsener* in der letzten Welle der qualitativen Befragung die Betroffenen selbst, wie es ihnen gelang, trotz hoher Delinquenz in der Freizeit beruflich erfolgreich zu sein.

Schließlich können qualitative und quantitative Verfahrensweisen auch bei der *Datenauswertung* kombiniert werden. Neue Möglichkeiten eröffnen hier vor allem Techniken EDV-gestützter Datenverwaltung, die seit den 1980er Jahren für die computergestützte Aufbereitung, Strukturierung und Archivierung qualitativer Daten zur Verfügung stehen. Da hierbei nicht nur verbale Interviewdaten, sondern auch quantitative Variablen in die Strukturierung des qualitativen Datenmaterials einbezogen werden können, ist es z.B. möglich, mit Hilfe „selektiver Retrievals" unterschiedlichste Subgruppen des betreffenden qualitativen Samples miteinander zu vergleichen. Darüber hinaus können auch statistische Verfahren wie die Clusteranalyse bei der Auswertung qualitativer Verfahren eingesetzt werden, um Gruppen und Typen im qualitativen Datenmaterial zu identifizieren. Es muss jedoch bedacht werden, dass eine solche Vorgehensweise sehr aufwendig ist, weil nicht nur die Definition der Merkmale und die Auswahl angemessener Proximitätsmaße und Fusionierungsalgorithmen sehr viel Sorgfalt erfordern, sondern auch die Evidenz und Konsistenz der gefundenen Clusterlösungen durch weitere interpretative Analysen des qualitativen Datenmaterials gesichert werden müssen. Zudem ist qualitatives Datenmaterial oft nur eingeschränkt für diese Form der quantitativen Bearbeitung geeignet, weil sich die Befragten in qualitativen Interviews meist nicht zu allen Themen äußern. Fehlen jedoch zu viele Informationen, müssen einzelne Merkmale von den weiteren Auswertungen ausgeschlossen werden, was die Forschungsergebnisse erheblich beeinflussen kann.

Neben diesen zahlreichen Kombinationsmöglichkeiten, mit denen qualitative und quantitative Verfahren nicht nur bei der Stichprobenziehung, sondern auch bei der Datenerhebung und -auswertung verknüpft werden können, darf aber nicht vergessen werden, dass letztlich immer die Integration der Auswertungs*ergebnisse* im Mittelpunkt steht. Alle Strategien und

Techniken zur Integration qualitativer und quantitativer Erhebungs- und Auswertungsverfahren dienen in erster Linie dem Zweck, die untersuchten sozialen Phänomene von verschiedenen Seiten und unter verschiedenen Perspektiven zu beleuchten, so dass sich die Ergebnisse qualitativer und quantitativer Methoden in der Regel *komplementär* zueinander verhalten. Nur wenn sie sich auf gleiche Sachverhalte beziehen, kann zudem die *Validität* der Ergebnisse überprüft werden. Diese verschiedenen Möglichkeiten, qualitative und quantitative Forschungs*ergebnisse* sinnvoll zueinander in Beziehung zu setzen, werden nun im folgenden Beitrag von Udo Kelle und Christian Erzberger ausführlich dargelegt. Ausgehend vom Triangulationsbegriff erörtern die beiden Autoren verschiedene Problemlagen, die sich bei der Integration der Auswertungsresultate ergeben können, um abschließend allgemeine Regeln für eine Integration qualitativer und quantitativer Forschungs*ergebnisse* zu formulieren.

Literatur

Abbot, Andrew (1995): Sequence Analysis: New Methods for Old Ideas. In: Annual Review of Sociology 21/95, 93-113
Abbot, Andrew/Forrest, John (1986): Optimal Matching Methods for Historical Sequences. In: Journal of Interdisciplinary History 3/86, 471-494
Abbot, Andrew/Hrycak, Alexandra (1990): Measuring Resemblance in Sequence Data: An Optimal Matching Analysis of Musicians Careers. In: American Journal of Sociology 1/90, 144-185
Aisenbrey, Silke (1999): Optimal Matching Analyse. Opladen: Leske und Budrich
Bacher, Johann (1994): Clusteranalyse. Anwendungsorientierte Einführung. München und Wien: Oldenbourg
Barton, Allen H./Lazarsfeld Paul F. (1955): Some Functions of Qualitative Analysis in Social Research. In: Frankfurter Beiträge zur Soziologie. Frankfurt a. M.: Europäische Verlagsanstalt, 321-361
Barton, Allen H./Lazarsfeld, Paul F. (1984): Einige Funktionen von qualitativer Analyse in der Sozialforschung. In: Hopf, Chr./Weingarten, E. (Hrsg.): Qualitative Sozialforschung. Stuttgart: Klett-Cotta, 41-89 (1. Aufl.: 1979; Quelle für die dt. Übersetzung: Barton/Lazarsfeld 1955)
Bird, Katherine/Born, Claudia/Erzberger, Christian (2000): Ein Bild des eigenen Lebens zeichnen. Der Kalender als Visualisierungsinstrument zur Erfassung individueller Lebensverläufe. Arbeitspapier Nr. 59 des Sfb 186, Universität Bremen
Böttger, Andreas (2000): Devianz als Episode. Wege des „Ausstiegs" aus kriminalisierbarem Handeln. In: Heinz, W. R. (Hrsg.): Übergänge: Individualisierung, Flexibilisierung und Institutionalisierung des Lebensverlaufs. 3. Beiheft der Zeitschrift für Soziologie der Erziehung und Sozialisation (ZSE), Weinheim: Juventa, 77-90
Born, Claudia (2000): Erstausbildung und weiblicher Lebenslauf. Was (nicht nur) junge Frauen bezüglich der Berufswahl wissen sollten. In: Heinz, W. R. (Hrsg.): Übergänge: Individualisierung, Flexibilisierung und Institutionali-

sierung des Lebensverlaufs. 3. Beiheft der Zeitschrift für Soziologie der Erziehung und Sozialisation (ZSE), Weinheim: Juventa, 50-65
Born, Claudia/Erzberger, Christian (1999): Räumliche Mobilität und Regionalstichprobe. Zum Zusammenhang von Regionalität und Repräsentativität in der Lebenslaufforschung. Arbeitspapier Nr. 58 des Sfb 186, Universität Bremen
Born, Claudia/Krüger, Helga/Lorenz-Meyer, Dagmar (1996): Der unentdeckte Wandel. Annäherung an das Verhältnis von Struktur und Norm im weiblichen Lebenslauf. Berlin: Sigma
Bos, Wilfried/Tarnai, Christian (1996): Computerunterstützte Inhaltsanalyse in den Empirischen Sozialwissenschaften. Theorie - Anwendung - Software. Münster und New York: Waxmann
Braemer, Gudrun (1994): Wandel im Selbstbild des Familienernährers? Reflexion über vierzig Jahre Ehe-, Erwerbs- und Familienleben. Arbeitspapier Nr. 29 des Sfb 186, Universität Bremen
Bryman, Alan (1988): Quantity and Quality in Social Research. London und New York: Routledge
Bude, Heinz (1985): Der Sozialforscher als Narrationsanimateur. Kritische Anmerkungen zu einer erzähltheoretischen Fundierung der interpretativen Sozialforschung. In: Kölner Zeitschrift für Soziologie und Sozialpsychologie 37/85, 327-336
Cook, Thomas D./Campbell, Donald T. (1979): Quasi-Experimentation. Design & Analysis Issues for Field Settings. Boston: Houghton Mifflin
Dietz, Gerhard-Uhland et al. (1997): „Lehre tut viel ...": Berufsbildung, Lebensplanung und Delinquenz bei Arbeiterjugendlichen. Münster: Votum
Erzberger, Christian (1998): Zahlen und Wörter. Die Verbindung quantitativer und qualitativer Daten und Methoden im Forschungsprozess. Weinheim: Deutscher Studien Verlag
Erzberger, Christian/Kluge, Susann (2000): Repräsentativität qualitativer Untersuchungen. Lebensverlaufsmuster als Basis für Auswahlentscheidungen. In: Heinz, W. R. (Hrsg.): Übergänge: Individualisierung, Flexibilisierung und Institutionalisierung des Lebensverlaufs. 3. Beiheft der Zeitschrift für Soziologie der Erziehung und Sozialisation (ZSE), Weinheim: Juventa, 298-313
Erzberger, Christian/Prein, Gerald (1997): Optimal-Matching-Technik: Ein Analyseverfahren zur Vergleichbarkeit und Ordnung individuell differenter Lebensverläufe. In: ZUMA-Nachrichten 40/97, 52-80
Fielding, Nigel G./Lee, Raymond M. (1998): Computer Analysis and Qualitative Research. London et al.: Sage
Geissler, Birgit/Oechsle, Mechthild (1996): Lebensplanung junger Frauen. Zur widersprüchlichen Modernisierung weiblicher Lebensläufe. Unter Mitarbeit von Gudrun Braemer, Weinheim: Deutscher Studien Verlag
Gerhardt, Uta (1985): Erzähldaten und Hypothesenkonstruktion: Überlegungen zum Gültigkeitsproblem in der biographischen Sozialforschung. In: Kölner Zeitschrift für Soziologie und Sozialpsychologie 37/85, 230-256
Gerhardt, Uta (1986): Patientenkarrieren. Eine medizinsoziologische Studie. Frankfurt a. M.: Suhrkamp
Glaser, Barney/Strauss, Anselm (1967/1998): Grounded Theory. Strategien qualitativer Forschung. Bern et al.: Huber (erstmals 1967 erschienen unter

dem Titel „The Discovery of Grounded Theory: Strategies for Qualitative Research", New York: Aldine de Gruyter)

Glaser, Barney G./Strauss, Anselm L. (1974): Interaktion mit Sterbenden. Göttingen: Vandenhoeck & Ruprecht (erstmals 1968 erschienen unter dem Titel „Time for Dying", Chicago: Aldine)

Hagen, Christine/Niemann, Heike (2001): Sozialhilfe als Sequenz im Lebenslauf? Institutionelle und individuelle Bedeutung von Übergängen aus der Sozialhilfe heraus. In: Sackmann, R./Wingens, M. (Hrsg.): Strukturen des Lebenslaufs: Übergang, Sequenz, Verlauf. Weinheim/München: Juventa

Heinz, Walter R. et al. (1998): Vocational Training and Career Development in Germany - Results from a Longitudinal Study. In: International Journal for Behavioral Development 22/98, 77-101

Kelle, Udo (1997): Theory Building in Qualitative Research and Computer Programs for the Management of Textual Data. In: Sociological Research Online 2/97, http://www. socresonline.org.uk/socresonline/2/2/1.html

Kelle, Udo (2000): Computergestützte Analyse qualitativer Daten. In: Flick, U./ Kardorff, E. v./Steinke, I. (Hrsg.): Qualitative Forschung. Ein Handbuch. Reinbek: Rowohlt, 485-502

Kelle, Udo/Erzberger, Christian (1999): Integration qualitativer und quantitativer Methoden. Methodologische Modelle und ihre Bedeutung für die Forschungspraxis. In: Kölner Zeitschrift für Soziologie und Sozialpsychologie 3/99, 509-531

Kelle, Udo/Kluge, Susann (1999): Vom Einzelfall zum Typus. Fallvergleich und Fallkontrastierung in der qualitativen Sozialforschung. Opladen: Leske und Budrich

Kelle, Udo/Kluge, Susann/Prein, Gerald (1993): Strategien der Geltungssicherung in der qualitativen Sozialforschung. Zur Validitätsproblematik im interpretativen Paradigma. Arbeitspapier Nr. 24 des Sfb 186, Universität Bremen

Kelle, Udo/Prein, Gerald (1994): Validitätsprobleme bei der statistischen Modellbildung mit kleinen Stichproben in der Lebenslaufforschung. In: Fischer, G. Ch. (Hrsg.): Qualitätskriterien der ambulanten medizinischen und pflegerischen Versorgung im Alter. Gamburg: Verlag für Gesundheitsförderung G. Conrad, 34-38

Kelle, Udo/Prein, Gerald (1995): Threats for validity bei der vergleichenden Analyse von Datensätzen. Ein Vorschlag zur Lösung inferenzstatistischer Probleme. In: Angewandte Sozialforschung 2/95, 239-248

Kelle, Udo/Prein, Gerald/Bird, Kate (Hrsg.) (1995): Computer-aided Qualitative Data Analysis. Theory, Methods, and Practice. London et al.: Sage

Kerlinger, Fred N. (1975): Grundlagen der Sozialwissenschaften, Band 1, Weinheim und Basel: Beltz

Kluge, Susann (1999): Empirisch begründete Typenbildung. Typen und Typologien in der qualitativen Sozialforschung. Opladen: Leske und Budrich

Kluge, Susann/Opitz, Diane (1999): Analyse und Archivierung von Biographie- und Lebensverlaufsdaten mit dem Datenbanksystem „QBiQ". In: Schwengl, H. (Hrsg.): Grenzenlose Gesellschaft? 29. Kongress der Deutschen Gesellschaft für Soziologie, Freiburg 1998. Kongressband II, Sektionen, Arbeitsgruppen, ad-hoc-Gruppen, Foren, Pfaffenweiler: Centaurus Verlag

Kluge, Susann/Opitz, Diane (2000, Dezember): Die computergestützte Archivierung qualitativer Interviewdaten mit dem Datenbanksystem „QBiQ" [36 Absätze]. In: Forum Qualitative Sozialforschung/Forum: Qualitative Social Research [Online Journal] 3/00, verfügbar über http://qualitative-research.net/fqs/fqs.htm. Zugleich in englischer Übersetzung erschienen: Kluge/Susann; Opitz/Diane (2000, December): Computer-aided Archiving of Qualitative Data with the Database System „QBiQ" [36 paragraphs]. In: Forum Qualitative Sozialforschung/Forum: Qualitative Social Research [Online Journal] 3/00, available at: http://qualitative-research.net/fqs/fqs-eng.htm

Kriz, Jürgen/Lisch, Ralf (1988): Methoden-Lexikon für Mediziner, Psychologen, Soziologen. München und Weinheim: Psychologie Verlags Union

Krüger, Helga (1995): Geschlechtsspezifische Modernisierung im ehepartnerlichen Lebensverlauf. In: Nauck, B./Onnen-Isemann, C. (Hrsg.): Familie im Brennpunkt von Wissenschaft und Forschung. Neuwied: Luchterhand, 437-455

Krüger, Helga/Levy, René (2001): Linking Life Courses, Work and the Family: Theorizing a not so Visible Nexus between Women and Men. In: Canadian Journal of Sociology (Cahier canadiens de sociologie) 2/01, 145-166

Krüger, Helga et al. (1993): Finanzierungsantrag des Teilprojektes B1 für die dritte Forschungsphase (1994-1996). In: Sonderforschungsbereich 186: Statuspassagen und Risikolagen im Lebensverlauf. Institutionelle Steuerung und individuelle Handlungsstrategien. Finanzierungsantrag für die dritte Forschungsphase 1994-1996. Bremen, 247-286

Krüger, Helga et al. (1996): Finanzierungsantrag des Teilprojektes B1 für die vierte Forschungsphase (1997-1999). In: Sonderforschungsbereich 186: Statuspassagen und Risikolagen im Lebensverlauf. Institutionelle Steuerung und individuelle Handlungsstrategien. Finanzierungsantrag für die vierte Forschungsphase 1997-1999. Bremen, 191-219

Krüger, Helga et al. (1999): Abschlussbericht des Teilprojektes B1 für die vierte Forschungsphase (1997-1999). In: Sonderforschungsbereich 186: Statuspassagen und Risikolagen im Lebensverlauf. Institutionelle Steuerung und individuelle Handlungsstrategien. Arbeits- und Ergebnisbericht 1997-1999. Bremen, 103-128

Kuckartz, Udo (1990): Computerunterstützte Suche nach Typologien in qualitativen Interviews. In: Faulbaum, F./Haux, R./Jöckel, K.-H. (Hrsg.): Fortschritte der Statistik-Software 2. SOFTSTAT '89. 5. Konferenz über die wissenschaftliche Anwendung von Statistik-Software, Heidelberg 1989. Stuttgart und New York: Gustav Fischer, 495-502

Kuckartz, Udo (1995): Case-Oriented Quantification. In: Kelle, U./Prein, G./ Bird, K. (Hrsg.): Computer-aided Qualitative Data Analysis. Theory, Methods, and Practice. London et al.: Sage, 158-166

Kuckartz, Udo (1996): MAX für WINDOWS: ein Programm zur Interpretation, Klassifikation und Typenbildung. In: Bos, W./Tarnai, Chr. (Hrsg.): Computerunterstützte Inhaltsanalyse in den Empirischen Sozialwissenschaften. Theorie, Anwendung, Software. Münster und New York: Waxmann, 229-243

Kuckartz, Udo (1999): Computergestützte Analyse qualitativer Daten. Eine Einführung in Methoden und Arbeitstechniken. Opladen: Westdeutscher Verlag

Kühn, Thomas/Witzel, Andreas (2000, Dezember): Der Gebrauch einer Textdatenbank im Auswertungsprozess problemzentrierter Interviews [115 Absätze]. Forum Qualitative Sozialforschung/Forum: Qualitative Social Research [On-line Journal] 3/00, verfügbar über: http://qualitative-research.net/fqs/fqs.htm [Zugriff: 27.12.00]

LeCompte, Margaret D./Preissle, Judith (1993): Ethnography and Qualitative Design in Educational Research. San Diego: Academic Press

Mariak, Volker/Kluge, Susann (1998): Zur Konstruktion des ordentlichen Menschen. Normierungen in Ausbildung und Beruf. Frankfurt a. M.: Verlag der Gesellschaft zur Förderung arbeitsorientierter Forschung und Bildung

Mayer, Karl-Ulrich (1998): Lebensverlauf. In: Schäfers, B./Zapf, W. (Hrsg.): Handwörterbuch zur Gesellschaft Deutschlands. Opladen: Leske und Budrich, 438-451

Mayntz, Renate/Holm, Kurt/Hübner, Peter (1972): Einführung in die Methoden der empirischen Soziologie. 3. Aufl., Opladen: Westdeutscher Verlag

Merkens, Hans (2000): Auswahlverfahren, Sampling, Fallkonstruktion. In: Flick, U./Kardorff, E. v./Steinke, I. (Hrsg.): Qualitative Forschung. Ein Handbuch. Reinbek: Rowohlt, 485-502

Mönnich, Ingo/Witzel, Andreas (1994): Arbeitsmarkt und Berufsverläufe junger Erwachsener. Ein Zwischenbericht. In: Zeitschrift für Soziologie der Erziehung und Sozialisation (ZSE) 3/94, 263-278

Prein, Gerald/Kluge, Susann/Kelle, Udo (1994): Strategien zur Sicherung von Repräsentativität und Stichprobenvalidität bei kleinen Samples. 2. Aufl., Arbeitspapier Nr. 18 des Sfb 186, Universität Bremen

Sahner, Heinz (1990): Schließende Statistik. 3. durchgesehene Aufl., Stuttgart: Teubner

Schaeper, Hildegard (1999): Erwerbsverläufe von Ausbildungsabsolventinnen und -absolventen - eine Anwendung der Optimal-Matching-Technik. Arbeitspapier Nr. 57 des Sfb 186, Universität Bremen

Schnell, Rainer/Hill, Paul B./Esser, Elke (1999): Methoden der empirischen Sozialforschung. 6. Aufl., München und Wien: Oldenbourg

Schütze, Fritz (1983): Biographieforschung und narratives Interview. In: Neue Praxis 3/83, 283-293

Schumann, Karl F. et al. (1996): Private Wege der Wiedervereinigung. Die deutsche Ost-West-Migration vor der Wende. Weinheim: Deutscher Studien Verlag

Steinke, Ines (2000): Gütekriterien qualitativer Forschung. In: Flick, U./ Kardorff, E. v./Steinke, I. (Hrsg.): Qualitative Forschung. Ein Handbuch. Reinbek: Rowohlt, 319-331

Stovel, Katherine/Savage, Michael/Bearman, Peter (1996): Ascription into Achievement: Models of Career Systems at Lloyds Bank, 1890-1970. In: American Journal of Sociology 2/96, 358-399

Strauss, Anselm L. (1991): Grundlagen qualitativer Sozialforschung. Datenanalyse und Theoriebildung in der empirischen soziologischen Forschung. München: Fink

Strauss, Anselm L./Corbin, Juliet (1991): Basics of Qualitative Research. Grounded Theory Procedures and Techniques. 3. Aufl., Newbury Park et al.: Sage (zuerst erschienen 1990)
Strauss, Anselm L./Corbin, Juliet (1996): Grounded Theory: Grundlagen Qualitativer Sozialforschung. Weinheim: Beltz, Psychologie Verlags Union (dt. Übersetzung von Strauss/Corbin 1991)
Strobl, Rainer/Böttger, Andreas (Hrsg.) (1996): Wahre Geschichten? Zu Theorie und Praxis qualitativer Interviews. Baden-Baden: Nomos
Tak Wing, Chan (1995): Optimal Matching Analysis: A Methodological Note on Studying Career Mobility. In: Work and Occupations 4/95, 467-490
Weber, Max (1904/1988): Die „Objektivität" sozialwissenschaftlicher und sozialpolitischer Erkenntnis. In: ders.: Gesammelte Aufsätze zur Wissenschaftslehre. Hrsg. von J. Winckelmann, 7. Aufl., Tübingen: Mohr, 146-214
Witzel, Andreas (1982): Verfahren der qualitativen Sozialforschung. Überblick und Alternativen. Frankfurt a. M.: Campus
Witzel, Andreas (2000, Januar): Das Problemzentrierte Interview [26 Absätze]. In: Forum Qualitative Sozialforschung/Forum: Qualitative Social Research [Online Journal] 1/00, abrufbar über: http://qualitative-research.net/fqs [Zugriff: 27.01.00]
Witzel, Andreas/Helling, Vera/Mönnich, Ingo (1996): Die Statuspassage in den Beruf als Prozess der Reproduktion sozialer Ungleichheit. In: Bolder, A./Heinz, W. R./Rodax, K. (Hrsg.): Die Wiederentdeckung der Ungleichheit. Tendenzen in Bildung für Arbeit. Opladen: Leske und Budrich, 170-187
Witzel, Andreas/Kühn, Thomas (1999): Berufsbiographische Gestaltungsmodi. Eine Typologie der Orientierungen und Handlungen beim Übergang in das Erwerbsleben. Arbeitspapier Nr. 61 des Sfb 186, Universität Bremen
Witzel, Andreas/Kühn, Thomas (2000): Orientierungs- und Handlungsmuster beim Übergang in das Erwerbsleben. In: Heinz, W. R. (Hrsg.): Übergänge: Individualisierung, Flexibilisierung und Institutionalisierung des Lebensverlaufs. 3. Beiheft der Zeitschrift für Soziologie der Erziehung und Sozialisation (ZSE), Weinheim: Juventa, 9-29

Udo Kelle, Christian Erzberger

Die Integration qualitativer und quantitativer Forschungsergebnisse

Einleitung

In diesem Beitrag werden verschiedene Möglichkeiten diskutiert, wie Ergebnisse von quantitativen und qualitativen Untersuchungen sinnvoll zueinander in Beziehung gesetzt werden können. Auf der Grundlage dieser Überlegungen werden einige allgemeine Regeln zur Integration von qualitativen und quantitativen Forschungsergebnissen vorgeschlagen.

Fragen nach dem Verhältnis zwischen quantitativen und qualitativen Forschungsergebnissen stellen sich vor allem in solchen Untersuchungen, in denen in einem multimethodischen Design quantitative und qualitative Daten getrennt erhoben und unabhängig voneinander ausgewertet werden. Als eine Konsequenz des fortdauernden „Paradigmenkrieges" zwischen den unterschiedlichen Forschungstraditionen ist es gegenwärtig nicht leicht, in der methodologischen Literatur Hinweise zu finden, wie Ergebnisse quantitativer und qualitativer Studien aufeinander bezogen - und wie theoretische Aussagen aus Befunden beider Forschungsstrategien entwickelt werden können, die sich auf denselben Gegenstandsbereich beziehen. Sozialwissenschaftler, die methodologische Texte verfassen, fühlen sich oft einem bestimmten methodologischen Lager quasi weltanschaulich verpflichtet und verhalten sich als „Paradigmensoldaten" (zu diesem Begriff vgl. Tashakkori/Teddlie 1998), die fest von einer vollständigen Inkompatibilität jener unterschiedlichen epistemologischen Positionen ausgehen, welche in der Literatur oft als Basis für quantitative oder qualitative Methoden empirischer Sozialforschung betrachtet werden (vgl. Lincoln/Guba 1985; Smith 1983; Blaikie 1991).

Obwohl seit den 1930er Jahren eine beträchtliche Anzahl soziologischer Studien, in denen quantitative und qualitative Methoden miteinander kombiniert wurden - unter ihnen die „Hawthorne Study" (Roethlisberger/ Dickson 1939) und die „Marienthalstudie" (Jahoda et al. 1933/1982) - erschienen sind, ist kaum methodologische Literatur verfügbar, in der allgemeinere Reflektionen darüber angestellt werden, wie die mit unterschiedlichen Methoden ermittelten Ergebnisse so zueinander in Beziehung gesetzt werden können, dass gültige theoretische Aussagen auf dieser Basis formuliert werden können. Während die „Paradigmensoldaten" ihre Argumente häufig auf sehr abstrakte epistemologische Ideen über die Natur sozialer Realität beschränken (indem etwa die Existenz „multipler Realitäten" und der grundsätzliche Konstruktcharakter sozialer Phänomene hervorgehoben wird, etwa bei Lincoln und Guba 1985), können sich „Paradigmenpazifisten" oder „Integrationisten" (z.B. Bryman 1988; Brannen 1992; Cresswell 1994; Tashakkori/Teddlie 1998) bei der Formulierung methodologischer Richtlinien oft nicht von der Ebene konkreter empirischer Beispiele lösen. Die Formulierung von methodologischen Konzepten sollte allerdings immer - unabhängig von den betroffenen wissenschaftlichen Gegenstandsbereichen und Fachdisziplinen - von Überlegungen über die Natur des zu untersuchenden Phänomens ausgehen und auf der Grundlage solcher gegenstandsbezogener Reflektionen die Frage zu beantworten suchen, welche Untersuchungsmethode zur Beschreibung, zur Erklärung oder zum Verständnis dieses Phänomens eingesetzt werden soll. Dies trifft natürlich auch für das Verhältnis zwischen quantitativen und qualitativen Forschungsergebnissen zu: Um die spezifische Logik von Schlussfolgerungen zu verstehen, die gezogen werden müssen, wenn theoretische Konzepte auf der Basis einer Kombination entsprechender Befunde entwickelt oder getestet werden, müssen methodologische und epistemologische Argumente zu theoretischen Überlegungen über die Natur des Untersuchungsgegenstandes in Beziehung gesetzt werden.

Zur Klärung von mit der Methodenintegration zusammenhängenden Fragen sind methodologische Diskussionen auf abstraktem Niveau oft wenig hilfreich. Wir wollen stattdessen versuchen, im Folgenden methodologische und inhaltliche Überlegungen dadurch miteinander zu verbinden, indem wir den Nutzen methodologischer Konzepte anhand von deren praktischer Anwendung unter Zuhilfenahme von konkreten Beispielen aus der Forschungspraxis aufzeigen. Hierbei werden wir insbesondere jenes methodologische Konzept, dass in den vergangenen zwei Jahrzehnten in der Literatur häufig zur Kennzeichnung von Methodenintegration gebraucht wurde, das Konzept der „Triangulation", anhand von praktischen Beispielen aus der Lebenslaufforschung diskutieren. Im ersten Abschnitt des Beitrags werden wir einige jener Diskussionen zusammenfassend darstellen, die um diesen Begriff geführt wurden, und dabei zeigen, dass dieses Konzept, ursprünglich aus der Trigonometrie in den Kontext quantitativer psychologischer Forschung übertragen, systematisch mehrdeutig ist, wenn es auf das Gebiet sozialwissenschaftlicher Methodenintegration bezogen wird. Hierzu werden wir verschiedene Gebrauchsweisen der Triangulationsmetapher diskutieren: Triangulation in ihrer ursprünglichen trigonometrischen Bedeutung und die Verwendung des Begriffs in der methodologischen Debatte in den Sozialwissenschaften, wo etliche Autoren unter Triangulation die gegenseitige Validierung von Forschungsergebnissen verstehen, während andere hierin die Kombination von verschiedenen theoretischen Perspektiven auf ein bestimmtes untersuchtes Phänomen sehen. Zwar kann jede dieser

Verwendungsweisen des Begriffs Triangulation bestimmte Möglichkeiten zur Verbindung von quantitativen und qualitativen Forschungsergebnissen aufzeigen, von denen sich jedoch keine für ein allgemeines methodologisches Modell der Triangulation eignet. Im zweiten Abschnitt dieses Beitrags werden wir deshalb verschiedene Aspekte der Triangulationsmetapher einer genaueren Betrachtung unterziehen, um ein präziseres Verständnis davon zu gewinnen, wie sich quantitative und qualitative Forschungsergebnisse aufeinander beziehen lassen. Im dritten Abschnitt werden wir diese Begriffsklärungen verwenden, um die Resultate aus drei empirischen Studien zu beschreiben und zu diskutieren, in denen quantitative und qualitative Paneluntersuchungen miteinander verknüpft wurden. Jedes dieser Beispiele stellt dabei ein bestimmtes Paradigma[1] für die Verbindung zwischen den mit unterschiedlichen Methoden ermittelten Ergebnissen dar: diese können *konvergieren*, sie können sich *ergänzen* oder sie können sich *widersprechen*. Im vierten Abschnitt des Beitrags wollen wir die drei Möglichkeiten einer näheren Betrachtung mit dem Ziel unterziehen, logische Schlussregeln zu formulieren, die bei der Triangulation quantitativer und qualitativer Methoden und Daten eine Rolle spielen. Abschließend wollen wir versuchen, auf der Grundlage dieser Überlegungen einige allgemeine Regeln für eine Integration quantitativer und qualitativer Ergebnisse zu formulieren.

1. „Triangulation" - eine methodologische Metapher und ihre Grenzen

Seit den 1970er Jahren ist „Triangulation" ein recht beliebter Begriff in jener methodologischen Debatte, die sich um Fragen der Methodenintegration dreht (vgl. Denzin 1978; Fielding/Fielding 1986; Lamnek 1995; Flick 1991, 1992, 1998). Betrachtet man jedoch die ursprüngliche Bedeutung dieses Begriffs in der Navigation und Landvermessung, so kommt man schnell zu dem Schluss, dass er durch seine Übertragung in den Bereich der sozialwissenschaftlichen Methodologie viel von seiner Klarheit eingebüßt hat. Aus einem wohldefinierten mathematischen Konzept mit einer scharf umrissenen Bedeutung wurde eine Metapher mit einem umfangreichen semantischen Bedeutungsfeld.

In seinem ursprünglichen Umfeld wird unter Triangulation ein Verfahren verstanden, bei dem die Lage eines unbekannten Punktes (C) durch Messungen von zwei bekannten Punkten, „A" und „B", aus bestimmt wird (vgl. Abb. 1). Auf der Grundlage der mathematischen Gesetze für die Winkel-

---

1 In der ursprünglichen Bedeutung des Wortes als „führendes" oder „entscheidendes Beispiel" für ein theoretisches Konzept.

größen und Schenkellängen von Dreiecken kann dann - ausgehend von den bekannten Größen - die räumliche Lage des Punktes „C" bestimmt werden.[2]

Abb. 1: Triangulation in der Landvermessung

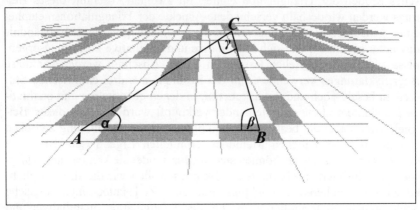

Um die Länge der Schenkel „AC" und „BC" des Dreiecks und damit die Lage des Punktes „C" zu ermitteln, wird zunächst die Länge der Strecke „AB" gemessen. Anschließend werden von den jeweiligen Endpunkten des jetzt bekannten Schenkels „AB" die beiden Winkel α am Punkt „A" und β am Punkt „B" zu dem Punkt gemessen, dessen Entfernung bestimmt werden soll (C). Da die Winkelsumme im Dreieck 180° beträgt, kann durch: 180 - $(\alpha + \beta)$ der Winkel γ am Punkt „C" berechnet werden. Die Strecken „AC" und „BC" können anschließend mit Hilfe des Sinussatzes berechnet werden.

In der sozialwissenschaftlichen Debatte über methodologische Probleme ist der Begriff „Triangulation" jedoch mit zwei unterschiedlichen Bedeutungen verbunden, die beide weit entfernt sind von der ursprünglichen trigonometrischen Bedeutung des Konzepts.

In den 1950er Jahren wurde die Überschrift „Triangulation" erstmalig benutzt und damit eine Forschungsstrategie umschrieben, mit deren Hilfe zur Beantwortung einer Forschungsfrage verschiedene Messungen oder empirische Ergebnisse herangezogen werden. Im Kontext einer Theorie psychologischer Test schlugen Campbell und Fiske (1959) vor, Ergebnisse, die mit einer Methode ermittelt worden waren, durch die Anwendung weiterer Methoden zu verifizieren.

Diesen Autoren zufolge sollen mit den Korrelationen zwischen verschiedenen Testergebnissen „Multitrait-Multimethod Matrizen" aufgestellt werden, die dann als Mittel zur Bestimmung des Grads an Übereinstimmung zwischen Forschungsergebnissen dienen können. Diese Übereinstimmungen wiederum sind als Indikator für deren Validität anzusehen: „*Validation is*

---

[2] „Triangulation" gehört in den Bereich der „Trigonometrie" - „Dreiwinkelmessung".

typically convergent, a confirmation by independent measurement procedures." (Campbell/Fiske 1959, 81) In ihrer Monografie über nicht-reaktive Messverfahren griffen Webb und seine Kollegen diesen Gedanken auf und ordneten ihn in ein umfassenderes methodologisches Bezugssystem ein, indem sie argumentierten, dass die Sammlung von Daten aus verschiedenen Quellen und ihre Analyse mit unterschiedlichen Strategien die Validität der Ergebnisse erhöhen würde: *„Ideally, we should like to converge data from several different data classes, as well as converge with multiple variants from within a single class."* (Webb et al. 1966, 35) Diese Idee wurde von einem prominenten Vertreter der qualitativen Sozialforschung aufgegriffen. In seiner vielzitierten Monografie „The Research Act" verwendet Norman Denzin (1978) das Argument von Webb und Kollegen, wonach man in die Validität einer Hypothese, die eine ganze Reihe von Tests mit unterschiedlichen Methoden überlebt hat, ein höheres Vertrauen setzen könne als in die Validität einer Hypothese, die nur mit Hilfe einer Methode getestet wurde. Unterschiedliche Methoden weisen unterschiedliche Stärken und Schwächen auf, argumentierte Denzin und plädierte für eine „methodological triangulation", die aus einem *„complex process of playing each method off against the other so as to maximize the validity of field efforts"* (Denzin 1978, 304) besteht, wobei dieser Prozess zu einer Reduktion der *„threats to internal and external validity"* führen soll (ebd., 308).

Die Idee, dass die Ergebnisse qualitativer Forschung durch statistische Methoden validiert werden könnten, war allerdings nicht ganz neu. Schon 1928 forderten Thomas und Thomas, die mit dem von ihnen geprägten Thomas-Theorem: *„If men define situations as real, they are real in their consequences."* (Thomas/Thomas 1928/1970, 572) eines der theoretischen Leitmotive der interpretativen Sozialforschung prägten, diese Kombination nachdrücklich ein:

> „We are of the opinion that verification, through statistics, is an important process in most of the fields of study of human behavior. (...) What is needed is continual and detailed study of case-histories and life-historys (...) along with the available statistical studies, to be used as a basis for the inferences drawn. (...) Statistics becomes, then, the continuous process of verification. As it becomes possible to transmute more and more data to quantitative form and apply statistical methods, our inferences will become more probable and have a sounder basis. But the statistical results must always be interpreted in the confirmation of the as yet unmeasured factors and the hypothesis emerging from the study of cases must, whenever possible, be verified statistically." (ebd., 570 f)

Die Überlegung, dass eine Konvergenz von Forschungsergebnissen, welche mit unterschiedlichen Messoperationen ermittelt wurden, deren Validität erhöhen könnte, machte den Begriff „Triangulation" für die sozialwissenschaftliche Methodendiskussion interessant. So attraktiv dieser Begriff in seinem neuen wissenschaftlichen Rahmen auch war, seine neue Bedeutung dort stimmte nicht mit der ursprünglichen, trigonometrischen Verwendungsweise des Wortes überein: Hier sind zwei Messoperationen (die zur Ermittlung der Winkel α und β führen) und eine bekannte Größe (die Schenkellänge $\overline{AB}$) notwendig, um den Punkt „C" zu lokalisieren. Fehlt eine dieser Komponenten, so ist die Entfernung zum Punkt „C" nicht zu berechnen. Insofern ist, nachdem der Winkel α ermittelt wurde, die zweite Messung des Winkels β keine Verifikation der ersten Messung, sondern eine weitere unabdingbare Voraussetzung zur Berechung der Entfernung zu „C". Die Ermittlung der Entfernung durch nur eine Messung erbringt kein Resultat, d.h. die zweite Messung kann nicht etwa zur Überprüfung der ersten Messung verwendet werden, sondern ohne diese zweite Messung läge überhaupt kein Ergebnis vor (bzw. eine einzelne Winkelgröße, die für die eigentliche Aufgabe, nämlich für die Berechnung der Länge der interessierenden Schenkel $\overline{AC}$ und $\overline{BC}$ nicht ausreichend ist).

Das Konzept der „Triangulation" als Verifikation oder gegenseitige Validierung war allerdings nur der Beginn der Debatte um Triangulation und erfuhr bald vielfache Kritik (vgl. u.a. Fielding/Fielding 1986; Flick 1991, 1992; Rossman/Wilson 1985, 1994; Lamnek 1995). Mit der wachsenden Anerkennung qualitativer Methoden in den 1980er Jahren gewann die Idee an Akzeptanz, dass verschiedene Methoden empirischer Sozialforschung auf verschiedenen erkenntnistheoretischen Modellen aufbauen können und sich deshalb auch auf verschiedene Phänomene beziehen - woraus gefolgert wurde, dass ein Vergleich von Forschungsresultaten, der unternommen wird, um deren Validität zu prüfen, mit Schwierigkeiten verbunden sein muss. So betonten etwa Fielding und Fielding, dass Forscher Ähnlichkeiten und Unterschiede zwischen Daten, die mit den gleichen Methoden gesammelt wurden, fehlinterpretieren könnten, indem sie irrtümlicherweise von „a common epistemic framework among data sources" (1986, 31) ausgehen. Als Konsequenz daraus weisen sie darauf hin, dass „using several different methods can actually increase the chance of error" (ebd.). Aber auch andere Kritiker des Denzinschen Ansatzes (z.B. Hammersley/Atkinson 1983, 199; Bryman 1988, 133) kritisierten die Annahme, dass eine bloße Konvergenz von Forschungsergebnissen bereits als ein Zeichen von Validität gedeutet werden könnte. Dieses Problem ist bereits für Campbells und Fiskes Konzept der „Triangulation" mittels „multitrait-multimethod-matrices" hochgradig relevant. Falls dabei nämlich starke Korrelationen zwischen Ergebnissen verschiedener Tests nachgewiesen werden, kann das auch bedeuten, dass die Tests in der gleichen Richtung verzerrt sind. Die Konvergenz zwischen zwei Ergebnissen bedeutet dann entweder, dass beide Ergebnisse richtig sind oder dass sie in der gleichen Richtung falsch sind. Forschungsmethoden werden häufig innerhalb unterschiedlicher Forschungstraditionen entwickelt und tragen daher unterschiedliche epistemologische und theoretische Annahmen mit sich. In diesem Fall mag die

Kombination der Methoden zwar „breadth or depth to our analysis" hinzufügen (Fielding/Fielding 1986, 33), aber sie kann nicht zu valideren Ergebnissen führen. Eine solche potentielle Komplementarität zwischen quantitativen und qualitativen Untersuchungsmethoden wird auch von anderen Autoren betont, unter ihnen Flick, der zu dem Schluss kommt:

„Triangulation is less a strategy for validating results and procedures than an alternative to validation (...) which increases scope, depth and consistency in methodological proceedings." (Flick 1998, 230)

Diese Sichtweise regte ein anderes Verständnis des Begriffs „Triangulation" an: Der Gebrauch unterschiedlicher Methoden bei der Untersuchung eines bestimmten sozialen Phänomens kann dieser Sichtweise zufolge verglichen werden mit der Untersuchung eines materiellen Objektes von zwei unterschiedlichen Standpunkten oder Winkeln aus. Beide Perspektiven liefern dann unterschiedliche Bilder des Objektes, deren Wert nicht darin besteht, dass sie zu einer gegenseitigen Validierung genutzt werden könnten, sondern sich vielmehr zu einem Gesamtbild des interessierenden Phänomens zusammensetzen lassen. Um hier eine weitere Metapher zu verwenden: Empirische Forschungsergebnisse, die mit unterschiedlichen Methoden ermittelt werden, können sich zueinander wie Teile eines Puzzles verhalten. Werden sie in korrekter Weise zusammengefügt, erhält man das vollständige Bild des untersuchten Gegenstandes.

Beide Gebrauchsweisen des Begriffs „Triangulation" - Triangulation als wechselseitige Validierung von Daten und Methoden und Triangulation als Ergänzung und Vervollständigung von Perspektiven -, unterscheiden sich deutlich von dem ursprünglichen mathematischen Verständnis dieses Konzepts. Eine strikte Beachtung des trigonometrischen Hintergrunds würde ein wesentlich restriktiveres Verständnis von sozialwissenschaftlicher Methodenintegration nahe legen: Weil bei der trigonometrischen Triangulation zur Ermittlung eines bestimmten Punktes unterschiedliche Messoperationen benötigt werden, erbringt eine einzelne Beobachtung (z.B. die Bestimmung nur des Winkels α) nicht etwa ein unvollständiges oder partielles - sondern überhaupt kein Ergebnis, das für die Beantwortung der Frage „Wie lang ist die Distanz zwischen ‚C' und ‚A' und zwischen ‚C' und ‚B'?" hilfreich sein kann. Eine direkte Übertragung dieses Triangulationsverständnisses auf das Problem der sozialwissenschaftlichen Methodenintegration würde erfordern, dass qualitative und quantitative Methoden stets miteinander verbunden werden, nicht nur um ein vollständigeres, sondern um überhaupt ein Bild des untersuchten Gegenstandsbereichs zu erhalten.

Die Einführung des Triangulationsbegriffs in die sozialwissenschaftliche Methodendiskussion hat die Eindeutigkeit, die dieser Begriff in seinem ursprünglichen Kontext besaß, aufgelöst zugunsten einer Reihe von möglichen Lesarten: Triangulation kann *erstens* als gegenseitige Validierung von Methoden und Forschungsergebnissen gesehen werden, mit deren Hilfe

„threats for validity" identifiziert werden können; Triangulation kann *zweitens* als Möglichkeit zur Erstellung eines Gesamtbildes des untersuchten sozialen Phänomens verwendet werden; und man kann *drittens* auf die Bedeutung des Begriffs der Triangulation bei der Landvermessung und Navigation zurückgreifen und eine Verbindung quantitativer und qualitativer Methoden als notwendige Voraussetzung für die Formulierung einer jeden theoretischen Erklärung, die auf empirischen Daten basiert, ansehen, wobei die Ergebnisse der unterschiedlichen Forschungsbemühungen jeweils für sich genommen so lange als wertlos betrachtet werden, solange sie nicht durch Untersuchungen mit dem jeweils anderen Methodenstrang ergänzt werden können.

Wenigstens ein Teil der terminologischen Unsicherheiten, die den Begriff „Triangulation" betreffen, mag darauf zurückzuführen sein, dass dieses Konzept in einen neuen Bezugsrahmen übertragen wurde, ohne dass die Bedeutung seiner einzelnen Komponenten in diesem Bezugsrahmen hinreichend geklärt wurde. Um das Verfahren, durch das ein bestimmter Raumpunkt mit Hilfe unterschiedlicher Messungen lokalisiert wird, vergleichen zu können mit einem Prozess, bei dem sozialwissenschaftliche Ergebnisse zueinander in Verbindung gebracht werden, muss zuerst geklärt werden, wie Begriffe wie „räumliche Lage eines Punktes" oder „Distanz zwischen zwei Punkten" eigentlich im Kontext der empirischen Sozialforschung zu verstehen sind. Der folgende Abschnitt wird sich diesem Problem widmen.

2. Triangulation zwischen theoretischen und empirischen Aussagen

Die bisherige Diskussion sollte verdeutlicht haben, dass „Triangulation" keineswegs eine einheitliche Methode darstellt, es sich vielmehr um eine methodologische Metapher mit einem weiten Bedeutungsfeld handelt, das sich auf unterschiedliche Anwendungen und Problembereiche bezieht.

Um eine solche Metapher nutzbar zu machen, muss als Erstes geklärt werden, welche Bedeutung die geometrische Figur eines Dreiecks innerhalb des hier interessierenden Bezugsrahmens - sozialwissenschaftliche Theoriebildung und -prüfung auf der Grundlage qualitativer und quantitativer Daten - gewinnen kann. Um das trigonometrische Konzept der Winkelmessung zu diesem Zweck verwenden zu können, benötigt man zumindest eine grundlegende Idee darüber, was die „Eckpunkte" und die „Schenkel" eines Dreiecks im Kontext sozialwissenschaftlicher Forschung bedeuten könnten. Um verschiedene mögliche Konsequenzen von Methodentriangualation beschreiben zu können, interpretieren wir im Folgenden die Komponenten des Triangulationsdreiecks in folgender Weise: Die *Punkte* des Dreiecks (A, B, C) sollen *Aussagen* oder *Annahmen* repräsentieren, während die *Linien* zwischen den Punkten - die Schenkel des Dreiecks (z.B. $\overline{AC}$) - für *logische Verbindungen* zwischen den Aussagen stehen.

Im Hinblick auf die Aussagen oder Annahmen ist es notwendig zwischen *allgemeinen theoretischen Annahmen* auf der einen Seite und *empirischen Beobachtungsaussagen* („Protokollsätzen" im Sinne des „Wiener Kreises" oder „Basissätzen" im Sinne von Popper (vgl. Popper 1934/1989, 17 f)) zu unterscheiden. Empirische Beobachtungssätze können das Ergebnis zahlreicher verschiedener empirischer Untersuchungen sein, die sehr unterschiedliche soziale Phänomene betreffen. Sie können einzelne Ereignisse, Handlungen oder Interaktionen sozialer Akteure betreffen (z.B. die Tatsache, dass ein Paar sich trennt oder dass eine bestimmte Person ihre Arbeit verliert) oder statistische Phänomene (z.B. die Scheidungsrate zwischen Personen einer bestimmten sozialen Gruppe in einem bestimmten Zeitraum, die Arbeitslosenrate usw.). Unter theoretischen Annahmen dagegen sind alle Arten von abstrakten Aussagen zu verstehen, die von Mitgliedern einer *„scientific community"* formuliert werden, um solche empirische Phänomene zu verstehen und/oder zu erklären. Die Gesamtheit aller theoretischen Annahmen einer wissenschaftlichen Disziplin auf der einen Seite und die Gesamtheit der empirischen Aussagen, die auf der Basis von methodisch kontrollierter Forschung formuliert werden, auf der anderen Seite, möchten wir für unsere Zwecke als zwei unterscheidbare Ebenen des Wissens konzeptualisieren, zwischen denen logische Relationen hergestellt werden können. Um die Triangulationsmetapher weiterhin verwenden zu können, ist es hilfreich, sich diese beiden Ebenen - die theoretische Ebene und die Ebene des empirischen Wissens - als „Landkarten" vorzustellen. Diese Karten allerdings dürfen keinesfalls mit jenen realen „Landschaften" verwechselt werden, die von den Karten „abgebildet" oder repräsentiert werden. Wie geografische Karten, die mit Hilfe von Methoden der Landvermessung erstellt werden, so enthalten diese (empirischen oder theoretischen) „Wissenschafts-Karten" zahlreiche Ungenauigkeiten und Irrtümer und sind in vielerlei Hinsicht unpräzise. Daher müssen sie kontinuierlich kontrolliert und den ständigen Veränderungen der realen Welt angepasst werden.

Einem von Popper verwendeten, eindrücklichen Bild zufolge, ruhen *„die kühnen Konstruktionen wissenschaftlicher Theorie (...) nicht auf Felsengrund, sondern auf Pfeilern, die sich von oben in ein sumpfiges Gelände senken"* (Popper 1934/1989, 75 f). Weil dieser Auffassung zufolge nicht nur jede theoretische Annahme, sondern auch jede Aussage, die auf der Basis von direkten empirischen Beobachtungen formuliert wurde, prinzipiell falsifizierbar ist, ist das auf der empirischen wie auch der theoretischen Ebene existierende Wissen stets nur vorläufig, und muss ständig überprüft werden, wobei fehlerhafte Wissensbestände ausgesondert oder modifiziert werden müssen (so wie auch Landkarten im Laufe der Jahre einer beständigen Veränderung unterliegen). Die gegenwärtig in der Wissenschaftlergemeinschaft akzeptierten Wissensbestände (die in Abbildung 2 grau markierten Teile auf der theoretischen und empirischen Ebene) fungieren dabei als Ausgangspunkte für neue wissenschaftliche Untersuchungen und Entdeckungen. Eine solche Entdeckung neuer wissenschaftlicher Erkenntnisse und die damit verbundene Erweiterung und Modifikation bisheriger „Landkarten" beruht natürlich immer auf einer Verknüpfung theoretischen und empirischen Wissens. Bezogen auf die hier verwendete Darstellungsweise bedeutet das, dass Verbindungslinien zwischen den theoretischen und empirischen Landkarten gezogen werden müssen. Abbildung 2 veranschaulicht diesen Prozess: Zwei Aussagen über empirische Phänomene (die zwei Endpunkte der Linie auf der empirischen Ebene) werden durch logische Relationen (die Linien, die die theoretische und die empirische Ebene verbinden) miteinander verbunden und werden damit gleichzeitig an die Ebene der Theorie angeschlossen.

Abb. 2: Verbindung zwischen theoretischer und empirischer Ebene wissenschaftlicher Erkenntnis

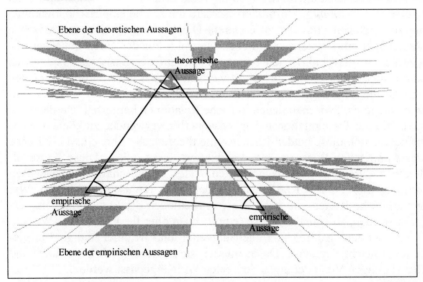

Einer Idee Hempels folgend könnte man sagen, dass die theoretische Ebene über der Ebene der empirischen Beobachtungen „hängt" (vgl. Hempel 1952) und gleichzeitig durch verschiedenartige „Interpretationsbänder" mit ihr verbunden ist.

„Von gewissen Beobachtungsdaten kann man über ein Band der Interpretation zu einem Punkt des theoretischen Netzwerkes aufsteigen, von dort aus durch Definitionen und Hypothesen zu anderen Punkten gelangen, von denen aus ein anderes Interpretationsband einen Abstieg auf die Ebene der Beobachtung gestattet." (ebd., 36, Übersetzung U.K.)

Das Dreieck in Abbildung 2 ist natürlich nur eine mögliche und recht einfache Illustration eines solchen Zusammenhanges zwischen jenen komplexen Netzwerken, die durch die Verbindung von Aussagen auf der theoretischen Ebene mit Beobachtungsaussagen auf der empirischen Ebene entstehen können. Um das Verständnis der grundlegenden Probleme und Fragestellungen, die mit der Verbindung dieser beiden Ebenen zusammenhängen, nicht durch komplexe Darstellungen zusätzlich zu erschweren, wollen wir im Folgenden an der geometrischen Figur des Dreiecks als Grundmodell für diese Theorie-Empirie-Verbindungen festhalten. Um nun einige der grundlegenden Probleme bei der Formulierung und empirischen Begründung theoretischer Aussagen näher zu beleuchten, wollen wir die „Interpretationsbänder" von Hempel genauer definieren als *logische Ableitungsbeziehungen*. Seit den „Zeiten Aristoteles" haben Philosophen zwei Arten solcher Ableitungsbeziehungen oder Schlussfolgerungen unterschieden[3]:

Logische Ableitungen, bei denen allgemeine theoretische Aussagen auf der Basis von empirischen Beobachtungen aufgestellt werden, werden üblicherweise *Induktionen* oder *induktive Schlüsse* genannt: In den Sozialwissenschaften kann etwa von bestimmten statistischen Phänomenen, bspw. einer hohen Scheidungsrate unter Mitgliedern einer bestimmten Minderheit, auf eine allgemeine soziologische Regel geschlossen werden, der zufolge bei Mitgliedern marginalisierter und stigmatisierter sozialer Gruppen häufiger besonders stressbelastete Familienbeziehungen vorliegen.

Logische Schlüsse, bei denen Aussagen über einzelne empirische Phänomene aus allgemeinen Regeln oder universellen theoretischen Annahmen abgeleitet werden, werden im Allgemeinen als *Deduktionen* oder *deduktive Schlüsse* bezeichnet: Ein sozialwissenschaftliches Beispiel hierfür wäre die Schlussfolgerung von einer allgemeinen Theorie über Klassenkonflikte auf konkret beobachtbare Ereignisse oder Phänomene, die in Gesellschaften mit einer bestimmten Klassenstruktur erwartet werden können (ohne dass zu dieser Schlussfolgerung weitere empirische Informationen über diese konkreten Gesellschaften herangezogen werden).

Im Anschluss an die Unterscheidung zwischen induktivem und deduktivem Schlussfolgern lassen sich zwei allgemeine methodologische Modelle des Forschungsprozesses formulieren, die üblicherweise mit zwei unterschiedlichen erkenntnistheoretischen Grundpositionen verbunden sind (vgl. Kelle 1998, 111 ff.).

Induktivistische Modelle stellen Forschung in den empirischen Wissenschaften als einen induktiven Prozess dar, der mit der Sammlung von empirischen Daten beginnt und zur Generalisierung der im empirischen Material

---

3 Im Folgenden werden wir in den Abbildungen Pfeile für die Schenkel des Dreiecks verwenden, um jeweils zu verdeutlichen, um welche Art des Schlusses (induktiv oder deduktiv) es sich bei der Darstellung handelt.

entdeckten Strukturen oder Muster zu allgemeinen Regeln oder Gesetzmäßigkeiten fortschreitet. Dieses Modell des Forschungsprozesses war während der Anfänge der neuzeitlichen Naturwissenschaften weit verbreitet. Die Idee, dass die einzig akzeptablen wissenschaftlichen Theorien solche seien, die induktiv, durch einfache Verallgemeinerungen aus empirischen Daten gewonnen werden, war ursprünglich von empiristischen Philosophen des 17ten und 18ten Jahrhunderts, wie John Locke und Francis Bacon, formuliert worden. Beginnend mit Kant, hatten rationalistische Erkenntnistheoretiker das diesem Verständnis von Forschungsprozessen zugrundeliegende naive tabula rasa Konzept kritisiert und argumentiert, dass der Forscher das Chaos seiner Sinnesdaten nur dann strukturieren kann, wenn ihm bereits vor der Sammlung empirischer Daten ein bestimmter theoretischer Rahmen zur Verfügung steht. Das grundlegende erkenntnistheoretische Problem des Induktivismus ist in der wissenschaftsphilosophischen Debatte der vergangenen Jahrzehnte unter der Überschrift der *Theoriebeladenheit* (*„theoryladenness"*) der Beobachtung (vgl. Hanson 1958/1965) diskutiert worden. Gegenwärtig gehört es zu den grundlegenden und weit akzeptierten Einsichten der modernen Wissenschaftstheorie, dass es keine Sinneseindrücke geben kann, die nicht von Erwartungen beeinflusst sind (vgl. Lakatos 1982, 15). Diese philosophische Kritik des Induktivismus wirft ein Schlaglicht auf die Bedeutung theoretischen Vorwissens, welches die Forscher mit den kategorialen Werkzeugen ausstattet, ohne deren Hilfe Beobachtungsdaten überhaupt nicht adäquat strukturiert werden können (vgl. Laudan 1977).

„Both historical examples and recent philosophical analysis have made it clear that the world is always perceived through the ‚lenses' of some conceptual network or other and that such networks and the languages in which they are embedded may, for all we know, provide an ineliminable ‚tint' to what we perceive." (Laudan 1977, 15)

Die offensichtlichen Beschränkungen des induktivistischen Modells veranlassten viele Wissenschaftsphilosophen und Methodologen die Anwendung einer strikt deduktiven Forschungsstrategie zu propagieren. Der *hypothetiko-deduktive* Ansatz, dessen Grundlagen von Popper, Hempel oder Braithwaite gelegt wurden und der in der quantitativen sozialwissenschaftlichen Methodologie ein hohes Ansehen genießt, verlangt dabei, dass der Forscher seine theoretischen Konzepte und Annahmen über das untersuchte Phänomen vor der Datenerhebung formuliert, um in einem weiteren Schritt Hypothesen daraus zu deduzieren und Untersuchungsinstrumente zu konstruieren, mit deren Hilfe er anschließend empirische Daten sammelt. Die Sammlung und Auswertung des Datenmaterials erfüllt dabei allein den Zweck, die zuvor entwickelten Hypothesen einer strengen empirischen Prüfung zu unterziehen.

Aber auch der hypothetiko-deduktive Ansatz entwirft ein unrealistisches Modell des Forschungsprozesses, indem er die Rolle der empirischen Forschung auf die Überprüfung von vorformulierten theoretischen Aussagen beschränkt. Folgt man diesem Modell, so bleibt die Konstruktion der theoretischen Aussagen selber, ein Prozess, bei welchem in der Forschungspraxis häufig von empirischen Beobachtungen Gebrauch gemacht wird, im Dunkeln - der *context of discovery* wird von Deduktivisten vielmehr als eine Domäne der Forschungspsychologie betrachtet und nicht als Gegenstand für ernsthafte methodologische Reflektionen akzeptiert.

Diese scharfe Trennung zwischen dem *context of discovery* und dem *context of justification*, die in der Ansicht gipfelte, dass die Prozesse wissenschaftlicher Entdeckung grundsätzlich nicht den Gegenstand methodologischer Reflektionen bilden können, wurde durch eine ganze Reihe wissenschaftshistorischer Studien der letzten drei Jahrzehnte in Frage gestellt (Nersessian 1989; Nickles 1980, 1985, 1990; Kirschenmann 1991). Anhand konkreter Beispiele aus der Wissenschaftsgeschichte machten diese Studien deutlich, dass die Entdeckung neuer Phänomene und Zusammenhänge sowohl kreative und intuitive Aspekte als auch Momente logisch-rationalen Schlussfolgerns beinhaltet, die deswegen durchaus zum Gegenstand methodologischer Reflektionen gemacht werden können.

Diese Untersuchungen ließen methodologisches Interesse entstehen für kreative Prozesse der Entdeckung, die durch neue, überraschende und interessante empirische Befunde angeregt werden. Im Gegensatz zu der Annahme, auf der der hypothetiko-deduktive Ansatz beruht, wird die Entwicklung neuer theoretischer Ideen oft durch neue empirische Daten angestoßen. Solche Prozesse können nur unvollständig verstanden werden, wenn man sie ausschließlich als Folge plötzlicher irrationaler und intuitiver Einsichten und „Geistesblitze" betrachtet. Zwar sind wirklich neuartige Entdeckungen niemals das Ergebnis der Anwendung einfacher standardisierter Vorgehensweisen und doch verlaufen wissenschaftliche Entdeckungen bis zu einem gewissen Grad regelgeleitet und rational, weil stets bestimmte typische heuristische Problemlösungsregeln dann zur Anwendung kommen, wenn „starke" (d.h. vollständig algorithmische, standardisierte) Problemlösungstechniken nicht verfügbar sind.

In der Diskussion um die partielle Methodisierbarkeit des „context of discovery" wurde eine Reihe von Modellen entwickelt, mit deren Hilfe wissenschaftliche Entdeckungen beschrieben und erklärt werden können, wobei die Frage im Zentrum stand, mit welchen rational begründbaren Heuristiken solche Probleme zu bearbeiten sind, für deren Lösung noch keine standardisierten Strategien zur Verfügung stehen.

Diese Konzepte sind weit entfernt von einem naiven Induktivismus und Empirismus. Die „logic of discovery" kann nicht primär auf induktiven Schlüssen beruhen, wie Hanson 1958 in seiner die Diskussion im Folgenden stark bestimmenden Monografie „Patterns of Discovery", ausgeführt hat. Eine induktivistische Position hat bis zu einem gewissen Grad ihre Berechtigung, indem sie darauf hinweist, dass oft empirische Phänomene den Ausgangspunkt für wissenschaftliche Entdeckungen bilden. Aber sie ist trotzdem falsch, weil sie den Eindruck vermittelt, dass Theorien lediglich eine *Verallgemeinerung* von Daten darstellen, während ihre Leistung ja normalerweise darin besteht, dass sie die fraglichen Daten *erklären* (vgl. Hanson 1958/1965, 71).

Infolgedessen versagen beide klassischen Modelle des Forschungsprozesses, das hypothetiko-deduktive Modell ebenso wie der Induktivismus bei der Aufgabe, die Entwicklung theoretischer und empirischer Erkenntnisse adäquat zu beschreiben und zu konzeptualisieren: Induktivistische Modelle ignorieren die Theoriebeladenheit empirischer Beobachtungen und ziehen nicht in Betracht, dass induktive Schlüsse empirische Beobachtungen zwar generalisieren, aber nicht *erklären* können. Das hypothetiko-deduktive Modell dagegen schließt Prozesse der (empirisch begründeten) Theoriegenerierung, wie sie in der empirischen Wissenschaft gang und gäbe sind, vollständig aus dem methodologischen Diskurs aus.

Diese Modelle können offenkundig das komplexe Zusammenspiel zwischen theoretischer und empirischer Ebene nicht erfassen, das zur Entstehung neuer Erkenntnisse führt. Um die „terra incognita" auf der empirischen und theoretischen Landkarte der Sozialwissenschaften zu erkunden, reicht es gewöhnlich nicht aus, eine theoretische Aussage bzw. Hypothese mit empirischen Daten lediglich durch einfache induktive oder deduktive Schlüsse zu verbinden. Wie im Folgenden zu zeigen sein wird, ist es oft sinnvoll, zur Schließung solcher Lücken quantitative und qualitative Ergebnisse zueinander und zu Aussagen auf der theoretischen Ebene in Beziehung zu setzen, ein komplexer Prozess, der sich gut anhand der Triangulationsmetapher aus der Landvermessung und Navigation explizieren lässt (vgl. Abb. 2). Es handelt sich bei der dargestellten Form der Triangulation um eine „between-method-triangulation", wie sie von Denzin 1978 bezeichnet wurde. Hierbei werden quantitative und qualitative Daten getrennt voneinander erhoben und analysiert und die jeweiligen Ergebnisse anschließend zueinander in Beziehung gesetzt. Dieser Vorgang kann eines der drei folgenden Ergebnisse zeitigen (vgl. Erzberger/Prein 1997; Erzberger 1998; Kelle/Erzberger 1999):

1. Die Ergebnisse der quantitativen und qualitativen Teilstudien können *konvergieren*, das heißt zu denselben theoretischen Schlussfolgerungen Anlass geben.

2. Die Ergebnisse der quantitativen und qualitativen Teilstudien können sich auf unterschiedliche Objekte, Phänomene und Gegenstandsbereiche beziehen und sich dabei *komplementär* zueinander verhalten: In diesem Fall ergänzen sich die Befunde.

3. Quantitative and qualitative Ergebnisse können in einem *divergenten Verhältnis* zueinander stehen: In diesem Fall wiedersprechen sich die Befunde.

Jedes dieser Ergebnisse verlangt nach unterschiedlichen Methoden der Triangulation, d.h. die Verbindung zwischen Aussagen auf der theoretischen und Aussagen auf der empirischen Ebene muss jeweils in spezifischer Weise hergestellt werden. Dabei müssen unterschiedliche Formen des logischen Schließens, nämlich Induktion, Deduktion und ein dritter Typus, der in der Literatur mit „Abduktion", „Retroduktion" oder „Reduktion" bezeichnet wird, so miteinander kombiniert werden, dass sinnvolle Verbindungen zwischen empirischen Daten und theoretischen Konzepten hergestellt werden können.

3. Triangulation in der Forschungspraxis

Die methodologische Diskussion über den Sinn und die Ziele der Methodenintegration krankt, wie bereits dargestellt, oft an einer Überfrachtung durch abstrakte methodologische und empirische Argumente, und weist zudem in vielen Fällen eine große Distanz zu praktischen Problemen der Forschungspraxis auf. In Anlehnung an Reichenbach (1983) und Kaplan (1964) möchten wir deshalb im Folgenden den Versuch unternehmen, methodologische Argumente anhand einer Rekonstruktion von praktischen Forschungserfahrungen und ihrer „logics-in-use" zu entwickeln. Zu diesem Zweck werden wir, ausgehend von Beispielen aus der Forschungspraxis, in denen konvergente, komplementäre oder divergente quantitative und qualitative Forschungsergebnisse realisiert wurden, deren Konsequenzen für die Verbindung zwischen theoretischen und empirischen Aussagen diskutieren. Die Beispiele stammen sämtlich aus der soziologischen Lebenslaufforschung des Sonderforschungsbereichs 186, in dem eine Reihe von quantitativen und qualitativen Studien zur Untersuchung von Übergängen und Risiken im Lebenslauf (z.B. Übergänge zwischen dualem Ausbildungssystem und Arbeitsmarkt oder zwischen Erwerbstätigkeit und Ruhestand) durchgeführt wurden. Die in vielen der Teilprojekte verwendete Kombination von standardisierten Panel-Studien mit qualitativen Interviewstudien führte dabei zu einer Reihe von methodologischen und theoretischen Problemen, die im Folgenden unter Zuhilfenahme des Triangulationskonzepts dargestellt werden sollen.

3.1 Konvergenz von quantitativen und qualitativen Ergebnissen

Das klassische, ursprünglich von Denzin vorgeschlagene Konzept der „Triangulation" bestand in der Suche nach übereinstimmenden oder konvergenten Ergebnissen mit unterschiedlichen Methoden. Diese Idee (s.o.) gab den Ausschlag für die methodologische Debatte über die Integration von quantitativen und qualitativen Methoden. Eine wechselseitige Verifikation von Forschungsergebnissen und eine dadurch hervorgerufene potentielle Steigerung der Validität wurde hierbei als vorrangiges Ziel der Triangulation betrachtet (vgl. Denzin 1978, 301 f).

Unter Verwendung der hier verwendeten Terminologie lässt sich die allgemeine methodologische Strategie, die dabei angewandt wird, folgendermaßen charakterisieren: In einem ersten Schritt muss eine Verbindung zwischen einer (oder mehreren) Aussagen auf der theoretischen Ebene mit Beobachtungen auf der empirischen Ebene deduktiv hergestellt werden. Aus forschungspraktischer Sicht bedeutet das, dass zunächst eine theoretische Aussage formuliert werden muss, für die anschließend durch eine Erhebung und Analyse von empirischen Daten empirische Evidenz gesucht wird. Im Idealfall führt dabei die Erhebung und Analyse empirischer Daten zur Formulierung von empirischen Beobachtungssätzen, die die anfängliche theoretische Annahme stützen können. In einem zweiten Schritt wird dann nach *zusätzlicher empirischer Evidenz* unter Anwendung *einer anderen (oder mehrerer anderer) Forschungsmethoden* gesucht. Durch dieses Vorgehen bei der Methodentriangulation soll sowohl die Glaubwürdigkeit der theoretischen Aussagen als auch die Validität der empirischen Daten und verwendeten Methoden gesichert werden. Übereinstimmung oder Konvergenz von empirischen Ergebnissen wird dabei als Indikator für deren Validität angesehen und stärkt die ex ante formulierten theoretischen Hypothesen sowie den gesamten theoretischen Rahmen, der zur Strukturierung des Forschungsprozesses diente.

Das im folgenden dargestellte Forschungsprojekt über Lebenslaufmuster einer Geburtskohorte von verheirateten Männern, die zum Zeitpunkt ihrer retrospektiven Befragung bereits den Arbeitsmarkt verlassen hatten (vgl. Krüger 1995; Krüger 2001), liefert ein gutes Beispiel für die Konvergenz von Ergebnissen. Diese Männer hatten den Übergang in den Ruhestand hinter sich und waren daher in der Lage, auf ihre gesamte Erwerbsbiographie zurückzublicken. Datengrundlage bildeten einerseits standardisierte Daten über die Erwerbsbiografie einer Stichprobe von Männern der Geburtskohorte 1930 (n = 74) - das heißt Daten über die Anfangs- und Endpunkte von Erwerbstätigkeitszeiten, über Zeiten von Arbeitslosigkeit, Krankheit, Ausbildung - und andererseits qualitative, leitfadenorientierte Interviews, die mit einem Subsample der quantitativen Stichprobe (n = 37) durchgeführt wurden und in denen die Befragten ihre eigene Sicht auf ihr vergangenes Arbeitsleben darlegen konnten.

Der größere Teil der Erwerbsbiografie der Befragten fiel in die Nachkriegszeit, die als „Zeit des Wirtschaftswunders" gekennzeichnet war durch Vollbeschäftigung und eine prosperierende Ökonomie (vgl. Lutz 1984). Neben den günstigen ökonomischen Rahmenbedingungen war diese Zeit allerdings auch dominiert von traditionellen normativen Orientierungen bezüglich der Geschlechtsrollenmuster: Eine strikte geschlechtsspezifische Arbeitsteilung, die den Frauen den Arbeitsbereich der Haushalts- und Familienarbeit und den Männern die „breadwinner"-Rolle zuwies, wurde vielfach als selbstverständliche Grundlage des Zusammenlebens von Eheleuten gesehen (vgl. Nave-Herz 1988).

Das Forschungsteam ging deshalb von der Annahme aus, dass die befragten Männer in der Mehrzahl erwerbszentrierte Lebensläufe ohne nennenswerte Unterbrechungen aufweisen würden und dass in den Ehen dieser Männer eine klare Arbeitsteilung zwischen männlichem Hauptemährer und weiblicher Haus- und Familienarbeiterin bestünde. Weiterhin wurde die Hypothese formuliert, dass diese Strukturen des erwerbszentrierten Lebenslaufs durch geschlechterstereotype Einstellungen und normative Orientierungen der Männer stabilisiert würden, die sich selber als allein verantwortlich für das ökonomische Wohl der Familie betrachten.

Diese theoretischen Annahmen wurden zunächst mit Hilfe der quantitativen Lebensverlaufsdaten geprüft, mit deren Hilfe sich die Reihenfolge der unterschiedlichen Phasen und Formen der Erwerbsarbeit und Arbeitslosigkeit abbilden ließ. Die empirischen Beobachtungsaussagen, die auf der Basis der statistischen Analysen formuliert werden konnten, stützten die ursprünglichen theoretischen Annahmen: Die Befragten gingen fast lebenslang einer Vollzeiterwerbstätigkeit nach - abgesehen von einigen kurzen Phasen der Arbeitslosigkeit und Krankheit konnten in den Daten keine weiteren Einschnitte in den Erwerbsverlauf gefunden werden.

Diese Ergebnisse des quantitativen Teils der Studie konnten weiterhin durch die Analyse des qualitativen Materials validiert werden. In offenen Leitfadeninterviews sollten die Männer unter anderem Fragen nach der subjektiven Interpretation ihrer Erwerbsbiografie, nach ihrer eigenen Wahrnehmung der Ernährerfunktion und ihrer Beteiligung an der Haus- und Familienarbeit beantworten. Die qualitativen Ergebnisse demonstrierten eindrücklich, welchen hohen Stellenwert eine bezahlte Erwerbstätigkeit für die Befragten besaß. Vor dem Hintergrund des von den Männern immer wieder formulierten normativen Leitbilds, dass ein das Familieneinkommen kontinuierlich sichernder Arbeitnehmer auch ein guter Ehemann und Familienvater sei, repräsentiert für die Männer dieser Generation die Erwerbstätigkeit auch ihr Engagement in der Familienarbeit. In ihrem gesamten Lebenslauf wird die männliche Familienrolle ausschließlich in Form familienernährender Erwerbsarbeit gedacht und exklusiv als männlicher Part geschlechtlicher Arbeitsteilung wahrgenommen (vgl. Braemer 1994). Aufgrund der guten ökonomischen Bedingungen während der Ära des Wirtschaftswunders finden diese Einstellungen, kulturellen Leitbilder und Rollenerwartungen ihren Ausdruck in dem in den quantitativen Daten gefundenen dominanten Muster der männlichen Normalerwerbskarriere. Konsequenterweise finden sich keine Inkonsistenzen zwischen dem faktischen Handeln der Befragten, das sich in den mit quantitativen Daten erhobenen Erwerbsverläufen niederschlägt, auf der einen Seite und den subjektiven Interpretationen dieser Handlungen, die mit Hilfe des qualitativen Materials erschlossen werden können, auf der anderen Seite.

Abb. 3: Konvergenz der Forschungsergebnisse

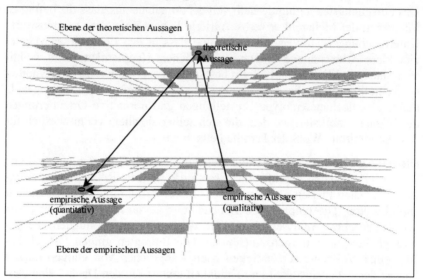

Abbildung 3 soll veranschaulichen, wie die Konvergenz zwischen den Ergebnissen der quantitativen und qualitativen Teilstudie zu Stande kam: Nach der Formulierung allgemeiner theoretischer Annahmen über den zu untersuchenden Bereich der sozialen Realität (nach der Zeichnung einer „theoretischen Landkarte" für die interessierende Landschaft), wurden diese Annahmen zunächst durch die Erhebung und Analyse quantitativer Daten überprüft. Eine zweite empirische Studie, die mit Hilfe qualitativer Methoden durchgeführt wurde, lieferte zusätzliche empirische Evidenz für die theoretischen Annahmen und konnte auch jene empirischen Aussagen validieren, die aufgrund der Analyse des standardisierten Materials entwickelt worden waren.

3.2 Komplementarität von Ergebnissen

Die Suche nach sich ergänzenden Ergebnissen entspricht dem „Komplementaritätsmodell der Triangulation", das im ersten Abschnitt diskutiert wurde und dessen grundlegende Idee darin besteht, dass die untersuchten Phänomene bzw. bestimmte Aspekte oder Komponenten dieser Phänomene erst durch die angewendeten Methoden konstituiert werden. Mit Hilfe verschiedener Methoden geraten demzufolge verschiedene Sachverhalte in den Blick, die sich aber ggf. komplementär zueinander verhalten können (vgl.

Fielding/Fielding 1986; Flick 1992; Erzberger 1998; Kelle/Erzberger 1999). Auf diese Weise können dann die unterschiedlichen Perspektiven, die durch die verschiedenen Methoden eröffnet werden, ein insgesamt vollständigeres und angemesseneres Bild erzeugen, als es bei der Verwendung nur einer Methode entstehen würde.

Das Komplementaritätsmodell kann überall dort sinnvoll eingesetzt werden, wo das empirische Datenmaterial, welches mit Hilfe einer einzelnen (qualitativen oder quantitativen) Methode erhoben werden kann, nicht ausreicht, um ex ante formulierte theoretische Annahmen empirisch zu prüfen. Oft lassen sich mit Hilfe qualitativer und quantitativer Methoden jeweils nur bestimmte Teile des theoretischen Rahmenkonzepts einer Studie mit empirischen Sachverhalten verbinden. Dieses ist vor allem bei solchen sozialwissenschaftlichen Untersuchungen der Fall, in denen theoretische Aussagen ausschließlich mit Hilfe soziodemografischer Daten empirisch gestützt werden sollen: Hier tendieren Sozialforscher dazu, Zusammenhänge zwischen soziodemografischen Variablen mit Hilfe von solchen theoretischen Aussagen zu interpretieren und zu erklären, denen selber keine empirischen Daten zugrunde liegen.

Ein klassisches Beispiel für eine solche Lücke zwischen Theorie und Empirie stellt das Problem sozialer Ungleichheit der Bildungspartizipation dar. Der Zusammenhang zwischen sozialer Herkunft (in der Regel gemessen anhand bestimmter Statusmerkmale der Herkunftsfamilie) und erreichtem formalen Bildungsstatus ist seit langem ein bedeutsames Thema für die quantitativ orientierte Lebenslaufforschung (vgl. Shavit/Blossfeld 1993; Müller/Haun 1994; Henz/Maas 1995; Henz 1997; Brauns 1999). Schüler, deren Eltern einen relativ hohen sozioökonomischen Status besitzen, erreichen in allen Industrieländern, in denen diesem Phänomen empirisch nachgegangen wird, häufiger einen formal hohen Bildungsabschluss als Kinder anderer sozialer Herkunft. In welcher Weise müssen nun empirische Beobachtungen mit theoretischen Aussagen verknüpft werden, wenn dieser Sachverhalt soziologisch erklärt werden soll? Die Argumentation nimmt in der Regel ihren Ausgangspunkt von einem Zusammenhang zwischen verschiedenen Variablen. Dabei beschreibt die abhängige Variable (in diesem Fall könnte das etwa der erreichte formale Bildungsabschluss im allgemein bildenden Schulsystem sein) soziale Handlungen bzw. Ergebnisse sozialen Handelns. (Natürlich sind die betreffenden Akteure nicht nur solche Individuen, deren Daten erhoben wurden, sondern ebenso Akteure in derem sozialen Kontext der Schulabschluss nicht nur Ergebnis von Handlungen der beteiligten Schüler ist, sondern ebenso ihrer Eltern sowie der Entscheidungen von Lehrern und Schulbehörden usw.) Die unabhängigen Variablen (im einfachsten bivariaten Fall bspw. der berufliche Status des Vaters) werden dann als Indikatoren (bzw. „Proxy-Variablen") für strukturelle Einflüsse auf die Individuen benutzt.

Der unterstellte kausale Zusammenhang (der berufliche Status „beeinflusst" den Besuch einer Schule eines bestimmten Typus) wird dabei in der Regel empirisch in Form einer mathematisch funktionalen Relation (bspw. in Form einer Regressionsgleichung) beschrieben. Wenn ein solcher Zusammenhang zwischen zwei Variablen, wie sie Art des allgemein bildenden Schulabschlusses und soziale Herkunft darstellen, als mathematisch funktionale Beziehung modelliert wird, bedeutet das natürlich nichts anderes, als dass irgendeine Art von regelmäßigen Zusammenhang zwischen den durch die Variablen abgebildeten Ereignisarten besteht (in dem Sinne, dass ein Ereignis der Art „hoher sozialer Status des Vaters" häufig gemeinsam auftritt mit einem Ereignis der Art „hoher allgemein bildender Schulabschluss"). Um jedoch eine soziologische Erklärung für dieses rein empirische Phänomen zu erhalten, müssen jene institutionellen Prozesse identifiziert werden, die diese Regelmäßigkeiten erst konstituieren. Es ist nun ohne weiteres möglich, im Zusammenhang mit aktuellen Theorien über die Entstehung sozialer Ungleichheit eine Vielzahl von Erklärungen zu formulieren. Der nach wie vor in zahlreichen Ländern feststellbare intergenerationelle Statustransfer kann dabei mit Hilfe unterschiedlicher theoretischer Modelle erklärt werden (vgl. Henz 1997): etwa als Folge des Handelns rationaler Bildungsakteure, die die Kosten und Erträge alternativer Bildungsinvestitionen abwägen (Boudon 1979; Goldthorpe 1996), oder durch die soziale Auslesepraxis von „Gatekeepern" (Lehrern, schulischen Auswahlkomitees usw.), die das kulturelle Kapital (Bourdieu 1966), welches Kinder aus Mittelschichtfamilien mitbringen, in besonderer Weise honorieren. Schließlich ließe sich noch argumentieren, dass in Mittelschichtfamilien Kinder besondere Unterstützungsleistungen und ein für schulische Leistungen besonders unterstützendes Klima erfahren; dass Kinder aus sozial schwächeren Familien durch Erfahrungen von sozialer Deprivation und Ausgrenzung Frustrationen erleben, die sie im Lernen behindern u.a.m. Eine besondere Pointe liegt in dem Umstand, dass die immer wieder berichteten Zusammenhänge zwischen den gemessenen soziodemografischen Variablen, die das Fortbestehen (*langsame Auflösung*: Müller/Haun 1994; Henz/Maas 1995; oder auch Persistenz: Shavit/Blossfeld 1993) der intergenerationellen Tradierung von Bildungsungleichheit belegen, von einem biologistisch orientierten Soziologen auch als empirisches Argument für eine genetische Bedingtheit sozialer Ungleichheit verwendet werden könnten.

Bei solchen Erklärungsansätzen werden die beobachteten empirischen Phänomene oft mit allgemeinen soziologischen Theorien verknüpft (etwa mit einem „*Rational Choice*"-Ansatz, mit unterschiedlichen Varianten von „Konflikttheorien", mit Ansätzen in der Tradition des „Strukturfunktionalismus" usw.), ohne dass die verwendeten empirischen Daten Evidenz in Bezug auf alle Phänomene und Aspekte enthalten, die mit diesen theoretischen Erklärungen angesprochen werden. Die Variablen, wie sie normalerweise zur Untersuchung intergenerationellen Statustransfers verwendet werden, enthalten in der Regel keinerlei Informationen über das Bildungsklima in den Familien der Befragten und darüber, ob dieses eher positiv oder negativ bezüglich der Erreichung bestimmter Schulabschlüsse ist. Ein wichtiger Teil der theoretischen Annahmen, die zur Erklärung der empirischen Befunde herangezogen werden, ist somit oft selbst nicht „empirisch gegründet", so dass Zusatzannahmen eingeführt werden müssen, die sich bspw. auf die Art der in einem bestimmten Sozialmilieu geltenden normativen Regeln (bei der Verwendung eines strukturfunktionalistischen Ansatzes) oder auf Präferenzstrukturen einer bestimmten Gruppe von Akteuren (bei entscheidungstheoretischen Ansätzen) beziehen. Dabei verwenden Sozialforscher häufig eine Strategie, die als „Gewohnheitsheuristik des Alltagswissens" bezeichnet werden kann (vgl. Kelle/Lüdemann 1995) - sie konstruieren solche Zusatzannahmen, indem sie ihr eigenes Alltagswissen bspw. über Normen, Präferenzen und Ziele auf die Befragten im Untersuchungsfeld anwenden (vgl. auch Erzberger in diesem Band). Informationen, wie sie für die Formulierung solcher Zusatzannahmen benötigt werden, stellen im Allgemeinen einen wesentlichen Teil kultureller Wissensbestände dar, wie sie eine fundamentale und notwendige Voraussetzung bei der Bewältigung des Alltagslebens aller sozialen Akteure bilden. Die Anwendung der „Gewohnheitsheuristik des Alltagswissen" bei der Formulierung sozialwissenschaftlicher Erklärungen bringt normalerweise solange keine schwerwiegenden Probleme mit sich, wie empirische Forschung in einer Kultur stattfindet, die dem Forscher selber vertraut ist.

Die Gefahren einer solchen „Schattenmethodologie" werden offensichtlich, wenn nicht die eigene, sondern fremde Kulturen oder Subkulturen den Gegenstand der Untersuchung bilden, zu deren Wissensbeständen der Forscher prima facie keinen oder nur sehr beschränkten Zugang hat - und um fremde Subkulturen kann es sich bereits dort handeln, wo die Befragten einer anderen Schicht, einem anderen Geschlecht, einer anderen Altersgruppe, einer anderen Berufsgruppe oder einer anderen Religion angehören als der Forscher selber. In diesen Fällen kann die „Gewohnheitsheuristik des Alltagswissen" sehr problematische Folgen zeitigen, weil sie die Forscher dazu verführt, Erklärungshypothesen für empirische Zusammenhänge aufzustellen, die auf empirisch nicht geprüftem (und möglicherweise fehlerhaftem) Zusatzwissen beruhen.

Abbildung 4 soll die Anwendung der Gewohnheitsheuristik des Alltagswissens illustrieren. Nach der Formulierung theoretischer Annahmen mit relativ geringer Reichweite und eingeschränkter Erklärungskraft (theoretische Aussage 1) wird der Zusammenhang zwischen den unabhängigen und abhängigen Variablen empirisch bestimmt. Im Anschluss daran greift der Forscher auf alltagsweltliche Zusatzannahmen zurück, die zwar in der Lage sind, die Erklärungskraft der theoretischen Annahmen zu erhöhen, die aber empirisch nur durch Alltagswissen gestützt werden.

Abb. 4: „Gewohnheitsheuristik des Alltagswissens"

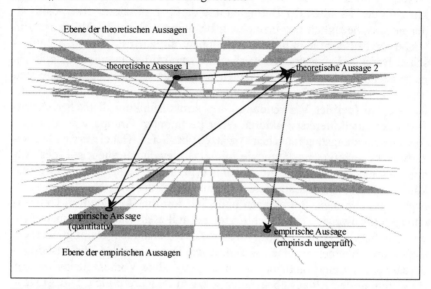

Um den Fallstricken dieser Schattenmethodologie zu entgehen, müssen theoretische und alltagsweltliche Zusatzannahmen selber empirisch abgesichert werden. Dabei ist die Triangulation von quantitativen und qualitativen Methoden eine wichtige Alternative zur „Gewohnheitsheuristik des Alltagswissens". Solche subjektiven Interpretationen, individuellen Präferenzen, Normen, Ziele usw. der Akteure in spezifischen Kulturen und Subkulturen, zu denen der Forscher bislang keinen Zugang hatte, lassen sich natürlich kaum mit standardisierten Instrumenten untersuchen, weil dem Forscher das zur Konstruktion solcher Verfahren notwendige Wissen fehlt. Hier müssen qualitative Methoden zur Anwendung kommen, so dass quantitative und qualitative Methoden dabei helfen, Licht auf unterschiedliche Aspekte des untersuchten soziologischen Phänomens zu werfen: Quantitative Methoden dienen der Beschreibung von Handlungsresultaten und Handlungsbedingungen von Aggregaten sozialer Akteure, während qualitative Methoden mögliche Gründe für diese Handlungen durch eine Analyse der Situationsdefinitionen, Handlungsorientierungen und Deutungsmuster der Akteure zu identifizieren helfen. Somit können durch quantitative und qualitative Methoden unterschiedliche Fragen beantwortet werden: Die Ergebnisse von statistischen Analysen zeigen, *welche Arten von Handlungen* soziale Akteure im Gegenstandsbereich typischerweise ausführen (Besuch bestimmter Schulen, Erlangung bestimmter Abschlüsse), die Analyse qualitativer Materialien dagegen hilft bei der Beantwortung von *„Warum-Fragen"* (z.B.: Aus welchen Gründen besuchen Akteure bestimmte Schulen? Wie nehmen sie ihre Situation wahr? Welche Normen erkennen sie an? usw.).

In diesem Fall können quantitative und qualitative Ergebnisse sich nicht wechselseitig ersetzen und damit sind sie auch nicht zur wechselseitigen Validierung brauchbar. Es ist nicht möglich, Beschreibungen sozialen Handelns auf der statistischen Aggregatebene (z.b. die Rate der Schulabgänger eines bestimmten Schultyps) mit Hilfe von qualitativen Interviewdaten zu produzieren, während lokales Wissen über die in bestimmten Lebenswelten geltenden Normen, Präferenzen und Situationsdefinitionen, in der Regel nicht mit standardisierten Fragebogen untersucht werden können - zumindest dann nicht, wenn die Forscher über nicht genügend Wissen verfügen, um entsprechende Untersuchungsinstrumente zu konstruieren. Lokales Wissen muss oft mit Hilfe qualitativer Untersuchungsinstrumente exploriert werden, um Fehlinterpretationen statistischer Zusammenhänge, die durch fehlendes oder falsches Alltagswissen entstehen, zu vermeiden. Auf diese Weise können empirische Befunde qualitativer Studien eingesetzt werden für die Konstruktion eines theoretischen Rahmens, mit dessen Hilfe die Ergebnisse der statistischen Analysen adäquat interpretiert werden können und - wie Rossman und Wilson es ausdrücken - *„to enrich the bare bones of statistical results"* (1985, 636).

Diese spezifische Strategie der Triangulation gründet auf einer bestimmten (meta)theoretischen Sichtweise, die zwar von einer ganzen Reihe klassischer und moderner soziologischer Theoretiker (etwa in den Arbeiten von Weber, Mead und Giddens) entwickelt und verteidigt wurde, allerdings nicht von allen soziologischen Ansätzen geteilt wird: Soziale Handlungen können demnach nur unter Berücksichtigung der Intentionen der Akteure angemessen verstanden und erklärt werden. Ausgehend von diesem (meta)theoretischen Postulat ist die Integration von quantitativen und qualitativen Methoden notwendig zur Formulierung valider und sinnvoller theoretischer Erklärungen in solchen soziologischen Gegenstandsbereichen, in denen Forscher Informationen über typische Akteursorientierungen prima facie nicht zur Hand haben.

Dass dieser Umstand häufiger auftritt, als man vermuten mag, soll das folgende Beispiel verdeutlichen, das aus einem Forschungsprojekt des Sfb 186 stammt, in dem der Zusammenhang zwischen dem beruflichen Ausbildungs-/Verlauf und Delinquenz während der Phase der Adoleszenz untersucht wird (vgl. auch Kluge in diesem Band). Eine Längsschnittstudie mit quantitativen und qualitativen Panel-Daten diente zur Analyse der Dynamiken des Erwerbsverlaufes von Jugendlichen und jungen Erwachsenen und dessen Abhängigkeit von delinquentem Verhalten über die Zeit. Dazu wurden Angehörige einer Kohorte von Schulabgängern aus Bremer Haupt- und Sonderschulen von 1989 an in aufeinander folgenden Wellen mit standardisierten Fragebögen und offenen qualitativen Interviews befragt. Im Mittelpunkt standen dabei Fragen nach der Arbeitsmarktspartizipation und nach delinquentem Verhalten. Ergänzend dazu wurden die Gerichtsakten der jeweiligen Personen als zusätzliches qualitatives Material zur Untersuchung der interessierenden Fragestellung herangezogen (vgl. Dietz et al. 1997; Prein/Seus 2000).

Die statistischen Analysen der quantitativen Daten zeigten, dass viele Jugendliche, deren Berufsweg durch Erfolg und Leistungsbereitschaft geprägt war, in ihrer Freizeit ein hohes Maß an delinquentem Verhalten zeigten, was in vielen Fällen bereits zu entsprechenden Kontakten mit sozialen Kontrollinstanzen wie Polizei, Jugendamt oder Justiz geführt hatte. Aus dieser Beobachtung ergaben sich zwei Fragen: 1. Warum und unter welchen Bedingungen wird Freizeitdelinquenz sozial akzeptiert und toleriert, und in welcher Weise ist diese Toleranz abhängig von im Berufsleben gezeigtem konformen Verhalten? 2. Unter welchen Bedingungen führt Erwerbslosigkeit zu besonders scharfen Reaktionen seitens der Justiz auf delinquentes Verhalten von Jugendlichen? Diese Fragen waren auf der Grundlage des statistischen Materials nicht eindeutig zu beantworten, da lediglich schwache Korrelationen zwischen Erwerbsstatus, Häufigkeit und Art der Delinquenz und der Höhe der vom Justizsystem verhängten Sanktionen ermittelt werden konnten. Allerdings konnte eine Erklärung auf der Basis des qualitativen Materials der Gerichtsakten formuliert werden, die mit dem Ziel analysiert worden waren, Gründe für die Art und Intensität gerichtlicher Sanktionen zu rekonstruieren. In den Urteilsbegründungen wurde auf der einen Seite deutlich, dass sowohl die Justiz als auch die Ausbildungsinstanzen wie Betrieb und Berufsschule dazu tendierten, Delinquenz bei Jugendlichen dann nicht zu derem Nachteil zu sanktionieren, wenn diese Jugendlichen sich als „gute", d.h. als anpassungsbereite und fleißige Auszubildende präsentieren konnten. Auf der anderen Seite gereichte den Angeklagten aber auch aktuelle Nichterwerbstätigkeit dann nicht zum Nachteil, wenn sie sich nach der Einschätzung der Staatsanwaltschaft und des Gerichts um eine Integration in das Erwerbssystem bemüht hatten. Die Beurteilung der faktischen Arbeitsmoral der Angeklagten (in der Wahrnehmung von Richtern und Ausbildern) besaß sogar bei Entscheidungen über Art und Intensität von Sanktionen größere Relevanz als der konkrete Erwerbsstatus.

Abbildung 5 veranschaulicht diese Komplementarität von quantitativen und qualitativen Forschungsergebnissen. In den Begriffen der Triangulationsmetapher werden zwei Dreiecke erzeugt, die miteinander in Verbindung stehen: Beginnend mit einer theoretischen Aussage 1 (der Annahme einer kausalen Beziehung zwischen Erwerbsstatus, delinquentem Verhalten und Strafzumessung durch das Justizsystem) wurde quantitatives Material zur Stützung dieser Annahme gesammelt. Die statistische Analyse dieses Materials führte nur zu einer eingeschränkten empirischen Stützung (in Form von schwachen Korrelationen) der theoretischen Aussage 1. Um diesen Befund weiter zu erklären, wurden theoretisch begründet weitere Akteure in dem untersuchten Bereich (Richter, Ausbilder) in die Analyse mit einbezogen (theoretische Aussage 2). Die allgemeine heuristische Annahme, dass die Analyse von deren Interessen und Intentionen einen entscheidenden

Beitrag zum Verständnis der bisherigen empirischen Befunde leisten könnte, diente nun als Ausgangspunkt für eine zweite empirische Untersuchung, bei der das qualitative Material der Gerichtsakten analysiert wurde (empirische Aussage, qualitativ). Die hier ermittelten Ergebnisse halfen die theoretische Aussage 2 zu explizieren, mit empirischem Gehalt anzureichern und ihre Verbindung zur theoretischen Aussage 1 herzustellen. Dadurch konnte gezeigt werden, dass der ursprünglich angenommene Zusammenhang zwischen Erwerbsstatus, Delinquenz und der Strenge von Sanktionen wesentlich komplexer war als erwartet - eine Einsicht, die mit Hilfe nur einer (quantitativen oder qualitativen) Methode nicht hätte erlangt werden können.

Abb. 5: Komplementarität von Ergebnissen

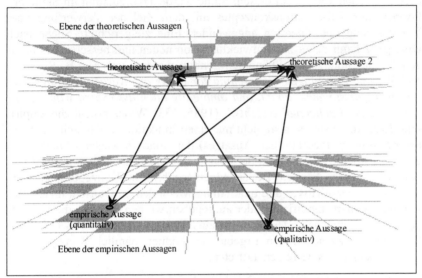

3.3 Divergenz zwischen quantitativen und qualitativen Ergebnissen

Im vorangegangenen Beispiel konnte gezeigt werden, wie quantitative und qualitative Methoden kombiniert werden können, um komplementäre Ergebnisse zu erhalten. In diesem Fall enthielten weder die Daten der quantitativen noch die der qualitativen Teiluntersuchung für sich genommen genügend Informationen, um die sozialen Prozesse im Gegenstandsbereich der Studie angemessen verstehen und erklären zu können. Erst eine Kombination von quantitativen und qualitativen Methoden erlaubte es, ein vollständiges Bild des untersuchten empirischen Phänomens herzustellen. Dennoch stellt das Komplementaritätsmodell kein generelles, für alle Formen der Kombination quantitativer und qualitativer Methoden brauchbares Konzept dar. Eine Triangulation von Forschungsergebnissen führt vielmehr auch häufig zu Situationen, in denen die unterschiedlichen Ergebnisse nicht zueinander passen, ja sich sogar auf den ersten Blick widersprechen. Bezogen auf das hier verwendete Modell der Triangulation zwischen empirischer und theoretischer Ebene bedeutet das, dass - anders als im Fall der Komplementarität von empirischen Ergebnissen - auf der Ebene des theoretischen Wissens keine Aussagen formuliert werden können, die die widersprüchlichen empirischen Ergebnisse erklären könnten. Diese Möglichkeit bringt uns zurück zu dem in der älteren Literatur zu diesem Thema beliebten Konzept der Triangulation als gegenseitige Validierung von Forschungsergebnissen: Hier geht man davon aus, dass Ergebnisse, die mit Hilfe einer Methode gewonnen wurden, durch den Einsatz einer weiteren Methoden bei der Untersuchung des gleichen Phänomens entkräftet bzw. widerlegt werden können. In diesem Sinne würde Triangulation im Sinne des Popperschen Falsifikationskonzeptes mit dem Ziel der Verwerfung oder Verbesserung von Theorien angewendet: Eine zielgerichtete Suche nach Divergenz kann dabei zur Entwicklung von neuen und besseren Erklärungen für das untersuchte Phänomen genutzt werden, wie es z.B. Rossman und Wilson vorschlagen: *„Searching for areas of divergent findings may set up the dissonance, doubt, and ambiguity often associated with significant creative intellectual insights."* (1985, 633) Widersprüchliche empirische Ergebnisse stellen also nicht nur einen Indikator für das Scheitern (eines bestimmten theoretischen Ansatzes) dar, sondern weisen oftmals auch den Weg in eine Richtung, in der neue theoretische Einsichten gesucht und gefunden werden können. Bevor jedoch theoretische Konzepte angesichts divergenter quantitativer und qualitativer Methoden zu Gunsten neuer Einsichten revidiert, modifiziert oder aufgegeben werden, müssen die verwendeten Forschungsmethoden einer genauen Prüfung unterzogen werden. Inkonsistenzen zwischen den Ergebnissen können nämlich prinzipiell aus zwei verschiedenen Gründen auftreten:

- entweder als Ergebnisse von Fehlern bei der Anwendung der Methoden der Datenerhebung und Datenanalyse
- oder als eine Konsequenz der Unangemessenheit der verwendeten theoretischen Konzepte.

Um die erste der beiden Möglichkeiten auszuschließen, muss die Durchführung der quantitativen und qualitativen Untersuchung in möglichst vielen Aspekten (insbesondere hinsichtlich der Fallauswahl, der Forschungsinstrumente und des Prozesses der Datenanalyse) einer kritischen methodologischen Untersuchung unterzogen werden. Die Operationalisierung der theoretischen Aussage durch das quantitative Forschungsinstrument sollte dabei ebenso evaluiert werden, wie die datenbegründete Entwicklung von Kategorien und Konzepten, auf denen die qualitativen Ergebnisse basieren. Erst dann, wenn die Divergenzen zwischen den Forschungsergebnissen definitiv nicht auf methodologische Fehler zurückgeführt werden können, sollten die theoretischen Anfangsannahmen einer Prüfung unterzogen werden.

Wenn diese methodologische Kritik keine Anhaltspunkte dafür erbracht hat, dass es sich bei den divergenten empirischen Sachverhalten um Forschungsartefakte handelt, können die *prima facie* widersprüchlichen Ergebnisse den Ausgangspunkt für die Entwicklung neuer Hypothesen bilden (vgl. Fielding/Fielding 1986; Erzberger/Prein 1997; Erzberger 1998). Dazu kann es bspw. hilfreich sein, auf theoretische Konzepte zurückzugreifen, die bislang auf dieses Forschungsfeld nicht angewendet worden sind, und hiermit die anfänglich formulierten theoretischen Aussagen zu revidieren und zu modifizieren.[4] Bevor wir die Diskussion darüber, wie auf der Grundlage von überraschenden empirischen Befunden und von empirischen Anomalien neue theoretische Einsichten formulierbar werden, auf einer eher abstrakten Ebene fortsetzen, wollen wir diesen Prozess anhand eines weiteren Beispiels aus der Forschung illustrieren.

Das Beispiel stammt aus einer Studie, die sich mit Übergängen vom Schulsystem in den Arbeitsmarkt vor und nach der im Jahre 1989 stattgefundenen politischen Wende auf dem Gebiet der ehemaligen DDR beschäftigt. Ein wichtiger Hintergrund für diese Untersuchungen stellte die im sozialwissenschaftlichen und öffentlichen Diskurs immer wieder behauptete fehlende Anpassungsfähigkeit von DDR-Erwerbstätigen an das seit 1990 eingeführte marktwirtschaftliche ökonomische System dar. In der Literatur wird das den DDR-Bürgern unterstellte „Modernisierungsdefizit" oft durch spezifische sozialisatorische Erfahrungen erklärt, die das Leben unter den Bedingungen einer sozialistischen Ein-Parteiendiktatur prägten (zur Darstellung und Kritik dieser Positionen vgl. Weymann/Sackmann/Wingens 1999; Sackmann/Weymann/Wingens 2000).

Eine der grundlegenden Bestandteile der ideologischen Semantik der sozialistischen Diktatur bildete die Idee, das jeder Aspekt des Lebens als politisch zu betrachten ist und dem Staat umfassende Verantwortung zukommt für die Bearbeitung und Lösung von Daseinsfragen, die in den liberalen Gesellschaften des Westens als in den Bereich der privaten Autonomie gehörig angesehen werden. Diese Ideologie der Politisierung der Lebenswelt wurde begleitet von Bestrebungen der Ausübung einer extensiven Sozialkontrolle über die individuellen Lebensläufe der Gesellschaftsmitglieder. In zahlrei-

---

4 Es ist in der methodologisch ausgerichteten Literatur auch an anderer Stelle darauf hingewiesen worden, dass Divergenzen als Initialzündung für neue theoretische Einsichten betrachtet werden können. Bryman (1988, 166) z.B. schlägt zur Lösung des Problems der widersprechenden Ergebnisse vor, „to treat the two sets of results as indicative of different aspects of the phenomena in question and to search for hypothesis which would help to explain their inconsistency". Und Rossman und Wilson (1985, 637) betrachten diese Art der Integration als „Initiation": „Initiation is the analytic function that turns ideas around. It initiates new interpretations, suggests areas for further exploration, or recasts the entire research question."

chen Beiträgen der „Transformationsforschung" wurde die Annahme vertreten, dass eine Sozialisation unter solchen Bedingungen einen Mangel an individueller Autonomie erzeugt, welcher als ein sozialpsychologisches „Modernisierungsdefizit" beschrieben werden kann - ein Sozialcharakter, der sowohl durch einen Mangel an aktivem Bewältigungsverhalten wie durch eine gleichermaßen anspruchsvolle und konforme Einstellung gegenüber staatlichen Autoritäten gekennzeichnet ist.

Ein Fokus des hier zur Verdeutlichung der Divergenz herangezogenen Forschungsprojektes lag auf dem Zusammenspiel zwischen bürokratischer Regulation und individuellen Handlungsstrategien beim Übergang von der Ausbildung in den Erwerbsbereich (Wingens 1999). In offiziellen Regierungsveröffentlichungen wurde betont, dass in der DDR in diesem Bereich ein hoch formalisiertes Übergangssystem etabliert worden war. Die diesem System zugrunde liegende zentrale Idee lautete, dass der „Output" des Ausbildungssystems sich nach den Erfordernissen der wirtschaftlichen Gesamtplanung zu richten hätte: Für diesen Zweck wurden von der obersten politischen Entscheidungsebene - d.h. vom Ministerrat bzw. von einem von dort aus bestellten Ausschuss - dezidierte Produktivitäts- und Wachstumsziele definiert. Auf der Basis dieser Daten berechnete eine staatliche Planungskommission den Bedarf an Universitäts- und Lehrabsolventen für die Wirtschaft. Um diesen Bedarf zu erfüllen, wurde ein hochbürokratisches Arbeitsplatzverteilungssystem eingerichtet: Der Übergang von der Universitätsausbildung in die Erwerbsarbeit z.B. wurde von Vermittlungsstellen organisiert, die den Universitäten angegliedert waren. Hier wurden Listen geführt, in denen die - entsprechend der politisch-wirtschaftlichen Vorgaben - von den Betrieben angebotenen und vorgehaltenen Arbeitsstellen aufgeführt waren und auf die sich die Studenten noch vor dem Ende des Studiums bewerben konnten. Quasi existierte damit eine staatliche Institution der Arbeitsplatzverteilung.

Zur Untersuchung dieses formalisierten Überganges zwischen Bildungssystem und Arbeits"markt" führte das Projekt eine quantitative Befragung (n = 551) von Akademikern durch, die ihre Berufseinmündung unter diesen Bedingungen, d.h. vor der Wende 1989 durchlaufen hatten. Verlässt man sich auf die quantitativen Daten, so funktionierte das System der Kontrolle über die individuellen Lebensläufe und Karrierepfade außerordentlich gut. Etwa 60 % der Universitätsabsolventen des Samples nannten diese offizielle Vermittlungsstelle als zentrale Informationsquelle für ihre Arbeitsplatzsuche. Persönliche Netzwerke und direkte Informationen von den Fabriken machten lediglich 17 % bzw. 18 % der Nennungen aus. Auf der Grundlage dieser Daten muss die Schlussfolgerung gezogen werden, dass das von staatlicher Seite propagierte System einer rigiden Kontrolle individueller Karriereverläufe überaus erfolgreich war.

Qualitative Interviews, die mit einem Subsample (n = 21) der Stichprobe der standardisierten Befragung durchgeführt wurden, zeigten allerdings ein völlig anderes Bild von dem Übergangsprozess als das, welches mit Hilfe des standardisierten Materials gezeichnet wurde: Die Erzählungen in den qualitativen Interviews ließen keinen Zweifel daran, dass die individuellen Akteure in hohem Maße in der Lage waren, ihre Karriere zu einem beachtlichen Teil selbst zu bestimmen, wenn sie über ein gewisses Maß an Kreativität verfügten. Es war nämlich gut möglich, die formalen Allokationsstrukturen strategisch zu nutzen, um individuelle Karrierepläne voranzutreiben. Der bürokratische Verteilungsmechanismus von Universitätsabsolventen auf Arbeitsstellen - der Kern des Systems der staatlichen Kontrolle individueller Lebensläufe - erwies sich in vielen Fällen als eine legitimatorische Fassade für einen individuellen Suchprozess. Die meisten der Absolventen bedienten sich dabei einer Strategie, mit der die offizielle Verteilungsprozedur durch die staatlichen Vermittlungsbehörden nahezu vollständig unterlaufen werden konnte. Zunächst boten die Absolventen in von ihnen favorisierten Betrieben ihre Arbeitskraft an. Da in fast allen Wirtschaftszweigen der DDR stets ein Mangel an qualifizierten Arbeitskräften bestand, wurde man sich in der Regel schnell über die Einrichtung einer entsprechenden Planstelle einig, welche der entsprechende Betrieb dann an die offizielle Vermittlungsbehörde weitermeldete. Die Ausschreibungsliste wurde nachträglich ergänzt, und der entsprechende Kandidat fragte dann gezielt diese zusätzliche Stelle an, welche ihm von der Absolventenvermittlung in aller Regel ohne Probleme zugewiesen wurde. Dabei betonten die Befragten ausdrücklich, dass dieses Vorgehen das übliche Verfahren der Arbeitsplatzvermittlung für Hochschulabsolventen war. Die der offiziellen ideologischen Semantik zufolge geltende Vermittlungsprozedur stellte demgegenüber faktisch die Ausnahme und ein Verfahren zweiter Wahl dar für jene Absolventen, die aus unterschiedlichen Gründen ihre Arbeitsplatzsuche nicht in Eigenregie betrieben hatten.

Ohne die im qualitativen Datenmaterial verfügbaren detaillierten Berichte über Übergänge zwischen Hochschulausbildung und Erwerbsarbeit, wäre es kaum möglich gewesen, dieses komplexe Zusammenspiel von strukturellen Zwängen und individueller Handlungsautonomie zu entdecken. Dabei konnte mit Hilfe der qualitativen Daten aufgedeckt werden, dass das durch die quantitative Untersuchung vermittelte Bild, wonach die Befragten den offiziellen Normen des sozialistischen Systems problemlos folgten, ein „potemkinsches Dorf" war (vgl. Erzberger 2000). Aber mit diesem Ergebnis wurde noch mehr erreicht: Es wurde empirische Gegenevidenz zu der ursprünglich forschungsleitenden theoretischen Annahme eines Modernisierungsrückstands bei Hochschulabsolventen in Ostdeutschland gefunden. Die widersprüchlichen quantitativen und qualitativen Ergebnisse - die standardisierten Daten unterstützten das Bild bürokratischer Zuweisungsprozeduren zum Arbeitsplatz, während die qualitativen Ergebnisse die Rolle individueller Arbeitssuche zeigten - konnten kompatibel gemacht werden durch eine Neubestimmung der soziologischen Funktion der staatlichen Allokationsinstanzen. Diese stellten weniger reale, den Lebenslauf der Individuen steuernde Institutionen dar, sondern zeigten sich eher als Organisationen zur Legitimierung individueller Handlungsautonomie, eine Handlungsautonomie, die letztendlich sogar eine gewisse ökonomische Effizienz auch im Rahmen planwirtschaftlichen Strukturen sicherte.

Die Macht dieser Institutionen bei der Stabilisierung der ideologischen Semantik und kollektivistischen Rhetorik war dabei offensichtlich so groß, dass die Befragten in standardisierten Befragungen, die nach der Wende stattfanden, immer noch den Normen des „double-speak" folgten. Die Ausgangshypothese, dass die besonderen Anpassungsschwierigkeiten von DDR-Bürgern an das marktwirtschaftliche System eine Folge sozialisationsbedingter Defizite darstellten, die die eigene Handlungsautonomie verkümmern ließen, muss zumindest neu überdacht werden, denn offensichtlich waren auch unter den Bedingungen eines solchen Systems individuelle Handlungsspielräume durchaus existent (vgl. Wingens 1999).

Eine solche Kompatibilisierung divergenter quantitativer und qualitativer Ergebnisse kann, wie schon bei der Konvergenz und Komplementarität, durch die Triangulationsfigur illustriert werden.

Das dargestellte Beispiel aus dem Bereich der Transformationsforschung verdeutlicht, wie konzeptuelle Probleme, die durch widersprüchliche Ergebnisse innerhalb eines Multimethodendesigns erzeugt werden, gelöst werden können: Die theoretischen Ausgangsannahmen müssen auf eine solche Weise modifiziert werden, dass die empirischen Forschungsergebnisse theoretisch neu so interpretiert werden können, dass sie miteinander kompatibel sind. Wie die anderen beiden Formen der Triangulation beginnt auch dieser Prozess mit der Formulierung von Annahmen auf der theoretischen Ebene (hier die theoretische Aussage 1: Es wird ein Fehlen individueller Handlungsautonomie bei den Akteuren als Reaktion auf Sozialisationsprozesse in einem autoritären politischen System unterstellt). Erste Untersuchungen mit Hilfe quantitativer Daten und Methoden führen zu Ergebnissen, die diese Annahme stützen (empirische Aussage 1: Das offizielle Verteilungssystem wird von der Mehrheit der Befragten als die Zentrale für die Vermittlung von Arbeitsstellen angegeben). Eine weitere empirische Untersuchung unter Verwendung qualitativer Daten zeigt jedoch Ergebnisse, die den ersten quantitativen Befunden widersprechen (empirische Aussage 2: Die Arbeitsplatzsuche stellte sich - auch unter den Bedingungen einer sozialistischen Kommandowirtschaft - als ein individueller und kreativer Prozess dar). Im Gegensatz zum Komplementaritätsmodell der Triangulation konnten hier die qualitativen Daten nicht zu einer Ergänzung der quantitativen Befunde und zur Schaffung eines vollständigeren Bild des untersuchten Phänomens verwendet werden, sondern erzeugten Gegenevidenz zur theoretischen Ausgangshypothese. Um die inkonsistenten Ergebnisse erklären zu können, müssen theoretische Konzepte und Aussagen gesucht werden, die in der Lage sind, diese Divergenz in Konvergenz oder Komplementarität zu verwandeln. In dem Beispiel gelang das durch die Entwicklung eines neuen theoretischen Verständnisses der institutionellen Funktion der Absolventenvermittlung (Formulierung der theoretischen Aussage 2: Im Gegensatz zur offiziellen Semantik war die Vermittlungsstelle nicht eine den Lebenslauf steuernde Institution, sondern diente der Legitimierung individuellen Handelns bei der Arbeitsplatzsuche).

Abb. 6: Divergenz von quantitativen und qualitativen Ergebnissen

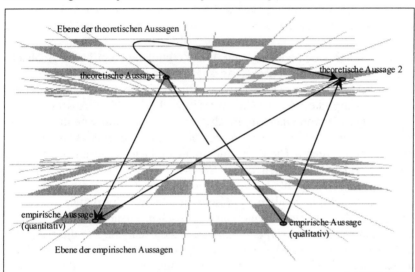

4. Triangulation und hypothetische Schlussfolgerungen

Wie lassen sich die Prozesse logischer Schlussfolgerung angemessen konzeptuell fassen und beschreiben, die bei den unterschiedlichen Formen der Triangulation, insbesondere aber bei der Formulierung neuer theoretischer Einsichten auf der Basis von prima facie widersprüchlichen empirischen Ergebnisse verwendet werden?

Bei der Herstellung von Verbindungen zwischen der Ebene theoretischer Aussagen und der Ebene empirischer Beobachtungssätze werden unterschiedliche Arten logischer Schlussfolgerungen verwendet. Die bekanntesten und am häufigsten in Lehrbüchern dargestellten logischen Schlussformen stellen, wie bereits im zweiten Abschnitt erwähnt, die *Deduktion* und die *Induktion* dar. Deduktive Schlüsse werden verwendet, um eine Verbindung zwischen einer bereits formulierten theoretischen Aussage und beobachtbaren empirischen Fakten herzustellen. Diese Verbindungen lassen sich durch einen allgemeinen Satz der Art „*Wenn ‚A' (eine theoretische Aussage) wahr ist, dann kann man erwarten das ein Ereignis ‚C' auftritt.*" darstellen und repräsentieren spezifische *empirische Hypothesen* im Gegensatz zu jenen allgemeinen theoretischen Annahmen oder *theoretischen Hypothesen*, aus denen sich die „theoretische Landkarte" zusammensetzt.

Wenn die Konstruktion einer Verbindung zwischen der empirischen und der theoretischen Ebene mit einem Punkt auf der *empirischen* Landkarte beginnt, ist die Situation ungleich komplizierter, denn nur in sehr seltenen Fällen nimmt diese Relation die einfache Form eines induktiven Schlusses an, das heißt einer Verallgemeinerung eines empirischen Sachverhalts welcher mit einem allgemeinen Satz der Art „*Weil eine bestimmte Menge von beobachteten Objekte einer Klasse ‚x' die Merkmale ‚y' aufweisen, kann angenommen werden, dass alle existierende ‚x' das Merkmal ‚y' haben werden.*" beschrieben werden kann. Die Verbindung empirischer Beobachtung mit der Ebene theoretischer Aussagen ist in der Regel nicht einfach eine *Verallgemeinerung* der entsprechenden empirischen Tatsache, sondern eine Erklärung dieser Tatsache mit Hilfe theoretischer Aussagen. Die Schlussfolgerung von einer empirischen Beobachtung auf eine theoretische Feststellung gründet deshalb im Allgemeinen nicht auf Induktion, wie man denken könnte, denn Theorien sind nicht einfache Zusammenfassungen empirischer Daten, sondern deren Erklärungen. Schlussfolgerungen von empirischen Daten zu allgemeinen theoretischen Sätzen sind weder induktiv noch deduktiv, sondern repräsentieren einen Spezialfall logischen Schließens, der von einer Reihe von empirischen Phänomenen als Prämissen auf eine erklärende Hypothesen-Konklusion schließt. Für diese Art des Schlusses wurden von Mathematikern, Logikern und Wissenschaftsphilosophen unterschiedliche Bezeichnungen vorgeschlagen - in der Literatur finden sich die Begriffe „Abduktion", „Retroduktion", „retroduktiver Schluss" oder „Schluss auf die beste Erklärung". Ein „*retroduktiver Schluss*" (eine Bezeichnung, die Norwood Hanson bei seinem Versuch gewählt hat, bekannte physikalische Entdeckungen logisch zu rekonstruieren) stellt quasi die Umkehrung eines deduktiven Schlusses dar: Er beginnt mit dem, was bei der Deduktion die Konklusion wäre, und schließt von dort auf deren Prämissen. Die Bezeichnung „Reduktion", die von dem Logiker Bochenski verwendet wurde, bezieht sich auf die gleiche Art einer solchen „hypothetischen Schlussfolgerung" (Kelle 1998, 232), eine Bezeichnung, mit der sich die Rolle dieses Schlussmodus im Forschungsprozess am besten beschreiben lässt, denn „retroduktive" oder „reduktive" oder „hypothetische Schlussfolgerungen" dienen zur Formulierung von Hypothesen, mit deren Hilfe bestimmte empirische Ergebnisse erklärt werden können.

Die hypothetische Schlussfolgerung wurde erstmalig von einem Vertreter des Amerikanischen Pragmatismus, Charles Sanders Peirce, als dritter logischer Schlussmodus neben Deduktion und Induktion beschrieben (Peirce,

2.621)⁵. Ein deduktiver Schluss ist die Anwendung einer allgemeinen „Regel" auf einen speziellen „Fall" mit dem Ziel, auf ein „Resultat" zu schließen. Bei der Induktion wiederum wird diese Reihenfolge umgedreht: In der Terminologie von Peirce wird ausgehend von einer Anzahl von Fällen, an denen ein bestimmtes Resultat beobachtet wurde, auf eine generelle Regel geschlossen, mit der behauptet wird, dass das Resultat bei allen Fällen derselben Klasse beobachtet werden kann, zu der auch die bislang untersuchten Fälle gehören. Wenn jemand z.B. eine Hand voll Bohnen zufällig aus einem Sack nimmt und dabei feststellt, dass 2/3 der Bohnen in der Hand weiß sind, so mag er auf die Idee kommen zu folgern, dass auch 2/3 der Bohnen im Sack weiß sein müssen - und führt mit dieser Denkoperation einen induktiven Schluss durch. Allerdings ist diese Art des Schlusses nicht die einzige Art, wie ein deduktiver Syllogismus umgedreht werden kann.

„Suppose I enter a room and there find a number of bags, containing different kinds of beans. On the table there is a handful of white beans; and after some searching, I find one of the bags contains white beans only. I at once infer as a probability, or as a fair guess, that this handful was taken out of that bag. This sort of inference is called making a hypothesis. It is the inference of a case from a rule and a result." (Peirce, 2.623)

Ein hypothetischer Schließer beginnt also mit dem, was bei einer Deduktion die Konklusion wäre (bzw. mit dem „Explanandum" in den Begriffen von Hempel und Oppenheim 1948), und sucht von dort ausgehend nach einer allgemeinen Regel, welche den Obersatz des Explanans des deduktiven Schlusses darstellen würde. Es ist zum Verständnis dieses Vorgangs hilfreich, zwischen zwei Arten des hypothetischen Schlusses zu unterscheiden, je nach dem, ob die allgemeine Regel (der Obersatz des Explanans) bereits bekannt ist, oder ob dieser erst noch konstruiert bzw. entdeckt werden muss. Nach Reichertz (1991) lassen sich diese beiden Arten des hypothetischen Schließens bereits in den Arbeiten von Peirce unterschieden.

In den Fällen, in denen der Forscher bereits eine allgemeine Regel zur Verfügung hat, die das beobachtete Phänomen erklären kann, ist das Ergebnis eines hypothetischen Schlusses eine Hypothese über den Untersatz des deduktiven Schlusses bzw. (in der Terminologie von Hempel und Oppenheim) über die im Explanans beschriebenen Randbedingungen. Das heißt, ein spezifisches empirisches Phänomen wird dadurch erklärt, dass es unter ein bekanntes wissenschaftliches Gesetz subsumiert wird. Peirce hat diese Form des hypothetischen Schließens auch als *qualitative Induktion* bezeichnet und auf diese den Denkvorgang bezogen, mit dessen Hilfe ein Forscher ein empirisches Phänomen durch sein bereits vorhandenes Wissens erklärt.

---

5 Wird im folgenden Peirce zitiert, benutzen wir die Konvention, die Paragrafen anzugeben, wie sie in seinen „Collected Papers" von 1974 angegeben sind.

Diese Art des hypothetischen Schlusses wird häufig dann angewendet, wenn qualitatives Material analysiert wird. Empirische Phänomene werden beobachtet und unter bereits vorhandene theoretische Konzepte subsumiert. Der Sozialforscher identifiziert dabei etwa bestimmte Aspekte des untersuchten sozialen Handelns als Beispiele von deviantem Verhalten, als Beispiele für Stigmatisierungen durch Institutionen sozialer Kontrolle u.a.m. Qualitative Induktion spielt eine wichtige Rolle bei der Anwendung des Konvergenz- und des Komplementaritätsmodells der Triangulation: Oft werden bei der Anwendung qualitativer Verfahren empirische Phänomene entdeckt, die solche theoretischen Annahmen stützen, die den Ausgangspunkt für eine quantitative Untersuchung gebildet hatten (ohne dass diese qualitativen Befunde, wie es im Rahmen einer deduktiven Forschungsstrategie der Fall wäre, zuvor durch eine explizite Hypothese antizipiert werden). Oder es werden im Laufe einer qualitativen Teilstudie empirische Sachverhalte entdeckt, die zur Formulierung solcher theoretischer Annahmen führen, die zu mit bereits formulierten und durch quantitative Daten gut bestätigten theoretischen Aussagen komplementär sind und sich mit ihnen zu einem Gesamtbild des untersuchten Gegenstandsbereichs ergänzen.

Wenn jedoch die parallele Anwendung quantitativer und qualitativer Methoden zu inkonsistenten bzw. divergenten Ergebnissen führt, und auf diese Weise Gegenevidenz zu den ursprünglichen theoretischen Annahmen erzeugt wird, kommt eine zweite Form der hypothetischen Schlussfolgerung ins Spiel, die Peirce als *Abduktion* oder *abduktiven Schluss* bezeichnet hat. Während mit Hilfe eines qualitativ induktiven Schlusses ein bestimmtes Ereignis unter eine bereits bestehende Regel subsumiert wird, so führt ein abduktiver Schluss zur Entdeckung neuer und bislang unbekannter Regeln oder Konzepte. Ein solcher Schluss nimmt seinen Ausgang von einem überraschenden, ungewöhnlichen Ereignis, welches auf der Grundlage vorhandener theoretischer Wissensbestände nicht oder nur sehr unvollständig erklärt werden kann. Peirce beschreibt diesen Vorgang in der folgenden Weise:

„The surprising fact C is observed.
But if A were true, C would be a matter of course.
Hence there is a reason to suspect that A is true." (Peirce, 5.189)

Ein abduktiver Schluss dient dazu, eine mögliche Erklärung für das überraschende Ereignis „A" zu finden, in dem eine Regel bzw. theoretische Aussage „C" formuliert wird, bei deren Geltung das Ereignis selbstverständlich wäre. Während eine qualitative Induktion in der Suche nach einer bereits existierenden Regel besteht, muss eine solche Regel mit Hilfe eines abduktiven Schlusses neu entwickelt werden. Konfrontiert mit einem überraschenden Ereignis „we turn over our recollection of observed facts; we endeavour so to rearrange them, to view them in such new perspective that the unexpected experience shall no longer appear surprising" (Peirce, 7.36).

Die abduktive Schlussfolgerung ist ein kreativer Vorgang, der in vielen Fällen „comes to us like a flash" (Peirce, 5.182). Trotzdem unterliegt die Kreativität des Forschers bestimmten Einschränkungen: Zuerst einmal wird die Originalität der neu entdeckten Erklärung natürlich begrenzt durch die empirischen Phänomene, die erklärt werden sollen (vgl. Anderson 1987, 44). Überdies muss ein abduktiver Schluss nicht nur zu einer angemessenen und zufrieden stellenden Erklärung des beobachteten Phänomens führen, sondern auch mit dem Vorwissen des Forschers kompatibel sein - „the different elements of the hypothesis were in our minds before" (Peirce5.181). Ein abduktiver Schluss erfordert stets eine Integration von bisherigen theoretischen Wissensbeständen und neuen Erfahrungen. Oft ist es dabei notwendig, dass solche theoretischen Annahmen revidiert werden, die einen festen Bestandteil der theoretischen Wissensbestände einer *„scientific community"* bildeten und lange gegen jede Modifikation und Revision geschützt wurden.

Allerdings birgt diese Art des Schlussfolgerns auch einige schwerwiegende methodologische und epistemologische Risiken. Wenn eine Erklärungslücke zwischen divergenten empirischen Ergebnissen auf diese Weise geschlossen wird, besteht einerseits die Gefahr des theoretischen Ekklektizismus, die besonders dann virulent wird, wenn auf solche theoretischen Ansätze zurückgegriffen wird, die bislang für die Erklärung im untersuchten Gegenstandsbereich noch nie verwendet wurden. Andererseits können Forscher diese Art der Schlussfolgerung dazu missbrauchen, um bereits falsifizierte theoretische Annahmen vor der Widerlegung zu retten, indem sie abduktiv immunisierende Hilfshypothesen entwickeln.

Um diesen Validitätsbedrohungen zu begegnen, lassen sich jedoch methodologische Regeln angeben unter Rückgriff auf jene Modelle rationaler Theorietransition, die von Imre Lakatos (1982) und Larry Laudan (1977) bei ihren Versuchen formuliert wurden, das ursprünglich in Poppers „Logik der Forschung" nur teilweise entfaltete Konzept eines falsifikatorischen Theoriefortschritts weiterzuentwickeln und zu verfeinern. Die Frage, wann die Ersetzung einer Theorie durch eine andere Theorie, welche aufgrund empirischer Gegenevidenz in Schwierigkeiten geraten ist, gerechtfertigt werden kann, wird hierbei durch eine Unterscheidung zwischen „progressiver" und „degenerativer Problemverschiebung" beantwortet.

Nach Lakatos tritt dann eine *„degenerative Problemverschiebung"* ein, wenn eine existierende Theorie, die mit empirischer Gegenevidenz konfrontiert wird, durch die Formulierung von solchen Zusatzhypothesen gerettet wird, die deren empirischen Gehalt vermindern. Eine *„progressive Problemverschiebung"* dagegen verlangt ein Anwachsen des empirischen Gehaltes der modifizierten Theorie: Die neue Theorie muss nicht nur in der Lage sein, alle jene empirischen Phänomene zu erklären, die auch ihre Vorgängerin erklären konnte, sondern sie muss auch zusätzlich jene Anomalien erklären können, die zur Falsifikation der Vorgängertheorie führten. Schließlich muss es auch noch möglich sein, mit Hilfe der neuen Theorie bislang nicht antizipierte empirische Sachverhalte vorhersagen zu können. Ein weiteres Kriterium für eine progressive Problemverschiebung wurde von Laudan (1977) vorgeschlagen: Die Modifikation einer Theorie kann auch dann zulässig sein, wenn die neue Theorie weniger konzeptuelle Probleme aufweist als ihre Vorgängerin. Konzeptuelle Probleme einer Theorie werden normalerweise dadurch erzeugt, dass entweder Teile der Theorie miteinander logisch unvereinbar sind, oder dass die Theorie oder bestimmte ihrer Bestandteile zu anderen, bislang empirisch gut bestätigten theoretischen Ansätzen in Widerspruch stehen. Laudan zufolge können zwei weitere Strategien (neben der ad hoc Formulierung von immunisierenden Hypothesen, die den empirischen Gehalt einer Theorie reduzieren) zu einer degenerativen Problemverschiebung führen: der Gebrauch von Hilfshypothesen, die an die Theorie nur „angeklebt" werden, ohne mit ihr verbunden zu sein sowie die Verknüpfung dieser Theorie mit solchen Annahmen, die im Widerspruch zu anderen empirisch gut begründeten Theorien stehen.

Um eine progressive Problemverschiebung zu erreichen, muss eine neue Hypothese letztendlich wenigstens eines der folgenden drei Kriterien erfüllen:

1. Sie muss zu einer Erhöhung des empirischen Gehaltes führen. Das bedeutet, dass die mit Hilfe der neuen Hypothese modifizierte Theorie in der Lage sein muss, nicht nur die von der Vorgängertheorie erklärten Phänomene, sondern darüber hinaus zusätzliche empirische Sachverhalte zu erklären und weitere empirische Fakten vorherzusagen.

2. Sie muss zu einer Reduzierung der internen konzeptuellen Probleme durch eine Zunahme der logischen Kohärenz, der internen Konsistenz und Sparsamkeit führen.

3. Sie muss zu einer Zunahme der Anschlussfähigkeit an etablierte Wissensbestände führen. Das bedeutet, dass die entscheidenden Annahmen der modifizierten Theorie mit anderen empirisch gut begründeten theoretischen Aussagen über den untersuchten Gegenstandsbereich kompatibel sein müssen.

Dabei darf keineswegs die Erfüllung eines der drei Kriterien, des *empirischen Gehaltes*, der *internen Konsistenz* oder der *Anschlussfähigkeit*, auf Kosten der anderen Kriterien geschehen. Dies wäre etwa der Fall, wenn eine Erhöhung des empirischen Gehaltes auf Kosten der internen logischen Konsistenz der Theorie vorgenommen wird.

5. Methodologische Regeln zur Integration qualitativer und quantitativer Forschungsergebnisse

Auf der Grundlage der bisherigen Ausführungen lassen sich einige methodologische Regeln aufstellen, welche die Formulierung theoretischer Schlussfolgerungen auf der Basis quantitativer und qualitativer Forschungsergebnisse, die unter Anwendung multimethodischer Designs gewonnen wurden, erleichtern können. Allerdings dürfen diese methodologischen Regeln keineswegs als Schritt für Schritt abzuarbeitende Rezepte verstanden werden. Es handelt sich vielmehr um allgemeine Leitlinien, denen entsprechend der Fragestellung, dem untersuchten empirischen Gegenstandsbereich und den verwendeten Methoden der Datenerhebung und Datenauswertung ein jeweils unterschiedliches Gewicht zukommen kann.

1. Die Auswahl von Forschungsmethoden sollte nie allein aufgrund von Sympathien für ein bestimmtes methodologisches „Paradigma" erfolgen. Die verwendeten Methoden sollten als Werkzeug für die Beantwortung der Forschungsfrage betrachtet werden und nicht umgekehrt die Forschungsfrage als Gelegenheit zur Anwendung der Lieblingsmethode der Forscher. Dementsprechend sollten Entscheidungen über die verwendeten Methoden nie vor der genauen Formulierung der Forschungsfrage getroffen werden.

2. Nahezu jede Forschungsmethode hat ihre spezifischen Stärken in ganz bestimmten empirischen Gegenstandsbereichen, während ihre Anwendung auf anderen Gebieten zu unbrauchbaren Ergebnissen führen kann.

3. Die Verwendung von theoretischen Zusatzannahmen, die nicht durch empirische Daten geprüft werden können, sollte so weit es geht, beschränkt werden. Falls solche Zusatzannahmen formuliert werden, sollte durch die entsprechenden Methoden adäquates empirisches Material gesucht werden.

4. Das Verhältnis zwischen quantitativen und qualitativen Forschungsergebnissen lässt sich nicht aufgrund eines einzelnen abstrakten Modells (etwa in dem Sinne, dass quantitative und qualitative Ergebnisse zwangsläufig konvergieren oder sich komplementär zueinander verhalten müssen) bestimmen. Dementsprechend existiert auch nicht ein einzelnes methodologisches Modell der Methodenintegration, welches für alle empirischen Untersuchungen, in denen quantitative und qualitative Methoden kombiniert werden, geeignet ist. Das Modell der Triangulation als gegenseitige Validierung besitzt ebenso wie das Komplementaritätsmodell spezifische Stärken und Schwächen, die bei jeweils unterschiedlichen Forschungsfragen und Gegenstandsbereichen zum Tragen kommen. Daher muss über das Ziel der Methodenintegration auf der Basis der For-

schungsfrage und von theoretischen Überlegungen für jede empirische Studie neu entschieden werden.

5. Wenn das Ziel der Methodenintegration in der gegenseitigen Validierung von Methoden, Daten und Forschungsergebnissen besteht, kann zwar die Konvergenz der Forschungsergebnisse als gutes Argument für deren Validität betrachtet werden, dennoch ist es auch möglich, dass die konvergenten Ergebnisse aus jeweils den gleichen Gründen und in die gleiche Richtung fehlerhaft und verzerrt sind.

6. Die entscheidende Funktion der Form von Methodenintegration, die komplementäre Ergebnisse liefern soll, besteht darin, in einem Gegenstandsbereich, in dem eine einzelne Methode nicht genügt, um die gesamte empirische Basis für die theoretischen Annahmen zu beleuchten, zusätzliches empirisches Material durch den Einsatz weiterer Methoden zu sammeln.

7. Widersprüche zwischen solchen Ergebnissen, die bei einer parallelen Anwendung quantitativer und qualitativer Methoden zu Stande kommen, können prinzipiell zwei Gründe haben: entweder wurden bei der Anwendung einer (oder beider) Methode(n) Fehler gemacht (so dass die Divergenz zwischen den Forschungsergebnissen ein methodisches Artefakt darstellt) oder die ursprünglichen theoretischen Annahmen sind fehlerhaft und müssen dementsprechend modifiziert oder revidiert werden.

8. Eine Modifikation und Revision theoretischer Annahmen aufgrund divergierender Ergebnisse beruht auf „hypothetischen Schlussfolgerungen" und birgt deswegen einige logische und methodologische Risiken: Hypothesen werden hierbei ex post, auf der Grundlage von bereits erhobenem empirischen Material formuliert, was Forscher dazu verführen kann, ihre Ausgangstheorien zu immunisieren oder weitreichende Spekulationen, die einer empirischen Basis entbehren, zu formulieren. Deshalb müssen die neu entwickelten Hypothesen entweder den empirischen Gehalt der Ausgangstheorie erhöhen, ohne dass deren Konsistenz vermindert wird, oder sie müssen die Konsistenz der Ausgangstheorie erhöhen, ohne dass deren empirischer Gehalt insgesamt vermindert wird. Darüber hinaus sollte, wenn möglich, die auf diese Weise entwickelte Hypothese mit zusätzlichem empirischen Material überprüft werden und sie sollte anschlussfähig sein zu anderen empirisch gut begründeten Theorien über den untersuchten Gegenstandsbereich.

6. Abschließende Bemerkungen

Teilweise ist es sicher eine Folge der andauernden Kämpfe zwischen methodologischen „Camps", wenn bisherige Diskussionen über Methodenintegration bislang so wenig Material zur Lösung jener Probleme geliefert haben, die bei der theoretischen Integration der von Mehrmethodendesigns produzierten Forschungsergebnisse entstehen können. Dabei stellt der Begriff „Triangulation" eines der brauchbarsten Konzepte in den Debatten der letzten Jahre dar, auch wenn seine Übertragung aus der Trigonometrie in das Gebiet sozialwissenschaftlicher Methodologie eine Reihe von Missverständnissen und Mehrdeutigkeiten mit sich gebracht hat. Die diskutierte Bedeutungsvielfalt der Triangulationsmetapher - Triangulation als *gegenseitige Validierung*, Triangulation als die *Integration unterschiedlicher Perspektiven* und Triangulation als *trigonometrische Messoperation* - verdeutlicht dabei die Vielfältigkeit von Möglichkeiten der Verbindung von quantitativen und qualitativen Ergebnissen. Obwohl jedes dieser Konzepte hilfreich ist, um eine tiefere Einsicht in die unterschiedlichen Aspekte der Methodenintegration zu gewinnen, ist keines von ihnen allein ausreichend, um alle wichtigen Aspekte in sich zu vereinigen.

Ein zentrales Problem aller Debatten über Triangulation und vieler Anwendungsversuche besteht darin, dass über epistemologischen und methodologischen Konzepten die Notwendigkeit vernachlässigt wird, die Verbindung der Methoden zu den inhaltlichen theoretischen Überlegungen über die Natur der untersuchten Gegenstandsbereiche zu klären. In den vorangegangenen Abschnitten haben wir versucht, uns speziell diesem Problem zuzuwenden, indem wir die Verknüpfung von quantitativen und qualitativen Forschungsergebnissen als eine Verbindung zweier „Landkarten" dargestellt haben, die einerseits die Ebene der Theorie und andererseits die Ebene der empirischen Daten repräsentieren sollten. Ungeachtet des bevorzugten Triangulationsmodells sind es letztendlich stets die jeweiligen inhaltlichen theoretischen Konzepte, Ideen und Vorannahmen des Forschers (unabhängig davon, ob es sich um elaborierte Hypothesen oder um vorerst vage Annahmen handelt), die der spezifischen Art, wie quantitative und qualitative Daten und Methoden in einer sozialwissenschaftlichen Untersuchung kombiniert werden, die Richtung weisen.

Dem Modell der *Triangulation als gegenseitige Validierung* zufolge besteht das wichtigste, wenn nicht einzige Ziel der Methodenintegration darin, konvergente Ergebnisse zu produzieren, die als Indikator für die Validität von Daten, Methoden und Ergebnissen angesehen werden können. Die Forderung, dass empirische Ergebnisse, die mit der Hilfe einer bestimmten Methode realisiert wurden, durch die Anwendung einer anderen Methode zusätzlich validiert werden sollen, ist natürlich nur sinnvoll im Rahmen einer strikt realistischen Erkenntnistheorie. Die Grenzen solcher verifikationistischen Konzepte sind in den vergangenen Jahrzehnten in vielen methodologischen Diskussionen aufgezeigt worden: sozialwissenschaftliche Methoden bilden ihren Gegenstandsbereich nicht nur einfach ab, sondern konstituieren bzw. konstruieren ihn auch zu einem gewissen Teil selbst. Solange diese Kritik allerdings nicht zu jenen radikal konstruktivistischen Konsequenzen führt, wie sie manche Ansätze innerhalb des interpretativen Paradigmas gegenwärtig vertreten, muss das Modell der Triangulation als gegenseitige Validierung aber nicht vollständig aufgegeben werden, denn in Abhängigkeit vom Untersuchungsfeld und der Forschungsfrage kann sich ein solcher Ansatz oft als fruchtbar erweisen (vgl. hierzu ausführlicher Kelle/Kluge in diesem Band), auch wenn er nicht für alle Gegenstandsbereiche anwendbar ist. Aber unabhängig davon, ob qualitative Ergebnisse mit Hilfe quantitativer Methoden oder umgekehrt quantitative Ergebnisse durch qualitative Methoden validiert werden sollen, darf nicht vergessen werden, dass eine solche Validierung einen gemeinsamen theoretischen Rahmen für die quantitative und qualitative Datenerhebung und -analyse nötig macht.

Im Unterschied zum Modell der Triangulation als gegenseitige Validierung lenkt das *Komplementaritätsmodell* die Aufmerksamkeit auf die Tatsache, dass unterschiedliche Methoden, die ja oftmals im Zusammenhang mit unterschiedlichen Forschungstraditionen entwickelt wurden und auf unterschiedlichen epistemologischen und inhaltlich-theoretischen Grundlagen aufbauen, unterschiedliche Aspekte des Forschungsgegenstandes beleuchten können. Ist dies der Fall, kann natürlich keine Konvergenz von Ergebnissen erwartet werden, vielmehr ist es dann anzustreben, dass quantitative und qualitative Forschungsergebnisse sich ergänzen und möglichst - wie Teile eines Puzzles - ein vollständiges Bild des untersuchten Phänomens liefern. Aber auch in diesem Fall ist es, wie bei der Anwendung des Validierungsmodells, in jedem Fall notwendig, bereits zu Beginn der empirischen Teilstudien zumindest eine grobe und allgemeine theoretische Vorstellung von diesem durch die Ergebniskombination zu erwartenden Bild zu entwickeln, da sonst die quantitativen und qualitativen Ergebnisse kaum in einen gemeinsamen theoretischen Rahmen eingeordnet werden können.

Wie das Modell der gegenseitigen Validierung ist auch das Komplementaritätsmodell in vielen, aber nicht für alle Gegenstandsbereiche und Forschungsfragen anwendbar. Die Grenzen dieses Modells werden spätestens dann sichtbar, wenn die Kombination von quantitativen und qualitativen Daten und Methoden *divergierende Ergebnisse* erbringt. Solche divergenten Ergebnisse verdeutlichen erneut die Bedeutsamkeit der Ebene der theoretischen Aussagen, denn verschiedene empirische Beobachtungen können sich immer nur in einem jeweiligen theoretischen Kontext widersprechen (während sie in einem anderen Kontext durchaus konvergieren oder komplementär sein können). Die durch divergierende Ergebnisse erzeugten Probleme können oft gelöst werden, indem der gesamte theoretische Rahmen der Studie einer Kritik unterzogen, modifiziert und revidiert wird. Hierzu lassen sich oft jene Teile der theoretischen „Landkarte" verwenden, die bislang mit den empirischen Befunden der quantitativen und qualitativen Studie noch nicht in Verbindung gebracht worden sind. In anderen Fällen mag es nötig werden, Teile dieser Karten neu zu zeichnen. Die Konstruktion neuer Erklärungen für empirische Anomalien, wie sie divergierende Ergebnisse darstellen, beruht allerdings stets auf hypothetischen

Schlussfolgerungen, einem methodologisch riskanten Verfahren, mit dessen Hilfe neue theoretische Ideen und Konzepte ex post auf der Basis empirischer Daten formuliert werden. Hierbei müssen methodologische Vorsichtsmaßnahmen ergriffen werden: Um einer Immunisierung gescheiterter Theorien durch die Einführung gehalts- und konsistenzvermindernder Hilfsannahmen vorzubeugen, muss dabei dem empirischen Gehalt und der Konsistenz der neu entwickelten theoretischen Konzepte sowie ihrer Anschlussfähigkeit an bereits existierende Theorien besondere Aufmerksamkeit gewidmet werden.

Ob also bestimmte empirische Ergebnisse als konvergent, komplementär oder divergent betrachtet werden können, hängt immer von dem gewählten theoretischen Rahmen ab. Hier werden die Grenzen der Triangulationsmetapher sichtbar. In der Navigation und Landvermessung ist mit diesem Begriff ein einfach nachzuvollziehender Vorgang gemeint: die Bestimmung der Längen der Schenkel und der Größe der Winkel eines Dreiecks durch die Anwendung einfacher messtechnischer Operationen und mit Hilfe bekannter mathematischer Gesetze. Wenn aber in der Sozialforschung „trianguliert" wird, so soll nicht die räumliche Lage eines Punktes ermittelt, sondern ein normalerweise komplexes soziales Phänomen beschrieben, erklärt und verstanden werden. Und im Gegensatz zur Trigonometrie, wo über wohldefinierte mathematische Konzepte und eindeutig formulierte Regeln bestimmte empirische Daten zueinander in Beziehung gesetzt werden, existiert für viele sozialwissenschaftliche Gegenstandsbereiche eine verwirrende Vielfalt theoretischer Ansätze, die den beobachteten Phänomenen und ihren Verbindungen untereinander jeweils unterschiedliche Bedeutung geben. Zu einer solchen Situation findet man keine Analogie in der klassischen euklidischen Geometrie - selbst mit viel Phantasie vermögen wir uns kaum vorzustellen, wie drei Punkte sinnvoll genutzt werden könnten, nicht um ein einzelnes Dreieck, sondern um eine Vielzahl von möglichen Dreiecken zu konstruieren. So wird der Begriff „Triangulation" dann, wenn er aus dem Bereich der Trigonometrie in den Bereich der sozialwissenschaftlichen Methoden übertragen wird, zu einer Art zweischneidigem Schwert, zu einem begrifflichen Werkzeug, das Vorzüge und Risiken gleichermaßen birgt wie fast jede Metapher: man kann es ebenso zur Vermittlung profunder Einsichten über sozialwissenschaftliche Methoden verwenden, wie zur Produktion und Verfestigung schwerwiegender Missverständnisse.

Literatur

Anderson, Douglas R. (1987): Creativity and the Philosophy of C.S. Peirce. Dordrecht: Martinus Nijhoff

Blaikie, Norman W. (1991): A Critique of the Use of Triangulation in Social Research. In: Quality & Quantity 2/91, 115-136

Boudon, Raymond (1979): L'inégalité des chances. Paris: Armand Colin

Bourdieu, Pierre (1966): L'École conservatrice. Les inégalités devant l'école et devant la culture. In: Revue Francaise de sociologie 7/66, 37-347

Braemer, Gudrun (1994): Wandel im Selbstbild des Familienernährers? Reflexion über vierzig Jahre Ehe-, Erwerbs- und Familienleben. Arbeitspapier Nr. 29 des Sfb 186, Universität Bremen

Brannen, Julia (Hrsg.) (1992): Mixing Methods: Qualitative and Quantitative Research. Aldershot: Avebury

Brauns, Hildegard (1999): Soziale Herkunft und Bildungserfolg in Frankreich. In: Zeitschrift für Soziologie 3/99, 197-218

Bryman, Allen (1988): Quantity and Quality in Social Research. London und New York: Routledge

Campbell, Donald T./Fiske, Donald W. (1959): Convergent and Discriminant Validation by the Multitrait-Multimethod Matrix. In: Psychological Bulletin 2/59, 81-105

Cresswell, John W. (1994): Research Design. Qualitative and Quantitative Approaches. Thousand Oaks: Sage

Denzin, Norman K. (1978): The Resarch Act. A Theoretical Introduction to Sociological Methods. 2. Aufl., New York: McGraw Hill

Dietz, Gerhard U. et al. (1997): „Lehre tut viel ...". Berufsbildung, Lebensplanung und Delinquenz bei Arbeiterjugendlichen. Münster: Votum

Erzberger, Christian (1998): Zahlen und Wörter. Die Verbindung quantitativer und qualitativer Daten und Methoden im Forschungsprozess. Weinheim: Deutscher Studien Verlag

Erzberger, Christian (2000): What Can We Learn from Potemkin? Qualitative Results as Optical Illusions. Vortrag, gehalten auf der „Fifth International Conference on Social Science Methodology" im Oktober 2000 in Köln, Manuskript

Erzberger, Christian/Prein, Gerald (1997): Triangulation: Validity and Empirically Based Hypothesis Construction. In: Quality & Quantity 2/97, 141-154

Fielding, Nigel G./Fielding, Jane L. (1986): Linking Data. Qualitative Research Methods. London: Sage

Flick, Uwe (1991): Triangulation. In: Flick, U. et al. (Hrsg.): Handbuch qualitative Sozialforschung. München: Psychologie Verlags Union, 432-434

Flick, Uwe (1992): Triangulation Revisited: Strategy of Validation or Alternative? In: Journal of the Theory of Social Behaviour 2/92, 175-197

Flick, Uwe (1998): An Introduction to Qualitative Research. Thousand Oaks et al.: Sage

Goldthorpe, John H. (1996): Class Analysis and the Reorientation of Class Theory: The Case of Persisting Differentials in Educational Attainment. In: British Journal of Sociology 45/96, 481-506

Hammersley, Martyn/Atkinson, Paul (1983): Ethnography: Principles in Practice. 2. Aufl., London: Routledge

Hanson, Norwood Russell (1958/1965): Patterns of Discovery. An Inquiry into the Conceptual Foundations of Science. Cambridge: Cambridge University Press

Hempel, Carl G. (1952): Fundamentals in Concept Formation in Empirical Science. Chicago und London: University of Chicago Press

Hempel, Carl G./Oppenheim, Paul (1948): Studies in the Logic of Explanation. In: Philosophy of Science, 15, 135-175

Henz, Ursula (1997): Der Beitrag von Schulformwechseln zur Offenheit des allgemein bildenden Schulsystems. In: Zeitschrift für Soziologie 26/97, 53-59

Henz, Ursula/Maas, Ineke (1995): Chancengleichheit durch die Bildungsexpansion? In: Kölner Zeitschrift für Soziologie und Sozialpsychologie 4/95, 605-633

Jahoda, Marie/Lazarsfeld, Paul F./Zeisel, Hans (1933/1982): Die Arbeitslosen von Marienthal. Frankfurt a. M.: Suhrkamp

Kaplan, Abraham (1964): The Conduct of Inquiry. Methodology for Behavioral Science. San Francisco: Chandler

Kelle, Udo (1998): Empirisch begründete Theoriebildung. Zur Logik und Methodologie interpretativer Sozialforschung. 2. Aufl., Weinheim: Deutscher Studien Verlag (1. Aufl., 1994)

Kelle, Udo/Erzberger, Christian (1999): Integration qualitativer und quantitativer Methoden. In: Kölner Zeitschrift für Soziologie und Sozialpsychologie, 3/99, 509-531

Kelle, Udo/Lüdemann, Christian (1995): „Grau, teurer Freund, ist alle Theorie..." Rational Choice und das Problem der Brückenannahmen. In: Kölner Zeitschrift für Soziologie und Sozialpsychologie 2/95, 249-267

Kirschenmann, Peter P. (1991): Logic and Normative Rationality of Science: The Content of Discovery Rehabilitated. In: Zeitschrift für allgemeine Wissenschaftstheorie 22/91, 61-72

Krüger, Helga (1995): Geschlechtsspezifische Modernisierung im ehepartnerlichen Lebensverlauf. In: Nauck, B./Onnen-Isemann, C. (Hrsg.): Familie im Brennpunkt von Wissenschaft und Forschung. Neuwied: Luchterhand, 437-455

Krüger, Helga (2001): Social Change in Two Generations. Employment Patterns and Their Costs for Family Life. In: Marshall, V. W. et al. (Hrsg.): Restructuring Work and the Life Course. Toronto: University Press, 401-423

Lakatos, Imre (1982): Die Methodologie der wissenschaftlichen Forschungsprogramme. Braunschweig und Wiesbaden: Vieweg

Lamnek, Siegfried (1995): Qualitative Sozialforschung. Band 1, Methodologie. Weinheim: Psychologie Verlags Union

Laudan, Larry (1977): Progress and its Problems. Towards a Theory of Scientific Growth. London und Henley: Routledge & Kegan Paul

Lincoln, Yvonna S./Guba, Egon G. (1985): Naturalistic Inquiry. Beverly Hills, Ca.: Sage

Lutz, Burkart (1984): Der kurze Traum immer währender Prosperität: Eine Neuinterpretation der industriell-kapitalistischen Entwicklung im Europa des 20. Jahrhunderts. Frankfurt a. M.: Campus

Müller, Walter/Haun, Dietmar (1994): Bildungsungleichheit im sozialen Wandel. In: Kölner Zeitschrift für Soziologie und Sozialpsychologie 1/94, 1-42

Nave-Herz, Rosemarie (1988): Zeitgeschichtlicher Bedeutungswandel von Ehe und Familie in der Bundesrepublik Deutschland. In: Nave-Herz, R./Markefka, M. (Hrsg.): Handbuch der Familien und Jugendforschung, Band 1: Familienforschung. Neuwied und Frankfurt a. M.: Luchterhand, 211-222

Nersessian, Nancy J. (1989): Scientific Discovery and Commensurability of Meaning. In: Gavroglu, K./Goudarolis, Y./Nicolacopoulos, P. (Hrsg.): Imre

Lakatos and Theories of Scientific Change. Dordrecht et al.: Kluwer Academic Publishers, 323-334

Nickles, Thomas (Hrsg.) (1980): Scientific Discovery, Logic and Rationality (Boston Studies in the Philosophy of Science, Vol. LVI). Reidel: Dordrecht

Nickles, Thomas (1985): Beyond Divorce: Current Status of the Discovery Debate. In: Philosophy of Science 52/85, 177-206

Nickles, Thomas (1990): Discovery Logics. In: Philosophica 45/90, 732

Peirce, Charles S. (1974): Collected Papers. Hrsg. von Charles Hartshore, Paul Weiss und Arthur Burks. Cambridge (Mass.): The Belknap Press of Harvard University Press

Popper, Karl R. (1934/1989): Logik der Forschung. 9., verbesserte Aufl., Tübingen: J.C.B. Mohr

Prein, Gerald/Seus, Lydia (2000): „The Devil Finds Work for Idle Hands to Do": The Relationship between Unemployment and Delinquency. In: Fielding, N. G./Clarke A./Witt R. (Hrsg.): The Economic Dimensions of Crime. New York: Macmillan Press, 193-209

Reichenbach, Hans (1983): Erfahrung und Prognose (Gesammelte Werke, Bd. 4). Hrsg. von Andreas Kamlah und Maria Reichenbach. Braunschweig: Vieweg (erstmals erschienen 1938 unter dem Titel: Experience and Prediction)

Reichertz, Jo (1991): Aufklärungsarbeit. Kriminalpolizisten und teilnehmende Beobachter bei der Arbeit. Stuttgart: Enke

Roethlisberger, Fritz J./Dickson, William J. (1939): Management and the Worker. Cambridge: Harvard University Press

Rossides, Daniel W. (1997): Social Stratification. The Interplay of Class, Race and Gender. Upper Saddle River: Prentice Hall

Rossman, Gretchen B./Wilson, Bruce L. (1985): Numbers and Words. Combining Quantitative and Qualitative Methods in a Singe-Scale Evaluation Study. In: Evaluation Review 5/85, 627-643

Rossman, Gretchen B./Wilson, Bruce L. (1994): Numbers and Words Revisited: Being „Shamelessly Eclectic". In: Quality & Quantity 3/94, 315-327

Sackmann, Reinhold/Weymann, Ansgar/Wingens, Matthias (Hrsg.) (2000): Die Generation der Wende. Opladen: Westdeutscher Verlag

Shavit, Yossi/Blossfeld, Hans-Peter (Hrsg.) (1993): Persistent Inequality. Boulder, Col.: Westview

Smith, John K. (1983): Quantitative versus Qualitative Research: An Attempt to Clarify the Issue. In: Educational Researcher 3/83, 6-13

Tashakkori, Abbas/Teddlie, Charles (1998): Mixed Methods. Combining Qualitative and Quantitative Approaches (Applied Social Research Methods Series, Vol. 46). London: Sage

Thomas, William I./Thomas, Dorothy S. (1928/1970): The Child in America. Behavior Problems and Programs. New York: Alfred A. Knopf (Reprint)

Webb, Eugene J. et al. (1966): Unobstrusive Measures: Nonreactive Research in the Social Sciences. Chicago: Rand McNally

Weyman, Ansgar/Sackmann, Reinhold/Wingens Matthias (1999): Social Change and the Life Course in East Germany: A Cohort Approach to Inequalities. In: International Journal of Sociology and Social Policy 19/99, 90-114

Wingens, Matthias (1999): Der „gelernte DDR-Bürger": biographischer Modernisierungsrückstand als Transformationsblockade? Planwirtschaftliche Semantik, Gesellschaftsstruktur und Biographie. In: Soziale Welt 3/99, 255-280

Udo Kelle, Susann Kluge

Validitätskonzepte und Validierungsstrategien bei der Integration qualitativer und quantitativer Forschungsmethoden

Einleitung

In den Debatten zwischen Vertreterinnen und Vertretern der qualitativen und der quantitativen Tradition der empirischen Sozialforschung wird zur Kritik der jeweils anderen Richtung oftmals auf deren Validitätsprobleme verwiesen, wobei gleichzeitig der Umstand vernachlässigt wird, dass methodische Konzepte, die im Rahmen der jeweils anderen Richtung entwickelt wurden, helfen könnten, Validitätsprobleme der eigenen Forschungstradition zu erkennen und Strategien zu ihrer Lösung zu entwickeln. Anhand von einigen empirischen Beispielen wollen wir verdeutlichen, welches Potenzial eine systematische Kombination von qualitativen und quantitativen Verfahren für die Entdeckung und Bearbeitung von Validitätsproblemen besitzt.

Zuvor wollen wir jedoch im ersten Abschnitt des Beitrags kurz auf die Diskussion um Gütekriterien und Standards für die qualitative und quantitative Forschung eingehen, denn Validitätsprobleme werden natürlich in Abhängigkeit davon, wie man den Begriff Validität versteht, unterschiedlich konzeptualisiert und ggf. gelöst. Dieser Begriff (oder verwandte Begriffe wie „Geltungsansprüche" o.ä.) wird nun in Debatten, die im Kontext der qualitativen und quantitativen Methodentradition geführt werden, oftmals unterschiedlich gehandhabt und verschieden interpretiert. Will man aber das Potenzial qualitativer und quantitativer Methoden jeweils nutzen für eine Aufdeckung und Bearbeitung von Validitätsproblemen der einen Tradition durch Verfahren und Argumente, die der anderen Tradition entstammen, so erfordert dies natürlich die Verwendung eines einheitlichen begrifflichen Bezugsrahmens. Im zweiten Abschnitt dieses Beitrags werden wir uns der Frage zuwenden, inwieweit ein solcher einheitlicher methodologischer und wissenschaftstheoretischer Bezugsrahmen für qualitative und quantitative Forschung formulierbar ist. Auch diese Frage ist in der methodologischen Debatte (soweit eine solche hierüber geführt wird) streitig. Ausgehend von fallibilistischen Konzepten wollen wir auf der Grundlage einer einheitswissenschaftlichen Position einen solchen Bezugsrahmen zu skizzieren versuchen und seine Anwendung auf einige typische Validitätsbedrohungen in der qualitativen Forschung demonstrieren. Auf dieser Grundlage wollen wir dann im dritten Abschnitt dieses Beitrags anhand einiger ausgewählter Beispiele darstellen, wie eine Kombination von qualitativen und quantitativen Verfahren genutzt werden kann, um Bedrohungen der *externen* und *internen* Validität entgegenzuwirken. In dem hier zur Verfügung stehenden Rahmen wollen wir uns dabei auf innovative Möglichkeiten einer gegenseitigen Validierung qualitativer und quantitativer Forschungsmethoden und -ergebnisse konzentrieren, die in der Literatur bislang nur selten diskutiert wurden. Abschnitt 3.1 diskutiert den Einsatz quantitativer Methoden bei der Validierung qualitativer Stichprobenpläne. Die Verwendung quantitativer Methoden zur Validierung von Ergebnissen qualitativer Untersuchungen stellt zwar seit der grundlegenden Arbeit von Barton und Lazarsfeld (1955/1984) hierzu ein vor allem in der quantitativen Methodenliteratur häufig diskutiertes Vorgehen dar (zu spezifischen Problemen, die bei diesem Vorgehen entstehen können, vergleiche den Beitrag von Schaeper/ Witzel in diesem Band). Die Möglichkeit zur Verbesserung der Stichprobenvalidität qualitativer Untersuchungen durch vorgeschaltete quantitative Forschung wurde in diesem Kontext allerdings bislang nicht diskutiert.

Daran anschließend wollen wir in den Abschnitten 3.2 und 3.3 zeigen, dass die Validierung quantitativer Befunde durch qualitative Untersuchungen eine mindestens ebenso große Bedeutung besitzen kann wie der umgekehrte Fall. Anhand zweier empirischer Beispiele wollen wir demonstrieren, in welcher Weise qualitative Forschungsmethoden genutzt werden können, um typische Bedrohungen der internen und der externen Validität quantitativer Forschung zu identifizieren und zu bearbeiten.

1. Zum Stand der „Diskussion"

Die methodologische Diskussion zwischen den beiden verschiedenen Traditionen empirischer Sozialforschung ist gegenwärtig durch einen gewissen Stillstand gekennzeichnet, wobei dieselben Argumente seit Jahren wiederholt, aber kaum systematisch aufeinander bezogen werden. Die mangelnde Bereitschaft, auf die Argumente der Gegenseite einzugehen, mündet dabei letztendlich in Diskursverweigerung. Als empirischer Beleg für eine solche Diskursverweigerung sollte beispielsweise die Tatsache gewertet werden, dass zumindest in Deutschland seit dem „Positivismusstreit" (Adorno et al. 1969/1976) keine Veröffentlichung mehr vorgelegt wurde, in der der Streit um die methodologischen Grundlagen der empirischen Sozialforschung von beiden Seiten gemeinsam und offen - d.h. durch einen Austausch von Argumenten und durch wechselseitige Kritik[1] - ausgetragen wird.

---

1 Auch von den Teilnehmern dieser Diskussion wurde allerdings bereits die Kritik geäußert, dass „keine Diskussion zustande kam, in der Gründe und Gegengründe

Eine solche Diskursverweigerung kann dabei zwei Formen annehmen: eine *offensiv-konfrontative Form*, die die jeweils andere Position *ausgrenzt*, oder die Form des gegenseitigen *Aus-dem-Weg-gehens*, wobei - im besten Falle - Einflusssphären und Reservate gegenseitig abgegrenzt werden, auf denen Angehörige des jeweiligen „Paradigmas"[2] ungestört voneinander Forschungsziele, Methoden und Kriterien für gute Forschung definieren dürfen.

Bei der konfrontativen und offensiven Form der Diskursverweigerung soll dem Gegner das Recht bestritten werden, am Spiel Wissenschaft teilzunehmen, weil er offensichtlich nicht die richtigen Regeln beherrscht, welche allerdings ausgehend von den Möglichkeiten, die die eigenen Methoden bieten, definiert werden. Qualitative Methoden werden auf diese Weise von vielen quantitativen Methodikern wegen der geringen Standardisiertheit ihres Vorgehens und der Beschränkung auf geringe Fallzahlen *a priori* als pseudowissenschaftlich abqualifiziert. Diese Kritik ist keineswegs neu und wurde bereits zu Beginn der Entwicklung qualitativer und quantitativer Ansätze der sozialwissenschaftlichen Methodenlehre formuliert. So kritisierte bereits Lundberg 1929 an der Arbeit von Thomas und Znaniecki über den *polish peasant*:

> „The scientific value of all these (studies) depends, of course, upon the validity of the subjective interpretations of the authors as well as the extent to which the cases selected are typical. Neither the validity of the sample nor of the interpretations are objectively demonstrable on account of the informality of the method." (Lundberg 1929/1942, 169)

Wegen der mangelnden Standardisierung des Datenmaterials ist es, wie im selben Jahr Bain in seinem Diskussionsbeitrag zur Validität qualitativer Methoden anmerkte, „evident that most so-called ‚scientific' results from

---

ineinandergriffen" (Adorno 1969/1976, 7), bzw. dass die Gegenseite „alle möglichen Missverständnisse reproduziert, die ... schon durch die Lektüre der vorliegenden Diskussionsbeiträge hätten vermieden werden können" (Albert 1969/1976, 336).

2 Der Begriff des „Paradigmas" ist für die Kennzeichnung unterschiedlicher methodologischer Ansätze beliebt, allerdings nicht unproblematisch, weil in der wissenschaftsphilosophischen Tradition, der dieses Wort entstammt, hiermit eine Inkommensurabilität a priori unterstellt wird. Dabei ist dieses Konzept bereits seit seinen Anfängen durch eine große begriffliche Unschärfe gekennzeichnet. In der Monografie über die *„Struktur wissenschaftlicher Revolutionen"*, mit der der Begriff in wissenschaftstheoretische Diskussionen eingeführt wurde, hatte Thomas Kuhn (1962/1989) zahlreiche verschiedene Gebrauchsweisen für diesen Begriff jenseits seiner ursprünglichen Bedeutung („*zentrales Beispiel*") eingeführt, ohne diese unterschiedlichen Begriffsverwendungen genau voneinander abzugrenzen. Die Vagheit und die Inkongruenzen von Kuhns Paradigmenbegriff sind von Masterman (1974, 61) kritisiert worden, die darauf hinwies, dass Kuhn den Paradigmenbegriff in 21 verschiedenen Bedeutungen verwendet. Weitgehend ungeklärt ist dabei das Verhältnis zwischen dem Paradigma, also den leitenden Annahmen einer Forschergemeinschaft, zu deren sonstigen theoretischen Auffassungen, Annahmen und Konstrukten.

the use of life documents, life stories, interviews, diaries, autobiographies, letters, journals etc. are pure poppy-cock" (Bain 1929, 155). Legt man allerdings die Kriterien von Bain zugrunde, wonach *life historys* nur dann eine valide Datenbasis darstellen, wenn sie Materialien umfassten

> „which are clearly enough defined and frequent enough in occurence so that a number of competent observers, working independently, can arrive at like conclusions both as to existence and meaning of the defined data" (Bain 1929, 155 f).

So müsste ein Großteil historischer Forschung ebenfalls *poppy-cock* (also „Quatsch") darstellen (denn welcher Historiker könnte etwa eine Befragung von historischen Akteuren vergangener Jahrhunderte durchführen).

Die Auffassung, dass für qualitative Verfahren „Gütekriterien kaum formulierbar" seien (Schnell/Hill/Esser 1999, 335), scheint sich unter manchen quantitativen MethodikerInnen mittlerweile zu einer Art orthodoxen Lehrmeinung verfestigt zu haben, deren argumentative Begründung für überflüssig gehalten wird. Qualitative Methoden werden (insbesondere im deutschsprachigen Raum) in Standardlehrbüchern der empirischen Sozialforschung - wenn überhaupt - oftmals nur auf wenigen Seiten abgehandelt (vgl. u.a. Diekmann 1995, 443 ff., 461 ff., 510 ff.; Friedrichs 1973/1983; Kromrey 1998, 25 ff., 511 ff.; Mayntz/Holm/Hübner 1972; Schnell/Hill/Esser 1999, 100, 201, 235), Kritik an diesen Verfahren wird - wie bei Schnell et al. - in Fußnoten abgehandelt, wobei die mangelnde Validität und Reliabilität qualitativen Vorgehens nur noch apodiktisch festgestellt, aber nicht mehr systematisch begründet wird.

Aber auch Anhänger der qualitativen Forschungstradition haben an dieser Verfestigung von Positionen mitgewirkt: Der Vorwurf mangelnder Reliabilität und unzureichender Repräsentativität, der seit Lundberg den Kernpunkt der von quantitativen Methodikern immer wieder vorgetragenen Vorbehalte und Kritikpunkte qualitativer Sozialforschung gegenüber bildete, blieb dabei zu jener Zeit von Seiten der qualitativen Tradition weitgehend unbeantwortet. Stattdessen neigten deren Vertreter dazu, vor allem während der *qualitativen Renaissance* in den 1970er Jahren, eine Retourkutsche zu fahren: Dem quantitativen Forscher wurde vorgehalten, dass er nur „selten in Berührung mit dem (komme) was er (sic!) zu verstehen" versuche, und dass sich deswegen in der Soziologie „ein vermindertes Verständnis der empirischen sozialen Welt" und eine „künstliche Auffassung von Realität" (Filstead 1970/1979, 31) durchgesetzt habe. Die Validität von Ergebnissen quantitativer Studien wurde dabei - ausgehend von einem alternativen Validitätsverständnis - bestritten: quantitative Ergebnisse seien deshalb nicht valide, weil sie die notwendige *Nähe zum untersuchten Gegenstand* verhindern, die Relevanzsetzungen der Akteure nicht genügend berücksichtigen würden usw. (so die Kritik aus dem Lager der *naturalisti-*

schen Sozialforschung (Gerdes 1979; Filstead 1970/1979) und der *interpretativen Soziologie* (vgl. Cicourel 1964/1974; Blumer 1969/1981, 108)).

Kennzeichend für solche eher konfrontativ-kritischen Strategien der Diskursverweigerung ist es, dass die Kritik der Gegenseite nicht aufgenommen wird, indem die offensichtlichen Probleme der eigenen Methodologie thematisiert und hierfür nach Lösungen gesucht wird, sondern mit dem Hinweis auf die Schwachstellen der Methoden der jeweiligen Gegenseite beantwortet wird. Kritik führt hier also nicht zur Weiterentwicklung von Methoden, sondern zu einer gegenseitigen Abschottung und zur Immunisierung der eigenen Vorgehensweisen.

Die zweite Form der Diskursverweigerung, die in dem gegenseitigen Verhältnis der beiden methodologischen „Paradigmen" zunehmend an Bedeutung gewinnt, besteht darin, dass man sich (zum Teil auch gegenseitig) Reservate und Nischen zuweist, in denen ungestört von der Kritik der jeweils anderen Seite Forschungsprobleme und Forschungsziele definiert, Methoden entwickelt und methodische Standards verabredet werden können. Das vordergründig plausible Argument, dass jeweils verschiedene Methoden verschiedene Standards und Kriterien zur Beurteilung ihrer Ergebnisse benötigen, dass somit die Gültigkeit dieser Ergebnisse nur im Kontext der jeweiligen Methodologie zu beurteilen sei, kann das Klima der gegenseitigen Diskursverweigerung weiter stabilisieren.

Auch das in der Diskussion um Validität von Vertretern der qualitativen Tradition häufig geäußerte Argument, dass Gütekriterien nicht ohne weiteres aus dem Kontext quantitativer und experimenteller Methoden auf die qualitative Forschung übertragen werden können (etwa Flick 1987, 247; Kirk/Miller 1986, 14; Lamnek 1988, 140; Lincoln/Guba 1985, 293; Salner 1989; Strauss/Corbin 1990b, 418), ist trotz seiner hohen Plausibilität nicht unproblematisch. Wenn die Argumentation an diesem Punkt stehen bleibt, kann es zu der Haltung mangelnder Diskussionsbereitschaft auf beiden Seiten zusätzlich beitragen. In diesem Zusammenhang ist es nicht unproblematisch, dass in der entsprechenden Literatur häufig nicht für qualitative Sozialforschung angepasste *Standards* oder *Gütekriterien*, sondern (unter dieser Überschrift) stattdessen *Strategien der Geltungssicherung* (wie etwa *„kommunikative Validierung"*) diskutiert werden (so etwa bei Kvale 1991 oder bei Flick 1996). Eine der wenigen Ausnahmen bildet die Arbeit von Lincoln und Guba (1985), die versucht haben, eigene Gütekriterien für die qualitative Forschung zu explizieren. An den Konzepten der beiden Autoren lassen sich gut die Schwächen einer Position aufzeigen, die einen methodologischen Sonderweg für die qualitative Sozialforschung beansprucht. Lincoln und Guba gehen davon aus, dass qualitative Forschung auf besonderen erkenntnistheoretischen Prämissen beruht, die die Anwendung von Kriterien wie interne und externe Validität für diese Forschung nicht zulassen, weil solche Kriterien auf Vorstellungen eines *„naiven Realismus"* und einer „*linearen Kausalität*" beruhen, auf der Vorstellung einer Wirklichkeit, welche unabhängig von ihrer Beobachtung existiere. Lincoln und Guba stellen dem die Auffassung von „*multiplen konstruierten Realitäten*" entgegen: „Reality is now a multiple set of mental constructions." (Lincoln/ Guba 1985, 295) Daraus ergibt sich nun:

> „There is no ultimate benchmark to which one can turn for justification - whether in principle or by a technical adjustment via the falsification principle." (ebd.)

Die beiden Autoren dehnen also das klassische - v.a. im Anschluss etwa an Alfred Schütz oder Herbert Blumer formulierte - Postulat des *interpretativen Paradigmas* (Wilson 1981), dass die Akteure ihre soziale Welt durch beständige Akte der Interpretation selber (mit)konstruieren, konsequent auf die Forschenden aus. Dies hat natürlich radikale Implikationen für die Sozialforschung, wie Hammersley betont, denn hierdurch

> „... we are led to ask whether research reports are not simply constructions that reflect the nature of the researcher and the research process, rather than representations of reality" (Hammersley 1992, 196).

Lincoln und Guba schlagen deshalb vor, das Gütekriterium der „*internen Validität*" durch das der „*Glaubwürdigkeit*" zu ersetzen. Welche *methodologische Bedeutung* diese Begriffswahl haben soll, bleibt aber unklar. Die Einführung dieses Begriffs als Gütekriterium könnte so verstanden werden, dass es ausreichend ist, wenn das einzige Ziel von Forschungsbemühungen in einer konsistenten, verständlichen und plausiblen Darstellung von deren Ergebnissen bestehen soll. Die Gültigkeitsfrage wäre damit „*auf Probleme der Didaktik*" reduziert, wie dies Uta Gerhardt (1985, 238) etwa an der Arbeit von Glaser und Strauss kritisch anmerkt. Im Rahmen einer radikal konstruktivistischen Position wäre eine solche Reduktion des Gültigkeitsproblems auf die Frage nach einer didaktisch geschickten Präsentation nur konsequent, weil eine „Übereinstimmung" zwischen „Realität" und Forschungsergebnissen ohnehin nicht feststellbar wäre. Wenn die Frage nach der „Wahrheit" oder „Richtigkeit" von Aussagen nicht beantwortbar ist, werden Geltungsfragen zu Fragen nach der besseren Rhetorik: Es setzen sich diejenigen im Diskurs durch, die über die besseren Überredungskünste verfügen.

Einen solchen Weg gehen Lincoln und Guba jedoch nicht: Die konkreten Maßnahmen, die sie zur Erhöhung von „Glaubwürdigkeit" vorschlagen, betreffen nicht das didaktische Vorgehen bei der Präsentation von Ergebnissen. Vielmehr machen sie eine Reihe von Vorschlägen, wie *Fehlinformationen* (die etwa durch unzuverlässige Informanten entstehen) vermieden werden können. Hierzu gehören etwa „*member checks*", mit deren Hilfe „data, analytic categories, interpretations, and conclusions are tested (sic!) with members from whom the data were originally collected" (Lincoln/Guba 1985, 314). Dieses Vorgehen des *member check* (in Deutschland spricht man hier im Allgemeinen von *„kommunikativer Validierung"* (siehe Steinke 2000, 320, 329), ist natürlich nur dann sinnvoll, wenn man bis zu einem bestimmten Grad eine erkenntnistheoretisch realistische Position (und nicht einen radikalen Konstruktivismus) vertritt. Denn es wird hiermit impliziert, dass Forschungsergebnisse nicht beliebige Konstruktionen repräsentieren, sondern prinzipiell eine Übereinstimmung zwischen einem bestimmten realen Sachverhalt (in diesem Fall: den *tatsächlichen* Sichtweisen von Befragten) und der Beschreibung dieses Sachverhaltes (in diesem Fall: der Darstellung dieser Sichtweisen) im Rahmen von Forschung möglich ist und durch ein bestimmtes Verfahren (in diesem Fall: Rückfragen bei den Interviewten) methodisch sichergestellt werden kann. Diese Herangehensweise unterscheidet sich aber nicht mehr von konventionellen Wegen der Validitätsprüfung, wie sie beispielsweise Zetterberg für die quantitative Surveyforschung vorschlägt:

> „When the interview method is employed to obtain factual information, cross checks can often be made (...). We can come back to the same respondent and ask him again (...)." (Zetterberg 1965, 123)

Auch die anderen von Lincoln und Guba vorgeschlagenen Strategien beruhen, trotz der konstruktivistischen Rhetorik beider Autoren, implizit auf einem erkenntnistheoretischen Realismus: In der Regel geht es darum, dass Forscherhypothesen auf unterschiedliche Weise (durch die Formulierung von empirischen Konsequenzen, durch die Suche nach *negative cases* usw.) geprüft werden. Damit führen beide Autoren die realistische Erkenntnistheorie, die sie quasi aus der Vordertür hinausgeworfen hatten, durch verschiedene Hintertüren wieder ein und präsentieren letztendlich konventionelle Wege der Validitätssicherung - etwa die Prüfung von Forschungshypothesen durch wiederholte Beobachtung und Befragung, die systematische Suche nach widersprechender Evidenz usw.

Die Ersetzung des Begriffs „Validität" durch die Begriffsneuschöpfung „Glaubwürdigkeit" bringt also letztendlich keinen methodologischen Gewinn - denn auch im Kontext quantitativer Forschung soll die „Glaubwürdigkeit" ihrer Ergebnisse durch ein methodisch kontrolliertes Vorgehen sichergestellt werden. Die Ersetzung traditioneller Gütekriterien durch solche Begriffe ist aber gleichzeitig mit nicht zu unterschätzenden Risiken verbunden: *Entweder* wird das Gültigkeitsproblem auf diese Weise auf ein Problem der rhetorisch und didaktisch geschickten Präsentation von Forschungsergebnissen reduziert, *oder* es werden Gütekriterien formuliert und Validierungsstrategien vorgeschlagen, die sich in ihren Grundprinzipien von den klassischen Standards kaum unterscheiden.

Lincoln und Guba bewegen sich zwischen diesen beiden Extremen hin und her. Bei der Gegenüberstellung der Begriffe „Glaubwürdigkeit" und „interner Validität" führen sie eine neuartige Terminologie ein, um letztendlich relativ konventionelle Wege der Validitätssicherung - die Prüfung von Hypothesen durch wiederholte Beobachtung und Befragung, die Suche nach Gegenevidenz etc. - zu empfehlen. So führen sie etwa, nachdem sie konventionelle Vorstellungen von Repräsentativität und Generalisierbarkeit kritisiert haben, das Konzept der *„holistischen Generalisierung"* ein, welches, konsequent angewendet, zu einem strengen Begriff von Repräsentativität führen würde. Eine Untersuchungsgruppe, die „holistische Generalisierungen" ermöglichen kann, stellt einen Teil eines Ganzen dar, über das es *alle* Informationen enthält:

> „(...) any part or component is a perfect sample in the sense that it contains all of the information about the whole that one might ever hope to obtain (...) imperfect (blurred) information from any source can be improved (clarified), if one has the appropriate filters for so doing" (ebd., 128).

Die beiden Autoren vermögen allerdings keinerlei Strategien zu nennen, mit deren Hilfe solche „perfekten Samples" gezogen oder jene „angemessenen Filter" konstruiert werden können, die „imperfekte Informationen" verbessern oder klären könnten. Damit lassen sich methodologische Überlegungen dieser Art leicht zu Legitimationszwecken missbrauchen: auf der einen Seite um Kritik an der Zusammensetzung der Untersuchungsgruppe mit dem Hinweis abzuwehren, dass hier Kriterien wie Repräsentativität nicht anwendbar sind, auf der anderen Seite durch die Verwendung von unklaren Konzepten mit weitgehenden Wahrheitsansprüchen wie „holistische Generalisierung", die auf eine nicht beschreibbare Weise sicherstellen sollen, dass die Untersuchungsgruppe wirklich alle Informationen über den beforschten Gegenstand enthält.

2. Gemeinsame Validitätskonzepte für die quantitative und qualitative Sozialforschung?

Die Suche nach jeweils eigenen, „methodenadäquaten Gütekriterien" für qualitative und quantitative Methoden der empirischen Sozialforschung kann also einerseits schnell in die Irre führen. Andererseits ist eine direkte Übertragung von Validitätskonzepten aus der quantitativen in die qualitative Tradition offensichtlich wenig sinnvoll - die meisten im Rahmen der Surveymethodologie entwickelten Techniken zur Erreichung von Validität sind so methodenspezifisch, dass sie sich auf die Praxis qualitativer Feldforschung nicht übertragen lassen. Versuche, die in der Testpsychologie und experimentellen Forschung entwickelten Kriterien und Konzepte in derselben Form in qualitativen Forschungsdesigns umzusetzen (bspw. *Reliabilitätskoeffizienten* zu ermitteln), würden tatsächlich jede Form von qualitativer Forschung obsolet werden lassen, weil sie eine *Standardisierung* der

Daten erfordern, qualitative Forschung aber gerade dazu dient, unstandardisierte Daten zu erheben und auszuwerten.

Das Problem der vorliegenden Konzepte qualitativer Gütekriterien besteht demgegenüber darin, dass Validitätskonzepte aus der quantitativen Sozialforschung vorschnell als unpassend zurückgewiesen werden, ohne dass die Tragfähigkeit ihrer erkenntnistheoretischen Grundlagen für die qualitative Sozialforschung genügend geprüft wurde. Hierzu ist es jedoch notwendig, dass zwischen dem *erkenntnistheoretischen Kern klassischer Validitätskonzepte* einerseits und deren *operationaler Ausgestaltung* andererseits unterschieden wird.

Der *erkenntnistheoretische Kern* von Begriffen wie *„interne Validität"*, *„externe Validität"*, *„Reliabilität"* oder *„Repräsentativität"* bezieht sich auf Fragen, die in der quantitativen *und* qualitativen Sozialforschung gleichermaßen eine wichtige Rolle spielen: *Lassen sich die Untersuchungsergebnisse auf andere Settings und Untersuchungsgruppen verallgemeinern bzw. übertragen? Würden andere Forscherinnen und Forscher zu den gleichen oder weitgehend ähnlichen Ergebnissen gelangen? Wurden alternative Erklärungen geprüft?* usw.

Validierungsstrategien stellen die *Operationalisierung von Validitätskonzepten im Kontext einer bestimmten Forschungstradition* dar. Validierungsstrategien wie die Überprüfung der *split-half* und Paralleltestreliabilität, die Randomisierung von Versuchs- und Kontrollgruppen, die statistische Korrelation zwischen Testerfolg und einem Aussenkriterium sind natürlich nur im Rahmen von spezifischen (testpsychologischen, experimentellen ...) Forschungsdesigns sinnvoll einsetzbar. Im Rahmen qualitativer Forschung, wo keine standardisierten Messinstrumente verwendet werden und nicht in ähnlicher Weise statistische und experimentelle Kontrollen in die Untersuchungsdesigns eingefügt werden können, müssen Validitätskonzepte anders operationalisiert werden als in der quantitativen Sozialforschung. Mit anderen Worten: Die qualitative und quantitative Sozialforschung benötigen nicht *unterschiedliche Gütekriterien,* sondern *alternative Validierungsstrategien.*

Weil Gütekriterien in der Regel festgelegt werden in Bezug auf bestimmte Messinstrumente, ist der „erkenntnistheoretische Kern" klassischer Validitätskonzepte natürlich oft schwer zu trennen von Operationalisierungen, also konkreten Validierungsstrategien. In Methodenlehrbüchern werden Gütekriterien in der Regel festgelegt in Bezug auf bestimmte Messinstrumente und methodologische Aspekte werden dabei oft nur sehr global angesprochen (etwa wenn betont wird, dass die Validität eines Messinstruments „das Ausmaß (darstellt), mit dem dieses Messinstrument tatsächlich das misst, was es messen soll" (Schnell/Hill/Esser 1999, 148)). Greift man allerdings auf die klassischen Texte zu Validitätskonzepten zurück, nämlich auf die Arbeiten von Guttman, Zetterberg, Cook und Campbell, so wird rasch eine bestimmte Gemeinsamkeit deutlich. Zwar haben auch diese Autoren Validitätsbegriffe im Kontext einer bestimmten Forschungsmethodik entwickelt - Guttman nimmt Bezug auf Einstellungsuntersuchungen für die amerikanischen Streitkräfte im Zweiten Weltkrieg, Zetterberg bezieht sich auf die Wahl- und Evaluationsforschung, Cook und Campbell auf psychologische Forschungsprojekte - doch stehen bei allen diesen Konzepten *Validitätsbedrohungen, Irrtumsmöglichkeiten* und *Fehlerquellen* im Vordergrund. So bestimmte etwa Zetterberg (1965) typische *logische Fehler*, die bei der Konstruktion von Indizes eine Rolle spielen können, und diskutierte ausführlich jene Verfälschungen und Verzerrungen, die von der Untersuchungssituation ausgehen. Cook und Campbells (1979) Ziel ist es schließlich, eine (möglichst vollständige) Taxonomie von Fehlerquellen (*„threats for validity"*) zu erstellen nebst jenen Strategien, die zu deren Aufdeckung oder zur Abwehr von Validitätsbedrohungen dienen können.

Diese Autoren vertreten sicher nicht den von Lincoln und Guba kritisierten *naiven Realismus*, denn sie betonen, dass eine *„Übereinstimmung von Forschungsergebnissen und Realität"* und damit die *„Gültigkeit und Wahrheit"* kaum zu überprüfen ist. Alles Wissen bleibt vorläufig: „At best, one can know what has not yet been ruled out as false." (Cook/Campbell 1979, 37) Der Forscher kann nicht die „Wahrheit" seiner Ergebnisse bestätigen, wohl aber Fehler aufdecken: „Such tests of agreement and consistency can never fully prove validity, but they can fully disprove validity." (Zetterberg 1965, 123)

Der erkenntnistheoretische Kern dieser Validitätskonzepte ist also gewissermaßen ein „raffinierter" oder „fallibilistischer Realismus" (vgl. hierzu auch Lakatos 1982). Ausgangspunkt bilden die Irrtumsmöglichkeiten menschlicher Forschungstätigkeit. Validierungsstrategien werden als Methoden verstanden, um solche Irrtumsmöglichkeiten und Fehlerquellen zu erkennen, ihnen vorzubeugen und Forschungsergebnisse hier gegen abzusichern. Ihre Position ist nicht nur weit entfernt von einem naiven Realismus, sondern auch von dem radikalen Konstruktivismus, welcher von Autoren wie Guba und Lincoln als wissenschaftstheoretische Grundlegung qualitativer Validitätskonzepte vorgeschlagen wird. Weil - angesichts der Existenz von *„multiple, equally valid worldviews"* - niemand mehr entscheiden kann, was als ein Fehler zu betrachten ist, verlieren in solchen radikal konstruktivistischen Entwürfen die Begriffe *„Fehler"* oder *„Irrtum"* ihren Sinn. Setzt man dieses Konzept konsequent zu einer Methodologie um (was Lincoln und Guba allerdings nicht tun), muss man zu dem Schluss gelangen, dass Forschungsergebnisse weder falsch noch richtig (auch nicht in Abstufungen) sein können. Eine solche Immunisierung von Forschungstätigkeit und Forschungsergebnissen gegen Kritik mag manchem als verführerische Möglichkeit erscheinen angesichts der zahlreichen Probleme, die sich bei der Beschreibung und Erklärung sozialer Phänomene stellen, verlangt aber einen hohen Preis. Denn letztendlich verliert die empirische Sozialforschung damit die Möglichkeit, gegenüber anderen Formen von Wissensproduktion besondere Geltungsansprüche anzumelden: Die Ergebnisse einer qualitativen Studie über die Lebenswelten von Aussiedlern könnten dann letztendlich keine größere Validität beanspruchen als Aussagen, die irgendjemand nach zehn Gläsern Bier an einem Stammtisch trifft.

Ein fallibilistisches Konzept von Validität, wie es Zetterberg oder Cook und Campbell im Kontext quantitativer Methoden entwickelt haben, lässt sich demgegenüber auf qualitative und quantitative Forschungsmethoden gleichermaßen beziehen. Hierzu müssen in einem ersten Schritt typische Methodenprobleme identifiziert werden, oder anders ausgedrückt: Es müssen *Fehlertheorien* entwickelt werden. In einem zweiten Schritt müssen dann Strategien und Verfahren beschrieben werden, die zur Aufdeckung von Fehlern führen können, also *Methodologien der Fehlervermeidung* entwickelt werden.

Tatsächlich finden sich in beiden Traditionen empirischer Sozialforschung, in der qualitativen Sozialforschung ebenso wie in der quantitativen Sozialforschung, zahlreiche Versuche, solche Fehlertheorien zu formulieren und Methodologien der Fehlervermeidung zu entwickeln. Ein gutes Beispiel hierfür liefern im Kontext der quantitativen Sozialforschung Anwendungen der von Fisher, Neyman und Pearson entwickelten Konzepte statistischer Hypothesenprüfung (z.B. Fisher 1925/1970; Neyman/Pearson 1967). Diese repräsentieren eine Fehlertheorie, die Angaben darüber zulässt, mit welcher Wahrscheinlichkeit die Häufigkeit einer bestimmten Merkmalskombination in einer Zufallsstichprobe realisiert wird, wenn diese Merkmalskombination mit einer gegebenen Häufigkeit in der zugrunde liegenden Population auftritt. Eine solche Fehlertheorie ist natürlich eng gebunden an bestimmte Methodiken der Fehlervermeidung, in diesem Fall an eine Methodik zur Entwicklung von Stichprobendesigns, welche es erlaubt, solche Stichproben zu ziehen, die dem Ideal der Zufallsstichprobe möglichst nahe kommen.

In ähnlicher Weise wurden in der qualitativen Tradition eine Reihe von (unterschiedlich brauchbaren) Fehlermethodologien entwickelt. Diese setzen an typischen Validitätsproblemen qualitativer Sozialforschung an, etwa an Validitätsproblemen, die durch die Vieldeutigkeit von Texten aufgeworfen werden, und die im Kontext hermeneutischer Wissenschaftslehre häufig thematisiert wurden. Das Problem etwa, dass sich zu einer Textstelle verschiedene, logisch miteinander inkompatible *Lesarten* (= *Deutungshypothesen*) formulieren lassen, lässt sich dadurch bearbeiten, dass konkurrierende Erklärungshypothesen formuliert und nach zusätzlicher empirischer Evidenz gesucht wird. Das etwa von Oevermann (Oevermann et al. 1979) explizierte Vorgehen bei der Textinterpretation - die Exhaustation falsifizierbarer Lesarten einer Textstelle und deren sukzessive Reduktion beim Durchgang durch das weitere Textmaterial - repräsentiert eine Methode der

Fehlervermeidung, die allerdings auch nicht unerhebliche Schwächen und Probleme aufweist: Je weniger umfangreich das Datenmaterial nämlich ist, desto unwahrscheinlicher wird es, dass Gegenevidenz gefunden wird. Wird jedoch der Umfang der Daten erhöht (indem etwa große Mengen von Interviews oder Feldprotokollen produziert werden), wird auf die Überprüfung von Deutungshypothesen oft verzichtet, weil dann Tausende Seiten Interviewtexte oder Feldnotizen neu gelesen werden müssten. Die Versuchung ist hier groß, weitreichende theoretische Aussagen mit wenigen (möglicherweise kurz vor Ende eines Forschungsprojekts eilig herausgesuchten) Interviewzitaten empirisch zu untermauern.

Dieser Validitätsbedrohung kann nur dadurch begegnet werden, dass das Datenmaterial so aufbereitet wird, dass systematisch nach Inkonsistenzen gesucht werden kann. Der hierzu notwendige Aufbau von Konkordanzen, Schlagwortregistern und Verweissystemen, auf deren Grundlage systematisch nach Evidenz oder Gegenevidenz gesucht werden kann, ist zwar eine in den hermeneutischen Wissenschaften seit langem bekannte intellektuelle Handwerkstechnik, ihre manuelle Anwendung auf qualitative Daten ist jedoch zeitraubend und in normalen Forschungsprojekten kaum zu leisten. Die in den letzten 15 Jahren entwickelten Verfahren einer computergestützten Indizierung und Verwaltung qualitativen Datenmaterials (Kelle/Prein/Bird 1995; Kelle 1997; Lee/Fielding 1998; Kuckartz 1999; Kelle 2000), mit deren Hilfe empirisches Datenmaterial zu bestimmten Themen effizient und schnell aus einem entsprechend vorbereiteten Textdatenkorpus herausgesucht werden kann, lässt sich hier als bedeutender methodischer und methodologischer Durchbruch werten.

Die Verwendung solcher und anderer Verfahren zur Fehleridentifikation und Fehlervermeidung kennzeichnet die zur Zeit verfügbaren *best practices* qualitativer Sozialforschung (eine ausführliche Darstellung findet sich bei Kelle/Kluge/Prein 1993).

3. Validierung von Forschungsmethoden und -ergebnissen durch die Integration qualitativer und quantitativer Verfahren

Qualitative und quantitative Sozialforschung benötigen nicht jeweils *alternative Gütekriterien,* sondern *unterschiedliche Validierungsstrategien.* Dabei kann nur ein fallibilistisches Konzept in der Tradition des kritischen Realismus eine brauchbare erkenntnistheoretische Grundlegung für Validierungsstrategien liefern. Ähnlich wie dies Donald Campbell für die experimentelle und quasi-experimentelle Forschung getan hat, müssen auch für die qualitative Forschung typische Validitätsbedrohungen identifiziert werden und dann in weiteren Schritten Strategien der Fehlervermeidung und der Validitätskontrolle beschrieben werden. Viele solcher Strategien existieren schon lange, manche explizit beschrieben in den methodologischen Arbeiten zur qualitativen Sozialforschung, andere als Folkloretechniken qualitativer Sozialforschung, die als mündliche Institutstraditionen von einer Generation qualitativer Forscher an die nächste weitergegeben werden.

Bei den weiter oben dargestellten Beispielen handelt es sich jedoch stets um Verfahren einer *methodeninternen Validierung*. Wir wollen hier jedoch zu unserer Ausgangsthese zurückkehren, wonach das gegenwärtige Diskussionsklima zwischen der qualitativen und der quantitativen Forschungstradition den methodischen Fortschritt in der empirischen Sozialforschung behindert, weil beide Seiten jene Kritik, die die jeweils andere Richtung an ihrem eigenen Vorgehen bei der Erhebung und Auswertung empirischer Daten übt, nicht zu einer Verbesserung der eigenen Forschungspraxis nutzt. Auf der Grundlage eines gemeinsamen Validitätskonzepts, wie es im letzten Abschnitt skizziert wurde, können sich demgegenüber quantitative und qualitative Verfahren bei der Validierung von Unterschungsergebnissen ergänzen, weil Verfahren aus der einen Tradition dazu verwendet werden können, Validitätsbedrohungen, denen Verfahren aus der anderen Tradition ausgesetzt sind, zu identifizieren und auch teilweise zu beheben. Im Folgenden wollen wir hierzu einige ausgewählte Beispiele vorstellen. Den methodologischen Zugang sollen dabei die Begriffe der *externen* und der *internen Validität* bilden.

3.1 Die externe Validierung qualitativer Stichprobendesigns durch quantitative Daten

Folgt man einer allgemein akzeptierten Definition, wie sie etwa von Cook und Campbell vorgeschlagen wurde (Cook/Campbell 1979, 39), so sind Forschungsergebnisse dann extern valide, wenn sie sich über den Rahmen der Untersuchungssituation und Untersuchungspopulation hinaus auf zahlreiche soziale Situationen und Populationen hinaus verallgemeinern lassen. Allerdings wird diese Forderung, dass Untersuchungsergebnisse sich über die konkrete Untersuchungssituation und die jeweilige Untersuchungsgruppe verallgemeinern lassen sollen, in der qualitativen Sozialforschung oft mit der Forderung nach „Repräsentativität" gleichgesetzt und dann mit der Begründung beiseite geschoben, dass Repräsentativität kein methodenadäquates Gütekriterium für qualitative Forschung darstellen könne. Dabei ist es wiederum hilfreich, sich den *erkenntnistheoretischen Kerngehalt* des Begriffs „Repräsentativität" zu vergegenwärtigen. Auch in der quantitativen Forschung stellt die Suche nach „statistischer Repräsentativität" keinen Selbstzweck dar, sondern nur eines von verschiedenen *Mitteln*, um die methodologische Forderung nach einer *möglichst unverzerrten Stichprobe* zu erfüllen. Studien, die nicht die Sozialberichterstattung, sondern die Konstruktion und Überprüfung von Theorien zum Ziel haben, benötigen deshalb auch nur im eingeschränkten Sinn repräsentative Stichproben (vgl.

Zetterberg 1965). Bei einer Untersuchung etwa, die dem systematischen Vergleich zwischen Angehörigen bestimmter sozialer Gruppen dient, kann das quantitative Verhältnis dieser Gruppen in der Bevölkerung vernachlässigt werden. In jedem Fall aber müssen theoretisch bedeutsame Verzerrungen der Stichprobe vermieden werden, d.h. es muss sichergestellt werden, dass Träger *theoretisch relevanter Merkmalskombinationen* in der Stichprobe hinreichend vertreten sind. Merkmale, die für eine sozialwissenschaftliche Fragestellung nicht relevant sind (etwa bestimmte physiologische Merkmale der Untersuchungspersonen), können vernachlässigt werden. Das bedeutet: Es muss durch ein geregeltes Samplingverfahren sichergestellt werden, dass alle relevanten Merkmalskombinationen hinreichend berücksichtigt werden. Repräsentative Stichproben aus der Bevölkerung erfüllen solche Kriterien in vielen (nicht in allen!) Fällen besonders gut.

In der qualitativen Sozialforschung steht man bei der Auswahl von Fällen vor einem analogen Problem: *Wie kann sichergestellt werden, dass für die Untersuchungsfragestellung und das Untersuchungsfeld relevante Fälle in die Studie einbezogen werden?* (Siehe hierzu auch Kluge in diesem Band.) Und auch hier kann es zu bedeutsamen Verzerrungen kommen, wenn nämlich Personen, soziale Situationen und Untersuchungsfelder, die für die Fragestellung relevant sind, gar nicht in den Blick kommen: Will man beispielsweise das Engagement junger Väter in der Kindererziehung untersuchen, so ist man gut beraten, qualitative Interviews nicht ausschließlich mit Angehörigen von Berufen mit übermäßiger zeitlicher Belastung (wie bspw. freiberuflichen Rechtsanwälten, Managern, Wissenschaftlern etc.) zu führen. Sonst bleibt es unklar, was durch die qualitative Studie untersucht wird: Ist es das *Geschlechterverhältnis* und seine Auswirkungen auf familiäre Arbeitsteilung oder sind es vielmehr bestimmte *Berufskulturen*?

Techniken einer gezielten Fallauswahl und Fallkontrastierung sind in der qualitativen Sozialforschung mehrfach vorgeschlagen worden (vgl. Glaser/ Strauss 1967, 45; Gerhardt 1986, 69; 1991, 438), wurden allerdings selten in den Rahmen einer fallibilistischen Erkenntnistheorie gestellt: Unter dem Begriff *"analytische Induktion"* (der irreführend ist, weil es sich hier nicht um eine induktive Strategie handelt) wird allerdings in einigen älteren Arbeiten aus dem Kontext der *Chicago School* ein Vorgehen beschrieben, bei dem sich der Untersucher oder die Untersucherin mit einer tentativen Hypothese dem Untersuchungsfeld nähert und dort systematisch nach *entscheidenden Fällen* (*"crucial cases"*), die als potentielle Falsifikatoren dienen können, sucht (Lindesmith 1968; Cressey 1950, 1971; kritisch Robinson 1951, 1952). Empirische Gegenevidenz führt dann dazu, dass entweder die Ausgangshypothese modifiziert, das erklärende Phänomen umdefiniert oder das zu untersuchende Phänomen ausgeschlossen werden muss. Die Suche nach entscheidenden Fällen und die Modifikation von Ausgangshypothesen wird solange fortgesetzt, bis keine der Hypothese widersprechenden Fälle mehr entdeckt werden können. Glaser und Strauss haben diese Methode später aufgegriffen und als Verfahren des *theoretical sampling* modifiziert (Glaser/Strauss 1967; Strauss/Corbin 1990a, 1990b; Kelle/Kluge 1999, 44 ff.).

Theoretical Sampling stellt jedoch nur eine Variante eines *kriteriengesteuerten Ziehungsverfahrens* dar. Um die Variation der Untersuchungsgruppe hinsichtlich theoretisch bedeutsamer Merkmale zu erhöhen, kann auch zu Beginn der empirischen Untersuchung ein *qualitativer Stichprobenplan* mit dem Ziel einer *maximalen Variation der Fälle* (LeCompte/Preissle 1993, 72) bzw. einer *bewusst heterogenen Stichprobenauswahl* (Cook/Campbell 1979, 76) aufgestellt werden. Sonderformen dieses Ziehungsverfahrens stellen die Auswahl von *Extremfällen* oder die Auswahl von *ungewöhnlichen Fällen* (LeCompte/Preissle 1993, 75) dar. Eine Alternative hierzu würde die Auswahl von Angehörigen von *Modalkategorien* (Cook/Campbell 1979, 77) bzw. von *typischen Fällen* (LeCompte/Preissle 1993, 72) darstellen.

Konzepte des *theoretical sampling* lassen sich aber beträchtlich fortentwickeln, wenn quantitative Untersuchungsergebnisse bei der Ziehung der qualitativen Stichprobe mit berücksichtigt werden (vgl. Kluge in diesem Band, Abschnitt 2.1). Die besten Möglichkeiten hierzu ergeben sich, wenn die gleiche Untersuchungspopulation sowohl mit standardisierten als auch mit qualitativen Erhebungsinstrumenten befragt wird. Dabei wird zunächst eine standardisierte Befragung der Gesamtgruppe durchgeführt, um dann bei der Stichprobenziehung eines qualitativen Mikro-Samples Informationen zur Untersuchungspopulation berücksichtigen zu können, die für die Forschungsfrage und damit für die weiteren Auswertungsschritte als relevant erachtet werden. Die Kriterien für die gezielte Stichprobenziehung können dabei nicht nur aufgrund theoretischer Setzungen *a priori* festgelegt werden, etwa indem bestimmte soziodemografische Merkmale als entscheidende Einflussgrößen bestimmt werden, sondern sie können auch auf der Basis der quantitativen Voruntersuchung entwickelt werden. Eine Reihe von guten Beispielen hierfür liefern Studien aus dem Kontext des Sonderforschungsbereichs 186 (vgl. Kluge in diesem Band, Abschnitt 2.1), wo etwa aufgrund quantitativer Erhebungen verschiedene Problemkonstellationen identifiziert wurden, und anschließend qualitative Interviews mit Vertretern dieser vorerst rein statistischen Gruppen durchgeführt wurden, um ggf. typische subjektive Deutungs- und Handlungsmuster dieser Akteure zu entdecken.

Ein Beispiel hierfür liefert die bereits in diesem Band diskutierte Studie, in der die Zusammenhänge zwischen dem *beruflichen (Ausbildungs-)Verlauf und dem Auftreten von Delinquenz bei jungen Erwachsenen* untersucht wurden (Dietz et al. 1997). Hierzu wurden mit Angehörigen einer Kohorte von AbgängerInnen aus Bremer Haupt- und Sonderschulen quantitative und qualitative Panelbefragungen durchgeführt. Abwechselnd wurden die Jugendlichen des quantitativen Makro-Panels (n = ca. 450) mit einem standardisierten Erhebungsinstrument und die Jugendlichen des qualitativen Mikro-Panels (n = ca. 60) mit leitfadengestützten, problemzentrierten Interviews befragt.

Da zunächst die standardisierte Erhebung der Gesamtgruppe erfolgte, konnten bei der Stichprobenziehung des qualitativen Mikro-Samples forschungsrelevante Merkmale der Untersuchungspopulation berücksichtigt werden. Ziel war es dabei, eine möglichst *große Varianz* in der Stichprobe zu erreichen und sowohl soziostrukturelle (Geschlecht, Art des Schulabschlusses) als auch weitere relevante Einflussfaktoren (wie z.B. den Kontakt zu Kontrollinstanzen) zu berücksichtigen. Deshalb wurde das Mikrosample möglichst heterogen - nach dem *Konzept der maximalen Variation* erhoben (siehe Cook/Campbell 1979, 76; Prein/Kluge/Kelle 1993, 17 ff.; Kelle/Kluge 1999, 46 ff.; siehe hierzu auch Kluge in diesem Band, Abschnitt 2.1.1). So konnte nicht nur der Multidimensionalität und Komplexität des Untersuchungsgegenstandes Rechnung getragen werden, sondern es konnten auch stark voneinander abweichende Fälle erfasst werden, die eine vergleichende Untersuchung begünstigen. Außerdem wurde die Stichprobe vor allem im Hinblick auf soziale Kontrollerfahrungen bewusst „verzerrt", um mehr Jugendliche zu erfassen, von denen erwartet werden konnte, dass sie Probleme beim Übergang von der Schule in den Beruf aufweisen.

Neben dem Merkmal *„Geschlecht"* wurden bei der Stichprobenziehung (siehe Abb. 1) schließlich der *„schulische Abgangsstatus"* (mit bzw. ohne Hauptschulabschluss oder Abgang von der Sonderschule) sowie der *„Einstieg in das Berufsbildungssystem"* (berufsqualifizierend vs. nichtberufsqualifizierend) berücksichtigt. *„Alter"*, *„Nationalität"* sowie *„Erfahrungen mit strafrechtlicher Kontrolle"* (= „Kontakt zu Kontrollinstanzen" wie Jugendamt, Polizei, Gericht) wurden hingegen „in unsystematischer Weise (...) als ergänzende Suchkriterien mit geringerer Priorität herangezogen" (Dietz et al. 1997, 50). Bereits die ersten drei Kriterien führten jedoch zu einer Vielzahl von Kombinationsmöglichkeiten. Um alle tatsächlich vorkommenden Kombinationen der interessierenden Merkmale zu berücksichtigen, musste der Stichprobenumfang entsprechend groß angelegt werden. Abbildung 1 zeigt die Merkmale der Jugendlichen, die in der ersten Welle der qualitativen Interviews befragt wurden. Im Vergleich zum Makro-Sample der ersten Welle enthielt die qualitative Stichprobe u.a. doppelt so viele SonderschulabgängerInnen, 12 % weniger Übergänge in das duale System, 23 % mehr Übergänge in staatliche Bildungsmaßnahmen (Arbeitsvorbereitungsjahr, Berufsgrundbildungsjahr), einen etwa doppelt so hohen Anteil von Personen mit Kontrollerfahrungen bzw. Polizeikontakten und 5 % mehr AusländerInnen (ebd., 51). Da den beiden Stichproben jedoch die gleiche Erhebungspopulation und ähnliche Fragekomplexe zugrunde lagen, konnten die Verzerrungen anhand des quantitativen Makropanels überprüft und auf diese Weise kontrolliert werden.

Abb. 1: Realisierte Interviews der 1. Interviewwelle in der Studie über *Integrationsrisiken bildungsbenachteiligter junger Erwachsener* (in Anlehnung an: Dietz et al. 1997, 51, Tabelle 2.3)

Geschlecht	Schulabgang	Ausbildung mit berufsqualifizierendem Abschluss ja*	nein**	Summe
30 Jungen	Hauptschule mit Abschluss	13	4	17
	Hauptschule ohne Abschluss	-	4	4
	Sonderschule	1	8	9
30 Mädchen	Hauptschule mit Abschluss	14	9	23
	Hauptschule ohne Abschluss	-	4	4
	Sonderschule	-	3	3
Summe		28	32	60

* ja: Lehre, andere Formen der Berufsqualifizierung
** nein: ohne Ausbildungsplatz, arbeitslos, AVJ (Arbeitsvorbereitungsjahr), BGJ (Berufsgrundbildungsjahr), BPJ (Berufspraktisches Jahr)

3.2 Qualitative Methoden und Bedrohungen der externen Validität quantitativer Forschungsergebnisse

Der Einsatz quantitativer Methoden zur Validierung qualitativer Forschungsergebnisse ist seit der ersten Veröffentlichung des bekannten Aufsatzes von Barton und Lazarsfeld (1955/1984) zur Verknüpfung qualitativer und quantitativer Verfahren eine in der quantitativ orientierten Literatur häufig empfohlene Strategie der Validitätssicherung. Qualitative Forschung wird hierbei jedoch auf die Rolle von *pilot studies* reduziert, wobei übersehen wird, dass auch quantitative Studien mit Hilfe qualitativen Materials zusätzlich validiert werden können. Wie die folgenden Beispiele deutlich machen können, handelt es sich dabei keinesfalls nur um die Aufdeckung und Bearbeitung von extremen und seltenen Validitätsbedrohungen quantitativer Methodologie, sondern um typische, häufig auftretende *Bedrohungen der internen* und *externen Validität* quantitativer Studien.

Dies betrifft insbesondere zwei der zentralen Validitätsbedrohungen der externen Validität in der quantitativen Surveymethodik:

1. Validitätsbedrohungen, die durch fehlerhafte und unvollständige Antworten der Befragten, bedingt etwa durch *Verständnisprobleme* (der Befragte versteht die Konzepte nicht, die der Interviewer verwendet), durch *soziale Erwünschtheit* (dem Befragten ist bspw. die Äußerung einer bestimmten Ansicht unangenehm) oder durch andere Frage- und Interviewereffekte entstehen.

2. Validitätsbedrohungen, die durch (unsystematische und systematische) *Stichprobenfehler* erzeugt werden.

Da *Frage- und Interviewereffekte* stets mit der Bedeutung des Untersuchungsinstruments oder der sozialen Situation der Befragung für den Interviewten zu tun haben, ist die Untersuchung dieser Phänomene eigentlich ein genuiner Gegenstandsbereich von interpretativen Verfahren, welche Prozesse der Relevanzsetzung und Bedeutungszuschreibung empirisch erfassen können. Der Einsatz von qualitativen Verfahren zur Kontrolle von Frage- und Interviewereffekten ist zwar eine häufig informell geübte Praxis, über die jedoch nur selten methodologisch reflektiert und publiziert wird. Dies hängt sicher u.a. damit zusammen, dass viele quantitative Forscher qualitative Methoden nach wie vor nicht als systematisierbare Forschungsstrategien betrachten, sondern eher als informelle Praktiken, bei denen sich ein Forscher „*ein wenig im Feld umsieht*" (vgl. hierzu etwa Friedrichs 1973/1983, 52). Welche hohe Bedeutung qualitative Verfahren jedoch zur Validierung von quantitativen Forschungsinstrumenten besitzen, zeigt die Untersuchung von Kurz und Kolleg/inn/en (Kurz/Prüfer/Rexroth 1999), die deutlich macht, dass viele in demoskopischen Inventaren standardmäßig eingesetzte Fragen für zahlreiche Interviewte schlicht unverständlich sind (so verstehen manche Befragte der „Allgemeinen Bevölkerungsumfrage in den Sozialwissenschaften" unter einer „repräsentativen Demokratie" den Umstand, dass man das demokratische System der Bundesrepublik „vorzeigen kann, wenn andere Länder sagen: Da schau mal her!" (Kurz/Prüfer/Rexroth 1999, 93)). Der Verzicht auf systematische qualitative Pretests zur Überprüfung der Validität des Erhebungsinstruments muss nach solchen Erfahrungen bereits als Kennzeichen einer *bad practice* empirischer Sozialforschung gelten.

Die zweite zentrale Validitätsbedrohung, die *Teilnahmeverweigerung* bzw. *„non-response"*, stellt in der methodischen Literatur der letzten Jahren das am häufigsten diskutierte Problem für die externe Validität von Umfragedaten dar (vgl. Schnell 1997). Die entscheidende Frage ist dabei natürlich, ob diejenigen Variablen, die einen Einfluss auf die Teilnahmeverweigerung ausüben (etwa: Alter, Geschlecht, soziale Kompetenz etc. der Befragten), auch mit den Variablen korrelieren, die die in der entsprechenden Studie untersuchten Konzepte abbilden. Ist dies nicht der Fall, lässt sich - zumindest im Bezug auf die Untersuchungsfragestellung - von einem zufälligen Stichprobenfehler sprechen, der (außer der dadurch bedingten Verkleinerung der Stichprobe) keine negativen Effekte auf die Validität der Ergebnisse ausübt. Schwieriger wird es dann, wenn diejenigen Merkmale, die zur Selektion der Befragten führen, systematisch mit den untersuchten Merkmalen kovariieren. Solche durch Selektivitätseffekte bedingten systematischen Stichprobenfehler können zu einer erheblichen Verzerrung der Ergebnisse führen.

Zur Überprüfung der Stichprobenvalidität werden oft Verteilungen soziodemografischer Merkmale in der untersuchten Stichprobe mit den entsprechenden Parametern der Population verglichen, die bspw. aus Erhebungen der amtlichen Statistik bekannt sind. Die Feststellung, dass sich die untersuchte Stichprobe hinsichtlich der Verteilung der Merkmale Geschlecht, Alter, Bildungsabschluss usw. nicht nennenswert von der entsprechenden Population unterscheidet, ist natürlich für sich genommen kein ausreichendes Argument für Unverzerrtheit. Die Wirksamkeit solcher statistischen *ex post* Kontrollen setzt allerdings voraus, dass die die Selektivität beeinflussenden Variablen auch auf die kontrollierten soziodemografischen Merkmale wirken. Wenn dies aber nicht der Fall ist, wenn also bestimmte Merkmale der Untersuchten, die mit deren soziodemografischen Merkmalen nicht korrelieren, die Befragungsbereitschaft beeinflussen, muss Stichprobenselektivität unentdeckt bleiben. Wenn die Selektivitätsfaktoren dann auf die untersuchten Variablen wirken, ist die Validität der Untersuchungsergebnisse in nicht unerheblichem Maß beeinträchtigt. Beispiele für solche Zusammenhänge lassen sich ohne weiteres konstruieren: Die Ziehung einer Stichprobe für eine Untersuchung zur Viktimisierung älterer Menschen kann selber durch Viktimisierung beeinflusst sein, so dass solche Personen, die bereits Opfer von Straftaten geworden sind, eine weit geringere Bereitschaft zeigen als nicht viktimisierte ältere Menschen, eine Interviewerin in die Wohnung zu lassen.

Non response liefert aus drei Gründen ein gutes Beispiel dafür, dass methodeninterne Validierungsstrategien oft schnell an eine Grenze gelangen: *Erstens* ist die Verteilung von soziodemografischen Merkmale in der Stichprobe für sich genommen kein ausreichend valider Indikator für die Unverzerrtheit der Stichprobe. *Zweitens* gibt es keine Möglichkeit, *responder* und *non responder* hinsichtlich der Verteilung der theoretisch relevanten Merkmale zu vergleichen. Und *drittens* haben Konvertierungsbemühungen, bei denen *non responder* durch besondere Anreize doch noch für eine Teilnahme gewonnen werden können, in der Regel nur einen beschränkten Erfolg.

Die einzige Möglichkeit zum Umgang mit dem Problem des *non response* besteht darin, brauchbare und empirisch begründete Hypothesen über diejenigen sozialen Prozesse zu formulieren, die die Teilnahme oder Nichtteilnahme an einer Befragung beeinflussen. Einige Autoren haben zwar allgemeine nutzentheoretische Konzepte zur Erklärung des Befragtenverhaltens formuliert (vgl. Schnell 1997, 158 ff.; Esser 1985, 1986), jedoch liegen nur wenig empirisch prüfbare Hypothesen über die konkreten Erwartungen und Bewertungen von bestimmten Befragtengruppen hinsichtlich konkreter Befragungen vor, welche im Kontext handlungstheoretischer Konzepte die Teilnahmebereitschaft oder -verweigerung erklären könnten.

Hier kann wiederum die systematische Anwendung qualitativer Verfahren hilfreich sein, um jene sozialen Prozesse und Variablen zu identifizieren, die die entsprechenden Ausfallprozesse steuern - wie Ergebnisse aus einem Lehrforschungsprojekt zeigen, das einer der Autor/inn/en des Beitrags am Institut für Gerontologie an der Universität in Vechta durchgeführt hat. In diesem Projekt wurde zur Untersuchung des Einflusses von Hospitalisierung auf das Wohlbefinden von älteren Menschen ein Fragebogen entwickelt, der in einem ersten Schritt in einem Pretest an verschiedenen Gruppen älterer Menschen erprobt wurde, die Einrichtungen der ambulanten und teilstationären Altenhilfe in Anspruch nahmen.

Zur Teilnahmebereitschaft älterer Menschen bei Befragungen, speziell von Hochbetagten, existieren bislang eine Reihe von z.T. widersprüchlichen Befunden (vgl. Schnell 1997; Kühn/Porst 1999). Generell wird vermutet, dass Viktimisierungsfurcht die Teilnahmebereitschaft bei älteren Befragten senkt, während auf der anderen Seite das bei älteren Befragten vorhandene größere Zeitbudget sowie ein aufgrund von sozialer Isolation im Alter besonders ausgeprägtes Bedürfnis nach Kontakt und sozialem Austausch die Teilnahmebereitschaft bei manchen eher steigern. Systematische Untersuchungen zur *Interpretation* und *Definition* der Interviewsituation von Seiten der Befragten finden sich jedoch nur sehr selten in der Literatur.

Beim Interviewer-debriefing nach den Pretests zeigten sich in unserer Untersuchung eine Reihe von Besonderheiten, die die Interpretation der Interviewsituation durch die Befragten betrafen. Auffallend war die große Distanz und Vorsicht von Seiten der Tagesstättenbewohner, die auf eine Beteiligung am Pretest angesprochen und um Mithilfe gebeten worden waren. Die üblichen Regeln der Kontaktanbahnung bei Interviews waren beachtet worden: Alle Interviewer hatten sich bemüht, klarzustellen, dass das Ziel des Pretests keineswegs in der Erhebung von Daten, sondern in der Erprobung der Zielgruppenadäquatheit des Fragebogens bestand. Es wurde explizit darauf hingewiesen, dass die Teilnahme freiwillig und anonym sei, es hinsichtlich der Beantwortung der Fragen weder ein „falsch" noch ein „richtig" gebe und dass die Befragung ungezwungen in einem getrennten Raum stattfinden würde. Auffällig war eine Trennung in eine Gruppe von Tagesstättenbesucher, die spontan ein Interesse an einer Mitwirkung zeigten, und eine andere Gruppe, die besonders reserviert und distanziert reagierte.

Um Motive sowohl für die erhöhte Teilnahmebereitschaft der einen als auch die deutliche Distanz der anderen Gruppe zu erkunden, wurden qualitative Explorationen mit einigen Tagesstättenbesuchern und mit Angehörigen des Pflegepersonals durchgeführt. Mitglieder jener Gruppe, die eine Teilnahme am Pretest abgelehnt hatten, äußerten Unsicherheit und Sorge, den Anforderungen nicht gewachsen zu sein, Unsicherheit darüber, was mit dem Fragebogen *„auf einen zukommen kann"*, Angst als inkompetent und wegen mangelnder schulischer Bildung als „dumm" bewertet zu werden. Insgesamt wurde die Situationsdefinition, die von Seiten der Interviewerinnen bei der Einführung des Fragebogens angeboten worden war („Informationen liefern, die den Forschern an der Universität helfen sollten, die Qualität eines Fragebogens einzuschätzen."), von diesen Befragten offensichtlich nicht ratifiziert. Stattdessen stand für die Gruppe der Verweigerer die Situationsdefinition „*Prüfungssituation*" im Mittelpunkt. Sie interpretierten die Interviewsituation so, dass sie ihre (noch oder nicht mehr vorhandenen) Kompetenzen unter Beweis stellen sollten.

Dies galt interessanterweise auch für die *Responder*, also für jene Teilnehmer, die sich spontan zu einer Teilnahme bereit erklärt hatten. Hier überwog nach dem Interview die Erleichterung, *„es geschafft zu haben"*, die Anforderungen bewältigt und die Situation erfolgreich gemeistert zu haben. Hinzu kam hier ein weiterer Aspekt: Die *Responder* betrachteten die Interviewsituation offensichtlich als willkommene Abwechslung in einem ansonsten tristen Alltag, als Gelegenheit, Zuwendung zu erfahren und über ihr Leben und ihre Gefühle zu sprechen. Entsprechend wurden während des Interviews von diesen Befragten *„intime Dinge"* und *sensitive topics* angesprochen, die über die im Fragebogen angesprochenen Bereiche weit hinausgingen.

Diese beiden Aspekte der Situationsdefinition, der *Prüfungsaspekt* einerseits und der Aspekt der persönlichen Offenbarung und Seelsorge andererseits, verschmolzen in der Bemerkung einer der Befragten, die meinte, sie fühlte sich nach dem Pretest *„erleichtert, wie nach einer Beichte"*.

Diese systematische Anwendung qualitativer Methoden machte in diesem Beispiel deutlich, dass die Interviewsituation von den Befragten vollständig anders definiert werden kann als von der Befragerin und dass dieser Umstand oft auch nicht durch die explizit vorgetragene Situationsdefinition der Befragerin geändert werden kann. Zudem zeigte sich hier, dass Situationsdefinitionen hochgradig abhängig von Befragtenmerkmalen sein können: In unserem Beispiel handelte es sich um teilweise multimorbide Hochaltrige, die eine besondere Unsicherheit aufwiesen hinsichtlich ihrer Fähigkeit, eigene Kompetenzen unter Beweis zu stellen. Dieser Umstand hat methodologisch weitreichende Folgen: Unterschiedliche Situationsdefinitionen können zu relevanten Verzerrungen und bei *Repräsentativbefragungen* von Hochaltrigen zu einem *Oversampling* von relativ gesunden, wenig ängstlichen, aktiven und bildungsmäßig bevorzugten Älteren führen. Auf diese Weise kann ein Methodenartefakt dazu beitragen, dass bestimmte theoretische Modelle (in diesem Fall solche Modelle, die das Vorhandensein von Kompetenzen zur selbständigen Lebensführung bei älteren Menschen betonen) eine nicht angemessene empirische Stützung erfahren.

3.3 Qualitative Methoden und Bedrohungen der internen Validität quantitativer Forschungsergebnisse

Der Begriff der *internen Validität* wurde von Guttman geprägt, der in einem 1950 erschienenen Aufsatz methodische und methodologische Probleme der *Skalierung in der Einstellungsforschung* behandelte (Guttman 1950, 57 ff.). *Interne Validität* betrifft demnach die Beziehung zwischen dem Inhalt von Items eines Fragebogens und dem „Universum", das gemessen werden soll. Zetterberg zufolge betrifft interne Validität das Verhältnis zwischen Daten und Theorie: „(it) is the extent to which an indicator corresponds to a definition" (Zetterberg 1965, 14). In ihrer Arbeit über experimentelle und quasi-experimentelle Forschung verdeutlichen Cook und Campbell (1979), dass mit diesem Begriff eine der grundlegenden Fragen hinsichtlich der Interpretation von Forschungsergebnissen überhaupt angesprochen werde, die Frage nach der Gültigkeit von postulierten Kausalbeziehungen, die aus der statistischen Assoziation zweier Variablen geschlossen werden:

„Once it has been established that two variables covary, the problem is to decide whether there is any causal relationship between the two and, if there is, to decide whether the direction of causality is from the measured or manipulated A to the measured B, or vice versa." (Cook/Campbell 1979, 50)

Eine statistische Assoziation zwischen zwei Merkmalen X und Y lässt sich sowohl als Ausdruck einer kausalen Beziehung zwischen diesen beiden Merkmalen (vgl. Abb. 2)

Abb. 2: Kausale Beziehung zwischen den Merkmalen X und Y

$$X \Longrightarrow Y$$

als auch, einem anderen theoretischen Modell zufolge, als die Folge der Wirkung einer gemeinsamen Ursache Z, die kausal sowohl auf X als auch auf Y wirkt (vgl. Abb. 3), interpretieren.

Abb. 3: Kausaler Einfluss einer Drittvariablen Z auf die Merkmale X und Y

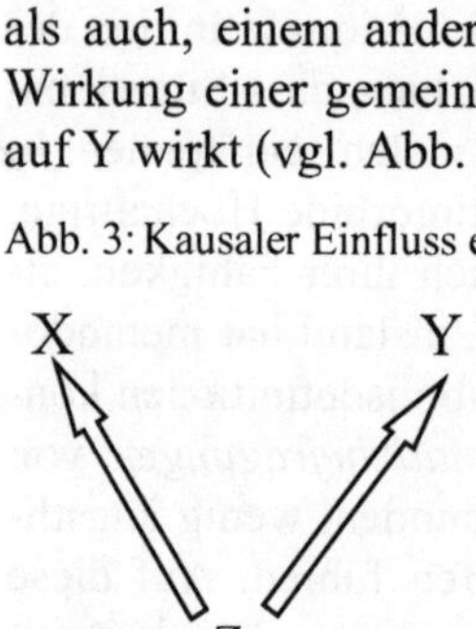

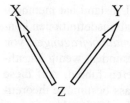

Beispiele für solche *scheinbaren kausalen Zusammenhänge* zwischen Variablen, die durch den Einfluss von „Drittvariablen" erklärt werden können, sind in der quantitativen Sozialforschung äußerst zahlreich.

Die Frage nach der Wirkung von gemeinsamen Ursachen bzw. von Drittvariablen stellt sich nicht nur dann, wenn ein vorhandener statistischer Zusammenhang zwischen zwei Variablen kausal interpretiert werden soll, sondern auch dann, wenn, obwohl ein solcher kausaler Zusammenhang vermutet wird, kein statistischer Zusammenhang in den Daten sichtbar wird. In einem solchen Fall kann nämlich der faktische kausale Zusammenhang durch eine *Supressorvariable* unterdrückt worden sein. Die Überprüfung der internen Validität von quantitativen Forschungsergebnissen erfordert also stets die Suche nach solchen Drittvariablen, die eine statistische Assoziation zwischen zwei Variablen erzeugen und dabei eine kausale Beziehung vortäuschen, oder umgekehrt eine statistische Assoziation unterdrücken und dabei eine kausale Beziehung gewissermaßen „maskieren".

Eine am Bremer Sonderforschungsbereich durchgeführte Studie über die Zusammenhänge zwischen dem *beruflichen (Ausbildungs-)Verlauf und dem Delinquenzverhalten von jungen Erwachsenen* (siehe Dietz et al. 1997, oder auch Kluge (Abschnitte 2.1.1 und 2.2.3) bzw. Kelle/Erzberger in diesem Band), liefert ein gutes Beispiel für einen solchen Fall. In diesem Forschungsprojekt wurde eine Abgänger/innen-Kohorte aus Bremer Haupt- und Sonderschulen sowohl mit einem standardisierten Erhebungsinstrument als auch mit leitfadengestützten, problemzentrierten Interviews *mehrfach* befragt. Bei den Auswertungsergebnissen des quantitativen Panels fiel jedoch eine Gruppe von Jugendlichen ins Auge, die trotz einer durchgängig sehr hohen Belastung mit delinquentem Verhalten und einer offiziellen Erfassung durch soziale Kontrollinstanzen in ihrem Beruf erfolgreich war. In der Regel absolvierten diese - überwiegend männlichen - Jugendlichen erfolgreich eine Lehre im dualen System und waren auch subjektiv mit ihrer Situation sehr zufrieden. Aber obwohl sie - im Gegensatz zu den anderen Haupt- und Sonderschulabgänger/innen der Stichprobe - sich in einer relativ guten ökonomischen Situation befanden, waren sie gleichzeitig sehr hoch mit Eigentumsdelikten belastet. Das Ergebnis der quantitativen Untersuchung warf damit mehr Fragen auf, als es selber beantworten konnte:

- Existiert der Zusammenhang zwischen Erwerbslosigkeit (als unabhängiger Variable) und Delinquenzbelastung (als abhängiger Variable) überhaupt nicht, oder wird dieser Zusammenhang durch die Wirkung zusätzlicher Variablen unterdrückt?

- Warum gefährdet das delinquente Verhalten der Jugendlichen - das sogar zu Kontakten mit den Justizbehörden geführt hat - entgegen gängiger Annahmen in der Kriminologie zunächst einmal nicht deren beruflichen Werdegang? Handelt es sich hierbei vielleicht um ein Methodenartefakt? Welche zusätzlichen Variablen können den fehlenden Zusammenhang zwischen Delinquenz (als unabhängiger Variable) und beruflichem Erfolg (als abhängiger Variable) erklären?

Zur Beantwortung dieser Fragen konnte das Projekt nun auf die verbalen Daten der qualitativen Stichprobe zurückgreifen: Hier hatten viele der Jugendlichen ihre konkrete Lebenssituation im Betrieb und in der Freizeit sowie ihre Handlungsorientierungen und Relevanzsetzungen - ausführlicher als in jeder standardisierten Befragung möglich - dargelegt. Zunächst einmal stützten die qualitativen Befunde die quantitativen Ergebnisse: Auch in der qualitativen Stichprobe fand sich eine Gruppe von Jugendlichen, die trotz hoher Delinquenz beruflich erfolgreich ist und deshalb als *Typus „Doppel-Leben"* bezeichnet wurde (Dietz et al. 1997, 247 ff.). Mit Hilfe der qualitativen Interviewdaten konnte jedoch - anders als mit Hilfe der verfügbaren quantitativen Daten - der Frage nachgegangen werden, welche zusätzlichen Variablen eine solche Konstellation bewirkten[3]:

Die vorwiegend männlichen Jugendlichen des Typus „Doppel-Leben" in der qualitativen Stichprobe hatten meist einen guten beruflichen Einstieg in ihrem Wunschberuf hinter sich. Auf die Erwartungen, die an sie in Bezug auf Leistung und Arbeitsmoral gestellt wurden, reagierten sie mit einem starken Anpassungsvermögen. Außerdem waren sie hoch motiviert, ihre Lehre erfolgreich abzuschließen, weil sie mit ihrer beruflichen Situation und ihren Zukunftsperspektiven zumeist zufrieden waren. Des Weiteren konnten sie in ihrem privaten Umfeld auf solide Unterstützungsnetzwerke zurückgreifen. Vor allem ihre Familie erlebten diese jungen Männer eher als Versorgungs- denn als soziale Kontrollinstanz. Aber auch andere soziale Kontrollinstanzen - wie die Betriebe oder die Justiz - duldeten die Doppelgleisigkeit der jungen Männer, solange sie die geforderten Arbeitstugenden erfüllten und sich als „gute" Auszubildende erwiesen.

Die Jugendlichen selber begingen die Taten schließlich nicht als Kompensation für frustrierende Erlebnisse am Arbeitsplatz oder aus Geldmangel, sondern weil sie in der Freizeit und am Wochenende in ihren Cliquen Spaß, Action und Nervenkitzel suchten. Dabei war das delinquente Verhalten für die jungen Männer eine Möglichkeit, ihre Jugendlichkeit zu betonen und sich vom Erwachsensein bzw. -werden abzugrenzen. Da sich die während der Woche angepassten und hochmotivierten Auszubildenden im beruflichen Bereich widerspruchslos dem gesellschaftlichen Gebot der Arbeitsmoral beugten, unterlagen sie gleichzeitig einem wesentlich geringerem Kriminalisierungsrisiko als etwa erwerbslose Jugendliche. Aufgrund ihres Status als „guter Lehrling" oder „guter Arbeiter" konnten sie die Etikettierung „sozialer Abweichler" trotz hoher Delinquenzbelastung oft lange Zeit erfolgreich abwehren.

Mit Hilfe der Schlüsselkategorie „Arbeitsmoral" konnte auch ein weiterer Zusammenhang in den quantitativen Panelergebnissen erklärt werden: Ju-

---

3 Der Typus „Doppel-Leben" wird hier nur recht kurz charakerisiert, um einen Einblick in die Ergebnisse der qualitativen Datenauswertung zu vermitteln (siehe ausführlicher: Dietz et al. 1997, 247 ff.).

gendliche mit Erfahrungen von Erwerbslosigkeit waren nämlich trotz oft problematischer Lebenssituationen in weitaus geringerem Maße delinquent als die Ausgangshypothese des Projektes vermuten ließ, sie reagierten vielmehr mit unerwartet hoher Anpassungsbereitschaft. Wie das qualitative Material zeigte, war dies darauf zurück zu führen, dass diese Jugendlichen oftmals die Hoffnung hatten, sich durch erhöhte Anpassungsbereitschaft und Arbeitsmoral (wieder) in das Erwerbssystem zu integrieren, zumal es für das Selbstbild der jungen Männer von zentraler Bedeutung war, im beruflichen Bereich erfolgreich zu sein, um dem Bild des zuverlässigen und fleißigen Facharbeiters zu entsprechen.

Die Analyse der qualitativen Daten führte also zur Ermittlung von erklärenden Faktoren für das theoretisch in dieser Form nicht erwartete statistische Ergebnis. Diese Faktoren konnten nun wiederum in der nächsten Welle der quantitativen Befragung auf ihre Bedeutsamkeit hin überprüft werden.

Es ist also möglich, nicht nur qualitative Forschungsergebnisse durch quantitative Daten zu überprüfen, sondern umgekehrt können auch quantitative Ergebnisse anhand qualitativen Datenmaterials validiert werden. Eine solche Validierung quantitativer Ergebnisse durch qualitatives Datenmaterial geht allerdings über eine reine *Überprüfung* von bereits vorliegenden empirischen Ergebnissen hinaus. Es wurden vielmehr Faktoren identifiziert, die einen bestimmten statistischen Zusammenhang erklären können; es wurden m.a.W. jene sozialen Prozesse auf der Mikroebene individuellen Handelns und sozialer Interaktion identifiziert, die einen bestimmten Zusammenhang auf der Makroebene statistischer Aggregatphänomene erst soziologisch verständlich machen. Die qualitative Untersuchung diente also keinesfalls nur dazu, das noch einmal zu bestätigen, was aus den statistischen Analysen ohnehin schon bekannt war, sondern half dabei, überraschende quantitative Befunde zu verstehen und zu erklären. Dies ist aber nur möglich, weil in diesem Fall qualitative und quantitative Methoden neben ihrem Bezug auf einen gemeinsamen Gegenstand auch dazu dienten, unterschiedliche Aspekte desselben Phänomens in den Blick zu nehmen. In gewissem Sinne verhielten sich hier also qualitative und quantitative Forschungsergebnisse *komplementär* zueinander (vgl. Erzberger/Kelle 1998, Kelle/Erzberger 1999 sowie Kelle/Erzberger in diesem Band), indem jeder der beiden Methodenstränge Aspekte deutlich hervortreten lässt, die von dem anderen Methodenstrang nicht oder nur sehr beschränkt bearbeitet werden (konnten). Durch eine Kombination qualitativer und quantitativer Verfahren konnte deshalb untersucht werden, ob es sich bei bestimmten statistischen Ergebnissen um Methodenartefakte handelte oder ob sie in einem umfassenderen theoretischen Rahmen (welcher sich auf zusätzliche, nur durch das qualitative Material abgebildete Sachverhalte bezog) erklärbar sind.

Dies soll anhand eines weiteren Beispiels aus einer der Studien des Sonderforschungsbereichs verdeutlicht werden, welches die *Übergangsprozesse zwischen Bildungssystem und Arbeitsmarkt in der DDR* vor, während und nach der Wende untersuchte (zu der Studie siehe: Sackmann/Weymann/ Wingens 2000; zum Beispiel siehe auch Kelle/Erzberger in diesem Band).

In Arbeiten zu den Auswirkungen der gesellschaftlichen Transformation in Osteuropa werden oft spezifische Merkmale eines für sozialistische Gesellschaften typischen Sozialcharakters als Ursache betrachtet für Anpassungsschwierigkeiten vieler Individuen angesichts der in den 1990er Jahren stattgefundenen politischen und sozialen Umwälzungen. Demnach führte die Sozialisation unter den Bedingungen einer sozialistischen Parteidiktatur zu einer Reduktion oder einer mangelhaften Herausbildung von individuellen Ambitionen und Kompetenzen und einer dauerhaft eingeschränkten Handlungsautonomie - und damit zu Persönlichkeitsmerkmalen, die eine Adaption der Akteure an die veränderten gesellschaftlichen Bedingungen erschweren.

Dieser Sozialcharakter, der - so wird allgemein unterstellt - in Transformationsgesellschaften häufig anzutreffen ist, muss natürlich besondere Schwierigkeiten haben bei Entscheidungen, die die eigene Berufskarriere unter den Bedingungen einer marktwirtschaftlichen Ökonomie betreffen. Die DDR verfügte, zumindest wurde dies von offizieller Seite so dargestellt, über ein rigides Übergangsregime zwischen Bildungs- und Beschäftigungssystem, bei der die Bereitstellung von Arbeitskräften bis auf die Ebene des einzelnen Betriebes anhand der Vorgaben einer staatlichen Planungskommission sichergestellt werden sollte. Für Hochschulabsolventen wurde der Übergang in das Beschäftigungssystem durch die sog. „Absolventenvermittlung" organisiert, Vermittlungsstellen an den Hochschulen, durch die Akademiker ihren Arbeitsstellen offiziell zugewiesen wurden.

In einer empirischen Studie über den Übergang zwischen Bildungssystem und Arbeitsmarkt in der DDR vor der gesellschaftlichen Transformation, in der Wende- und Nachwendezeit wurden nun Hochschulabsolventen, die den Übergang zwischen Bildungs- und Beschäftigungssystem, also im planwirtschaftlichen System der DDR, vollzogen hatten, zunächst mit Hilfe standardisierter Fragebögen interviewt. Die statistische Analyse dieser Daten vermittelte nun auf den ersten Blick den Eindruck, dass das umfassende Planungs- und Lenkungssystem menschlicher Arbeitskraft gut funktionierte. Rund 60 jener Befragten, die ihren Hochschulabschluss noch in der DDR erworben hatten, nannten die staatliche Absolventenvermittlung als erste und wesentliche Informationsquelle.

Eine Analyse von qualitativen Daten, die mit einer Teilstichprobe des quantitativen Samples erhoben wurde, zeigte allerdings deutlich, wie stark dieser „Schein individueller Passivität und Fremdsteuerung" trog (Wingens 1999, 268). Die interviewten Akademiker berichteten von erheblichen individuellen Handlungsspielräumen. Auf die Frage, ob ein Angebot der Absolventenvermittlung zu ihrer ersten Arbeitsstelle geführt habe, antworteten die Befragten etwa:

> „Nee, das haben wir uns selber - ja praktisch vom Studium her stand schon 'ne Liste aus, aber wir haben praktisch die Liste ergänzt durch X (den ausgewählten Betrieb)."

> „Man konnte sich selbst bewerben. Man konnte sich'n Betrieb aussuchen, mit dem Betrieb verhandeln oder fragen, ob er Stellen besetzt, und den Arbeitsvertrag unterschreiben. Mehr war da nie. Dann reichte man das in der Hochschule ein."

In diesem wie in anderen Fällen, in denen die durch die Absolventenvermittlung vorgelegte Liste im Nachhinein um die von den Absolventen selbst gesuchten Stellen erweitert wurde, diente das offizielle Verfahren nur noch zur *ex post* Legitimierung einer individuellen Arbeitsuche. Ein solches Unterlaufen des sozialistischen Planungsimperativs, das den qualitativen Interviews zufolge eher den Regelfall als die Ausnahme darstellte, führte nun in keinem der geschilderten Fälle zu Konflikten, geschweige denn zu Sanktionen. Die qualitativen Daten vermochten also aufzudecken, in welchem Ausmaß hier sozialtechnologische Kontrollstrategien von findigen Akteuren nicht nur unterlaufen, sondern sogar für die eigenen Ziele instrumentalisiert wurden, während die quantitativen Daten für sich genommen den (verzerrten) Eindruck einer umfassenden sozialtechnologischen Steuerung reproduzierten, welcher der offiziellen ideologischen Semantik entsprach.

4. Abschließende Bemerkungen

Die dargestellten Beispiele zeigen die enormen Potenziale, die sich aus einer Integration qualitativer und quantitativer Methoden für die Entwicklung von Validierungsstrategien ergeben können. Sie machen auch deutlich, wie sehr die mangelnde Bereitschaft in der Diskussion um qualitative und quantitative Methoden, die Kritik der jeweiligen Gegenseite als Anreiz zur Bearbeitung von Validitätsbedrohungen der eigenen Methodik zu betrachten, ein Hindernis für die Fortentwicklung von methodologischen Diskussionen und Konzepten darstellt. Die Inkommensurabilität der verschiedenen Methoden„paradigmen" wird zwar häufig in der qualitativen methodologischen Literatur behauptet, aber keineswegs konsistent begründet. Die zur Stützung der These von der prinzipiellen Unvereinbarkeit qualitativer und quantitativer Forschung herangezogenen Argumente klären die damit angesprochenen erkenntnistheoretischen Probleme nicht, während in der qualitativen Forschungspraxis schon seit langem Validierungsstrategien praktiziert werden, die sich mit den in der quantitativen Forschung vertretenen Konzepten durchaus vertragen. Zwar lassen sich die für standardisierte und experimentelle Methoden entwickelten Techniken der Validitätssicherung auf qualitative Forschung nicht einfach übertragen. Sie müssen vielmehr als konkrete Operationalisierungen abstrakterer Validitätskonzepte verstanden werden, die im Rahmen einer jeden Methodentradition auf unterschiedliche Weise umgesetzt werden müssen. Das bedeutet: Qualitative und quantitative Sozialforschung benötigen nicht jeweils *alternative Gütekriterien*, sondern nur *unterschiedliche Validierungsstrategien*. Hierfür erweist es sich als besonders fruchtbar, auf fallibilistische Konzepte zurückzugreifen, die in der sozialwissenschaftlichen Methodologie eine lange Tradition besitzen. Ähnlich wie dies Donald Campbell für die experimentelle und quasi-experimentelle Forschung getan hat, müssen typische Bedrohungen der internen und externen Validität auch im Kontext anderer methodologischer Traditionen identifiziert werden und dann in weiteren Schritten Strategien der Fehlervermeidung und der Validitätskontrolle beschrieben werden.

Die Kombination qualitativer und quantitativer Erhebungs- und Auswertungsmethoden kann sich dabei als entscheidendes Instrument zur gegenseitigen Validierung von Daten, Methoden und Ergebnissen erweisen. Dass qualitative Forschungsergebnisse durch quantitative Methoden validiert werden können, ist seit den Arbeiten von Barton und Lazarsfeld (1955/1984) zur Verknüpfung qualitativer und quantitativer Verfahren hinlänglich bekannt und wird vor allem in der quantitativen Methodenliteratur häufig betont. Bei diesem Vorgehen sollen qualitative Methoden zur Generierung von Hypothesen verwendet werden, die dann anschließend mit Hilfe quantitativer Methoden extern validiert werden sollen. Ein solches Modell gegenseitiger Validierung wird jedoch oft nur dazu verwendet, um qualitative Forschung auf die Rolle von vorbereitenden *pilot studies* und pretests zu reduzieren, wobei übersehen wird, dass zumindest genauso häufig quantitative Forschungsprojekte von einer Validierung durch qualitative Untersuchungen profitieren würden. Dabei geht es keinesfalls nur um die Aufdeckung seltener, exotischer Methodenfehler, sondern um typische, häufig auftretende *Bedrohungen der internen* und *externen Validität* quantitativer Studien. Durch eine Kombination von qualitativen und quantitativen Methoden können nicht nur quantitative Studien zur Absicherung qualitativ entwickelter Hypothesen eingesetzt werden, sondern es können auch quantitative Ergebnisse anhand qualitativen Datenmaterials validiert werden.

Die dargestellten Beispiele bieten dabei nur einen Ausschnitt der vielfältigen Möglichkeiten, die sich durch eine Integration der vermeintlich so disparaten Traditionen ergeben und repräsentieren einige der bereits in der empirischen Sozialforschung verwendeten *best practices*. Die sozialwissenschaftliche Methodologie hinkt dieser Entwicklung leider nach. Die hier angestellten Überlegungen sollen deshalb auch als ein Beitrag verstanden werden auf dem Weg zu einer gemeinsamen Methodologie qualitativer und quantitativer Sozialforschung, die sich nicht allein auf allgemeine erkenntnistheoretische Überlegungen stützt, sondern faktische Forschungsprozesse rational rekonstruiert.

Literatur

Adorno, Theodor W. et al. (1969/1976): Der Positivismusstreit in der deutschen Soziologie. Neuwied: Luchterhand

Adorno, Theodor W. (1969/76): Einleitung. In: Adorno, Th. et al. (Hrsg.): Der Positivismusstreit in der deutschen Soziologie. Neuwied: Luchterhand, 7-80

Albert, Hans (1969/76): Kleines verwundertes Nachwort zu einer großen Einleitung. In: Adorno, Th. W. et al. (Hrsg.): Der Positivismusstreit in der deutschen Soziologie. Neuwied: Luchterhand, 335-339

Bain, Robert (1929): The Validity of Life Historys and Diaries. In: Journal of Educational Sociology 3/29, 150-164

Barton, Allen H./Lazarsfeld Paul F. (1955): Some Functions of Qualitative Analysis in Social Research. In: Frankfurter Beiträge zur Soziologie. Frankfurt a. M.: Europäische Verlagsanstalt, 321-361

Barton, Allen H./Lazarsfeld, Paul F. (1955/1984): Einige Funktionen von qualitativer Analyse in der Sozialforschung. In: Hopf, Chr./Weingarten, E. (Hrsg.): Qualitative Sozialforschung. 2. Aufl., Stuttgart: Klett-Cotta, 41-89 (1. Aufl.: 1979; Quelle für die dt. Übersetzung: Barton/Lazarsfeld 1955)

Blumer, Herbert (1969/1981): Der methodologische Standort des symbolischen Interaktionismus. In: Arbeitsgruppe Bielefelder Soziologen (Hrsg.): Alltagswissen, Interaktion und gesellschaftliche Wirklichkeit. 5. Aufl., Opladen: Westdeutscher Verlag, 80-146

Cicourel, Aaron V. (1964/1974): Methode und Messung in der Soziologie. Frankfurt a. M.: Suhrkamp (erstmals erschienen auf Englisch 1964, auf Deutsch 1970)

Cook, Thomas D./Campbell, Donald T. (1979): Quasi-experimentation: Design & Analysis Issues for Field Settings. Boston: Houghten Mifflin

Cressey, Donald R. (1950): The Criminal Violation of Financial Trust. In: American Sociological Review 15/50, 738-743

Cressey, Donald R. (1971): Other People's Money. A Study in the Social Psychology of Embezzlement. Belmont: Wadsworth (erstmals erschienen 1953)

Diekmann, Andreas (1995): Empirische Sozialforschung. Grundlagen, Methoden, Anwendungen. Reinbek: Rowohlt

Dietz, Gerhard-Uhland et al. (1997): „Lehre tut viel...": Berufsbildung, Lebensplanung und Delinquenz bei Arbeiterjugendlichen. Münster: Votum

Esser, Hartmut (1985): Befragtenverhalten als rationales Handeln. In: Büschges, G./Raub, W. (Hrsg.): Soziale Bedingungen - Individuelles Handeln - Soziale Konsequenzen. Frankfurt: Lang, 279-304

Esser, Hartmut (1986): Über die Teilnahme an Befragungen. In: ZUMA-Nachrichten 18/86, 38-47

Erzberger, Christian/Kelle, Udo (1998): Qualitativ vs. Quantitativ? Wider den Traditionalismus methodologischer Paradigmen. In: Soziologie 3/98, 45-54

Filstead, William J. (1970/1979): Soziale Welten aus erster Hand. In: Gerdes, K. (Hrsg.): Explorative Sozialforschung. Stuttgart: Enke, 29-40 (erstmals 1970 erschienen als Teil der Monographie: „Qualitative Methodology: Firsthand Involvement with the Social World" (Chicago: Rand McNally))

Fisher, Ronald A. (1925/1970): Statistical Methods for Research Workers. Edinburgh: Oliver and Boyd

Flick, Uwe (1987): Methodenangemessene Gütekriterien in der qualitativ-interpretativen Forschung. In: Bergold, J. B./Flick, U. (Hrsg.): Ein-Sichten: Zugänge zur Sicht des Subjekts mittels qualitativer Forschung. Tübingen: DGVT (Forum für Verhaltenstherapie und soziale Praxis Nr.14), 247-262
Flick, Uwe (1996): Qualitative Sozialforschung. Theorie, Methoden, Anwendung in Psychologie und Sozialwissenschaften. Hamburg: Rowohlts Enzyklopädie
Friedrichs, Jürgen (1973/1983): Methoden empirischer Sozialforschung. 11. Aufl., Opladen: Westdeutscher Verlag
Gerdes, Klaus (Hrsg.) (1979): Explorative Sozialforschung. Stuttgart: Enke
Gerhardt, Uta (1985): Erzähldaten und Hypothesenkonstruktion: Überlegungen zum Gültigkeitsproblem in der biographischen Sozialforschung. In: Kölner Zeitschrift für Soziologie und Sozialpsychologie 37/85, 230-256
Gerhardt, Uta (1986): Patientenkarrieren. Eine medizinsoziologische Studie. Frankfurt a. M.: Suhrkamp
Gerhardt, Uta (1991): Typenbildung. In: Flick, U. et al. (Hrsg.): Handbuch Qualitative Sozialforschung. Grundlagen, Konzepte, Methoden und Anwendungen. München: Psychologie Verlags Union, 435-439
Glaser, Barney/Strauss, Anselm (1967): The Discovery of Grounded Theory: Strategies for Qualitative Research. New York: Aldine de Gruyter
Guttman, Louis (1950): The Problem of Attitude and Opinion Measurement. In: Stouffner, S. (Hrsg): Measurement and Prediction. Princeton: Princeton University Press, 46-59
Hammersley, Martin (1992): Some Reflections about Ethnography and Validity. In: Qualitative Studies in Education 5/92, 95-203
Heinz, Walter R. et al. (1991): Arbeits- und Ergebnisbericht des Teilprojekts A1. In: Sonderforschungsbereich 186: Statuspassagen und und Risikolagen im Lebensverlauf. Institutionelle Steuerung und individuelle Handlungstrategien. Arbeits- und Ergebnisbericht Juli 1988 - Februar 1991. Bremen, 11-50
Kelle, Udo (1997): Theory Building in Qualitative Research and Computer Programs for the Management of Textual Data. In: Sociological Research Online 2/97, <http://www. socresonline.org.uk/socresonline/2/2/1.html>
Kelle, Udo (2000): Computergestützte Analyse qualitativer Daten. In: Flick, U./Kardorff, E. v./Steinke, I. (Hrsg.): Qualitative Forschung. Ein Handbuch. Reinbek: Rowohlt, 485-502
Kelle, Udo/Erzberger, Christian (1999): Integration qualitativer und quantitativer Methoden. Methodologische Modelle und ihre Bedeutung für die Forschungspraxis. In: Kölner Zeitschrift für Soziologie und Sozialpsychologie 3/99, 509-531
Kelle, Udo/Kluge, Susann (1999): Vom Einzelfall zum Typus. Fallvergleich und Fallkontrastierung in der qualitativen Sozialforschung. Opladen: Leske und Budrich
Kelle, Udo/Kluge, Susann/Prein, Gerald (1993): Strategien der Geltungssicherung in der qualitativen Sozialforschung. Zur Validitätsproblematik im interpretativen Paradigma. Arbeitspapier Nr. 24 des Sfb 186, Universität Bremen
Kelle, Udo/Prein, Gerald/Bird, Katherine (Hrsg.) (1995): Computer-aided Qualitative Data Analysis. Theory, Methods and Practice. London: Sage

Kirk, Jerome/Miller, Marc L. (1986): Reliability and Validity in Qualitative Research (Qualitative Research Methods, Vol. 1). Beverly Hills: Sage

Kromrey, Helmut (1998): Empirische Sozialforschung. Modelle und Methoden der Datenerhebung und Datenauswertung. 8., durchgreifend überarbeitete und erweiterte Aufl., Opladen: Leske und Budrich

Kuckartz, Udo (1999): Computergestützte Analyse qualitativer Daten. Eine Einführung in Methoden und Arbeitstechniken. Opladen: Westdeutscher Verlag

Kühn, Konstanze/Porst, Rolf (1999): Befragung alter und sehr alter Menschen: Besonderheiten, Schwierigkeiten und methodische Konsequenzen. Ein Literaturbericht. Mannheim: ZUMA-Arbeitsberichte 99/03

Kuhn, Thomas S. (1962/1989): Die Struktur wissenschaftlicher Revolutionen. Frankfurt a. M.: Suhrkamp

Kurz, Karin/Prüfer, Peter/Rexroth, Margrit (1999): Zur Validität von Fragen in standardisierten Erhebungen. Ergebnisse des Einsatzes eines kognitiven Pretestinterviews. In: ZUMA-Nachrichten 44/99, 83-107

Kvale, Steinar (1991): Validierung: Von der Beobachtung zu Kommunikation und Handeln. In: Flick, U. et al. (Hrsg): Handbuch Qualitative Sozialforschung. München und Weinheim: Psychologie Verlags Union, 427-431

Lakatos, Imre (1982): Die Methodologie der wissenschaftlichen Forschungsprogramme. Philosophische Schriften, Band 1. Wiesbaden: Vieweg

Lamnek, Siegfried (1988): Qualitative Sozialforschung. Band 1: Methodologie. München, Weinheim: PVU

LeCompte, Margaret D./Preissle, Judith (1993): Ethnography and Qualitative Design in Educational Research. San Diego: Academic Press

Lee, Raymond M./Fielding, Nigel G. (1998): Computer Analysis and Qualitative Research. London et al.: Sage

Lincoln, Yvonna/Guba, Egon (1985): Naturalistic Inquiry. Beverly Hills, Cal. et al.: Sage

Lindesmith, Alfred R. (1968): Addiction and Opiates. Chicago: Aldine (erstmals erschienen 1947)

Lundberg, George A. (1929/1942): Social Research: A Study in Methods of Gathering Data. New York: Longmans, Green

Masterman, Margaret (1974): Die Natur eines Paradigmas. In: Lakatos, I./Musgrave, A. (Hrsg.): Kritik und Erkenntnisfortschritt. Braunschweig: Vieweg, 59-88

Mayntz, Renate/Holm, Kurt/Hübner, Peter (1972): Einführung in die Methoden der empirischen Soziologie. 3. Aufl., Opladen: Westdeutscher Verlag

Neyman, Jerzy/Pearson, Egon Sharpe (1967): Joint Statistical Papers. Cambridge: University Press

Oevermann, Ulrich et al. (1979): Die Methodologie einer „objektiven Hermeneutik" und ihre allgemeine forschungslogische Bedeutung in den Sozialwissenschaften. In: Soeffner, H.-G.: (Hrsg): Interpretative Verfahren in den Sozial- und Textwissenschaften, 352-434

Prein, Gerald/Kluge, Susann/Kelle, Udo (1993): Strategien zur Integration quantitativer und qualitativer Auswertungsverfahren. Arbeitspapier Nr. 19 des Sfb 186, Universität Bremen

Robinson, W. S. (1951): The Logical Structure of Analytic Induction. In: American Sociological Review 16/51, 812-818

Robinson, W. S. (1952): Rejoinder to Comments on „The Logical Structure of Analytic Induction". In: American Sociological Review 17/52, 494

Sackmann, Reinhold/Weymann, Ansgar/Wingens, Matthias (Hrsg.) (2000): Die Generation der Wende. Berufs- und Lebensverläufe im sozialen Wandel. Opladen: Westdeutscher Verlag

Salner, Marcia (1989): Validity in Human Science Research. In: Kvale, S. (Hrsg.): Issues of Validity in Qualitative Research. Lund: Studentliteratur, 47-72

Schnell, Rainer (1997): Nonresponse in Bevölkerungsumfragen. Ausmaß, Entwicklung und Ursachen. Opladen: Leske und Budrich

Schnell, Rainer/Hill, Paul B./Esser, Elke (1999): Methoden der empirischen Sozialforschung. 6. Aufl., München: Oldenbourg

Steinke, Ines (2000): Gütekriterien qualitativer Forschung. In: Flick, U./Kardorff, E. v./Steinke, I. (Hrsg.): Qualitative Forschung. Ein Handbuch. Reinbek: Rowohlt, 319-331

Strauss, Anselm L./Corbin, Juliet (1990a): Basics of Qualitative Research. Grounded Theory Procedures and Techniques. Newbury Park: Sage

Strauss, Anselm L./Corbin, Juliet (1990b): Grounded Theory Research: Procedures, Canons, and Evaluative Criteria. In: Zeitschrift für Soziologie 19/90, 418-427

Wilson, Thomas P. (1981): Theorien der Interaktion und Modelle soziologischer Erklärung. In: Arbeitsgruppe Bielefelder Soziologen (Hrsg.): Alltagswissen, Interaktion und gesellschaftliche Wirklichkeit. 5. Aufl., Opladen: Westdeutscher Verlag, 54-79

Wingens, Matthias (1999): Der „gelernte DDR-Bürger": biographischer Modernisierungsrückstand als Transformationsblockade? Planwirtschaftliche Semantik, Gesellschaftstruktur und Biographie. In: Soziale Welt 50/99, 255-280

Zetterberg, Hans L. (1965): On Theory and Verification in Sociology. Totowa N.J.: Bedminster

Empirische Beispiele und spezielle Anwendungsprobleme der Methodenintegration

Christian Erzberger

Über die Notwendigkeit qualitativer Forschung: Das Beispiel der Alleinerziehungszeiten in quantitativen Daten

Einleitung

Die Erforschung von Lebensläufen spielt sich in der Regel auf zwei sehr unterschiedlichen Ebenen ab. Zum einen werden über quantitative Methoden und entsprechende statistische Verfahren Strukturen ermittelt, die sich aus den Handlungen der untersuchten Individuen zusammensetzen, ohne dass diese sich dessen immer bewusst sein müssen. Zum anderen werden durch qualitative Methoden und entsprechende interpretative Verfahren Handlungsintentionen erforscht, die über die Analyse der Eigendeutungen der durchgeführten Handlungen ermittelt werden. Beide Ebenen sind aufeinander verwiesen, da einerseits die sozialen Strukturen das soziale Handeln der Akteure rahmen und andererseits die aktiven Handlungen der Akteure die Strukturen erst erzeugen. Die Handlungsintentionen spielen dabei eine wichtige Rolle, da sie auf die Sinnhaftigkeit der ausgeführten Handlungen verweisen. Sie stellen das Material für die Interpretation von Zusammenhängen auf der Ebene der Strukturen bereit. Entsprechend dieser Ebenen teilt sich die Lebenslaufforschung in die quantitativ arbeitende Lebensverlaufsforschung und die qualitativ vorgehende Biografieforschung.

Aus dieser Dualität ergibt sich die Notwendigkeit, je nach Untersuchungsziel und Forschungsfrage auf entsprechend unterschiedliche, dem Untersuchungsgegenstand adäquate, Methoden zurückzugreifen. Da Lebenslaufforschung aber häufig bedeutet, beiden Strömungen gleichermaßen Aufmerksamkeit widmen zu müssen, heißt das auch, dass die Methoden bzw. deren Ergebnisse miteinander zu kombinieren sind, denn erst dann können über die Ermittlung von Handlungsintentionen die Handlungen selbst einer zutreffenden Interpretation zugeführt werden.

Allerdings stellt sich das Problem der adäquaten Methoden nicht erst mit der Dualität von Biografie- und Lebensverlaufsforschung, sondern es beginnt bereits bei der Auswahl von Verfahren, die quantitativ Strukturzusammenhänge aufdecken oder beschreiben sollen. Die Lebensverlaufsforschung betrachtet in der Regel Lebensverläufe über einen langen Zeitraum hinweg und bedient sich dabei der Erhebung und Analyse von Längsschnittdaten, da nur solche Daten in der Lage sind, Entwicklungen über die Zeit abzubilden. Für diese Forschung typische Fragen sind die nach der Bedeutung eines Ereignisses für den weiteren Verlauf des Lebens. Welche Auswirkungen hat z.B. eine Heirat, die Geburt eines Kindes oder das Erlernen eines bestimmten Berufes für den Lebensweg der betroffenen Individuen. Mit diesen Ereignissen verknüpft ist immer eine Kausalitätsannahme, d.h. das Ereignis erzeugt eine messbare Wirkung (so kann bspw. das Ereignis „Geburt eines Kindes" bei der betroffenen Frau zu einem Ausstieg aus der Erwerbsarbeit führen). Neben der Einführung eines Ereignisses muss hinsichtlich der Kausalitätsannahme klar definiert und operationabel sein, unter welchen zeitlichen Bedingungen die Aufeinanderfolge von Ereignis und Wirkung (d.h. eine auf das Ereignis sich beziehende Handlung) angenommen werden kann. Gerade die relativ neue und erfolgreiche Technik der „Event-History-Analysis", bei der der Name gleichsam Programm ist, ist darauf in hohem Maße angewiesen (zu dieser Technik vgl. Blossfeld/Rohwer 1995). Diese Betrachtung setzt aber die Annahme voraus, dass Lebensverläufe ausschließlich durch Wirkungen einzelner Ereignisse erklärt werden können und dass Ereignisse somit in jedem Fall die Grundlage für solche Analysen bilden müssen. Nimmt man diesen Betrachtungsfokus ernst, muss auf Analysen entsprechend dann verzichtet werden, wenn entweder aus Ermangelung von Ereignissen Hypothesen nicht aufgestellt werden können, oder Ereignisse und deren mögliche Folgen in einem nicht operationalisierbaren Zeitabstand voneinander auftreten. Für beide Fälle werden daher explorative, entdeckende Techniken benötigt.

Hier nun ist auf eine zweite Entwicklung hinzuweisen, die diese explorative Analyse von Längsschnittdaten entscheidend verbessert hat und zum Teil erst Probleme sichtbar werden lässt, die mit anderen Instrumenten nicht - oder nur sehr schwer - hätten entdeckt werden können. Die Rede ist von der „Optimal-Matching"-Technik, einem statistischen Analyseverfahren, welches es erlaubt, Lebensverläufe anhand ihrer Länge und der Lage und Art bestimmter Phasen zu Gruppen mit je gleichen Lebensverlaufsmustern zusammenzufassen, ohne dass ex ante Ereignisse oder erklärende Variablen definiert werden müssten (zu dieser Technik vgl. Abbott/Hrycak 1990). Die Methode beschränkt sich auf die Identifikation von Ordnung durch eine Analyse der Struktur der Verläufe. Damit steht ein Instrument zur Verfügung, mit dessen Hilfe auch unabhängig von theoretischen Vorannahmen über Ereignisfolgen Verläufe analysiert werden können.

Allerdings können auch hierbei dann Erklärungslücken auftreten, wenn erklärende Variablen fehlen, empirisch gehaltvolle theoretische Vorannahmen über Wirkungen von Ereignissen nicht formuliert werden können oder die ermittelte Phasenstruktur der Lebensverläufe selber keine Hinweise zu ihrer Interpretation liefert. Die Schließung dieser Lücken kann nur durch die Verwendung anderer, ebenfalls entdeckender Methoden ermöglicht werden. Dabei bieten sich - und hier sind wir dann wieder bei der Dualität der Forschungsmethoden in der Lebenslaufforschung - offene qualitative Verfahren an, mit denen Erklärungen für die gefundenen Strukturen ermittelt werden können. Diese Strategie des aufeinander bezugnehmenden Nacheinanders der Methoden führt weg von der häufig postulierten alternativen Betrachtung quantitativer Lebensverlaufforschung und qualitativer Biografieforschung und hin zu einer notwendig, miteinander verschränkten und sich ergänzenden Inanspruchnahme der unterschiedlichen Methoden und Forschungsperspektiven.

Die gegenseitige Verwiesenheit der Methoden aufeinander wird in diesem Artikel empirisch anhand von Zeiten verdeutlicht, in denen Frauen als allein erziehende Mütter die Kinderbetreuung sicherstellen mussten. Wie anhand konkreten Materials aus einem Projekt des Sonderforschungsbereiches 186 zu zeigen sein wird, können solche Zeiten zwar mit Hilfe explorativer Verfahren quantitativ ermittelt, jedoch nicht durch bestimmte konkrete Ereignisse kausal erklärt werden. Die Interpretation von spezifischen Mustern solcher „Alleinerziehungszeiten" kann sinnvoll nur unter Verwendung zusätzlicher qualitativer Daten und qualitativer Methoden geleistet werden.

1. Grenzen der „Ereignisforschung"

Sicherlich ist es auch heute in weiten Bereichen völlig unproblematisch, Handlungen von Personen auf bestimmte Ereignisse zurückzuführen. Die von Abbott so genannte nach Ursachen suchende „Effektforschung" hat in den Feldern, in denen stabile Handlungsmuster weiterhin vermutet werden können, nichts an ihrer Wirksamkeit eingebüßt (vgl. Abbott 1990, 140 f). In diesen Fällen werden - auf Grund theoretischer Annahmen - Kausalbeziehungen zwischen einem definierten Ereignis und einer darauf folgenden Handlung aufgestellt und die „klassischen" Analysen dienen dann dazu, den „Effekt" des Ereignisses auf die Handlung zu untersuchen. Zur Anwendung entsprechender Instrumente ist also unbedingt ein Ereignis erforderlich, dass durch theoretische Annahmen mit einer Handlung verknüpft werden kann. Genau an diesem Punkt jedoch können sich Probleme einstellen, wenn Handlungen zu beobachten sind, die kausal nicht bestimmten Ereignissen zugerechnet werden können bzw. auslösende Ereignisse für Handlungen völlig fehlen.

In Längsschnittanalysen ist in diesem Zusammenhang der Faktor Zeit bzw. Distanz von ausschlaggebender Wichtigkeit. Ob eine in den Lebensverläufen beobachtete Handlung mit einem definierten Ereignis zusammenhängt, ist von der Distanz zwischen diesem Ereignis und dem Beginn der darauf bezogenen Handlung abhängig. Mit anderen Worten: Wieweit dürfen Ereignis und Handlung auseinander liegen, um noch von einer Kausalität sprechen zu können (vgl. Faulbaum 1991, 166 ff.)? Wenn etwa eine Frau drei Jahre nach der Geburt eines Kindes ihre Erwerbsarbeit aufgibt, so kann das zwar mit dem Kind zusammenhängen, aber mit Sicherheit nicht mehr mit dem Ereignis der Geburt. Der Effekt ist sozusagen vom auslösenden Phänomen abgekoppelt. Abhilfe können hier zwar statistische Modellierungen schaffen, die zeitliche Abstände berücksichtigen, jedoch gelingt das nur, wenn theoretische Annahmen über die Dauer der entsprechenden Distanz zwischen Ereignis und interessierender Handlung formuliert werden können. Mit Blick auf die Geburt eines Kindes könnte ein mehrmonatiger Ereignisraum definiert werden, in dem vor dem Eintritt des Ereignisses bereits Auswirkungen auf den Verlauf beobachtet werden können (Blossfeld/Rohwer 1995, 159 ff.). Vor diesem Hintergrund kann das Wissen um den Zeitpunkt der Geburt im Vorfeld dieses Ereignisses zu einer Reduzierung oder einem Ausstieg aus der Erwerbsarbeit führen.

Anders allerdings stellt sich das Problem im Falle einer Scheidung dar, denn in den seltensten Fällen gibt es eine direkt beobachtbare Kausalbeziehung zwischen einem Scheidungsdatum, das anhand eines Fragebogens ermittelt wurde, und einer Veränderung in dem betrachteten Lebenslauf. Die eheliche Trennung, als eigentlich verantwortliches Datum für einen Richtungswechsel im Lebensverlauf, liegt häufig weit vor dem Scheidungsdatum. Nicht selten können mehrere Jahre vergehen, bevor eine Trennung rechtskräftig durch eine Scheidung beendet wird. Effektforschung im Sinne der Ermittlung einer Kausalbeziehung zwischen einem Scheidungsdatum und dessen Auswirkung auf den Lebensverlauf, kann hier schnell ins Leere greifen, wenn Ursache und Wirkung im Lebenslauf nicht zeitlich direkt aufeinander folgen. Jedoch verweist das Beispiel noch auf eine weitere Schwierigkeit. So könnten Kausalanalytiker auf die Idee kommen, statt des Scheidungsdatums das Trennungsdatum als Ereignis anzusehen und zu erheben. Hier nun sperrt sich die empirische Realität gegen die in sozialwissenschaftlichen Untersuchungen notwendige Definition von Kategorienrastern. Wie sicherlich auch auf Grund des Alltagswissens bekannt ist, ist es schwierig oder oft kaum möglich, den Zeitpunkt einer Trennung zwischen Partnern exakt anzugeben. Ist es der Auszug aus der gemeinsamen Wohnung, ist es das entscheidende Streitgespräch oder der Tag, an dem der Partner oder die Partnerin mit der oder dem Geliebten erwischt wurde? Trennungen können sich über lange Zeiträume hinziehen. Aber selbst wenn diese Schwierigkeit durch eine nach subjektiven Kriterien getroffene Festlegung der Befragten minimiert wird, so muss doch die Frage nach den Folgen dieses Ereignisses für den weiteren Lebenslauf völlig offen bleiben, denn selbst gravierende Erlebnisse müssen nicht unmittelbar zu entsprechenden Reaktionen führen. Wenn z.B. davon ausgegangen wird, dass Trennungen zwischen Ehepartnern die Ehefrau zur Aufnahme einer Erwerbsarbeit zwingen, kann das auf Grund der Trennungsgeschichte eine lange Zeit vor einem - wie unsicher auch immer definierten - Trennungsdatum liegen, wie auch eine lange Zeit danach.

Zweierlei sollte durch dieses Beispiel deutlich geworden sein: Erstens benötigt man zur Untersuchung bestimmter Fragestellungen quantitative Instrumente, die nicht auf Ereignisse abheben, und daraus folgt zweitens, dass bei solchen Untersuchungen die Formulierung von Erklärungen für die beobachteten Handlungen in vielen Fällen integraler Bestandteil eines solchen Vorgehens sein muss. Quantitative Analysen der Deskription von Handlungen verlangen nach qualitativen Analysen zur Erklärung ihres Sinns (vgl. Kelle/Erzberger in diesem Band). Hier kann die Metapher von Rossman und Wilson aufgegriffen werden, die fordern, dass *„the bare bones of statistical results"* durch qualitative Untersuchungsschritte mit interpretativem „Fleisch" angereichert werden sollten (1985, 663).

Die Notwendigkeit eines auf Kombination von Methoden angelegten Vorgehens soll im Folgenden an dem Beispiel der Alleinerziehungszeiten im Leben von Frauen exemplarisch dargestellt werden. Dieses Untersuchungsfeld bietet sich an, da Zeiten der Alleinerziehung nur sehr schwer mit Ereignissen (z.B. Scheidungen, Trennungen, Heiraten usw.) korrelierbar sind und entsprechend auch die Gründe dafür im Dunkeln bleiben.

2. Alleinerziehung und Ehe im Lebensverlauf von Frauen

Die Daten für dieses Beispiel entstammen dem Projekt B1 des Sonderforschungsbereiches 186 der Universität Bremen „Berufe im weiblichen Lebenslauf und sozialer Wandel"[1], das sich allerdings nicht vorrangig mit dem Problemkomplex der Alleinerziehung beschäftigte. Vielmehr galt das Interesse der Frage nach der Berufstypik von Lebens- und Erwerbsverläufen von Frauen mit dreijährigen Lehrausbildungen (vgl. Born 2000, 2001). Die Beschäftigung mit den Alleinerziehungszeiten war quasi ein Nebenprodukt des Projektes und hat seinen Ausgangspunkt in der eher methodisch motivierten Frage, wie Phasen, die auf keine Ereignisse zurückgeführt werden können, über ein exploratives Längsschnittverfahren untersucht werden können.

In dem Forschungsprojekt wurden die Lebens- und Erwerbsverläufe von insgesamt 2130 Frauen erhoben, die in den Jahren 1960, 1970 oder 1980 ihre Ausbildung in zehn Lehrberufen (Arzthelferin, Friseurin, Krankenschwester, Hotel- und Gaststättengehilfin, Groß- und Außenhandels-, Bank-, Büro-, Einzelhandels-, Industriekauffrau sowie Nahrungsmittelverkäuferin) abgeschlossen hatten. In diesen zehn Berufen wurden zusammen rund 70% aller Berufsabschlüsse dieses Ausbildungsniveaus von Frauen der entsprechenden Kohorten erworben (zur Repräsentativität vgl. Born/Erzberger 1999). Mit Hilfe eines (teilweise kalendarisch angelegten) Fragebogens

---

[1] Die Daten gehen auf die Forschungsphase IV des Projektes zurück, das von 1997 bis 1999 unter Leitung von Helga Krüger und Claudia Born durchgeführt wurde.

wurden Daten zur Familien- und Erwerbsarbeit, zu Krankheiten und zu Aus- und Weiterbildungen erhoben. Diese Daten, von denen hier nur die Angaben zur Familiensituation von Interesse sind, lassen sich zu Lebensverläufen zusammenfügen, die auf Halbjahresbasis die durchlaufenen Statuspositionen wiedergeben (zur Erhebungstechnik vgl. Bird/Born/Erzberger 2000). Als Statusposition wird dabei die jeweilige Stellung einer Person zu einem Halbjahreszeitpunkt „t" bezeichnet (z.b.: eine Frau erzieht in diesem Halbjahr ihr Kind allein). Durch die Aneinanderreihung dieser Zeitpunkte entstehen lokalisierbare Zeitabschnitte bzw. Phasen, die in den unterschiedlichen Statuspositionen durchlebt werden. In Abbildung 1 ist ein so aufbereiteter Lebenslauf dargestellt.

Abb. 1: Phasen im Lebensverlauf

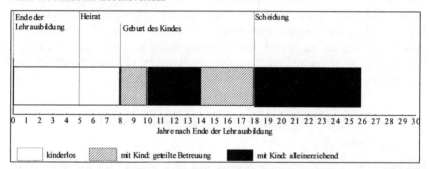

In der Abbildung ist ein Zeitraum von 30 Jahren zu sehen, der mit dem Ende der Ausbildung beginnt. Zunächst lebt die hier dargestellte Frau fünf Jahre nach der Ausbildung allein, bevor sie heiratet und nach weiteren drei Jahren ein Kind bekommt. Dieses Kind wird zunächst zwei Jahre (wahrscheinlich) gemeinsam mit dem Ehemann betreut, bevor diese Betreuung für vier Jahre alleinige Aufgabe der Frau wird. Nach dieser Zeit erfolgt eine erneute Aufteilung der Betreuungsarbeit, die aber mit der Scheidung endet. Bis zum 18. Lebensjahr des Kindes trägt die Frau nun wieder die alleinige Verantwortung.

Die einzelnen Zeitabschnitte werden auch als Sequenzen bezeichnet, die je nach Art des Ein- und Ausstiegs und der dabei vorkommenden Kombination der Statuspositionen (ledig/ohne Kind, verheiratet/ohne Kind, verheiratet/mit Kind usw.) in bestimmte Typen unterteilt werden können. Ein einzelner Typus innerhalb eines Verlaufes wird z.B. durch den Übergang vom Status „ledig/ohne Kind" zum Status „verheiratet/ohne Kind" gebildet oder durch die Kombination „verheiratet/mit Kind", „verheiratet/allein erziehend", zurück zum Status „verheiratet/mit Kind" (vgl. Sackmann/Wingens 2001). Die Gesamtheit dieser Sequenztypen in ihrer zeitlichen Länge, in ihrer biografischen Lage und der Art der jeweiligen Statusposition bilden für jede Person - wie in Abbildung 1 zu sehen - ein spezifisches Muster, das ermittelt und mit entsprechenden Mustern anderer Personen verglichen werden kann (zu Sequenzmustern vgl. Erzberger 2001).

Im Mittelpunkt dieses Beispieles stehen die Verläufe der Frauen, wie sie über die Aneinanderreihung von Sequenzen der Alleinerziehungszeiten gebildet werden. Das Besondere an dem hier angelegten Betrachtungsfokus ist, dass diesen Sequenzen - also den in den Verläufen sichtbaren Handlungen der Akteurinnen - auslösende Ereignisse nicht kausal zugeordnet werden können und es daher notwendig ist, ein quantitatives Verfahren anzuwenden, mit dem die Daten auch dann analysiert werden können, wenn diese festen Ausgangspunkte fehlen. Zum Einsatz kommt daher die „Optimal-Matching"-Technik, mit der die Muster der Verläufe der unterschiedlichen Akteurinnen untereinander verglichen und geordnet werden können. Ohne das Verfahren hier ausführlich darstellen zu wollen, ist aber zum Verständnis wichtig zu wissen, dass bei dem Vergleich der Verläufe untereinander - unter Zuhilfenahme mathematischer Operationen - Distanzmaße zwischen den Verläufen ermittelt werden, die die Nähe bzw. die Unterschiedlichkeit zwischen jeweils zwei Verläufen ausdrücken. Je höher die Distanz, desto unterschiedlicher die Verläufe, je niedriger die Distanz, desto ähnlicher sind sie. Diese Distanzen werden dann durch das explorative Verfahren einer Clusteranalyse zu Gruppen mit je gleichen Mustern zusammengeführt (vgl. Abbott/Hrycak 1990; Erzberger/Prein, 1997; Aisenbrey 2000; Erzberger 2001). Diese Gruppen werden zunächst aus konkreten Fällen gebildet, die sich durch die Lage und Länge der Alleinerziehungszeiten auszeichnen. In jeder dieser Gruppen findet sich so, in unterschiedlichen Varianten, jeweils ein bestimmter Sequenztypus, der in einem nachgeordneten Schritt zur weiteren Betrachtung aus den konkret vorliegenden Mustergruppen herausgefiltert wird. Dieses „Destillat" der Sequenztypen fasst quasi die Verläufe einer Gruppe zu je einem abstrakten Typus zusammen und stellt sich daher als von den individuellen Merkmalen „gereinigt" dar. In ihnen zeigen sich schematisch die unterschiedlichen Möglichkeiten von Alleinerziehungssequenzen in den Lebensverläufen von Frauen. Bevor dieses geschehen soll, sind jedoch noch einige generelle Anmerkungen zur Analyse von Alleinerziehungszeiten nötig.

Alleinerziehungszeiten erfüllen das klassische Kriterium der nichtereignisgebundenen Datierbarkeit einerseits und der Ausdehnung einer Datierung über einen schwer zu definierenden Anfangs- und Endraum andererseits. Ereignisgebunden könnten Zeiten der Alleinerziehung oder der Alleinverantwortlichkeit für Kinder sein, wenn sie immer dann beginnen, wenn Partnerschaften beendet werden und immer enden, wenn neue Partnerschaften eingegangen werden. Die Partnerschaftsereignisse wie z.B. Heiraten und Scheidungen würden in diesem Fall die Zeiträume der Alleinerziehung angeben. Häufig - und die Sequenztypen werden dieses zeigen - sind die Zeiten, in denen Frauen angeben, ihre Kinder allein betreut zu haben, kaum mit den Partnerschaften in Verbindung zu bringen. Wie oben bereits angemerkt, decken sich die offiziellen Daten (Heiraten, Scheidungen) nicht mit dem „wahren" Beginn oder dem „wahren" Ende einer Partnerschaft, weil diese Zeitpunkte nicht amtlich datierbar sind. Aber auch inoffizielle, subjektive Datierungen, die die Befragten selber vornehmen, sind Festlegungen, die im besten Falle einen Mittelwert darstellen, denn die Beendigung wie auch der Neubeginn einer Partnerschaft erstrecken sich meist über einen längeren Zeitraum, so dass eine Datierung mit einem standardisierten Instrument möglicherweise ein Artefakt darstellt. Gleiches gilt auch für die Alleinerziehungszeiten. Ob diese sich auf exakte Anfangs- und Enddaten festlegen lassen, ist schon alltagstheoretisch sehr fraglich. Auch hier zeigen sich möglicherweise Szenarien, die mit einem langsamen Ausfädeln aus der alten Partnerschaft, und/oder mit einem allmählichen Einfädeln in eine neue Partnerschaft beschrieben werden können. Es treffen also bei dieser Betrachtung zwei miteinander zusammenhängende Unsicherheitszonen aufeinander, deren Datierungsgrenzen auch von den Befragten selbst nur ungenau bestimmt werden können. Die tatsächlichen Beendigungs- und Anfangsszenarien zu jenen Zeiten, in denen sich Phasen überschneiden, können letztendlich nur durch den Einsatz qualitativer Instrumente untersucht und beschrieben werden, denn nur qualitative Methoden können dazu verwendet werden, biografisch unsichere Passagen adäquat abzubilden und den Lebensereignissen den zeitlichen Raum zu lassen, den sie häufig benötigen. Der Zwang zur Datierung verhindert das, indem die Zeit der Entwicklung zu einem artifiziellen Punkt verdichtet wird.

Gleichwohl müssen quantitative Informationen nicht von der Analyse ausgeschlossen werden, vielmehr können diese von den Befragten nach subjektiven Kriterien vorgenommenen Datierungen als Ausgangspunkt für weitere Untersuchungen genutzt werden. In diesem Sinne ist hier verfahren worden. Zum einen wurden die quantitativen Lebensverlaufsdaten mit Blick auf die von den Befragten angegebenen Alleinerziehungszeiten mit Hilfe des Mustererkennungsverfahrens der „Optimal-Matching"-Technik analysiert. Dazu standen zum einen Angaben über den Beginn und das Ende von Phasen zur Verfügung, in denen die Frauen nach eigenem Bekunden ihre Kinder allein betreut hatten.[2] Zum anderen wurden Angaben über Partnerschaften in die Analyse einbezogen, um die gegenseitigen Überlappungszonen und Kombinationsmöglichkeiten zu ermitteln. Hier konnte nur auf die „offiziellen" Daten über Heiraten, Scheidungen und Verwitwungen zurückgegriffen werden, wie sie von den Frauen angegeben wurden. Entsprechend dieser Überlegungen wurden Frauen in die Analyse einbezogen, die a) Kinder bekommen hatten, b) Heirats- bzw. Scheidungsdaten aufwiesen und c) Angaben von Alleinerziehungszeiten im Fragebogen gemacht hatten.

---

2 Die Frage im Fragebogen lautete: „Gab es Zeiten, in denen Sie für Ihr(e) Kind(er) allein verantwortlich waren (als Alleinerziehende, allein mit Kindern Lebende etc.)?" Die Zeiten wurden auf Monatsbasis aufgenommen (vgl. Bird/Born/Erzberger 2000).

Von den 2130 befragten Frauen des Projektes erfüllten 1628 im Beobachtungszeitraum die Bedingungen a) und b), sie hatten Kinder bekommen und waren eine Ehe eingegangen. Die Hinzunahme der Bedingung c) verringerte die Zahl der Frauen auf 296. In Anteilen ausgedrückt haben 18,2 % von allen verheirateten Frauen mit Familie irgendwann zwischen ihrem Ausbildungsabschluss und dem Befragungszeitpunkt 1997 ihre Kinder ohne mithelfenden Partner allein betreut. Ausgewertet werden konnten allerdings lediglich Angaben von 260 Frauen, da die restlichen 36 die Alleinerziehungszeiten nur unvollständig angegeben hatten.

Nach den vollständig vorliegenden Angaben haben über 80 % der Kinder keine Alleinbetreuungszeiten erlebt, d.h. deren Mütter waren in der Beobachtungszeit mit Partnern zusammen, die Teile der Betreuungsarbeit übernommen haben. Allerdings lässt sich hieraus nicht ersehen, wie viel Arbeit von den Partnern geleistet wurde, noch um welche Partner es sich handelte. Insofern sind diese Angaben überaus subjektiv. Gleichwohl kommen vergleichbare Untersuchungen zu ähnlichen Ergebnissen. So schreibt Nauck (1991) als Hauptergebnis einer Analyse des Familiensurveys auf der Basis von Informationen über die Familienverhältnisse von 12.000 Kindern, dass 85 % aller minderjährigen Kinder in Deutschland in einem Kindschaftsverhältnis leben, das dem „Normalitätsentwurf" entspricht (vgl. ebd., 399), das heißt, dass die Eltern des Kindes miteinander verheiratet sind, das Kind ehelich und ein leibliches Kind der Eltern ist, wobei diese Eltern in einer Haushaltsgemeinschaft leben und zugleich eine Haushaltsgemeinschaft mit dem Kind bilden (vgl. ebd., 397). Auch wenn es sich hierbei um eine Querschnittsbetrachtung handelt und nicht explizit nach Alleinerziehungszeiten gefragt wurde, sondern eher Familienkonstellationen im Zentrum der Betrachtung standen - die jedoch Einelternfamilien mit umfassten - so erscheint der von uns ermittelte Anteil von 18,2 % nicht ungewöhnlich. Allerdings differenziert sich das Bild, wenn eine Längsschnittperspektive eingeführt wird, welche schnell die Grenzen der Ergebnisse von Querschnittsuntersuchungen aufzeigt: Die vom Projekt befragten Frauen z.B. haben zum Teil bis zu dreimal geheiratet und mehrmals im Leben Kinder allein betreut, wobei die Kombinationen zwischen dem Familienstatus und den Alleinerziehungszeiten sehr unterschiedlich sein können. Es ist darüber hinaus zu sehen, dass auch vorhandene Partner nicht unbedingt einen Garant für eine geteilte Betreuungsarbeit darstellen.

Die Daten wurden für die deskriptive Analyse so aufbereitet, dass für jeden Monat parallel der Familienstand sowie der jeweilige Status der Erziehungsarbeit der betreffenden Frauen aufgelistet wurde. Das heißt, es wurde festgehalten, ob die befragten Frauen in den entsprechenden Monaten verheiratet oder ledig waren und ob sie zur gleichen Zeit ihre Kinder gemeinsam mit einem Partner oder allein betreut hatten. Es sind dabei unterschiedliche Kombinationen möglich, wie sie in der Abbildung 2 dargestellt sind. Zu sehen ist hier allerdings nicht eine getreue Wiedergabe der Verweildauern von Befragten im Status „verheiratet" und „allein erziehend", sondern eine schematische Darstellung der Vielgestaltigkeit der Relationen zwischen Ehe- und Alleinerziehungszeiten. Insofern handelt es sich in dieser Abbildung nicht um das Sequenzmuster einer konkreten Person, wie es in Abbildung 1 zu sehen ist, sondern um eine grafische Darstellung, die alle in den Daten vorkommenden Sequenztypen aus Ehe und Alleinerziehungszeiten auf einer abstrakteren Ebene zusammenfasst.

Abb. 2: Ehe- und Alleinerziehungszeiten

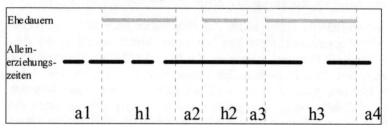

Die Zeiten, in denen die Kinder allein betreut wurden, ohne dass eine Ehe bestand, sind mit einem „a" gekennzeichnet, die Zeiten im Status „Ehe", sind mit einem „h" versehen. Es ist zu erkennen, dass alle möglichen Kombinationen im Datensatz aufzufinden waren. Mit diesem Bild stellt sich allerdings auch die Frage nach Erklärungen für die unterschiedlichen Kombinationen - im Besonderen in den mit „h" gekennzeichneten Fällen, in denen Partner als Ehemänner zumindest offiziell zur Verfügung standen und Betreuung hätten übernehmen können.

3. Sequenztypen und ihre Erklärungslücken

Um das Problem etwas näher zu beleuchten, wird im Folgenden die Abbildung 2 wieder in einzelne Sequenztypen zerlegt, welche quasi auf idealtypische Weise jeweils konkrete Verläufe einer Gruppe repräsentieren.

Abb. 3: Kombinationen von Ehe- und Alleinerziehungszeiten

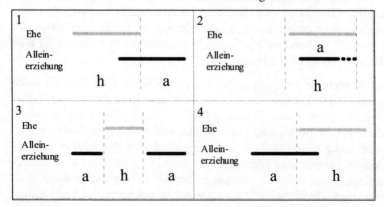

Da es sich um eine Typologie handelt, sind die dargestellten Dauern nicht mit den Originallängen der jeweiligen Phasen identisch, diese können wesentlich kürzer oder auch wesentlich länger sein als die als Linien widergegebenen Zeiten der Ehe und Alleinerziehung. Ebenso wenig findet das Alter jener Kinder Berücksichtigung, die von den Müttern allein betreut werden. Die Betreuungsaufgaben können daher von sehr unterschiedlicher Art sein, das Kriterium für eine Zuordnung der Befragten zum Status „allein erziehend" ist lediglich, dass die Erziehungsaufgabe nicht geteilt wurde bzw. nicht geteilt werden konnte. In Abbildung 3 sind diese Typen dargestellt, wobei wiederum Ehezeiten mit „h" und Zeiten der Alleinbetreuung mit „a" bezeichnet sind.

Sequenztypus 1: Die Zeit, in der ein Kind allein von der Mutter betreut wird, beginnt hier zu einer Zeit, in der die Ehegemeinschaft noch andauert, und geht dann über das offizielle Ende dieser Ehe hinaus. Das Kind wird anschließend von der ledigen Mutter allein versorgt.

Sequenztypus 2: Die Zeiten der Alleinbetreuung liegen hier innerhalb der Ehezeiten, sie sind gewissermaßen in die Ehe eingebettet. Die gestrichelte Fortsetzung der Alleinerziehungslinie deutet an, dass eine ganze Reihe der Fälle rechtszensiert ist. Der Ausgang ist also für einige ungewiss. Möglicherweise entwickeln diese sich zu einem Sequenztypus 1.

Sequenztypus 3: In diesem Fall können offizielle Datierungen als klare Markierungen für Alleinbetreuungszeiten verwendet werden, wobei insgesamt drei unterschiedliche Varianten in diesem Typus stecken:
Variante 1: Die Alleinbetreuungszeit beginnt und endet vor der Heirat (a, h).
Variante 2: Für die Dauer einer Ehe findet eine Unterbrechung der Alleinerziehungszeit statt (a, h, a).
Variante 3: Die Alleinbetreuungszeit beginnt erst nach der Scheidung (h, a)

Sequenztypus 4: Die Alleinbetreuungszeit beginnt vor der Eheschließung, wird aber von der Heirat nicht tangiert. Obwohl nun ein Partner, zumindest offiziell, in das Leben der Frau eintritt, hat das zunächst keine Auswirkungen auf die zu leistende Betreuungsarbeit durch die Frau.

Sieht man sich die Verteilung der Sequenztypen auf die Personen an, so zeigt sich eine klare Abstufung der Häufigkeiten. Der Sequenztypus 1 ist mit fast 44 % am häufigsten vertreten, gefolgt vom Typus 2 mit ca. 28 % und dem Typus 3 mit etwa 27 %. Den Schluss bildet schließlich der Typus 4 mit nur ca. 2 % (siehe Tabelle 1).

Tab. 1: Verteilung der Personen auf die Sequenztypen

Typ	n	%
1	114	43,8
2	72	27,8
3	69	26,5
4	5	1,9
	260	100,0

Diese explorativ gewonnenen Sequenztypen liefern zwar eine gute Beschreibung der unterschiedlichen Kombinationen von Alleinerziehungs- und Ehezeiten, sie stellen aber keine Erklärungen bereit. Diese können nur auf Grund von Alltagswissen formuliert werden. Allerdings finden sich erste Hinweise auf Interpretationsmöglichkeiten im Fragebogen bei der Beantwortung einer offenen Frage, auch wenn diese nicht speziell auf diesen Problemkomplex bezogen war, sondern lediglich die Möglichkeit eröffnen sollte, am Schluss des Bogens noch spezielle oder allgemeine Anmerkungen machen zu können.[3] Von den 260 Frauen machten 65 von dieser Möglichkeit Gebrauch.

Der *Sequenztypus 1* zeichnet sich durch Alleinerziehung im Übergang vom Status „verheiratet" in den Status „ledig" aus. In sechs Fällen gaben hier Befragte an, dass die Ehe durch den Tod des Partners beendet wurde, in allen anderen Fällen wird das Ende der Ehe durch den Scheidungstermin markiert. Führt man das Geburtsdatum der Kinder mit in die Betrachtung ein und vergleicht es mit dem Beginn der Alleinbetreuungszeiten, so zeigt sich, dass bis auf ganz wenige Ausnahmen die Kinder zunächst nicht von den Frauen allein betreut werden. Zu diesem Zeitpunkt stehen die Ehemänner noch zur Verfügung, ihr Engagement wird erst im Laufe der Zeit beendet.

Zwar kann zur Erklärung dieses Typus auf 21 Äußerungen von Frauen bei der Beantwortung der offenen Frage zurückgegriffen werden, jedoch lassen sich diese Anmerkungen in der Regel nur schwer einordnen. Aussagen wie „keine ausreichenden Kindergartenplätze" oder „der Erziehungsurlaub hat nicht ausgereicht" lassen nicht erkennen, auf welchen Abschnitt der Alleinerziehungszeit sie sich beziehen. Im ersten Fall geht die Frau offensichtlich davon aus, dass Alleinerziehung nur dann vorliegt, wenn nicht eine andere Institution die Betreuung mit übernimmt und im zweiten Fall fängt Alleinerziehung erst dann an, wenn das Kind nicht mehr vollzeit betreut werden kann. In jedem Fall aber spielen die Partner keine Rolle bei der Entscheidung, ob Alleinerziehung vorliegt oder nicht. Aber gerade die Frage, warum der Ehemann noch während der Ehe die Betreuung des Kindes been-

---

3 Die Frage auf der letzten Seite des Fragebogens lautete: „Haben wir etwas vergessen, was Ihnen wichtig ist?" Zur Beantwortung stand eine komplette DIN A5-Seite zur Verfügung.

det, bleibt unbeantwortet. Möglicherweise werden hier Trennungsprozesse sichtbar, und die Alleinerziehungszeiten sind Indikatoren für die faktische Auflösung der Ehe, ohne dass die Ehe geschieden wurde. Nur eine einzige Frau gibt einen vagen Hinweis auf diese Situation, in dem sie bemerkt, dass der Ehemann zu viel arbeite.

Die verwitweten Frauen haben sich jeglicher Anmerkungen zur Problematik der Alleinerziehung enthalten, auf Interpretationshilfen von ihrer Seite kann daher nicht zurückgegriffen werden und damit ist man bei der Erklärung dieses Typs auch in diesem Fall auf Spekulationen angewiesen. Die Frauen haben als Endpunkt der Ehe das Todesdatum des Ehemannes im Fragebogen angegeben. Der Beginn der Alleinerziehung liegt in jedem Fall vor diesem Datum, so dass die Partner in der Zwischenzeit als Betreuungspersonen ausgefallen sind. Sollte der Tod des Partners durch eine Krankheit verursacht sein, so könnte diese Krankheit auch für den Betreuungsengpass verantwortlich sein. Die männlichen Ehepartner waren dann auf Grund physischer oder psychischer Beeinträchtigungen nicht in der Lage, ihren Anteil an der Betreuung der Kinder zu leisten.

Die in die Ehezeiten eingebetteten Alleinerziehungszeiten des *Sequenztypus 2* sind leichter zu entschlüsseln, da hier zumindest einige der insgesamt 26 Hinweise auf das Problemfeld verweisen. Die Ehemänner, so ist den Anmerkungen zu entnehmen, sind beruflich zeitweise abwesend und können sich daher an der Betreuung der Kinder nicht beteiligen. Dieses trifft z.B. auf Montagearbeiter und Seeleute zu. Auch wenn diese Berufsgruppen an den Wochenenden oder in gewissen zeitlichen Abständen auch für längere Zeit in den Haushalt zurückkehren, so sehen sich die Frauen doch grundsätzlich mit der Betreuungsarbeit allein gelassen, denn sie geben auch in diesen Fällen lange Alleinbetreuungszeiten an, ohne die Anwesenheitsintervalle der Männer zu berücksichtigen. Für die Fälle, für die keine Hinweise zur Erklärung der Einbettung vorliegen, können nur Vermutungen geäußert werden. So ist es z.B. möglich, dass eine Trennung vom Ehemann zu den Alleinerziehungszeiten führte, diese Zeiten aber durch einen neuen Partner, der in die Betreuungsarbeit eingebunden wurde, beendet wurden, ohne dass die Ehe mit dem alten Partner offiziell durch eine Scheidung gelöst worden wäre.

Bei den rechtszensierten Fällen (Ende des Beobachtungsfensters zum Erhebungszeitpunkt) handelt es sich mehrheitlich um bereits vollzogene - auch räumliche - Trennungen, denen bis zum Beobachtungszeitpunkt aber noch keine Scheidung gefolgt ist. Einige Frauen charakterisieren ihre Situation mit der Beschreibung „in Scheidung lebend".

Bei genauer Betrachtung des *Sequenztypus 3* in Abbildung 3 ist zu erkennen, dass die Alleinerziehungszeiten nicht exakt an die Grenzen der Ehezeiten anschließen. Vielmehr sind jeweils kleine Lücken zu erkennen, durch die die Befragten wohl andeuten wollen, dass in vielen Fällen die Zeiten der

Alleinerziehung noch vor der Heirat enden und ebenso erst in einem gewissen zeitlichen Abstand nach der Scheidung wieder beginnen. Im ersten Fall ist anzunehmen, dass der spätere Ehemann schon vor der Heirat in die Betreuungsarbeit eingebunden wird und dass die Geburt des Kindes möglicherweise erst zur Heirat führte. Für den zweiten Fall lässt sich nur schwer ein adäquates Szenario entwickeln. Entweder hilft der Ehemann auch noch nach der Scheidung für eine gewisse Zeit bei der Betreuung des Kindes, oder bereits während der Ehe hat ein Partnerwechsel mit nahtloser Übernahme der Betreuungsarbeit stattgefunden, wobei diese neue Partnerschaft jedoch nicht von Beständigkeit war und zu einer Trennung - mit der Folge der Übernahme der alleinigen Verantwortung der Frau für das Kind - nach der Scheidung mit dem ersten Partner führte. Die 16 Anmerkungen stellen leider keine Informationen zu diesen unterschiedlichen Varianten zur Verfügung. Die Hinweise, die die Befragten hierzu geben, beziehen sich alle auf ungünstige Bedingungen bei der alleinigen Betreuung eines Kindes. Es wird z.B. auf die freiwillige Arbeit als Elternvertreterin in der Schule verwiesen, oder es werden allgemein die Schwierigkeiten der Vereinbarkeit von Erwerbsarbeit und Kind herausgestellt.

Der *Sequenztypus 4* gibt die meisten Rätsel auf. Offensichtlich entscheiden sich diese Ehemänner erst nach einigen Jahren Ehe, auch Betreuungsarbeiten zu übernehmen. Nach der Heirat wird die Frau zunächst in keinem der Fälle bei der Kindererziehung entlastet. Möglicherweise arbeiten hier die Männer zu viel und können sich daher diesem Bereich nicht widmen. Möglicherweise gelingt es den Frauen erst in langen Auseinandersetzungen, dieses Problem als ein gemeinsames zu etablieren und damit den Weg für eine Teilung der Verantwortung frei zu machen. Oder möglicherweise handelt es sich bei den Kinder nicht um die gemeinsamen Kinder des Ehepaares, sondern um Kinder, die von der Frau in die Ehe mit eingebracht werden, und die Betreuungsabstinenz ist hier ein Indikator für Probleme, die aus solchen Konstellationen entstehen können. Da in diesen Fällen in den Fragebögen keine Anmerkungen gemacht wurden, ist man auch hier auf Spekulationen zur Erklärung dieses Typus angewiesen.

Die Versuche, den Typen interpretatorisch auf die Spur zu kommen, zeigen deutlich, dass Alltagswissen zur Erklärung nicht ausreicht. Die schriftlichen Anmerkungen lassen zwar hin und wieder „Sinninseln" entstehen, grundsätzlich jedoch tragen sie nicht entscheidend zur Erhellung bei. Die reine Spekulation auf der Grundlage alltäglicher Erfahrungen oder durch Rückgriff auf Versatzstücke aus anderen Untersuchungen und Studien mag durchaus in dem einen oder anderen Fall für sich Plausibilität beanspruchen können, kann aber keine gesicherte Erkenntnis schaffen. Unter Umständen stellen die hier angebotenen Interpretationen auch nur einen Ausschnitt aus einem Möglichkeitsraum von Erklärungen dar, der schon deswegen nicht ausgeschöpft werden konnte, weil seine Größe gar nicht bekannt sein kann.

Wie auch immer, ohne zusätzliche empirische Unterfütterung bleiben die Erklärungen schwach.

4. Empirisch gestütztes Wissen versus Alltagsheuristik

Nun werden solche empirisch nicht weiter untermauerten Spekulationen in den Sozialwissenschaften bei der Durchführung von kausalanalytischen, quantitativen Untersuchungen nicht selten verwendet. Allerdings ist die Charakterisierung als „Spekulation" in diesen Fällen etwas stark, vielmehr wird zur Erklärung von statistischen Zusammenhängen zwischen Strukturvariablen einerseits und durch sozialstatistische Daten beschreibbarem Verhalten andererseits häufig eine „Gewohnheitsheuristik des Alltagswissens" (Kelle/Lüdemann 1995) angewendet. Diese Form der Heuristik kann immer dann erfolgreich angewendet werden, wenn die Forscher über einen guten Zugang zu der untersuchten Lebenswelt verfügen. In diesen Fällen können auf der Grundlage des Alltagswissens zutreffende Erklärungen für die ermittelten statistischen Zusammenhänge gefunden werden. Problematisch allerdings ist es, wenn die Sozialforscher mit der Lebenswelt, die sie untersuchen, nicht vertraut sind. Dann nämlich fehlen ihnen die Kenntnisse, die sie zur Interpretation ihrer Ergebnisse heranziehen könnten. Erfolgreich kann ein solches Vorgehen nur dort sein, wo die „Handlungskonsequenzen, deren Bewertungen sowie Handlungsrestriktionen sehr homogen [sind], da sie von vielen oder allen Gesellschaftsmitgliedern ähnlich eingeschätzt, gewusst und geteilt werden" (Kelle/Lüdemann 1995, 258). Da dieses dann für die Sozialforscher in gleichem Maße gilt, können auch sie auf ihr Alltagswissen zurückgreifen und Erklärungen für ermittelte Phänomene finden. In den Fällen allerdings, wo dieses nicht möglich ist, versagt die Anwendung der „Gewohnheitsheuristik des Alltagswissens". Dieses ist einerseits dort der Fall, wo fremde Kulturen oder Subgruppen der Gesellschaft untersucht werden sollen - dieses kann sich auf eine „fremde" Bildungsschicht ebenso beziehen wie auf bestimmte familiäre Konstellationen - und andererseits dann gegeben, wenn z.B. Modernisierungsprozesse zu einer Veränderung der Präferenzstruktur der Akteure auch in Bereiche führen, die den Forschern bislang vertraut waren.

In quantitativen Surveys wird in der Regel versucht, dieses Problem durch die Rückführung der Befunde auf erklärende Variablen (z.B. Geschlecht, Alter, soziale Schicht, religiöse Erziehung usw.) zu umgehen. Diese Variablen bilden gleichsam „Indikatoren für vergangene oder aktuelle soziale Situationen, in denen die handlungssteuernden Einstellungen über Lernen oder soziale Beeinflussung erworben wurden" (Esser 1993, 233). In ihnen sind daher die Verhaltensrestriktionen und -möglichkeiten für bestimmte Lebensbereiche eingelagert und können quasi als die Operationalisierung der „Gewohnheitsheuristik des Alltagswissens" angesehen werden. Die Kenntnis der inhaltlichen Bedeutung der Indikatoren erlaubt es, die Handlungen der Befragten zu interpretieren und auf die Variablen, die hier als Ursachen fungieren, zurückzuführen. So können bestimmte Handlungen z.B. mit dem Alter erklärt werden, wenn man weiß, dass die betreffenden Personen einer bestimmten Geburtskohorte angehören und ihre Sozialisation unter bestimmten Bedingungen stattgefunden hat. Esser weist jedoch darauf hin, dass es bei einem solchen „variablensoziologischen" Vorgehen auf Grund der fehlenden Analyse der Handlungsorientierungen der individuellen Akteure zu Fehlschlüssen kommen kann (vgl. ebd., 592 ff.).

Um dieses zu verdeutlichen, soll anhand des Sequenztypus 4 ein solches Vorgehen gedanklich durchgespielt werden. Nehmen wir an, wir stellten fest, dass es sich bei den Befragten dieses Typus durchweg um ältere Frauen handelt, die mit entsprechend alten Männern verheiratet sind, und deren Eheschließung relativ früh stattgefunden hat. Das Alter des Ehemannes und das Datum der Heirat können nun als erklärende Variablen genutzt werden, denn aus der Literatur ist bekannt, dass Ehen in den 50er und 60er Jahren in einem „normativen Kokon" steckten, der der Frau die Rolle als Hausarbeiterin zuwies und in dem Ehemann den alleinigen Familienernährer sah (vgl. Lutz 1984; Nave-Herz 1988). Insofern könnten hier die Variablen „Dauer der Ehe" und „Alter des Ehemannes" als Indikatoren oder Proxy-Variablen verwendet werden für normative Einstellungen gegenüber der Ehe wie auch gegenüber der Übernahme von Betreuungs- und Erziehungsarbeiten. Das Interpretationsmuster zur Erklärung des Zusammenhangs zwischen Alter bzw. Heiratsdatum und dem Muster des Sequenztypus 4 würde dann wie folgt lauten: Die Ehemänner sind auf Grund ihrer Erziehung und der herrschenden moralisch-normativen Vorstellungen nicht nur für Betreuungsarbeiten schwer zu gewinnen, sondern lehnen diese als „unmännlich" ab. Diese normativen Restriktionen, die die Übernahme von Betreuungsarbeiten durch den Mann verbieten, könnten im Falle des Typus 4 noch dadurch verschärft werden, dass hier die Kinder von der Frau in die Ehe eingebracht wurden und damit keine leiblichen Kinder des Ehemannes sind. Dass im späteren Verlauf der Ehe die Alleinerziehungszeiten beendet werden, könnte einerseits mit dem wachsenden Alter der Kinder zusammenhängen, mit dem eine Lockerung und Verschiebung der Verpflichtungen verbunden ist, oder andererseits mit der sich wandelnden normativen Einstellung der Gesellschaft zur Rolle des Mannes bei der Betreuung von Kindern.

Das Szenario ist ein fiktives, denn es geht nicht darum, ob man den Typus 4 in der Tat durch die so operationalisierte Form einer Alltagsheuristik erklären kann, vielmehr wird deutlich, wie in vielen Fällen Erklärungen in den Sozialwissenschaften konstruiert werden. Sicherlich ist es häufig völlig unproblematisch, ohne weitere empirische Abstützung erklärende Variablen zur Interpretation einzusetzen. Aber gerade das obige Beispiel zeigt, dass damit die Gefahr von Fehlschlüssen verbunden sein kann. Was also fehlt, ist eine Analyse der Handlungssituation und der Handlungsintentionen der beteiligten Akteure. Die „Warum"-Frage, die gemeinhin mit einer oder mehreren erklärenden Variablen abgehandelt wird, muss hier explizit gestellt und mittels eigener Analysen beantwortet werden. Die Interpretation der Zusammenhänge zwischen Variablen reicht nicht aus, sie hängt quasi im Raum, ohne dass sie sich auf konkretes empirisches Material stützt und wird damit letztendlich zu einer Glaubensfrage (vgl. auch Kelle/Erzberger in diesem Band). Um das zu vermeiden, ist die Anwendung qualitativer Methoden häufig unumgänglich. D.h. die durch eine quantitative Analyse der Lebensverläufe ermittelten Typen sind durch qualitativ erhobene Interpretationen und Deutungen zu ergänzen, denn nur dadurch können zutreffende Erklärungen für die statistischen Verteilungen entwickelt werden. Die Unsicherheit der Datierungen und die Prozesshaftigkeit von Trennungen und Übergängen lassen vermuten, dass Methoden benötigt werden, die biografisch bedingte Unschärfen bearbeiten können. Bezogen auf den Sequenztypus 4 könnten in qualitativen Interviews - unter Berücksichtigung der Gepflogenheiten der damaligen Zeit und der konkreten Situation der Akteure - jene Aushandlungs- und Auseinandersetzungsprozesse zwischen den Eheleuten thematisiert werden, mit denen sie die Übernahme von Betreuungsarbeiten geregelt haben.

Die Einbeziehung qualitativer Verfahren gilt selbstverständlich nicht nur für den Sequenztypus 4, sondern in gleichem Maße für alle anderen Sequenztypen. Auch sie sind „untererklärt", d.h. die Frage, warum sie sich so darstellen, ist in keinem Fall hinreichend zu beantworten. In einigen Fällen sind Hinweise auf Interpretationsmöglichkeiten vorhanden, die aber für adäquate Erklärungen nicht ausreichen. Es bleibt eine Erklärungslücke, die nur durch eine Erhebung neuen empirischen Materials geschlossen werden kann, das einen Zugang zu der Ebene der subjektiven Sichtweisen der individuellen Akteure ermöglicht.[4]

5. Schluss

Das vorliegende Beispiel sollte deutlich machen, dass den „Ereignissen", die die zentralen Daten für quantitative Analysen von Lebensverläufen darstellen, die eigentlich interessierenden Handlungen oft nur schwer zuzuordnen sind. Dieses ist sicherlich auch nicht weiter verwunderlich, da komplexe soziale Prozesse und soziale Interaktionen nicht umstandslos zum Gegenstand kausaler Analysen von einfach zu messenden Ereigniszusammenhängen gemacht werden können. Vielmehr werden sie oft durch „schleichende" Prozesse, für die es keine klar definierbaren Anfangs- und Endpunkte mehr gibt, strukturiert. Die fehlende Datierbarkeit vieler Phasen im

---

4 Leider muss es an dieser Stelle bei der Forderung nach dem Einsatz qualitativer Instrumente bleiben, da auf Grund des inhaltlich nicht auf die Thematik der Alleinerziehung ausgerichteten Projektinteresses eine entsprechende Datenerhebung qualitativen Materials - das zur Erklärung der Sequenztypen hätte entscheidend beitragen können - unterblieben ist.

Lebenslauf führt dann dazu, dass Ereignisse die gesamten Phasen oft nicht vollständig erklären können. Darüber hinaus, und auch dieses zeigt das Beispiel der Alleinerziehung, stellt sich die Fixierung auf die Wirkung von Ereignissen selber als ein Problem dar, wenn die Wirkungen durch sehr unterschiedliche Ereignisse hervorgerufen werden können. In diesen Fällen ist zunächst die Frage zu beantworten, was denn die Alleinerziehung überhaupt ausgelöst hat. In vielen Fällen kann die Antwort nicht eindeutig sein, vielmehr wird es eine Spannbreite von Möglichkeiten geben, die je nach Interaktionen mit dem oder den Partnern zu unterschiedlichen Prozessen mit ebenso unterschiedlichen Lösungen führt. Bevor also über Auswirkungen von Ereignissen überhaupt nachgedacht werden kann, müssen zunächst die Ereignisse selber ermittelt werden. „Ereignis" kann in diesem Zusammenhang durch den Begriff „Erklärung" ersetzt werden, denn in jedem Fall wird mit einer sozialwissenschaftlichen Analyse das Ziel verfolgt, die Handlungen individueller Akteure zu erklären und dadurch verstehbar zu machen. Dabei ist es zunächst grundsätzlich unerheblich, ob die Erklärungskraft aus einer vorhandenen Variable geschöpft wird oder aus zusätzlichem Material über die Handlungsintentionen der Personen. „Variablenerklärungen" allerdings sollten mit Vorsicht behandelt werden, denn das Vertrauen in „einfache" kausalanalytische Effektermittlungen ist nicht immer gerechtfertigt. Die Möglichkeit von Fehlschlüssen wird durch vorschnellen und leichtfertigen Rückgriff auf die „Gewohnheitsheuristik des Alltagswissens" in Gestalt erklärender Variablen zumindest begünstigt.

Gelten diese Ausführungen allgemein für soziologische Untersuchungen, so gelten sie für das Feld der Lebenslaufforschung im Besonderen. Hier zeigt sich die Notwendigkeit der Verwendung entdeckender, explorativer Verfahren außerordentlich deutlich, denn es verschränken sich nicht nur unterschiedliche Ebenen des Lebens (z.B. Erwerbsarbeit, Familie, Betreuung, Krankheit usw.) innerhalb des Lebensverlaufs einer Person, sondern auch zwischen den Verläufen unterschiedlicher Personen (Partner, Eltern, Kinder usw.). Verwerfungen in dem Lebensverlauf einer Person können so zu Folgen für den Lebensverlauf einer anderen führen. Die Krankheit des Ehemannes kann z.B. die Erwerbsarbeit der Ehefrau beeinflussen, wobei die Einflussrichtung unterschiedlich sein kann: Einschränkung von Erwerbsarbeit, um Pflegearbeiten leisten zu können, oder Ausweitung der Erwerbsarbeit, um finanzielle Verluste auszugleichen. Neben diesen Interdependenzen, die sich aus einer solchen Verschränkung von Lebensverläufen ergeben, kann es auch zu einseitigen Beeinflussungen durch andere gesellschaftliche Institutionen kommen. Kindergartenöffnungszeiten, Arbeitszeitregelungen, Regelungen zu Mutterschaft und gesetzliche Voraussetzungen für den Erhalt von Rentenansprüchen haben Einfluss auf die Lebensverläufe der Individuen. Anders als bei Partnerverläufen z.B., bei denen die individuellen Akteure aktiv Einfluss auf die Situation nehmen können, werden sie von solchen institutionellen Einflüssen oft in eine rein passive Rolle gedrängt (vgl. Krüger

2001). Insgesamt also bilden in der Lebenslaufforschung interpersonale Verschränkungen individueller Lebensläufe zusammen mit gesellschaftlichen Regelungen oft eine unübersichtliche Gemengelage, die, je nach Fragestellung, durch die einfache Zuordnung von Ereignissen zu beobachteten Handlungen nicht mehr erklärbar ist. Dieses erfordert zum einen ereignisunabhängige, explorative Verfahren zur Aufschlüsselung von Längsschnittdaten und zum anderen die Anwendung qualitativer Methoden, die helfen, für diese quantitativ ermittelten Ergebnisse Erklärungen auf der Basis der Interpretationen der Akteure zu formulieren. Quantitative und qualitative Methoden stellen sich in der Lebenslaufforschung nicht daher als „entweder" „oder" dar, sondern die Integration beider Richtungen der Sozialforschung sollte integraler Bestandteil lebenslaufforscherischen Handelns sein.

Literatur

Abbott, Andrew (1990): Conceptions of Time and Events in Social Science Methods. In: Historical Methods 4/90, 140-150

Abbott, Andrew/Hrycak, Alexandra (1990): Measuring Resemblance in Sequence Data: An Optimal Matching Analysis of Musicians Careers. In: American Journal of Sociology 1/90, 144-185

Aisenbrey, Silke (2000): Optimal Matching Analysis. Opladen: Leske und Budrich

Bird, Katherine/Born, Claudia/Erzberger, Christian (2000): Ein Bild des eigenen Lebens zeichnen. Der Kalender als Visualisierungsinstrument zur Erfassung individueller Lebensverläufe. Arbeitspapier Nr. 59 des Sfb186, Universität Bremen

Blossfeld, Hans-Peter/Rohwer, Götz (1995): Techniques of Event History Modeling. New Approaches to Causal Analysis. Mahwah und New Jersey: Lawrence Erlbaum Associates

Born, Claudia (2000): Erstausbildung und weiblicher Lebenslauf. Was (nicht nur) junge Frauen bezüglich der Berufswahl wissen sollten. In: Heinz, W. R. (Hrsg.): Übergänge: Individualisierung, Flexibilisierung und Institutionalisierung des Lebensverlaufs. 3. Beiheft der Zeitschrift für Soziologie der Erziehung und Sozialisation, Weinheim: Juventa, 50-65

Born, Claudia (2001): Modernisierungsgap und Wandel. Angleichung geschlechtsspezifischer Lebensläufe? In: Born, C./Krüger, H. (Hrsg.): Individualisierung und Verflechtung. Geschlecht und Generation im deutschen Lebenslaufregime. Weinheim/München: Juventa

Born, Claudia/Erzberger, Christian (1999): Räumliche Mobilität und Regionalstichprobe. Zum Zusammenhang von Regionalität und Repräsentativität in der Lebenslaufforschung. Arbeitspapier Nr. 58 des Sfb 186, Universität Bremen

Erzberger, Christian (2001): Sequenzmusteranalyse als fallorientierte Analysestrategie. In: Sackmann, R./Wingens, M. (Hrsg.): Strukturen des Lebenslaufs: Übergang, Sequenz, Verlauf. Weinheim/München: Juventa

Erzberger, Christian/Prein, Gerald (1997): Optimal-Matching-Technik: Von der Schwierigkeit weibliches Leben zu ordnen. In: ZUMA-Nachrichten 40/97, 52-80

Esser, Hartmut (1993): Soziologie. Allgemeine Grundlagen. Frankfurt am Main und New York: Campus

Faulbaum, Frank (1991): Von der Variablensoziologie zur empirischen Evaluation von Handlungsparadigmen. In: Esser, H./Troitzsch, K. G. (Hrsg.): Modellierung sozialer Prozesse. Bonn: Informationszentrum Sozialwissenschaften, 111-138

Kelle, Udo/Lüdemann, Christian (1995): „Grau, teurer Freund, ist alle Theorie..." Rational Choice und das Problem der Brückenannahmen. In: Kölner Zeitschrift für Soziologie und Sozialpsychologie 2/95, 249-267

Krüger, Helga (2001): Geschlecht, Territorien, Institutionen. Beitrag zu einer Soziologie der Lebenslauf-Relationalität. In: Born, C./Krüger, H. (Hrsg.): Individualisierung und Verflechtung. Geschlecht und Generation im Lebenslaufregime. Weinheim/München: Juventa

Lutz, Burkart (1984): Der kurze Traum immer währender Prosperität: Eine Neuinterpretation der industriell-kapitalistischen Entwicklung im Europa des 20. Jahrhunderts. Frankfurt am Main: Campus

Nauck, Bernhard (1991): Familien- und Betreuungssituationen im Lebenslauf von Kindern. In: Bertram, H. (Hrsg.): Die Familie in Westdeutschland. Stabilität und Wandel familialer Lebensformen. Opladen: Leske und Budrich, 389-428

Nave-Herz, Rosemarie (1988): Zeitgeschichtlicher Bedeutungswandel von Ehe und Familie in der Bundesrepublik Deutschland. In: Nave-Herz, R./Markefka, M. (Hrsg.): Handbuch der Familien und Jugendforschung, Band 1: Familienforschung. Neuwied und Frankfurt am Main: Luchterhand, 211-222

Rossman, Gretchen/Wilson, Bruce L. (1985): Numbers and Words. Combining Quantitative and Qualitative Methods in a Single-Scale Evaluation Study. In: Evaluation Review 5/85, 627-643

Sackmann, Reinhold/Wingens, Matthias (2001): Theoretische Konzepte des Lebenslaufs: Übergang, Sequenz, Verlauf. In: Sackmann, R./Wingens, M. (Hrsg.): Strukturen des Lebenslaufs: Übergang, Sequenz, Verlauf. Weinheim/München: Juventa

Petra Buhr, Christine Hagen

Die subjektive Bedeutung von Sozialhilfeverläufen

Einleitung

Seit Ende der 1980er Jahre ist die deutsche sowie internationale Armutsforschung „in Bewegung" geraten. Dominierte bis dahin eine eher „statische", auf Querschnittsuntersuchungen basierende Betrachtungsweise von Armut, gewinnt seither eine „dynamische" Perspektive an Bedeutung, die den Faktor Zeit systematisch berücksichtigt. Im Mittelpunkt steht nicht mehr die punktuelle Querschnittsbetrachtung von Armut, sondern die Untersuchung von Armut im Verlauf. Eine der ersten Studien in Deutschland, in der ein solcher dynamischer Ansatz umgesetzt und weiterentwickelt wurde, ist das Projekt „Sozialhilfekarrieren" im Bremer Sonderforschungsbereich 186. In diesem Projekt wurde ein „Mehrmethodenansatz" verfolgt, der sowohl quantitative als auch qualitative Methoden beinhaltet.[1]

Im Mittelpunkt der quantitativen Untersuchungen standen die zeitlichen Muster des Sozialhilfebezugs: Häufigkeit und Dauer von Sozialhilfeepisoden, Einstiege in den und Ausstiege aus dem Sozialhilfebezug, Ursachen von Beginn und Ende des Sozialhilfebezugs sowie Einflussfaktoren auf die Bezugsdauer wurden untersucht. Ein qualitativer Untersuchungsteil erweiterte diese Verlaufsbetrachtung um den Handlungsaspekt. Die individuelle Bedeutung und der Umgang mit der Sozialhilfebedürftigkeit sowie subjektive Zeitperspektiven standen hierbei im Mittelpunkt. Dabei wurde - einmal retrospektiv und einmal prozessbegleitend - gefragt, wie die Betroffenen den Sozialhilfebezug subjektiv bewerten und welche Problemwahrnehmungen, Handlungsorientierungen und Bewältigungsstrategien sie haben.[2]

---

[1] Zu den Ergebnissen dieses Projektes vgl. insbesondere Buhr 1995, Leibfried et al. 1995, Ludwig 1996, Leisering/Leibfried 1999. Zur internationalen dynamischen Armutsforschung vgl. z.B. Bane/Ellwood 1994 und Leisering/Walker 1998.

[2] Ein weiterer qualitativer Untersuchungsteil des Projektes „Sozialhilfekarrieren", auf den in diesem Beitrag allerdings nicht weiter eingegangen wird, stellt eine Expertenbefragung in der Sozialverwaltung dar. Im Mittelpunkt stehen die Zeit- und Handlungsorientierungen der Mitarbeiter im Rahmen der Politik der Ausstiegsförderung in Deutschland sowie Schweden im Zeitraum von 1990 bis 1999. Die Analysen sind noch nicht abgeschlossen, erste Ergebnisse, zumindest für die Entwicklung in Deutschland, sind jedoch bei Schwarze (2001) nachzulesen.

Ziel unseres Beitrags ist es, die Vorteile dieses methodenintegrierenden Forschungsansatzes aufzuzeigen. Besonderes Augenmerk gilt hierbei den Ergebnissen des qualitativen Untersuchungsteils, die unterschiedliche Aspekte von Sozialhilfeverläufen beleuchten und zu einer Relativierung der Ergebnisse der quantitativen Untersuchungen beitragen. Wir werden zeigen, dass die objektiven Verläufe und Ereignisse durch subjektiv-biografische Aspekte überformt und relativiert werden. Dies stellt nicht nur für die soziologische Konzeptualisierung von Armut einen Erkenntnisgewinn dar, sondern kann ebenso hilfreich für die Entwicklung sozialpolitischer Maßnahmen sein.

Wir beginnen mit einer kurzen Darstellung des Designs der einzelnen Forschungsansätze des Projektes „Sozialhilfekarrieren" sowie einiger wichtiger Teil-Ergebnisse der quantitativen und der qualitativen Untersuchungsteile. Daran anschließend werden die subjektiven Relevanzsetzungen und Deutungsmuster der Sozialhilfebeziehenden genauer dargestellt und mit den Ergebnissen der quantitativen Analysen kontrastiert. Der Fokus liegt hierbei erstens auf der subjektiven Bedeutung der objektiven Bezugsdauer und zweitens auf der subjektiven Bedeutung des Ausstiegs aus der Sozialhilfe. Abschließend erfolgen eine kurze Zusammenfassung sowie einige soziologische, sozialpolitische und methodische Schlussfolgerungen.

1. Das Forschungsdesign des Projekts Sozialhilfekarrieren

Die Forschungsansätze der quantitativen und qualitativen Teilstudien des Projektes „Sozialhilfekarrieren" werden in Abbildung 1 skizziert.

Abb. 1: Quantitative und qualitative Forschungsansätze des Projektes „Sozialhilfekarrieren"

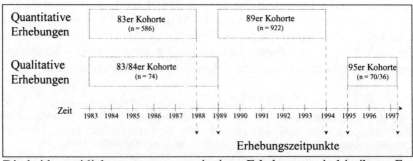

Die beiden zeitlich versetzten quantitativen Erhebungen sind in ihrem Forschungsdesign identisch und erlauben somit einen Vergleich bzw. Aussagen über mögliche Veränderungen vor allem in Bezug auf die Dauer und Verlaufsstruktur des Hilfebezugs von den 1980er auf die 1990er Jahre. Dagegen unterscheiden sich die beiden qualitativen Erhebungen des Projektes in ihrem Forschungsdesign sowie in ihren analytischen Schwerpunktsetzungen. Wie in diesem Beitrag gezeigt wird, können sie die Ergebnisse der quantitativen Erhebungen in zwei zentralen Aspekten ergänzen.

Abb. 2: Dauer des Sozialhilfebezugs - Zugangskohorten 1983 und 1989

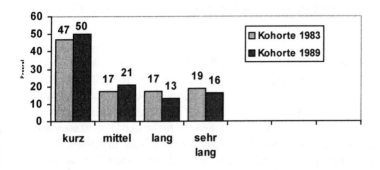

Anmerkung: Ausgewiesen ist die „Bruttodauer", d.h. die Dauer des Sozialhilfebezugs einschließlich Unterbrechungen.
Datenbasis: Bremer 10%-Längsschnittstichprobe von Sozialhilfeakten; Senator für Gesundheit, Jugend und Soziales, Bremen; Zentrum für Sozialpolitik und Sfb 186, Universität Bremen.

Grundlage der quantitativen Teilstudie war eine repräsentative Stichprobe von Sozialhilfeakten in der Stadt Bremen. Hieraus wurden zwei Zugangskohorten untersucht, nämlich Neuantragsteller der Jahre 1983 und 1989. Bei beiden Kohorten wurden die Wege in die, durch die und aus der Sozialhilfe jeweils über fünf Jahre anhand ihrer Akten rekonstruiert. Eine wichtige Frage, die bis dahin nicht zuverlässig beantwortet werden konnte, war, wie lange Personen auf Sozialhilfe angewiesen sind und wie hoch der Anteil von Kurz- und Langzeitbeziehern ist. Eine eindeutige Definition von Kurz- und Langzeitbezug gibt es nicht (vgl. genauer Buhr 1995, 109 ff.). Häufig werden Personen, die länger als ein Jahr Sozialhilfe beziehen, ohne weitere Abstufung als Langzeitbezieher klassifiziert. Auch in der Arbeitslosenforschung und -statistik wird ab einer Dauer von einem Jahr von Langzeitarbeitslosigkeit gesprochen. Dieser Vorgehensweise wurde im Projekt „Sozialhilfekarrieren" nicht gefolgt. Denn anzunehmen, dass Personen, die beispielsweise für eineinhalb Jahre und solche, die länger als fünf Jahre Sozialhilfe bezogen haben, etwa hinsichtlich der Folgen von Sozialhilfebezug eine homogene Gruppe darstellen, scheint in hohem Maße unplausibel. Stattdessen wurden in Anlehnung an Hauser und Hübinger (1993) vier objektive Zeittypen unterschieden: kurze Dauer (bis zu einem Jahr), mittlere Dauer (ein bis drei Jahre), lange Dauer (drei bis fünf Jahre) und sehr lange Dauer (mehr als fünf Jahre).[3] Die Ergebnisse sprechen dafür, dass Sozialhil-

---

[3] Bei den genannten vier Typen handelt es sich um relativ einfache Zeittypen, die allein auf der Bezugsdauer beruhen. Darüber hinaus wurden im Projekt „Sozialhilfekarrie-

feverläufe häufig nur von kurzer Dauer sind und der Anteil von Langzeitbeziehern geringer ist, als häufig angenommen wird: So ist etwa die Hälfte der Neuzugänge nach längstens einem Jahr wieder aus dem Bezug ausgeschieden und ungefähr ein Fünftel erhält länger als fünf Jahre Sozialhilfe (vgl Abbildung 2). Der Vergleich der beiden Zugangskohorten zeigt zudem, dass sich die Bezugsdauer zwischen Anfang und Ende der 1980er Jahre nicht erhöht hat.

Im Projekt „Sozialhilfekarrieren" ging es jedoch von vornherein nicht allein darum, objektive Daten zum Sozialhilfeverlauf zu erheben. Vielmehr sollte auch untersucht werden, wie die Betroffenen mit dem Sozialhilfebezug umgehen, ob insbesondere längerfristiger Sozialhilfebezug zu Passivität und Verlust der Handlungsfähigkeit führt oder ob die Sozialhilfe auch Autonomiespielräume eröffnen kann. Die subjektive Sicht der Betroffenen ist den Sozialhilfeakten, die die Grundlage der quantitativen Erhebung bildeten, nicht zu entnehmen, so dass hierzu andere Verfahren zum Einsatz kommen mussten. Andere quantitative Verfahren, etwa eine standardisierte Befragung, kamen ebenfalls nicht in Frage, denn es handelte sich um ein bis dato wenig erforschtes Untersuchungsfeld, so dass kaum Hypothesen über die subjektive Bewertung des Sozialhilfebezugs vorlagen, die in die Fragebogenentwicklung hätten eingehen können. In den wenigen Studien, in denen die subjektive Sichtweise von Sozialhilfeempfängern bisher untersucht worden ist, stehen bestimmte Gruppen, z.B. Langzeitarbeitslose oder Bewohner von Obdachlosensiedlungen im Mittelpunkt (z.B. Lompe 1987; Hess/Mechler 1973). Deren Erfahrungen können aber nicht ohne weiteres auf andere Gruppen von Sozialhilfeempfängern übertragen werden. Angesichts der Heterogenität der Untersuchungsgruppe war deshalb ein offenes, qualitatives Erhebungsverfahren der einzig mögliche Weg, die subjektive Bedeutung des Sozialhilfebezugs angemessen zu erheben. Im Projekt „Sozialhilfekarrieren" wurden deshalb zusätzlich zur Aktenanalyse problemzentrierte Interviews (vgl. Witzel 1989) mit Sozialhilfebeziehenden und ehemaligen Beziehenden durchgeführt.

Die erste qualitative Teilstudie (der 1983/1984er Kohorte) ist eng an das Design der quantitativen Erhebung angelegt. Im Jahre 1989 wurden 74 Personen, die 1983 bzw. 1984 erstmals Sozialhilfe beantragt hatten (erweitert um Personen, die in einem Schneeballverfahren kontaktiert wurden), retrospektiv zu ihren Erfahrungen mit der Sozialhilfe befragt. Zum Zeitpunkt des Interviews im Jahre 1989 - also etwa sechs Jahre nach Beginn des Sozialhilfebezugs - befand sich erwartungsgemäß ein großer Teil der Befragten nicht mehr im Sozialhilfebezug. Es zeigte sich, dass Armutsphasen eine sehr unterschiedliche biografische Bedeutung haben können und Sozialhilfebeziehende weit handlungsfähiger sind als herkömmlich angenommen.

---

ren" noch komplexere Verlaufstypen gebildet, bei denen auch die Kontinuität bzw. Diskontinuität des Bezugs berücksichtigt wurde (vgl. Buhr 1995, 112 ff.).

Viele Personen unternehmen aktive Versuche, der Armut zu entkommen. Es gibt aber auch eine kleine Gruppe multipel benachteiligter Personen, bei denen sich die Armutskarriere verfestigt hat oder zu verfestigen droht.

Bei der zweiten qualitativen Teilstudie handelt es sich um eine Längsschnittuntersuchung in zwei Wellen („qualitatives Panel"). Auch in dieser Studie wurden Neuantragsteller, diesmal des Jahres 1995, befragt. Die erste Befragung erfolgte kurz nach dem Beginn des Sozialhilfebezugs, die zweite fand etwa zweieinhalb Jahre später statt. Im Unterschied zur ersten Untersuchung, in der die Betroffenen zumeist retrospektiv über ihre Erfahrungen mit der Sozialhilfe berichteten, konnten Problemwahrnehmungen und Handlungsorientierungen hier prozessbegleitend beobachtet werden. In der ersten Welle wurden 70 Interviews durchgeführt. 36 Interviewpartner konnten für ein Zweitinterview gewonnen werden. Auch hier hatte erwartungsgemäß ein großer Teil der Betroffenen den Sozialhilfebezug zum Zeitpunkt der zweiten Befragung bereits wieder beendet; lediglich sieben Personen bezogen noch oder wieder Sozialhilfe. Die Ergebnisse der ersten qualitativen Teilstudie können durch das qualitative Panel bestätigt werden. Zudem zeigt sich, dass objektiv ähnliche Situationen individuell unterschiedlich bewertet werden und dass sich Ausgrenzungsprozesse, die häufig ausschließlich anhand verschiedener objektiver Armutsindikatoren gemessen werden, auf der subjektiven Ebene widersprüchlich darstellen. So ist z.B. Ausgrenzung nicht als linearer Abstiegsprozess zu denken, sondern vollzieht sich vielmehr in „ups and downs" innerhalb von Karrieren (vgl. Hagen/Niemann 2000).

2. Zur Überformung objektiver Verläufe durch subjektiv-biografische Aspekte

Im Folgenden werden wir zeigen, inwiefern die subjektiven Relevanzsetzungen und Deutungsmuster der Sozialhilfebeziehenden, die in den beiden qualitativen Studien beleuchtet werden, die Ergebnisse der quantitativen Analysen zu Sozialhilfeverläufen relativieren. Wir konzentrieren uns dabei auf zwei Aspekte: Erstens wird die *subjektive Bedeutung der objektiven Bezugsdauer* (2.1) untersucht. Zweitens wird nach der *subjektiven Bedeutung des Ausstiegs* (2.2) aus der Sozialhilfe gefragt.

2.1 Die subjektive Bedeutung der objektiven Bezugsdauer

Die Frage, wie die Zeit des Sozialhilfebezugs subjektiv bewertet wird, verweist auf den Zusammenhang zwischen der Dauer und den Folgen von Armut.

Häufig wird angenommen, dass die Dauer einen erheblichen Einfluss darauf hat, welche Auswirkungen Armut und Sozialhilfebezug für die Betroffenen haben. Die Folgen von Armut sollen sich mit der Zeit verschlimmern und so das Entkommen aus der Armut erschweren:

„Die Situation macht, wenn sie andauert, passiv und resistent gegen Veränderungen. Man wird zunehmend unselbständig, hat Ohnmachts- und Abhängigkeitsgefühle, sieht sich als Opfer." (Strang 1985, 204; vgl. auch Caritasverband 1987)

Langzeitarmut gilt von daher als stark belastend, während kurzzeitige Armut als relativ unproblematisch angesehen wird:

„Eine kurzzeitig anhaltende Ressourcenknappheit ebenso wie ein kurzzeitiges Unterschreiten einzelner Mindeststandards kann leichter ertragen werden als ein langfristiges Unterschreiten, d.h. eine über mehrere Jahre oder über ganze Lebensphasen (...) anhaltende Armutslage." (Hauser/ Hübinger 1993, 70)

Es sind jedoch Zweifel angebracht, ob der Zusammenhang zwischen der Dauer und den Folgen von Armut tatsächlich so eindeutig ist, wie von diesen und anderen Autoren angenommen, zumal in den meisten deutschen Armutsstudien bis Mitte der 1990er Jahre bei der Beschreibung der Lebenslage von Sozialhilfebeziehenden gar nicht systematisch nach der Dauer des Bezugs differenziert wurde. Auch in der angelsächsischen Armutsforschung ist noch weitgehend ungeklärt, welchen Einfluss die Dauer auf die Auswirkungen von Armut hat: *„The precise nature of the relationship between the duration of poverty and well-being is open to question."* (Ashworth/Walker 1991, 26) Dabei wird nicht ausgeschlossen, dass auch Kurzzeitarmut subjektiv bedeutsam und belastend sein kann, und auch die Kontinuität oder Diskontinuität könnte für den Grad der Belastung eine Rolle spielen: Möglicherweise werden längere instabile Einkommensverläufe, bei denen Phasen der Armut und der Nicht-Armut abwechseln, als belastender empfunden als eine einzige längere, aber kontinuierliche Armutsepisode. Schließlich hat auch die Forschung über Arbeitslosigkeit gezeigt, dass die Belastungen nicht linear mit der Dauer der Arbeitslosigkeit zunehmen müssen (vgl. Buhr 1995, 93 ff.). Einige Folgen treten bereits bei kürzerer Arbeitslosigkeit auf, und Belastungen sind bei längerer Arbeitslosigkeit nicht grundsätzlich größer als bei kurzer.

Eine empirische Überprüfung, ob Langzeitsozialhilfebezug immer problematisch ist und stark belastet, steht also noch aus. Im Projekt „Sozialhilfekarrieren" soll deshalb der Zusammenhang zwischen der Dauer und den Folgen von Sozialhilfebezug durch die Verknüpfung objektiver und subjektiver Daten erstmals systematisch überprüft werden. Dabei stehen zwei Aspekte im Mittelpunkt: subjektive Zeitperspektiven von Sozialhilfeempfängern und biografische Bilanzierungen.

Die aufgeworfenen Fragen werden auf der Grundlage von 74 Interviews mit Sozialhilfebeziehenden und ehemaligen Beziehenden der Zugangskohorte 1983/84 untersucht:

- Im *ersten Schritt* wird gefragt, ob es subjektive Annahmen über die Dauer des Bezugs gibt und ob sich insoweit unterschiedliche „subjektive Zeittypen" unterscheiden lassen.

- Im *zweiten Schritt* wird überprüft, in welchem Zusammenhang objektive Bezugsdauer und subjektive Zeitannahmen stehen. Hypothetisch könnten beide Dimensionen auseinander klaffen: Objektive Kurzzeitbezieher könnten bereits resigniert haben und subjektiv Langzeitbezieher sein; umgekehrt könnten objektive Langzeitbezieher den Sozialhilfebezug - aus welchen Gründen auch immer - subjektiv als kurz oder vorübergehend ansehen.

- Im *dritten Schritt* wird gefragt, wie die Betroffenen die Zeit des Sozialhilfebezugs im Kontext ihres bisherigen Lebenslaufs bilanzieren. Vor dem Hintergrund unterschiedlicher Lebenserfahrungen, von Ereignissen in anderen Lebensbereichen und möglicher Alternativen zur Sozialhilfe ergeben sich möglicherweise je spezifische Gewichtungen und Relativierungen.

2.1.1 Die subjektiven Zeittypen

Grundlage für diese Typenbildung sind rückblickende Einschätzungen der Dauer des Sozialhilfebezugs durch die Befragten sowie Zukunftspläne und die Thematisierung von möglichen Wegen aus der Sozialhilfe. Hierbei ist zwischen Personen, deren Bezug zum Zeitpunkt des Interviews bereits abgeschlossen ist, und Befragten im laufenden Bezug zu unterscheiden: Bei Personen mit abgeschlossenem Bezug beruht die Typenbildung darauf, wie die Betroffenen die Zeit ihres Sozialhilfebezugs retrospektiv bewerten. Bei laufenden Beziehern ist der Bezugsrahmen der subjektiven Zeitperspektiven unterschiedlich: Retrospektiv wird die bisherige Bezugsdauer bewertet. Prospektiv werden die Chancen zum Ausstieg aus der Sozialhilfe und damit die „zukünftige" Bezugsdauer, der Zeitraum, über den voraussichtlich noch Sozialhilfe bezogen wird, zum Thema gemacht.

Der Sozialhilfebezug wird von den Betroffenen in zeitlicher Hinsicht unterschiedlich bewertet. Dabei lassen sich insbesondere zwei subjektive Zeittypen erkennen: Subjektive Überbrücker (33 Fälle) und subjektive Langzeitbezieher (23 Fälle). Daneben gibt es auch den Typ des „missglückten Überbrückers" (6 Fälle). 12 Fälle können keinem Zeittyp zugeordnet werden.[4]

---

[4] Bei sieben Befragten - es handelt sich überwiegend um objektive Langzeitbezieher mit mehreren Bezugszeiträumen - konnte keine ausdrückliche zeitliche Bewertung des Sozialhilfebezugs ausgemacht werden („Indifferente"). Zwei Personen haben einen

I. Subjektive Überbrücker
Subjektive Überbrücker sehen den Sozialhilfebezug ausdrücklich als vorübergehende, befristete Phase im Lebenslauf an. Dabei lassen sich fünf Untertypen unterscheiden:

(1.) Überbrückung, bis vorrangige Leistungen einsetzen oder wieder einsetzen
Diese Befragten beziehen Sozialhilfe, bis Leistungen vorrangig verpflichteter Träger einsetzen oder wieder einsetzen, z.b. Zahlungen der gesetzlichen Rentenversicherung oder Arbeitslosengeld. In den quantitativen Analysen werden diese Fälle als „Wartefälle" bezeichnet.

„Und die Überbrückung, war das ja nur eine Überbrückung, bis das Arbeitslosengeld kam." (Fall 89_71)[5]

(2.) Überbrückung, bis ein zeitlich genau feststehendes Ereignis eintritt
Diese Befragten warten ebenfalls, aber nicht auf die Auszahlung beantragter Leistungen, sondern auf den Beginn eines Studiums, einer Umschulung oder einer anderen Ausbildung.

„Ich habe sieben Semester studiert und das siebte Semester war im Frühling zu Ende, und das Anerkennungsjahr fing im Herbst an. Und in der Zeit habe ich Sozialhilfe bezogen." (Fall 89_44)

(3.) Überbrückung, bis ein zwar absehbares, aber zeitlich nicht genau feststehendes Ereignis eintritt
Bei diesen Befragten steht zu Beginn des Sozialhilfebezugs nicht genau fest, wann sie den Bezug wieder beenden werden, weil nicht absehbar ist, wann das zugrunde liegende Problem behoben sein wird. Sie bewerten ihre Notlage jedoch als vorübergehend und haben die Perspektive zu überbrücken.

„Ich wusste, dass das nur ein vorübergehend(er Zustand) war. Also, dass ich auch wieder gesund würde soweit und dass ich dann wieder arbeiten konnte." (Fall 89_1)

(4.) Überbrückung während einer Phase der biografischen Neuorientierung
Die Befragten sind an einem Punkt in ihrem Leben angekommen, an dem sie sich neu orientieren wollen oder müssen, z.B. nach einer Scheidung oder

---

Antrag auf überbrückende Sozialhilfe gestellt, aber keine Sozialhilfe erhalten („verhinderte Überbrücker"). Schließlich gab es drei Befragte, die im Interview angaben, nie Sozialhilfe bezogen zu haben („subjektive Nichtbezieher").

5 Die Ziffern vor dem Unterstrich verweisen darauf, aus welcher qualitativen Untersuchung die Interviews stammen. „89" bedeutet dabei, dass es sich um Interviews aus der ersten qualitativen Studie handelt, die 1989 geführt wurden. Die Interviews des qualitativen Panels sind an der Zahl „97" zu erkennen. Bei den Ziffern nach dem Unterstrich handelt es sich um die laufende Nummer des Interviews.

einem Ausbildungsabbruch. In dieser Orientierungsphase sind sie für einen möglicherweise längeren, aber begrenzten Zeitraum auf Sozialhilfe angewiesen.

„Und irgendwann kam ich dann, an sich auch durch Gespräche mit Freunden, und mit meiner Mutter, dahin zu sagen, meine Güte, ich kann auch mal ein Jahr nichts machen, das ist kein Weltuntergang. Das Recht kann ich mir eigentlich mal nehmen. Und dann langsam rausfinden, was will ich denn wirklich. Und das ist ja auch geglückt." (Fall 89_8)

(5.) Überbrückung für die Phase der Kindererziehung
Hierbei handelt es sich vor allem um Alleinerziehende, die Sozialhilfe beziehen, weil sie ihre Kinder selbst erziehen wollen oder mangels geeigneter Kinderbetreuungsmöglichkeiten selbst versorgen müssen. Die Frauen sehen den Sozialhilfebezug als befristet an, bis die Kinder älter geworden sind. Sie wollen dann wieder in den Beruf einsteigen oder eine Ausbildung beginnen oder fortsetzen.

„Weil ich hatte ja auch gleich gesagt, wenn die Kinder in den Kindergarten gehen, dass ich wieder arbeiten gehen werde. Ich will nicht mein ganzes Leben vom Sozialamt leben." (Fall 89_36)

Einige Frauen bewerten dabei auch objektiv sehr lange Bezugszeiten als Überbrückungsphase:

„Es ist ja auch nur eine Übergangsphase. Auch wenn es bei mir acht oder zwölf Jahre sind. Selbst die überbrücke ich gut. Das geht." (Fall 89_27)

II. Subjektive Langzeitbezieher
Subjektive Langzeitbezieher sind Personen, die sich - mangels anderer Alternativen oder aus Bequemlichkeit - auf ein längerfristiges Leben mit Sozialhilfe eingerichtet haben oder sich ein solches vorstellen können. Dabei lassen sich drei Untertypen unterscheiden.

(1.) Bewusste oder freiwillige Langzeitbezieher
Bei dieser - kleinen - Gruppe handelt es sich um Befragte, die einen wiederkehrenden oder (lebens-)langen Bezug von Sozialhilfe nicht ausschließen, weil sich dies für sie als bessere Alternative im Vergleich zu Erwerbsarbeit oder Versorgung über eine Partnerschaft darstellt.

„Dann bräuchte ich nie wieder arbeiten gehen, weil ich dann mit der Sozialhilfe und mit dem, was ich auf dem Flohmarkt oder auf irgendwelchen Märkten verdienen könnte, ... , könnte man sich echt noch ein gutes, gutes Sümmchen nebenbei verdienen, denke ich so." (Fall 89_45)

(2.) Quasi automatischer Langzeitbezug bei Aufstockern von Rente
Hierbei handelt es sich um Personen, die Sozialhilfe beziehen und weiter beziehen werden, weil ihre Rente zu gering ist. Für diese Befragten steht

von Beginn an fest, dass sie die Sozialhilfe nicht wieder verlassen werden, jedenfalls nicht aus eigener Kraft. Möglichkeiten eines Ausstieges wären allenfalls eine Rentenerhöhung oder eine Erbschaft oder Ähnliches.

„Ich kriegte dann die Rente, und dann haben die mir das zugegeben. Da läuft das alles so von selbst, auch heute noch." (Fall 89_40)

(3.) Resignierte oder alternativlose Langzeitbezieher
Diese Befragten sehen für sich keine realistischen Ausstiegschancen aus der Sozialhilfe (mehr) und haben sich notgedrungen mit dem Leben in der Sozialhilfe arrangiert. Aufgrund von Alter, Krankheit, Behinderungen oder niedriger Qualifikation haben diese Befragten kaum noch Chancen auf dem Arbeitsmarkt. Hinzu kommen manchmal Alkoholprobleme, Schulden oder Kriminalität. Einige Befragte vermuten, dass sie bis an ihr Lebensende Sozialhilfe beziehen werden und fühlen sich häufig in einem Teufelskreis.

„Und wir dann systematisch so ein Fall, zehn Jahre lang jetzt, für das Sozialamt sind, und das auch bis jetzt noch besteht, und ich glaube auch nicht, dass da sich noch etwas ändert." (Fall 89_17)

III. Missglückte Überbrücker
Für „missglückte Überbrücker" sollte die Sozialhilfe ursprünglich lediglich eine Übergangsphase sein. Entgegen dieser Zeitperspektive zu Beginn des Bezugs kommt es jedoch zu einem längerfristigen, oft auch diskontinuierlichem Sozialhilfebezug.

„Vielleicht habe ich gedacht, damit würde ich neu anfangen können? Auch neue Wohnung und erst mal Sozialhilfe, so hatte ich mir das vorgestellt. Aber nicht, dass ich da so lange hängen bleibe." (Fall 89_72)

2.1.2 Objektive und subjektive Zeittypen im Vergleich
Untersucht man nun, welche Beziehungen zwischen objektiven und subjektiven Zeittypen bestehen, so zeigt sich keine eindeutige Entsprechung zwischen der Dauer des Bezugs und der subjektiven Zeitperspektive. Die subjektive Zeitperspektive ist auch unabhängig davon, ob der Sozialhilfebezug zum Zeitpunkt des Interviews bereits abgeschlossen ist oder noch andauert.

Einige subjektive Zeittypen sind bei allen oder fast allen objektiven Zeittypen anzutreffen. Dies gilt insbesondere für den „subjektiven Überbrücker". Mit anderen Worten: Auch ein Teil der von uns Befragten Bezieher mit längerer Dauer erlebt den Sozialhilfebezug subjektiv als Übergangsphase. Für diese Bezieher trifft die Annahme, dass Sozialhilfeempfänger mit zunehmender Bezugsdauer immer hoffnungsloser werden und in einem „Teufelskreis" gefangen sind, nicht zu.

Andere subjektive Zeittypen sind dagegen nur bei bestimmten objektiven Typen anzufinden. So sind „missglückte Überbrücker", „resignierte Langzeitbezieher" und „automatische Langzeitbezieher" bei Beziehern mit kürzerer Dauer nicht vertreten. Das heißt jedoch nicht, dass diese Konstellationen theoretisch nicht möglich sind; lediglich in unserem qualitativem Sample gibt es keine derartige Kombination.

Tab. 1: Subjektive Zeittypen und objektiver Sozialhilfeverlauf

Subjektiver Zeittyp	Objektiver Zeittyp			
	Kürzere Dauer (≤ 3 J.)		Längere Dauer (> 3 J.)	
	abgeschlossen	laufend	abgeschlossen	laufend
Subjektive Überbrücker	19	3	3	8
Subjektive Langzeitbezieher				
Bewusste Langzeitbezieher	1	1	2	2
Automatische Langzeitbezieher				2
Resignierte Langzeitbezieher			5	10
Missglückte Überbrücker			4	2
n	20	4	14	24

Anmerkung:
Kürzere Dauer = Bezugsdauer (inkl. Unterbrechungen) bis zu 3 Jahren
Längere Dauer = Bezugsdauer (inkl. Unterbrechungen) über 3 Jahre[6]
Quelle: Buhr (1995, 199).

Nach dem Grad der Übereinstimmung zwischen objektiver Dauer und subjektiver Zeitperspektive können entsprechend konsistente und inkonsistente Zeittypen unterschieden werden.

Tab. 2: Konsistente und inkonsistente Zeittypen

Objektive Zeit	*Subjektive Zeit*	
	kurz	lang
kurz	**Konsistenter Kurzzeitbezug**	Inkonsistenter Kurzzeitbezug
lang	Inkonsistenter Langzeitbezug	**Konsistenter Langzeitbezug**

Quelle: Buhr (1998, 41).

Um einen konsistenten Typ handelt es sich bei Kurzzeitbeziehern, die zugleich subjektive Überbrücker sind: Ein objektiv kurzer Bezug wird auch subjektiv als kurz bzw. vorübergehend bewertet. Bei objektiven Langzeitbeziehern, die auch subjektiv Langzeitbezieher sind, handelt es sich ebenfalls um einen konsistenten Typ: Ein nach objektiven Kriterien langer Bezug wird auch subjektiv als lang bewertet. Diese Betroffenen stehen bereits längere Zeit im Bezug und haben kaum noch Hoffnung, von der Sozialhilfe unabhängig zu werden. Dieser Typ entspricht dem klassischen Bild langandauernder, umfassender Deprivation.

---

6 Zur Abgrenzung zwischen Kurz- und Langzeitbezug siehe Abschnitt 1.

Dies trifft jedoch nicht für alle Langzeitbezieher zu. Ein Teil der Bezieher mit längerer Dauer sieht den Bezug von Sozialhilfe vielmehr als kurz bzw. vorübergehend an, etwa bis zur Genesung nach einer Krankheit, bis eine Phase der Kindererziehung abgeschlossen ist (insbesondere bei Alleinerziehenden) oder bis eine biografische Neuorientierung erfolgt ist, etwa nach einer Scheidung. Insoweit handelt es sich hier um einen inkonsistenten Typ. Ob alle Langzeitbezieher, die sich als subjektive Überbrücker sehen, den Ausstieg aus der Hilfe tatsächlich wie vorgesehen schaffen (und nicht zu „missglückten Überbrückern" werden), ist offen. Das Vorhandensein einer Ausstiegsperspektive ist aber wichtig für die Definition und Bewältigung der Situation. Sie ist auch ein Indiz dafür, dass Langzeitbezug nicht zwangsläufig mit negativen Folgen für die Betroffenen, wie Hoffnungslosigkeit, Resignation und Passivität einhergehen muss.

Eine andere inkonsistente Lage liegt vor, wenn Kurzzeitbezieher subjektiv Langzeitbezieher sind, etwa weil sie bereits resigniert haben und sich aufgrund ihres Alters oder anderer Risikofaktoren kaum Chancen ausrechnen, den Sozialhilfebezug je wieder zu beenden, oder weil sie sich ein Leben mit der Sozialhilfe als bequeme Alternative zu anderen Möglichkeiten der Selbstversorgung vorstellen können.

Objektive und subjektive Zeit können also auseinander klaffen. Auch für Langzeitbezieher kann der Bezug von Sozialhilfe subjektiv eine Übergangsphase im Leben sein. Subjektive Zeit relativiert also objektive Zeit in zentraler Weise. Im Folgenden geht es um einen weiteren relativierenden Aspekt, nämlich um subjektiv-biografische Bilanzierungen.

2.1.3 Subjektiv-biografische Bilanzierungen

Viele Befragte kritisieren in der einen oder anderen Form das Sozialamt und benennen negative Seiten des Bezugs. Solche negativen Folgen beziehen sich insbesondere auf die Kommunikation mit dem Sozialamt, Einschränkungen der Lebensqualität und Diskriminierung durch Dritte.

Manchmal werden Leistungen erst nach längerem Kampf bewilligt:

> „Aber ... bis wir es endlich bekommen hatten, war es schon Kampf. Und es war auch ganz schön entwürdigend." (Fall 89_71)

Das verfügbare Geld reicht nur für das Allernötigste, Ausgehen, Einladungen von Gästen, Friseur oder Urlaub sind nicht „drin":

> „Ja ... es stört mich, dass überall Milliarden ausgegeben werden und wir werden immer kürzer gehalten ..." (Fall 89_11)

Einige Befragte haben den Sozialhilfebezug geheim gehalten, weil sie negative Reaktionen fürchteten:

„Ich habe es nicht erzählt. Niemanden. ... Das war die größte Blamage für mich. Das habe ich niemandem erzählt. Das hätte ich ums Verrecken nicht erzählt." (Fall 89_46)

Aus einzelnen unmittelbar belastenden Auswirkungen des Sozialhilfebezugs ergibt sich jedoch nicht zwangsläufig auch eine negative Gesamtbilanz für die Zeit des Sozialhilfebezugs. Die bisherigen Lebenserfahrungen, Ereignisse in anderen Lebensbereichen und mögliche Alternativen zur Sozialhilfe erlauben es den Betroffenen, ihre Situation besonders zu gewichten und zu relativieren. Im Folgenden werden zunächst vier Bilanzierungsmuster vorgestellt: drei positive bzw. neutrale Muster und ein „klassisches" negatives. Im Anschluss daran wird untersucht, wieweit die Bilanzierungsmuster mit der objektiven Bezugsdauer zusammenhängen.

(1.) Relativierung bei Überlagerung durch andere Lebensereignisse
Manchmal tritt die Sozialhilfe hinter anderen Ereignissen zurück, die als weitaus belastender empfunden werden. Armut und Sozialhilfebezug sind nicht das primäre Kriterium für die Beurteilung der Lebenslage bzw. Lebensphase. Die Sozialhilfe wird zum „Nebeneffekt" und etwa von Arbeitslosigkeit oder den Folgen einer Krankheit oder Scheidung überlagert oder verdrängt.

„Gott, dieses zum Sozialamtgehen, das war gar nicht das Schlimmste, das war ja nun eben ein Nebeneffekt. Diese Trennung und Krankheit, was ich da hatte, also das war eben alles viel schlimmer." (Fall 89_1)

(2.) Relativierung vor dem Hintergrund früherer Erfahrungen
Wenn die Betroffenen bereits vorher, etwa aufgrund langer Ausbildungszeiten, an der Armutsgrenze gelebt haben, bedeutet der Bezug von Sozialhilfe meist keine Veränderung, insbesondere in finanzieller Hinsicht. Unter bestimmten Voraussetzungen, so für Frauen nach einer problematischen Ehe, kann Sozialhilfebezug sogar mit finanziellem Aufstieg oder zumindest Konsolidierung einhergehen.

„Als der Mann gespielt hat, da war überhaupt nichts da. ... Das wurde dann nachher ja alles ruhiger. Dann hatte man wenigstens dann die Miete und das alles, Strom und was da alles so zugehört." (Fall 89_25)

(3.) Relativierung durch übergreifende positive biografische Funktionen der Sozialhilfe
Sozialhilfe kann nicht nur negative, sondern auch positive Folgen haben, und etwa vor Wohnungsverlust und einem damit verbundenen sozialen Abstieg bewahren, eine biografische Neuorientierung oder eine „neue Selbständigkeit" ermöglichen oder vorrangige Lebensziele wie Kindererziehung zu verwirklichen helfen. Solche positiven Funktionen können unmittelbare negative Folgen der Sozialhilfe für die Lebensqualität aufwiegen.

„Und ich finde das also gut, dass es so was gibt, Sozialhilfe, es ist doch irgendwie ein Notangelhaken. Man sitzt praktisch nicht gleich auf der

Straße. Bei mir war das damals so, ich hatte also Angst, meine Wohnung zu verlieren, weil ich die Miete nicht mehr bezahlen konnte, da war ich also zu dem Zeitpunkt ziemlich unten." (Fall 89_20)

(4.) Negative Bilanzierung
Der Sozialhilfebezug kann jedoch auch sehr negativ bewertet werden, und eine zunächst positive Bedeutung kann sich im Verlaufe der Zeit ins Negative verschieben.

„Ich bin nach sieben Jahren, Gott sei dank, nachdem ich einen neuen Lebenspartner kennen gelernt habe, ... vor einem halben Jahr in der Lage gewesen, eine neue Arbeit zu finden. Nach sieben Jahren Hölle, sage ich ganz ehrlich. Nach sieben Jahren Hölle beim Sozialamt. ... Ich glaube, eher würde ich verhungern, als da noch mal wieder hinzugehen." (Fall 89_64)

Ein solches negatives Bilanzierungsmuster findet sich häufig dann, wenn mehrere negative Folgewirkungen auf einmal auftreten, eine Belastung, z.B. eine ungünstige Wohnsituation oder Isolation, als besonders schwerwiegend empfunden wird oder sich die mit dem Sozialhilfebezug verbundenen Probleme auf andere Lebensbereiche auswirken, z.B. die Genesung nach einer Krankheit behindern. Auch von älteren Menschen wird die Sozialhilfe häufig eher negativ bewertet, selbst wenn feststeht, dass die Hilfeleistung nur vorübergehend sein wird.

Die vier Bilanzierungsmuster fallen wiederum *nicht mit objektiven Zeittypen zusammen*. Die positiven und neutralen Muster sind keineswegs nur bei Kurzzeitbeziehern anzutreffen. Nicht alle Langzeitbezieher bewerten den Sozialhilfebezug negativ. Übergreifende positive biografische Funktionen des Bezugs können einzelne negative Folgen oder Begleiterscheinungen auch bei Langzeitbeziehern jedenfalls teilweise aufwiegen, so dass auch Langzeitbezieher den Bezug nicht notwendig als belastend erleben. Umgekehrt kann der Bezug bei Kurzzeitbeziehern von vornherein negativ besetzt sein oder auch vor dem Hintergrund späterer biografischer Erfahrungen nachträglich negativ umbewertet werden.[7]

Der Zusammenhang zwischen der Dauer von Armut und ihren Folgen ist also nicht so eindeutig, wie häufig angenommen wird. Kurzzeitbezug ist nicht immer unproblematisch, und langfristige Armutsphasen führen nicht notwendigerweise zu schwerwiegenden psychosozialen Problemen, Passivität und Verlust der Handlungsfähigkeit.

---

7 Auch Berger (1994, 37) weist darauf hin, dass kurzfristige Armutsphasen biografisch nachwirken können und ein Gefühl der Unsicherheit oder permanenten Armutsbedrohung hinterlassen können.

2.2 Die subjektive Bedeutung des Ausstiegs aus der Sozialhilfe

Die dynamische Armutsforschung hat wichtige neue Erkenntnisse in Hinblick auf die zeitliche Strukturierung von Sozialhilfeverläufen erbracht. Eine noch weitgehend offene Frage ist jedoch, ob mit dem Ausstieg aus der Sozialhilfe zugleich auch ein Ausstieg aus der Armut einhergeht, d.h. ob mit dem Ende des Sozialhilfebezugs eine deutliche Verbesserung der Einkommens- und Lebenssituation verbunden ist. Einkommensanalysen auf Datenbasis des Sozio-ökonomischen Panels (SOEP) haben gezeigt, dass materielle Aufstiege oft nur in benachbarte Einkommensklassen führen und dass Betroffene nach dem Ende einer Armutsepisode häufig im armutsnahen Bereich verbleiben (vgl. z.B. Sopp 1994, Hübinger 1996, Himmelreicher 2001). Befunde zum Verbleib nach dem Ausstieg aus der Sozialhilfe gibt es bisher sehr wenige. Quantitative Studien weisen lediglich die Ursachen für die Beendigung des Bezuges aus, über den weiteren Lebensweg von ehemaligen Sozialhilfeempfängern und die Bedeutung für den Einzelnen ist dagegen wenig bekannt.[8]

Aus Perspektive der Sozialverwaltung kann der Ausstieg aus der Sozialhilfe als Erfolg gewertet werden, denn es werden die institutionellen Erwartungen, dass der Sozialhilfebezug nur eine vorübergehende Unterstützung darstellt, erfüllt. Aus subjektiver Perspektive muss das Verlassen der Sozialhilfe aber keineswegs zwangsläufig als erfolgreich wahrgenommen werden. Die Statuswechsel, die durch das Ende des Sozialhilfebezugs gekennzeichnet sind, können, müssen aber nicht von einer Veränderung der Lebensumstände und Handlungsspielräume begleitet sein (vgl. Daly 1997).

Mögliche Diskrepanzen zwischen objektivem Sozialhilfeverlauf und subjektiver Wahrnehmung sind insbesondere dann zu erwarten, wenn mit der Beendigung des Sozialhilfebezugs keine deutliche Verbesserung der Lebenssituation verbunden ist. Dies ist z.B. der Fall, wenn ein zugrunde liegendes Problem, wie z.B. Arbeitslosigkeit oder Krankheit, nicht gelöst oder wenn eine staatliche Leistung lediglich durch eine andere abgelöst wird.

Mit Hilfe des qualitativen Panels der Zugangskohorte 1995 ist es möglich, die Wege aus der Sozialhilfe prozessbegleitend zu verfolgen. Dabei werden die 29 Befragten des Panels berücksichtigt, die die Sozialhilfe zum Zeitpunkt des zweiten Interviews bereits beendet haben. Die Frage ist, wie die Übergänge aus der Sozialhilfe heraus und die Wege danach aus Sicht der

---

8 Die Stabilität von Ausstiegen aus der Sozialhilfe wird in einem neuen Projekt „Verlaufs- und Ausstiegsanalyse Sozialhilfe" untersucht, das am Zentrum für Sozialpolitik der Universität Bremen unter der Leitung von Stephan Leibfried und Petra Buhr angesiedelt ist und vom Bundesministerium für Arbeit und Sozialordnung gefördert wird. In dem Projekt soll der weitere Lebensweg von ehemaligen Sozialhilfebeziehern über einen Zeitraum von vier Jahren untersucht werden. Im Rahmen der Haller Längsschnittstudie zu Sozialhilfe (vgl. Olk/Rentzsch 1997) wird u.a. die Ausstiegskohorte 1999/2000 untersucht.

Betroffenen aussehen. Handelt es sich um geglückte Übergänge, d.h. konnte die Armut und die prekäre Situation überwunden werden? Neben „objektiven" Sachverhalten - wie z.b. die erreichte finanzielle oder arbeitmarktbezogene Position - sind die subjektiven Bewertungen und Orientierungsmaßstäbe der Betroffenen relevant. Im Rahmen unserer Analysen stehen hierbei zwei Aspekte im Vordergrund: Zum einen geht es um die Frage, ob die ehemaligen Sozialhilfebeziehenden ihre einst - zu Beginn des Bezuges - individuell gesetzten Ziele erreicht haben und wie zufrieden sie mit ihrer erreichten Lebenssituation sind. Zweitens fragen wir, wie sie ihre Gestaltungsspielräume und eigenen Handlungsmöglichkeiten wahrnehmen bzw. wie sie ihre Zukunftsperspektiven einschätzen. In unserer Untersuchung lassen sich drei Übergangstypen unterscheiden: positiv bewertete (12 Fälle), prekär bewertete (9 Fälle) und negativ bewertete Übergänge (8 Fälle). Diese lassen sich wiederum in verschiedene Untertypen aufteilen, die im Folgenden anhand einiger Beispiele kurz skizziert werden.

I.   Positiv bewerteter Übergang
Diesen Personen ist ein von ihnen positiv bewerteter Übergang aus der Sozialhilfe heraus gelungen. Sie haben die für sie mehr oder weniger prekäre Lebenslage während des Sozialhilfebezugs bewältigt und konnten ihre 1995 formulierten Ziele erreichen. Zum Zeitpunkt des zweiten Interviews befinden sie sich in einer sicheren Lebenssituation und erleben ihre Einflussmöglichkeiten auf zukünftige Ereignisse als hoch. Ein erneuter Sozialhilfebezug scheint ihnen relativ unwahrscheinlich. Dabei lassen sich drei Untertypen unterscheiden:

(1.) Eine normale Statuspassage
Für diese Personen stellt der Sozialhilfebezug von vornherein nur eine Übergangsphase dar. Sozialhilfe gilt als finanzielle Überbrückung einer als normal empfundenen Statuspassage. Zu dieser Personengruppe gehören z.B. Akademiker, die aufgrund fehlender Ansprüche nach dem Arbeitsförderungsgesetz nach ihrem Studium übergangsweise Sozialhilfe beziehen, bis sie eine ihrer Qualifikation entsprechende Anstellung gefunden haben. Sozialhilfe hat bei diesen Personen die Funktion einer finanziellen Absicherung der Statuspassage zwischen Studium und Berufseinstieg. Die Frauen und Männer haben zweieinhalb Jahre nach dem Eintritt in die Sozialhilfe ihre Ziele erreicht: Mit dem sicheren Einstieg in den Beruf erweitert sich ihr Planungshorizont; es werden nun neue (meist familiäre) Ziele verfolgt. Ein erneuter Sozialhilfebezug ist für sie unwahrscheinlich.

„... das ist eigentlich genau das, was ich auch machen wollte. Also es passt schon ziemlich gut. ... wie gesagt, irgendwann nächstes Jahr wollen meine Freundin und ich eben heiraten und dann geht man eben diesen bürgerlichen Weg so'n bisschen." (Fall 97_63)

(2.) Eine Phase des Neuanfangs
Auch diese Personen sehen den Sozialhilfebezug lediglich als Übergang an, den sie zumeist für eine positiv bewertete Neuorientierung nutzen können. Beispielsweise finden sich in diesem Typ Frauen, die durch die Trennung von ihrem Partner zunächst auf Sozialhilfe angewiesen sind. Diese Trennung ist für die betroffenen Frauen zwar kein leichter Schritt und mit großen existenziellen Sorgen verbunden, wird aber dennoch als eine konsequente und richtige Entscheidung bewertet. Zumeist wird der (Wieder-)Eintritt in den Arbeitsmarkt und die Beendigung des Sozialhilfebezugs für diese Frauen durch längere Erwerbsunterbrechungen aufgrund von Kindererziehungszeiten erschwert. Auch gestaltet sich eine erneute Erwerbstätigkeit durch die alleinige Verantwortung für kleine Kinder nicht immer einfach. Fehlende Kinderbetreuungsmöglichkeiten, Lücken im Familienlastenausgleich oder nur schlecht bezahlte Teilzeitstellen tragen u.a. hierzu bei. Allen Frauen gelingt jedoch - nicht zuletzt durch ihre gute Ausbildung und durch gute soziale Kontakte - nach einer Phase der Neuorientierung ein für sie positiv bewerteter Neuanfang im Erwerbs- sowie auch im Privatleben, der neue Handlungsoptionen eröffnet. Auch für sie ist ein erneuter Sozialhilfebezug unwahrscheinlich.

„Also ich hab mich eigentlich seit diesem Zeitpunkt, seitdem ich wieder gearbeitet hab', also von Monat zu Monat wieder irgendwie besser gefühlt. Und auch zuversichtlicher war ich so für die, für die Zukunft. ... Also ich denke und ich hoffe und ich wünsche mir, dass es so bleibt, wie es ist. ... Ich denke mal, dass ich diese schlechten Zeiten, dass ich die jetzt verarbeitet, also dass die vorbei sind und dass es jetzt eigentlich nur noch besser werden kann." (Fall 97_26)

(3.) Arbeitslosigkeit als kurzzeitiges Zwischenspiel
Auch für die dritte Gruppe dieses Typs stellt der Sozialhilfebezug von vornherein eine Übergangsphase dar. Die Überwindung der Arbeitslosigkeit und damit die Beendigung des Sozialhilfebezugs wird als unproblematisch eingeschätzt. Es finden sich hier beispielsweise sehr junge Personen, die aufgrund eines Unfalls oder „unglücklicher Umstände" kurzzeitig ihren Job verloren haben. Der Wiedereinstieg in den Arbeitsmarkt wird von ihnen nicht als Problem gesehen, sie fühlen sich kompetent, flexibel und gut ausgebildet. Nach mehr oder weniger kurzer Bezugszeit gelingt ihnen ohne größere Probleme ein für sie zufrieden stellender Wiedereinstieg in den Arbeitsmarkt und damit ein Ausstieg aus der Sozialhilfe. Ihre Gestaltungsspielräume und Einflussmöglichkeiten für zukünftige Entwicklungen schätzen sie positiv ein, einen nochmaligen Sozialhilfebezug schließen sie aus.

„Also ich sag mal, ich bin zufrieden, wenn's so weiterläuft wie jetzt. Dann bin ich eigentlich froh ne, weil dann hab ich mich nicht verschlechtert, aber auch nicht verbessert. Aber - so bin ich eigentlich zufrieden. Das ist okay - jetzt arbeitsmäßig. ... Sicher werd ich mal irgendwann auch wohl unter die Haube kommen, ne. Und 'n neues Auto möcht ich ja auch ganz gerne haben ne. Aber ja, gut, das sind so Sachen ey, die kann ich mir momentan nich leisten. Dafür stehen heute eben andere Sachen im Vordergrund, sprich: Selbständigkeit und so was. Darauf arbeite ich ja hin - momentan noch. ... Obwohl da - man muss immer für Neues aufgeschlossen sein ne. Man will sich ja auch noch weiterentwickeln ne." (Fall 97_30)

II. Prekär bewerteter Übergang

Diese Personen definieren ihre Lebenssituation, trotz Beendigung der Sozialhilfe, als prekär. Die Zukunft gestaltet sich für die Betroffenen dieses Typs noch sehr vage, obgleich sie ihren Zielen, die sie 1995, zum Zeitpunkt des ersten Interviews, äußerten, schon näher gekommen sind. Sie befinden sich auch noch nach dem Sozialhilfebezug in einer Übergangsphase, da sie ihre Ausbildung oder Fortbildung noch nicht abgeschlossen oder aufgrund spezifischer Probleme noch keinen (Wieder-)Einstieg in den Arbeitsmarkt erreicht haben. Hier lassen sich zwei Untertypen unterscheiden.

(1.) Eine Verzögerung im Lebenslauf
Personen dieser Gruppe beziehen Sozialhilfe aufgrund einer ungeplanten und meist ungewollten Unterbrechung im Ausbildungs- oder Erwerbsverlauf, deren zeitliche Begrenzung jedoch relativ absehbar ist. Die Gründe für diesen Einschnitt können finanzielle Schwierigkeiten durch Verlust eines Jobs, die alleinige Verantwortung für ein Kind oder aber die Geburt eines Kindes sein. Einige Personen sehen sich z.B. aus den oben genannten Gründen gezwungen, ihre Ausbildung bzw. ihr Studium zu unterbrechen und für eine gewisse Zeit übergangsweise Sozialhilfe zu beantragen. Nach einer mehr oder weniger kurzen Phase des Sozialhilfebezugs ist es diesen Betroffenen durch finanzielle Hilfestellungen ihrer Familie möglich, ihre Ausbildung fortzusetzen. Hiermit endet ihr Sozialhilfebezug. Zum Zeitpunkt des zweiten Interviews steht jedoch entweder noch der Abschluss ihrer Ausbildung, zumindest aber ein sicherer bzw. endgültiger Einstieg in den Arbeitsmarkt aus. Ihre Handlungsspielräume sehen sie diesbezüglich trotz guter Ausbildung durch das Vorhandensein kleinerer Kinder oder aufgrund sehr langer Ausbildungszeiten und von Engpässen auf dem Arbeitsmarkt eingeschränkt. Die Pläne für die Zukunft sind noch recht vage. Im Kontrast zu den Akademikern mit „positiv bewertetem Übergang" befinden sich diese Personen noch in der Übergangsphase zwischen Studium und Beruf. Einen erneuten überbrückenden Sozialhilfebezug schließen sie nicht aus.

„Dadurch, dass ich unvoraus-, unvorhergesehene äh, ‚Schläge' jetzt bekommen habe, kann ich gar nicht, kann ich jetzt gar keine Prognose für die ferne Zukunft geben. ... In nächster Zukunft kann ich sagen, das Ziel ist, mein Studium erfolgreich zu beenden und anfangen Geld zu verdienen. ... Ich hab' jetzt 'ne bestimmte Zuversicht, dass das alles klargehen kann, dass ich das (zögert) so weit planen kann, dass das auch irgendwann mal sein Ende hat. (Diese) Berufsausbildung, dieses lange Studium." (Fall 97_27)

(2.) Arbeitslosigkeit mit ungewissem Ausgang
Hierbei handelt es sich um Personen, die nach einer relativ langen Erwerbskarriere plötzlich arbeitslos werden und sich neu auf dem Arbeitsmarkt orientieren müssen.[9] Dieser Bruch in ihrer Erwerbskarriere verunsichert sie zwar zunächst nachhaltig, sie schaffen es jedoch nach einer mehr oder weniger kurzen Phase des Sozialhilfe- und teilweise auch Arbeitslosengeldbezugs durch eine Fortbildung oder Umschulung neue Perspektiven zu entwickeln. Auch diesen Personen steht zum Zeitpunkt des zweiten Interviews noch ein (Wieder-)Einstieg in den Arbeitsmarkt bevor, sobald sie ihre Weiterbildung abgeschlossen haben. Ebenso wie die erste Gruppe dieses Typs sehen sie ihren Handlungsspielraum diesbezüglich aber eingeschränkt. Ihr höheres Alter und die damit in Zusammenhang stehenden schlechteren Chancen auf dem Arbeitsmarkt, schlechte Arbeitsmarktbedingungen oder noch vorhandene psychische Probleme werden als Hindernisse thematisiert. Auch für sie gestaltet sich die Zukunft unsicher. Eine erneute, zumindest vorübergehende Phase der Arbeitslosigkeit (und damit möglicherweise auch ein nochmaliger Sozialhilfebezug) wird für die Zukunft nicht ausgeschlossen.

„Und da bin ich ja beruflich immer noch auf der Suche auch, nach Orientierung auch so. Den Weg, den ich jetzt eingeschlagen hab', will ich zu Ende bringen, muss ich zu Ende bringen. Trotzdem guck' ich. Und ich guck' auch im privaten Bereich so. ... Immer noch diese Unsicherheit, die bleibt aber trotzdem, ne." (Fall 97_92)

III. Negativ bewerteter Übergang
Diese Personen definieren ihre Situation, trotz Beendigung des Sozialhilfebezugs, nicht nur als prekär, sondern sie sehen weder Handlungsmöglichkeiten noch Ressourcen, ihr Leben wieder selbständig in gesicherte Bahnen zu lenken. Im Unterschied zu den Personen des vorigen Typs sind sie ihren einst formulierten Zielen nach dem Ausstieg aus der Sozialhilfe nicht näher gekommen, haben sich sogar teilweise von ihren Zielen entfernt. Sie befinden sich also in einer ähnlichen Lebenssituation wie während ihres Sozialhilfebezugs. Auch hier lassen sich verschiedene Untertypen unterscheiden:

(1.) Eine Krise im Lebenslauf
Einige Personen dieses Typs eint, dass sie nach einem krisenhaft empfundenen Einbruch große Schwierigkeiten haben, sich neu zu orientieren. Es finden sich in dieser Gruppe z.B. Frauen, die durch die Trennung von ihrem Partner zunächst Sozialhilfe beziehen. Ihre Situation unterscheidet sich je-

---

9 Gründe für die Arbeitslosigkeit können z.B. die schlechte Arbeitsmarktsituation, Konkurs oder Entlassungen im Betrieb, aber auch psychische Probleme sein.

doch grundsätzlich von der der Frauen, die wir im Typ „positiv bewerteter Übergang" beschrieben haben. Die Trennung ist nicht nur mit existenziellen Sorgen verbunden, sondern wird als krisenhafter Bruch erlebt. Die Frauen haben große Schwierigkeiten diese Trennung zu verarbeiten, ein selbständiges Leben zu planen und schließlich zu realisieren. Sie beenden die Sozialhilfe mit einsetzenden Unterhaltszahlungen oder einem Umzug in eine günstigere Wohnung. An ihrer Lebenssituation ändert sich hingegen nicht sehr viel. Ihre bisherige Orientierung als Zu- oder Mitverdienerin im familiären Kontext ist erschüttert, und neue Wege eines eigenständigen Lebens werden durch anhaltende psychosomatische Erkrankungen oder aber fehlende Ausbildung und Berufserfahrungen erschwert. Sie nehmen wenig Einflussmöglichkeiten und Gestaltungsspielräume für ihre Zukunft wahr.

„Nichts ist anders. Der Kampf ist nach wie vor, beruflich wieder Fuß zu fassen und finanzielle Sicherheit zu erlangen. Der war - damals während der Sozialhilfe habe ich auch gekämpft. Also es hat sich nichts geändert. Nur dass ich heute nicht so viel körperlichen, äh, also insofern hat sich meine Körper gebessert. ... Sonst hat sich nichts gebessert. ... Ja. Also die beiden Jahre waren gezeichnet durch schwere Krankheiten. Ich bin keine Sozialhilfeempfängerin mehr. ... Ich bekomme eigentlich Unterhalt, aber so wenig Unterhalt, wie eigentlich der Sozialhilfesatz. Und nicht mehr. ... Ähm beim Arbeitsamt hab ich in Erfahrung gebracht, dass es für mich keine Arbeit gibt in meinem Alter. In meinem Beruf, das ist nicht möglich. Äh, man hat mir angeboten, dass ich als Altenpflegerin arbeite. Das kann ich mir psychisch absolut nicht zumuten, da ich heute noch, bei jeder Belastung, der Körper reagiert durch wirklich schwere Krankheiten." (Fall 97_20)

(2.) Arbeitslosigkeit als (vorläufige) Endstation
Eine weitere Gruppe dieses Typs sind Personen, die schon seit längerer Zeit arbeitslos sind und dies als krisenhafte Situation wahrnehmen. Ihre Handlungsspielräume erleben sie als stark eingeschränkt und ihre Hoffnung auf institutionelle Hilfen nimmt meist mit anhaltender Arbeitslosigkeit ab. Es handelt sich hierbei z.B. um ältere Männer, die nach einer relativ langen Erwerbskarriere arbeitslos geworden sind und mit einsetzender Arbeitslosenhilfe Sozialhilfe beziehen. Sie erleben ihre zumeist schon länger anhaltende Arbeitslosigkeit als krisenhaft, die sie jedoch aufgrund ihres höheren Alters, fehlender Qualifikation, Krankheit und/oder der schlechten Arbeitsmarktsituation nicht überwinden konnten. Die Sozialhilfe beenden sie durch eine geringfügige Beschäftigung neben ihrer Arbeitslosenhilfe oder durch eine ABM, die in erneute Arbeitslosigkeit führt. Die Vorstellung eines sicheren stetigen „Normalarbeitsverhältnisses" existiert als Wunsch- und Zielvorstellung bei diesen Männern weiterhin, wird jedoch mit anhaltender Arbeitslosigkeit für sie immer unrealistischer. Einen erneuten Sozialhilfebezug schließen sie nicht aus.

„Tja, was ist - was ist anders? Kein großer Unterschied, was sich geändert hat. Vom Tagesablauf, vom Lebensablauf hat sich nicht viel geändert. Ich brauch da nicht mehr zum Sozialamt hinzugehen, ne, das ist das Einzige. (Nun) gehe ich wieder zum Arbeitsamt, naja, so genommen - ist nicht sehr viel Abwechslung, ne." (Fall 97_36)

(3.) Langanhaltende Problemlagen jenseits der Arbeitslosigkeit
In diesem Typ finden sich Menschen, die aufgrund verschiedener Problemlagen Schwierigkeiten haben, ein „normales" Leben zu führen. Die Gründe hierfür können sehr unterschiedlich sein, gemeinsam ist ihnen jedoch, dass sie langfristiger Natur sind. Zu dieser Gruppe zählt z.B. eine drogenabhängige Frau, die sich trotz Substitutionsprogramm vom Arbeitsmarkt ausgegrenzt sieht und deren Erfahrungen mit Behörden alles andere als positiv sind. Sie bezieht ergänzende Sozialhilfe neben ihrer Arbeitslosenhilfe, bis sie mit ihrem Lebensgefährten zusammenzieht und aufgrund geringerer Mietbelastungen über dem Sozialhilfesatz liegt. Die Frau hat wenig Hoffnung, dass sie in Zukunft ihre Arbeitslosigkeit überwinden kann, und geht davon aus, nochmals Sozialhilfe beziehen zu müssen.

„Weil, wie gesagt, so kann ich mir nicht vorstellen, dass da noch großartig was passiert. Also das ist schon ziemlich deprimierend. Da darf man eigentlich gar nicht drüber nachdenken, 'ne. Wenn du so überlegst, dass du mit äh 32 Jahren eigentlich gar keinen, ja, eigentlich gar keine Zukunft, jobmäßig, 'ne. Ist eigentlich auch traurig. ... So abgeschrieben. Genau! Substituiert - ach ja, die haben eh keinen Bock und so, nech (mhm mhm) die sind eh breit und weg damit. So, das ist eigentlich das ... - ja, wie soll das jetzt noch mal anders werden, nech? Also dass da, dass man da jetzt noch mal irgendwie 'ne neue Chance kriegt oder irgendwas anderes zu machen oder so, 'ne. Wie gesagt, du hast 'ne Lehre gemacht äh, hast gearbeitet, und denn kannste dir das an den Hut stecken, 'ne. So, das ist das Einzige eigentlich. Wo ich auch nicht weiß, wie das äh wie sich das ändern soll, 'ne. Wie gesagt, also Arbeitsamt sagt dir da auch knallhart, die haben nix (mhm). Und machen auch nix. Und Kurse gibt es auch nicht." (Fall 97_08)

Ebenso findet sich in dieser Gruppe ein junger Mann, der nach einer Phase der Selbständigkeit Konkurs anmelden muss und seitdem hoch überschuldet ist. Er bezieht zunächst neben einem Teilzeitjob aufstockende Sozialhilfe, aber auch nach einer Erhöhung seiner Stundenzahl und der darauf folgenden Beendigung des Sozialhilfebezugs ändern sich seine finanzielle Lage sowie seine (gesamte) Lebenssituation nicht grundlegend, da die Pfändungsgrenze seines Gehaltes auf Sozialhilfeniveau liegt. Seine Handlungsmöglichkeiten und Gestaltungsspielräume sieht er stark eingeschränkt. Seine einzige Hoffnung, wieder ein „normales" Leben führen zu können, ist das zum Zeitpunkt des Interviews sozialpolitisch diskutierte Insolvenzgesetz. Dieses würde ihm in Zukunft ein schuldenfreies Leben ermöglichen.

„Nichts geändert. Weil wie kann ich, wenn ich nur 1.100 Mark verdiene, irgendwelche Schulden abbezahlen? Also ich hab neulich wieder die eidesstattliche Versicherung abgegeben, dass ich halt nur so wenig verdiene, zahlungswillig, aber nicht zahlungsfähig bin. Es hat sich also nichts geändert, außer, dass die Schulden mehr geworden sind durch die Zinsen. ... Und also ich werde noch in zwei, drei Jahren so, so leben wie jetzt. Also (leichtes Zögern) auf Dauer wohl. ... Ja, also ich bin selber mal gespannt, was die Zukunft bringt. Entweder dass ich ganz normal weiterlebe, wie bisher, wie die letzten Jahre auch. Oder... das neue Gesetz kommt." (Fall 97_30)

Zusammenfassend können wir festhalten, dass der Ausstieg aus der Sozialhilfe nicht immer mit einer Verbesserung der eigenen Lebenslage einhergeht. Auch wenn Personen aus dem Zuständigkeitsbereich des Sozialamtes herausfallen, heißt dass nicht unbedingt, dass sie ihre Probleme bewältigt und ihre Armutslage überwunden haben. Dies ist lediglich bei den Personen der Fall, die wir dem Typ *„positiv bewerteter Übergang"* zugeordnet haben. Hier können die Betroffenen die Sozialhilfe für eine als normal empfundene Statuspassage, eine Phase der Neuorientierung oder für eine kurzfristige und relativ unproblematische Arbeitslosigkeitsphase überbrückend nutzen. Nach Beendigung des Sozialhilfebezugs können sie unmittelbar oder sukzessiv ihre angestrebten Ziele erreichen, sich finanziell verbessern und schließlich eine für sie sichere und zufriedenstellende Lebenssituation erlangen. Die Personen dieser Gruppe erleben den Sozialhilfebezug von vornherein als Überbrückung, da sie ihre Einflussnahme auf die Erreichung ihrer Ziele - trotz einiger Hindernisse - relativ hoch einschätzen, meist viele Handlungsmöglichkeiten wahrnehmen und individuelle Ressourcen, wie z.B. soziale Netzwerke nutzen können. In diesem Typ geht der Ausstieg aus der Sozialhilfe mit einem Ausstieg aus der Armut einher. Das objektive und zumindest aus institutioneller Perspektive erfolgreiche Ende der Sozialhilfe wird auch von den Betroffenen als erfolgreich wahrgenommen. Hier fällt der Statuswechsel, der durch den Ausstieg aus der Sozialhilfe gekennzeichnet ist, mit einer positiv bewerteten Veränderung der Lebensumstände zusammen.

Anders sieht es bei den beiden anderen Typen aus. Diese Personen definieren ihre Situation trotz Beendigung des Sozialhilfebezugs als problematisch. Für die Betroffenen des so genannten *„prekär bewerteten Übergangs"* stellt die Sozialhilfe ebenfalls eine Übergangsphase dar und ermöglicht ihnen, eine Unterbrechung in ihrer Ausbildung oder ihrem Erwerbsverlauf finanziell abzusichern oder sich auf dem Arbeitsmarkt umzuorientieren. Sie befinden sich jedoch im Gegensatz zu den Personen des ersten Typs nach der Beendigung der Sozialhilfe weiterhin in einer Übergangsphase, d.h. sie qualifizieren sich weiter oder widmen sich für eine gewisse Zeit ausschließlich der Kindererziehung. Gemeinsam ist den Betroffenen dieses Typs, dass sich ihre Zukunft noch immer sehr vage gestaltet und ihnen ein (Wieder-) Einstieg in den Arbeitsmarkt und damit eine auf Dauer angelegte eigenständige Existenzsicherung noch bevor steht. Ihre Handlungsspielräume und Einflussmöglichkeiten für die Zukunft sehen sie zu diesem Zeitpunkt, trotz guter Ausbildung, relativ eingeschränkt. Häufig schließen sie einen erneuten überbrückenden Sozialhilfebezug nicht aus.

Die Personen des dritten Typs, des so genannten *„negativ bewerteten Übergangs"*, können die Sozialhilfe zwar aufgrund einsetzender Unterhaltszahlungen, eines Umzugs in eine günstigere Wohnung, einer kurzfristigen oder geringfügigen Beschäftigung verlassen. Sie befinden sich aber nach dem Ende des Sozialhilfebezugs in einer ähnlichen, für sie unbefriedigenden und prekären Lebenssituation, wie während ihres Bezugs. Die Ursachen des Sozialhilfebezugs, also ein krisenhaft empfundener Bruch im Lebenslauf oder eine schon länger anhaltende ebenfalls krisenhaft erlebte Situation können mit dem Ende des Bezugs nicht überwunden werden. Die Betroffenen sehen auch in Zukunft ihre Handlungsmöglichkeiten sehr eingeschränkt. Für sie ist - ähnlich wie im zweiten Typ - ein erneuter Sozialhilfebezug nicht unwahrscheinlich.

Bei Personen, die wir den Typen des „prekär bewerteten" und „negativ bewerteten Übergangs" zugeordnet haben, geht die Beendigung der Sozialhilfe nicht mit einem Ausstieg aus der Armut oder zumindest mit der Überwindung einer prekären, unsicheren Situation einher. Der aus der Sicht der Sozialverwaltung erfolgreiche Ausstieg aus der Sozialhilfe gestaltet sich für diese Betroffenen weniger erfolgreich. Der sozialpolitische Statuswechsel, der durch das Ende der Sozialhilfe definiert ist, fällt hier nicht oder nur bedingt mit einer subjektiv positiv erlebten Veränderung der Lebensumstände zusammen.

3. Zusammenfassung und Schlussfolgerungen

Im Projekt „Sozialhilfekarrieren" wurden sowohl objektive Daten als auch subjektive Bewertungen in Hinblick auf die Dauer und Struktur von Sozialhilfeverläufen erhoben. Die objektiven Daten wurden mittels einer quantitativen Aktenanalyse, die subjektiven Daten mit qualitativen Verfahren, nämlich problemzentrierten Interviews, gewonnen.

Die Notwendigkeit bei der Erhebung der subjektiven Bewertungen des Sozialhilfebezuges auf qualitative Erhebungsverfahren zurückzugreifen, begründete sich vor allem aus dem weitgehend unbearbeiteten Untersuchungsfeld und der äußerst heterogenen Untersuchungsgruppe. Diese Heterogenität verweist auf vielfältige Problem- und Risikolagen: Sozialhilfe wird vor sehr unterschiedlichen Erfahrungshintergründen bezogen und von den unterschiedlichsten Ereignissen in anderen Lebensbereichen begleitet. Diese biografischen Aspekte sind für die spezifische Gewichtung und Bewertung des Sozialhilfebezugs sowie für die Gesamtbewertung der Lebenssituation bedeutsam. Eine quantitative Befragung, mit der natürlich auch subjektive Einstellungen hätten erhoben werden können, wäre hier an ihre Grenzen gestoßen. Denn gerade die komplexen Verknüpfungen von „objektiven Sachverhalten" - wie z.B. der (erreichten) finanziellen, familiären oder arbeitsmarktbezogenen Position - und von biografischen Erfahrungen bzw. individuellen Orientierungsmaßstäben, sind durch eine standardisierte Befragung nicht aufzudecken.

Die quantitativen und qualitativen Untersuchungsteile haben jede für sich neue und interessante Ergebnisse gebracht. Ziel unseres Beitrags war es aufzuzeigen, welchen Erkenntnisgewinn eine Verknüpfung quantitativer und qualitativer Verfahren bringt. Es zeigt sich, dass die quantitative Untersuchung, bei der erstmals der Zeitaspekt von Sozialhilfebezug systematisch berücksichtigt bzw. der Anteil von Kurz- und Langzeitsozialhilfebeziehern untersucht wurde, bei der Analyse und Interpretation von Sozialhilfeverläufen dennoch zu kurz greift und durch Erkenntnisse der qualitativen Untersuchungen entscheidend ergänzt werden kann. Dies ist sowohl für die soziologische Konzeptualisierung von Kurz- und Langzeitarmut als auch für die Entwicklung sozialpolitischer Maßnahmen zur Armutsbekämpfung wichtig.

Wir haben uns in diesem Beitrag auf zwei Aspekte konzentriert: die subjektive Bedeutung der objektiven Bezugsdauer und die subjektive Bedeutung des Ausstiegs aus der Sozialhilfe. Mit Hilfe der ersten qualitativen Teilstudie konnten wir zeigen, dass subjektive Zeitperspektiven und übergreifende Funktionen des Sozialhilfebezugs die Wirkungen der objektiven Bezugsdauer überformen. Eine eindeutige Beziehung zwischen der Dauer und der subjektiv-biografischen Bedeutung des Sozialhilfebezugs besteht also nicht: Weder wird Langzeitbezug immer als äußerst belastend und ausweglos erlebt, noch stellt sich Kurzzeitbezug immer folgen- und bedeutungslos dar. So sehen z.B. einige Langzeitbezieher, insbesondere Alleinerziehende, den Sozialhilfebezug als Übergangsphase an, etwa „bis die Kinder älter sind" oder bis sie sich beruflich oder privat neu orientiert haben. Übergreifende positive biografische Funktionen des Bezugs wiegen negative Folgen oder Begleiterscheinungen bei Langzeitbeziehern jedenfalls teilweise auf und tragen dazu bei, dass Langzeitarmut nicht immer belastend ist.

Die objektive Bezugsdauer, die im Mittelpunkt der quantitativen Aktenanalyse stand, wird hier in zentraler Weise durch die qualitative Erhebung in ein neues Licht gerückt. Gerade die aufgezeigten Inkonsistenzen zwischen objektivem zeitlichen Verlauf und subjektiver Bewertung stellen herkömmliche Abgrenzungen von Armut und Nicht-Armut sowie von Kurz- und Langzeitarmut in Frage. Sozialhilfeverläufe werden vor dem Hintergrund unterschiedlicher Lebenserfahrungen, von Ereignissen in anderen Lebensbereichen und möglicher Alternativen zur Sozialhilfe unterschiedlich bewertet. Durch eine biografische Betrachtung können somit vorschnelle

Schlussfolgerungen über mögliche Belastungsfaktoren und negative Folgen des Sozialhilfebezugs vermieden werden.

Auf Basis des qualitativen Panels, der zweiten qualitativen Teilstudie, wurden die Wege aus bzw. nach der Sozialhilfe untersucht. Es konnte gezeigt werden, dass durch den Ausstieg aus der Sozialhilfe häufig keine nennenswerte Verbesserung der finanziellen Lage oder Lebenssituation erreicht wird, weil die dem Sozialhilfebezug zugrunde liegenden Probleme nicht gelöst werden. Ein zunächst aus institutioneller, aber auch sozialpolitischer Perspektive positiv bewertetes Ende des Sozialhilfebezugs bedeutet nicht notwendig, dass sich Lebensverläufe normalisieren bzw. aus individueller Perspektive erfolgreich verlaufen. Nicht immer ist mit der Beendigung des Sozialhilfebezugs ein Ende der Armutslage verbunden. Vielmehr stellt sich für einen Teil der ehemaligen Sozialhilfebeziehenden die Situation nach dem Ausstieg aus der Sozialhilfe nach wie vor als prekär dar. Ihre Lebenslage hat sich gegenüber der Zeit des Sozialhilfebezugs kaum oder gar nicht verbessert. Die Befragten schätzen ihre Zukunftsaussichten als unsicher ein, ein erneuter Sozialhilfebezug liegt im Bereich des Möglichen.

Diese Ergebnisse ergänzen die Befunde der quantitativen Erhebung des Projektes, denn die quantitative Analyse von Sozialhilfeverläufen auf Basis der Verwaltungsdaten liefert nur unzulängliche Angaben über den „Verbleib" der Sozialhilfebeziehenden nach dem Ausscheiden aus dem sozialen Netz. Das verwundert nicht, denn während ein Sachbearbeiter in jedem Fall nachweisen muss, warum Leistungen ausbezahlt werden, ist der Nachweiszwang - bezogen auf die verwaltungsinterne bzw. rechtliche Kontrolle - geringer, wenn Zahlungen wieder eingestellt werden. So finden sich in den Akten häufig keine eindeutigen Angaben über die Ursachen der Beendigung des Sozialhilfebezugs. Aber auch wenn Ausstiegsgründe aufgeführt sind, ist dies für eine sozialwissenschaftliche Analyse nicht sehr befriedigend: Denn es sind keine Aussagen darüber möglich, ob die Beendigung des Sozialhilfebezugs mit einer Verbesserung der Lebenslage der betroffenen Personen einhergeht oder nicht, zumindest nicht, wie erheblich und/oder wie dauerhaft diese Verbesserung ist (vgl. Ludwig-Mayerhofer 1994). Eine vollständige Lageanalyse ist erst möglich, wenn komplexere Abfolgen von Prozessen (auch nach dem Bezug) untersucht werden können. Mit einer quantitativen Untersuchung in Form einer standardisierten Befragung kann dies nicht geleistet werden, vielmehr ist eine qualitative Längsschnittanalyse, die längere Phasen im Lebenslauf betrachtet und gleichzeitig die biografischen Kontexte in die Analyse einbezieht, hier sinnvoll. Erst wenn Veränderungen von spezifischen Situationen im Zeitablauf und eine Vielzahl lebenslaufrelevanter Dimensionen und ihre Verknüpfung in der Untersuchung berücksichtigt werden, kann geklärt werden, wie die Lebenslage nach dem Bezug sowie ihre subjektive Bewertung zustande gekommen ist.

Objektive Verläufe und Ereignisse werden also durch subjektive und biografische Aspekte in zentraler Weise relativiert und überformt. Auf eine knappe Formel gebracht: Langzeitbezug von Sozialhilfe ist subjektiv nicht immer problematisch. Und der Ausstieg aus der Sozialhilfe ist subjektiv nicht immer unproblematisch. Die soziologische Definition von Armut und Sozialhilfebezug sollte deshalb nicht allein aufgrund objektiver, kalendarischer Kriterien erfolgen. Vielmehr sind subjektive Bewertungen und die biografische Einbettung der Sozialhilfeverläufe zu berücksichtigen.

Sozialpolitisch gesehen verweisen die Inkonsistenzen zwischen objektiven und subjektiven Indikatoren allgemein auf die Schwierigkeiten, Zielgruppen der Armutspolitik zu definieren und die Wirksamkeit sozialpolitischer Maßnahmen zu bestimmen. Wem soll wie geholfen werden? Welche „Art" von Armut soll verhindert werden? Welche Aspekte des Armutsproblems sollen als Wirksamkeitsindikatoren herangezogen werden? Wie die Analysen gezeigt haben, greifen „einfache" Indikatoren, die in der Sozialverwaltung als prozessproduzierte Daten vorliegen bzw. relativ leicht durch quantitative Erhebungsverfahren zu gewinnen sind, wie die tatsächliche Dauer oder das Zahlungsende, als Problemindikatoren zu kurz. So stellen nicht alle Langzeitbezieher eine sozialpolitische Problemgruppe dar. Für „subjektive Überbrücker", auch solche, die - objektiv - längere Zeit Sozialhilfe beziehen, ist Sozialhilfebezug vielmehr meist wenig belastend und quasi folgenlos. Als Problemgruppe haben sich nach unseren Ergebnissen „resignierte oder alternativlose Langzeitbezieher" sowie „missglückte Überbrücker" herausgestellt. Beide Gruppen sind häufig in verschiedenen Lebensbereichen benachteiligt und fühlen sich durch die Sozialhilfe stark belastet.

Bei der Entwicklung sozialpolitischer Maßnahmen zur Förderung des Ausstiegs aus der Sozialhilfe müssen solche subjektiv-biografischen Aspekte, die nur durch qualitative Untersuchungen adäquat erhoben werden können, in Rechnung gestellt werden, wenn die Maßnahmen nicht ins Leere laufen sollen. So werden Alleinerziehende, die ihre Kinder eine Zeit lang selbst betreuen möchten, von Integrationsmaßnahmen in den Arbeitsmarkt vermutlich nicht angesprochen. Und Personen, die sich in einer Phase der biografischen Neuorientierung befinden, brauchen zunächst Beratungs- oder Orientierungsmaßnahmen.

Die verschiedenen Wege nach der Beendigung der Sozialhilfe lassen erkennen, dass „Bewegungen" in der Sozialhilfestatistik nicht notwendig mit „Bewegungen" in und aus Armut gleichzusetzen sind. Es konnte gezeigt werden, dass die institutionellen Regelungen des Anfangs bzw. des Endes eines Sozialhilfebezugs nur in einem lockeren Zusammenhang zu jenen stehen, die Armut bzw. prekäre Lebenslagen bestimmen. Sozialpolitisch verweist dies zunächst darauf, dass das Ziel des Bundessozialhilfegesetzes, Hilfe zur Selbsthilfe zu leisten bzw. den Betroffenen dabei zu helfen, wieder unabhängig von der Hilfe zu leben, nicht in allen Fällen oder oft nur scheinbar erreicht wird. Eine mögliche Folgerung hieraus ist, dass institutionelle Hilfen nicht beim Ausstieg aus der Sozialhilfe enden dürfen, sondern als „nachgehende Hilfe" konzipiert werden sollten.

Insoweit stellt die Verknüpfung quantitativer und qualitativer Erhebungen nicht nur die soziologische Konzeptualisierung von Armut auf eine neue Grundlage. Auch die Konzipierung sozialpolitischer Maßnahmen zur Armutsbekämpfung kann durch die Einbeziehung qualitativer Untersuchungsergebnisse vor Umwegen und Sackgassen bewahrt werden, die bei einem rein quantitativen Vorgehen möglich sind.

Literatur

Ashworth, Karl/Walker, Robert (1991): Reflections on the Role of Time in the Definition and Measurement of Poverty. Loughborough University of Technology: Centre for Research in Social Policy (CRSP Working Paper 154)
Bane, Mary Jo/Ellwood, David T. (1994): Welfare Realities. From Rethoric to Reform. Cambridge, Mass. und London: Harvard University Press
Berger, Peter A. (1994): Individualisierung und Armut. In: Zwick, M. (Hrsg.): Einmal arm - immer arm? Neue Befunde zur Armut in Deutschland. Frankfurt a. M. und New York: Campus, 21-46
Buhr, Petra (1998): Verschwimmende Grenzen. Wo fängt Armut an und wann hört sie auf? In: Hillebrandt, F./Kneer, G./Kraemer, K. (Hrsg.): Verlust der Sicherheit? Lebensstile zwischen Multioptionalität und Knappheit. Opladen und Wiesbaden: Westdeutscher Verlag, 26-51
Buhr, Petra (1995): Dynamik von Armut. Dauer und biographische Bedeutung von Sozialhilfebezug. Opladen: Westdeutscher Verlag
Caritasverband (Hrsg.) (1987): Arme haben keine Lobby. Caritas Report zur Armut. Freiburg i. Br.: Lambertus
Daly, Mary (1997): Armut unterwegs - wohin? In: Soziologische Revue 4/97, 433-441
Hagen, Christine/Niemann, Heike (2000): Schattierungen sozialer Ausgrenzung. Befunde einer qualitativen Längsschnittuntersuchung. In: Büchel, F. et al. (Hrsg.): Zwischen drinnen und draußen. Arbeitsmarktchancen und soziale Ausgrenzungen in Deutschland. Opladen: Leske und Budrich, 201-211
Hauser, Richard/Hübinger, Werner (1993): Arme unter uns. Teil 1: Ergebnisse und Konsequenzen der Caritas-Armutsuntersuchung. Freiburg i. Br.: Lambertus
Hess, Henner/Mechler, Achim (1973) Ghetto ohne Mauern. Ein Bericht aus der Unterschicht. Frankfurt a.M.: Suhrkamp
Himmelreicher, Ralf (2001): Soziodemographie, Erwerbsarbeit, Einkommen und Vermögen von westdeutschen Haushalten. Eine Längsschnitt-Kohortenanalyse auf Datenbasis des SOEP (1984-1997). Bremen: Im erscheinen
Hübinger, Werner (1996): Prekärer Wohlstand. Freiburg i. Br.: Lambertus
Leibfried, Stephan et al. (1995): Zeit der Armut. Lebensläufe im Sozialstaat. Frankfurt a. M.: Suhrkamp
Leisering, Lutz/Leibfried, Stephan (1999): Time and Poverty in Western Welfare States. United Germany in Perspective. Cambridge: University Press

Leisering, Lutz/Walker, Robert (1998): The Dynamics of Modern Society: Policy, Poverty and Welfare. Bristol: Policy Press
Lompe, Klaus (Hrsg.) (1987): Die Realität der neuen Armut. Analysen der Beziehungen zwischen Arbeitslosigkeit und Armut in einer Problemregion. Regensburg: Transfer
Ludwig, Monika (1996): Armutskarrieren. Zwischen Abstieg und Aufstieg im Sozialstaat. Opladen: Westdeutscher Verlag
Ludwig-Mayerhofer, Wolfgang (1994): Über die Heterogenität (auch) der Verläufe von Armut und über die Schwierigkeiten ihrer Erfassung anhand prozess-produzierter Daten. In: Bios 7/94, 223-239
Olk, Thomas/Rentzsch, Doris (1997): Armutsverläufe. Erste Ergebnisse einer Kohortenanalyse Hallenser Sozialhilfeempfänger(innen). In: Becker, I./ Hauser, R. (Hrsg.): Einkommensverteilung und Armut in Deutschland. Frankfurt a. M.: Campus, 161-184
Schwarze, Uwe (2001): Aktivierende Sozialpolitik. Zur Konvergenz von personenbezogenen Dienstleistungen in Sozialhilfe und Gesetzlicher Krankenversicherung. In: Leisering L./Müller, R./Schumann K. F. (Hrsg.): Institutionen und Lebenslauf im Wandel. Weinheim/München: Juventa
Sopp, Peter (1994): Das Ende der Zwei-Drittel-Gesellschaft? Zur Einkommensmobilität in Westdeutschland. In: Zwick, M. (Hrsg.): Einmal arm - immer arm? Neue Befunde zur Armut in Deutschland. Frankfurt a. M. und New York: Campus, 47-74
Strang, Heinz (1985): Sozialhilfebedürftigkeit. Struktur - Ursachen - Wirkung, unter besonderer Berücksichtigung der Effektivität der Sozialhilfe. Forschungsbericht, Hildesheim: Hochschule (Institut für Sozialpädagogik)
Witzel, Andreas (1989): Das Problemzentrierte Interview. In: Jüttemann, G. (Hrsg.): Qualitative Forschung in der Psychologie. Grundfragen, Verfahrensweisen, Anwendungsfelder. Heidelberg: Asanger, 227-255 (zuerst erschienen 1985 im Beltz-Verlag, Weinheim, Basel)

Hildegard Schaeper, Andreas Witzel

Rekonstruktion einer qualitativen Typologie mit standardisierten Daten

1. Einleitung

Wie gestalten junge Fachkräfte ihre Berufsbiografien im Spannungsfeld individueller Orientierungen und institutioneller Vorgaben, die sich insbesondere aus der Verfasstheit der Institutionen Beruf, Familie und Arbeitsmarkt ergeben? Diese Frage ist eines der Themen, die im Mittelpunkt der Panelstudie „Statuspassagen in die Erwerbstätigkeit" standen und mit qualitativen wie quantitativen Methoden bearbeitet wurden. Auf der Grundlage von drei Wellen qualitativer Interviews, die mit Absolventinnen und Absolventen einer Berufsausbildung geführt wurden, konnte eine „qualitative" Antwort in Form einer Typologie „berufsbiografischer Gestaltungsmuster" (BGM) gefunden werden. Eine „quantitative" Antwort auf die Untersuchungsfrage sollte die vierte Welle des quantitativen Untersuchungsstrangs liefern, in der mit den Mitteln einer standardisierten Fragebogenerhebung versucht wurde, die qualitative Typologie in Form einer Typologie „berufsbiografischer Orientierungsmuster" (BOM) zu rekonstruieren.

Mit dieser multimethodischen Herangehensweise knüpft das Projekt an eine häufig als „Triangulation" bezeichnete Verfahrensweise an, die in jüngster Zeit wieder an Bedeutung gewinnt und höchst unterschiedliche Resultate hervorbringen kann: Die mit verschiedenen Verfahren produzierten Analyseergebnisse können konvergieren und damit die Validität empirischer Daten erhöhen; sie können einander ergänzen und dann ein vollständigeres und adäquateres Bild des untersuchten Phänomens zeichnen; schließlich ist auch damit zu rechnen, dass sie divergieren und somit die Frage nach Ursachen und Konsequenzen aufgeworfen wird (vgl. hierzu Kelle/Erzberger in diesem Band).

Mit der quantifizierenden Rekonstruktion der qualitativen Typologie war die Erwartung verbunden, kongruente Ergebnisse zu erzielen, um so die im qualitativen Material gefundenen Typen in ihrer Größenordnung bestimmen zu können. Dass sich - und dies sei als ein Ergebnis des vorliegenden Beitrags vorweggenommen - diese Hoffnung nur teilweise erfüllte, gibt allerdings kaum Anlass zur Enttäuschung. Denn gerade die Abweichungen zwischen den Befunden eröffneten fruchtbare Einsichten in Bezug auf den theoretischen und konzeptionellen Status der beiden Typologien, hinsichtlich des Verhältnisses von qualitativen und quantitativen Verfahren sowie in Hinblick auf die Implikationen unseres Vorgehens für die Lebenslaufforschung im Besonderen und die Sozialforschung im Allgemeinen.

Damit es möglich ist, diese Einsichten nachzuvollziehen, zu diskutieren und zu kritisieren, werden die beiden Typologien nach der Vorstellung des Forschungsdesigns in Abschnitt 2 zunächst ausführlich beschrieben (Abschnitte 3 und 4). Auf Grundlage einer vergleichenden Diskussion wird dann untersucht, inwieweit die beabsichtigte Rekonstruktion der qualitativen Typologie gelungen ist (Abschnitt 5). Abschnitt 6 schließlich widmet sich der im Mittelpunkt unserer Erörterungen stehenden Frage, wie die gefundenen Divergenzen zwischen den Typologien erklärt werden können.

2. Zur Anlage der Untersuchung und zur Verknüpfung von qualitativen und quantitativen Daten und Verfahren im Forschungsprozess

Von Beginn an hat das Projekt „Statuspassagen in die Erwerbstätigkeit" seine Untersuchungsfragen mit „Zahlen und Wörtern", d.h. mit quantitativen und qualitativen Verfahren und Daten, zu beantworten gesucht. Aus diesem Grund wurden zwei Teilstudien durchgeführt, die beide als prospektive Längsschnitte angelegt sind. Einbezogen wurden Angehörige von sechs Ausbildungsberufen (Kfz-Mechaniker, Maschinenschlosser, Friseurinnen (und wenige Friseure) sowie Bank-, Büro- und Einzelhandelskaufleute), die 1989/90 in den Arbeitsmarktregionen Bremen und München ihre berufliche Ausbildung abgeschlossen hatten. Der quantitative Untersuchungsteil („Makro-Panel") umfasst vier Fragebogenerhebungen (1. Welle 1989 mit ca. 2.200 Befragten, 4. Welle 1997/98 mit 989 Teilnehmerinnen und Teilnehmern), der qualitative, mit dem Erhebungsverfahren des problemzentrierten Interviews (Witzel 1989) arbeitende Längsschnitt („Mikro-Panel") drei Wellen (1990 bis 1994, mit 91 Interviews über alle drei Wellen). Die standardisierten Befragungen dienten in erster Linie der Erhebung soziodemografischer Informationen sowie Daten zum beruflichen Verlauf und zum Prozess der Familiengründung; mit der vierten Welle wurde das Erhebungsinstrument um Skalen zur Erfassung von Arbeits-, Berufs-, Weiterbildungs-, Geschlechtsrollen- und Familienorientierungen erweitert. Die qualitativen Interviews richteten ihren Fokus auf die Binnenperspektive der Akteure - also auf die individuellen Aspirationen, Präferenzen und Bewertungen der Ausbildungsabsolventinnen und -absolventen - sowie auf die ethnographische Beschreibung beruflicher Kulturen.

Den beiden Forschungssträngen wurde nicht a priori ein bestimmter forschungslogischer und theoretischer Status zugewiesen. Vielmehr kamen - um möglichst umfassend von den jeweiligen Stärken der Herangehensweisen profitieren und die je spezifischen Schwächen kompensieren zu können

- in Abhängigkeit vom zu lösenden Forschungsproblem unterschiedliche Verknüpfungsstrategien[1] zur Anwendung. So nutzten wir die Ergebnisse der ersten Welle des quantitativen Panels zur Ergänzung der theoretisch begründeten Selektionskriterien für das qualitative Sample und zur Auswahl der Interviewpartnerinnen und -partner (vgl. im Einzelnen Mönnich/Witzel 1994). D.h., die quantitative Untersuchung hatte hier die Funktion der „optimalen Platzierung" der qualitativen Stichprobe (Küchler 1983, 26).

Darüber hinaus konnten qualitative Auswertungsergebnisse herangezogen werden, um statistische Zusammenhänge substantiell zu interpretieren und soziologisch gehaltvoll zu erklären sowie unerklärte Varianz aufzuklären (vgl. im Einzelnen Kelle/Erzberger 1999, 519 ff.; Schaeper 1997a, 12 ff.). Diese Möglichkeit bot sich, weil sich in diesem Fall qualitative und quantitative Analyseresultate *komplementär* zueinander verhielten. Die beiden Forschungsmethoden erfassten hier nicht - wie das *Konvergenzmodell* der Triangulation unterstellt - dasselbe soziale Phänomen, sondern unterschiedliche Aspekte desselben Gegenstandes bzw. verschiedene Phänomene, die zusammengeführt ein vollständigeres oder zumindest kaleidoskopartiges Bild des Untersuchungsgegenstandes ergaben.

Schließlich wurden die quantitativen Verfahren fruchtbar gemacht, um qualitative Ergebnisse zu quantifizieren sowie qualitative und quantitative Resultate gegenseitig zu validieren. Diese in den folgenden Abschnitten ausführlich dargestellte Verknüpfungsstrategie beruht auf Überlegungen zu den je spezifischen Stärken und Schwächen beider Forschungsstränge sowie auf einer weiteren Bestimmung ihres Verhältnisses zueinander.

Qualitative Methoden entfalten ihr spezifisches Potenzial bei der dichten, umfassenden Beschreibung von sozialen Milieus, sozialem Handeln und Kulturen, beim Verstehen subjektiver Bedeutungen sowie bei der Rekonstruktion von Tiefenstrukturen, die Bedeutungen und Handeln erzeugen[2]. Adäquate methodisch kontrollierte Verfahren vorausgesetzt, erlauben sie eine *theoretische* Generalisierung ihrer Ergebnisse (Kelle 1998; Kelle/Kluge 1999). Standardisierte Methoden abstrahieren von konkreten sozialen Kontexten, sie können die soziale Wirklichkeit nicht in ihrem Facettenreichtum abbilden, sondern beschränken sich auf einige herausragende Merkmale. Sofern es sich nicht um eine unangemessene, verzerrende Vereinfachung handelt[3], ermöglicht diese Reduktion sozialer Komplexität al-

---

1 Zu den verschiedenen Verknüpfungsmöglichkeiten und deren Funktionen vgl. Erzberger 1998, Erzberger/Prein 1997, Kelle/Erzberger 1999 und Prein/Kelle/Kluge 1993; sowie Kluge und Kelle/Erzberger in diesem Band.
2 Vgl. Lüders und Reichertz (1986, 92 f.), die die Vielfalt qualitativer Forschungsperspektiven aufgrund dieser drei primären Ziele systematisieren.
3 Vgl. Kleining (1991, 14), der den „Übergang von qualitativen zu quantitativen Methoden unter dem Gesichtspunkt der Vereinfachung, Reduktion oder Abstraktion der Erkenntnismöglichkeiten" sieht und den Einsatz standardisierter Verfahren dann als

lerdings, die wesentlichen Phänomene in ihrer Größenordnung und ihren Zusammenhängen herauszuarbeiten, d.h. die gefundenen Muster und Strukturen in *quantitativer Hinsicht* zu generalisieren.

Wie eingangs erwähnt, wurde in unserem Projekt auf Grundlage des qualitativen Panels eine Typologie berufsbiografischer Gestaltungsmuster (BGM) entwickelt. Die qualitativen Analysen hatten auch gezeigt, dass systematische Beziehungen zwischen den verschiedenen Typen berufsbiografischer Gestaltungsmodi und dem Ausbildungsberuf bestehen. Darüber hinaus hatten sich Hinweise darauf ergeben, dass es sich bei einigen Typen um eher „weibliche" Modi biografischer Gestaltungsweisen, bei anderen um eher „männliche" Modi handelt. Da im qualitativen Sample Ausbildungsberuf und Geschlecht stark konfundieren, war es allerdings nicht möglich, diese Zusammenhänge zu spezifizieren und zu generalisieren. Geleitet von dem Ziel, die im qualitativen Material gefundenen Typen zu quantifizieren, die Stärke der beobachteten Assoziationen zu bestimmen und im Sinne von Lazarsfeld (1955) zu elaborieren und abzusichern sowie weitere Zusammenhänge zwischen berufsbiografischen Gestaltungsmodi und Strukturmerkmalen aufzudecken, wurde deshalb in der vierten Welle des Makro-Panels versucht, die qualitative Typologie berufsbiografischer Gestaltungsmodi mit standardisierten Verfahren zu rekonstruieren.

Dieser Versuch stellt zwar in Rechnung, dass jede Methode ihren Untersuchungsgegenstand in einer je spezifischen Weise konstituiert (Fielding/Fielding 1986; Flick 1992), so dass unter Umständen nicht nur unterschiedliche Seiten eines Phänomens, sondern verschiedene Phänomene erhoben werden. Auf der anderen Seite gehen wir aber auch von der Annahme aus, dass - aufeinander abgestimmte Vorgehensweisen vorausgesetzt - die mit unterschiedlichen Verfahren erzeugten sozialen Fakten einen so großen Überschneidungsbereich haben können, dass die Ergebnisse konvergieren. Der Rekonstruktion lag darüber hinaus die Auffassung zugrunde, dass die Erkenntnisdomänen von qualitativen und quantitativen Methoden nicht eindeutig und scharf voneinander abzugrenzen sind (vgl. auch Erzberger 1998, 93 ff.). Auch wenn qualitativen Verfahren ein Vorrang bei der Erhebung der subjektiven Perspektive einzuräumen ist, gestehen wir ihnen auf diesem Gebiet keinen Ausschließlichkeitsanspruch zu. Vielmehr halten wir auch standardisierte Erhebungsinstrumente prinzipiell für geeignet, subjektive Deutungen, Bewertungen und Orientierungen zu erfassen.

Voraussetzung für den Einsatz standardisierter Verfahren ist allerdings ein fundiertes Vorwissen über den Untersuchungsgegenstand, d.h. detaillierte Kenntnisse über die Dimensionen eines Konzepts und die für die Forschungsfrage relevanten Aspekte. Wir werden deshalb im nächsten Abschnitt zunächst ausführlich die qualitative Typologie darstellen, um dann

---

sinnvoll erachtet, „wenn qualitative Forschung gezeigt hat, dass eine Vereinfachung gefundener Abhängigkeiten möglich ist".

zu erörtern, wie diese in der standardisierten Befragung operationalisiert und rekonstruiert wurde.

3. Die qualitative Typologie berufsbiografischer Gestaltungsmodi

3.1 Konzeptionelle Merkmale

Ausgangspunkt für die Entwicklung des Konzepts und der Typologie berufsbiografischer Gestaltungsmodi (BGM) (Witzel/Kühn 2000) war die Frage, wie junge Fachkräfte ihre Berufsbiografie im Spannungsfeld institutioneller Vorgaben - insbesondere seitens der Institutionen Beruf, Familie und Arbeitsmarkt - und individueller Orientierungen gestalten. Diese Fragestellung greift zwei Desiderata auf, die sich aus dem Stand der empirischen Lebenslaufforschung ergaben: Im Unterschied zu den im Rahmen der Individualisierungstheorie sozialen Wandels durchgeführten Längsschnittstudien (z.B. Berger/Sopp 1995) werden zum einen die institutionalisierten Selektionsmechanismen und unterschiedlichen Handlungsspielräume, die sich für Frauen und Männer aus ihrer Berufszugehörigkeit ergeben, systematisch berücksichtigt. Zum anderen kommt - im Unterschied zu den im Rahmen der Reproduktionstheorie sozialer Ungleichheit durchgeführten Längsschnittuntersuchungen (z.B. Mayer 1995) - in unserem Ansatz den Orientierungen und Handlungsstrategien der Individuen ein zentraler theoretischer und empirischer Stellenwert zu.

Mit dieser Untersuchung der *„Mikrodynamik individueller Bewegungen in Strukturen"* (Berger/Sopp 1995, 11) ist beabsichtigt, die Lücke zwischen individuellen Handlungsweisen und Prozessen der Strukturierung beruflicher Lebensverläufe zu schließen. Denn Sozialstrukturerfahrungen sind nicht unmittelbar handlungsrelevant; die Beziehung zwischen Struktur und Handeln stellt sich vielmehr erst über Sinngebungsprozesse her, die zum Teil kollektiven Charakter haben, aber auch inter- und intraindividuell variabel sind. Berufsverläufe sind demnach nicht nur institutionell geformt, sondern hängen auch mit den subjektiven Erwartungen, Handlungsorientierungen und Bilanzierungen der Akteure zusammen.

Mit dem Ziel, das Bindeglied zwischen Struktur und Handeln theoretisch und empirisch zu konturieren und unterschiedliche Formen des Status- und Biografiemanagements zu identifizieren, wurden in unserer Studie auf Grundlage von drei Wellen qualitativer Interviews und in einem Prozess gegenstandsnaher Theoriegenerierung das Konzept und die Typologie der „berufsbiografischen Gestaltungsmodi" entwickelt. Im Unterschied zu den in vergleichbaren Studien durchgeführten Momentaufnahmen arbeits- und berufsbezogener Orientierungen und Handlungen (z.B. Baethge et al. 1989; Lenz 1988; Geissler/Oechsle 1996; Corsten 1998) machte es dabei der

Längsschnittansatz möglich, die Konstanz bzw. Veränderung der BGM zu überprüfen und unterschiedliche Perspektiven der Akteure einzubeziehen. Die individuellen Sinnfindungsprozesse und Handlungsberichte können über alle drei Erhebungswellen, d.h. während der für die Integration der Akteure in die Berufswelt so wichtigen Statuspassage von der Berufsausbildung in die ersten Jahre der Erwerbsarbeit, zum Aufdecken eines roten Orientierungs- und Handlungsfadens miteinander verglichen werden. Mit ihnen lassen sich nicht nur die jeweilig aktuellen Orientierungen und Handlungen, sondern auch die Umdeutungen und Konstruktionen früherer Erwartungen und Ansprüche rekonstruieren, die auf „Leitmotive" der Berufsbiografie hinweisen. Ein Charakteristikum der BGM besteht also in der Analyse *situations- bzw. statuspassagenübergreifender*, aber kontextspezifisch aktivierter Prinzipien der Biografiegestaltung.

Weil im Mittelpunkt des theoretischen Konzepts die Umgangsweisen mit der Berufsbiografie stehen, ist für die Typologie des Weiteren charakteristisch, dass sie auf der Basis von *Orientierungen und Handlungen* konstruiert wurde. Die Analyse bezieht damit einerseits die - in der Folgebefragung bestimmbare - Handlungsrelevanz von Erwartungen und Ansprüchen bzw. Strukturierungsformen beruflicher Statuspassagen ein, denen andererseits häufig erst im Nachhinein ein Handlungssinn zugeschrieben wird.

Zuletzt wird in der BGM-Konstruktion *keine zeitliche Konstanz* von Orientierungs- und Handlungsmustern unterstellt. Eine Konstanz ist aufgrund der Kontingenzen, Entscheidungsspielräume und der Selbstreflexivität in der Auseinandersetzung mit Gelegenheitsstrukturen in den Karriereverläufen auch nicht erwartbar. Eine weitgehende individuelle Kontinuität der Verarbeitung von Berufs- und Arbeitsmarkterfahrungen ist vielmehr selbst ein empirischer Befund im Rahmen des Prozesses der Typenbildung.

3.2 Empirisch begründete Typenbildung

Die Typenbildung ist - wie die gesamte Auswertung - an dem Verfahren der „grounded theory" (Glaser/Strauss 1967) orientiert. Die theoriegenerierende Vorgehensweise, die Strauss und Corbin (1996) als Sequenz von offenen, axialen und selektiven Kodierformen vorgeschlagen haben, wurde an die Erfordernisse unserer biografie- bzw. lebenslauftheoretischen Fragestellung angepasst. Das entsprechende Auswertungsverfahren (Witzel 1996) enthält Schritte von der Einzelfallanalyse bis zum systematisch kontrastierenden Fallvergleich, der schließlich in der empirisch begründeten Typenbildung mündet (vgl. auch Kluge 1999, 86 ff.; Kelle/Kluge 1999).

Um für die Typenbildung die mit den verschiedenen Lebenslaufstationen verbundenen individuellen berufsbezogenen Orientierungen und Handlungen rekonstruieren zu können, haben wir in Anlehnung an die phänomenologische Handlungstheorie von Schütz (1974) ein heuristisches Analysemodell von Handlungen entwickelt (Witzel 2000): das BARB-Modell, das seinen Namen den Abkürzungen der drei Elemente des Modells - *Aspirationen (A)*, *Realisationen (R)* und *Bilanzierungen (B)* - verdankt.

Aspirationen ist ein Sammelbegriff, der die in den qualitativen Interviewtexten identifizierten Handlungsbegründungen aufnimmt. Mit *Realisationen* werden Aussagen über konkrete Handlungsschritte zur Umsetzung der in den Begründungen enthaltenen berufsbezogenen Interessen, Motive, Handlungsentwürfe oder Planungen bezeichnet. *Bilanzierungen* beziehen sich auf die individuellen Bewertungen von Entscheidungs- und Handlungsfolgen sowie Kontexterfahrungen in Bezug auf biografische Stationen. Der im Nachhinein entstehende Handlungssinn ist deshalb so bedeutsam, weil die aus aktueller Sicht vorgenommenen Neubewertungen früherer Absichten auch Folgen für die gleichzeitig entstehenden Handlungsentwürfe haben. Die Bilanzierungen verkoppeln also mit den aus ihnen gewonnenen Handlungskonsequenzen für die Gestaltung des weiteren Berufsverlaufs die Schritte A-R-B durch das vorangestellte B und stellen das dynamische Scharnier des berufsbiografischen Analysemodells dar.

Mit Hilfe systematischer Fallkontrastierung wurde das theoretische Konzept der BGM zunächst anhand einer kleinen Stichprobe von etwa 20 Fällen entwickelt und später aufgrund der Erweiterung der Datengrundlage durch zwei neue Erhebungsphasen mehrfach validiert. Bei der Erweiterung der Auswertung auf die dritte Erhebungswelle ca. dreieinhalb Jahre nach Ausbildungsende stellte sich heraus, dass das mit der zweiten Interviewwelle abgedeckte Beobachtungsfenster zu klein war, um problemfeldübergreifende Gestaltungsmodi entdecken zu können. Diese wurden vielmehr durch die Thematik der situativen Bewältigung der beiden Schwellen in die Erwerbstätigkeit (Schule - Berufsausbildung, Berufsausbildung - Erwerbstätigkeit) überlagert. Berufsbiografische Gestaltungsmodi werden zwar kontextspezifisch aktiviert, entstehen aber nicht nur in punktuellen Entscheidungssituationen, sondern im Prozess der Auseinandersetzung mit übergreifenden sozialen Anforderungsstrukturen des Lebenslaufs. Daher war es erst mit der Ausweitung des Beobachtungsfensters möglich, durch Vergleich von situationsspezifischen „Leitideen" der Gestaltung einzelner Karriereschritte und Handlungsvollzüge Form, Konstanz und mögliche Veränderungen der BGM zu identifizieren und zu Mustern zusammenzufügen.

An die folgende Reanalyse der BGM auf der Basis von ca. 50 Fällen mit jeweils drei Interviews und die Neuformulierung trennscharfer Typendimensionen (vgl. Abschnitt 3.3) schloss sich eine erneute Validierung durch Einbeziehung der gesamten Stichprobe von 91 Fällen über alle drei Interviewwellen an, bei der die Typologie auf sechs Modi der biografischen Gestaltung reduziert werden konnte.

3.3 Dimensionen und Beschreibung der Typologie

Die Dimensionen der BGM-Typologie, die sich nach einem längeren Prozess von wiederholten Analysen und Validierungen ergaben, erfassen Orientierungen und Handlungen zur Erweiterung und Nutzung gegebener Handlungsspielräume oder zur Unterordnung unter restriktive Gelegenheitsstrukturen bezogen auf Arbeitstätigkeit, Qualifikation, Karriere, Einkommen und Betrieb (siehe Abb. 1):

- Mit der Dimension *Arbeitstätigkeit* erfassen wir den subjektiven Bezug zu Arbeitsinhalten und Arbeitsbedingungen. Darunter fallen beispielsweise Äußerungen, in denen die Bedeutung von Handlungs- und Gestaltungsspielräumen in der konkreten Arbeit deutlich wird.
- Die Dimension *Qualifikation* bezieht sich auf die Spannweite von Orientierungen und Handlungen der jungen Erwachsenen in Bezug auf Fort- und Weiterbildung. Die rekonstruktive Auswertungsarbeit führte zu den Fragen, inwieweit sich junge Erwachsene passiv betrieblichen Qualifikationsanforderungen beugen, eher instrumentelle Bildungsanstrengungen unternehmen, über enge betriebliche Anforderungen hinaus (z.B. mit einem Studium) systematisch Kompetenzen aufbauen oder ihre Bildungsinvestitionen an persönliche Interessen binden.
- Mit der Dimension *Karriere* wird erfasst, welche subjektive Bedeutung einem sicheren oder unsicheren, einem eher offenen oder einem in starkem Maße vorauszusehenden Berufsverlauf zugeschrieben wird und welche Bedeutung Aufstiegsmöglichkeiten für die Befragten haben.
- Die Dimension *Einkommen* erfasst die subjektive Bedeutung der Einnahmen aus der Arbeitstätigkeit für die Gestaltung der Berufsbiografie. So kann das Einkommen beispielsweise als Mittel zur Befriedigung persönlicher Ansprüche, als Ausdruck der Wertschätzung von Einsatz und Leistung oder eher als Gewährleistung eigener Unabhängigkeit betrachtet werden.
- Bei der Dimension *Betrieb* geht es um die subjektive Bedeutung des Betriebes als Arbeitsorganisation und soziale Umwelt. Wichtig ist dabei der Bezug auf die Betriebshierarchie, die betrieblichen Anforderungen und das Organisationsklima. Letzteres umfasst die Qualität der sozialen Beziehungen in der Organisation bzw. die Qualität der Arbeitsbeziehungen.

Die Typologie der BGM besteht in der Kombination von unterschiedlichen Ausprägungen der oben genannten Dimensionen, die durch systematischen Fallvergleich als „Gestalten" extrahiert wurden. Die sechs BGM lassen sich unter drei allgemeineren Kategorien zusammenfassen (siehe Abb. 1):
- eine eher geschlossene Biografiegestaltung mit einer Beschränkung auf den Erhalt des gegenwärtigen Berufsstatus (*Statusarrangement*),
- eine offenere Biografiegestaltung mit Bemühungen um eine Erweiterung von Handlungsspielräumen (*Karriereambitionen*) und

- eine Biografiegestaltung, die durch Streben nach *Autonomiegewinn* gekennzeichnet ist.

Abb. 1: Die Typologie der berufsbiografischen Gestaltungsmodi

	Arbeitstätigkeit	Qualifikation	Karriere	Einkommen	Betrieb
Statusarrangement Betriebsidentifizierung	Arbeitsvollzug den betrieblichen Anforderungen entsprechend, Orientierung auf eng umgrenzten Tätigkeitsbereich	Bereitschaft allenfalls zu Anpassungsweiterbildung	Verbleib im Betrieb und im Beruf, Kontinuität, gesicherte Perspektive	Bereitschaft zu Arrangement mit gegebenen Bedingungen, teilweise auf niedrigem Niveau	Betrieb als Heimat, familiäres Betriebsklima, Vertrauen in die Fürsorge von Vorgesetzten
Lohnarbeiterhabitus	Arbeit als Notwendigkeit zur materiellen Reproduktion, als Aufwand, der ins Verhältnis gesetzt wird zum finanziellen Ertrag	Bereitschaft allenfalls zu Anpassungsweiterbildung	Kontinuität, Betriebs- und Berufswechsel bei verbessertem Aufwand/Ertrags-Verhältnis möglich	Optimierung des Verhältnisses von Aufwand und Ertrag, für höheres Einkommen auch zu Mehrarbeit bereit	Zumutbarkeitsgrenzen, gute Beziehungen zu Kollegen wichtig
Karriereambition Laufbahnorientierung	wachsender Verantwortungsbereich angestrebt, Spezialisierung zum „Experten" oder zu leitenden Positionen	kalkulierte Kompetenzentwicklung: soll dem Erwerbstätigkeitsbezogener Kompetenzen dienen; Praxisorientierung	betriebliche Fahrplanstrategien mit konkreten Zielvorstellungen, stufenförmig absichernd	Einkommen als Indiz für beruflichen und betrieblichen Status, Anerkennung eines hohen Leistungsniveaus	Optionen an betrieblichen Bedingungen orientiert, Anerkennung durch Vorgesetzte wichtig
Chancenoptimierung	möglichst wechselnd, neue Herausforderungen, Erfahrungsgewinn, Handlungs- und Gestaltungsspielräume wichtig, Übernahme von Verantwortung	breite Kompetenzentwicklung, sukzessive Akkumulation von Qualifikationen	beruflicher Aufstieg, viele Alternativoptionen	Anerkennung eines hohen Leistungsniveaus	keine Beschränkung beruflicher Entwicklungsmöglichkeiten auf den Betrieb; Chancen im Betrieb sind eine Option neben anderen Alternativen
Autonomiegewinn Persönlichkeitsgestaltung	Arbeit als Erfahrungsraum für persönliche Weiterentwicklung und Selbstverwirklichung	Weiterbildung nicht unmittelbar an Berufskarriere gebunden, sondern aus persönlichen Motiven	offen gehaltene Karrieregestaltung, Inkaufnahme von berufsbiografischen Brüchen	Selbstverwirklichungsinteressen untergeordnet	Distanz gegenüber betrieblichen Ansprüchen, Autonomie der Lebensführung
Selbständigenhabitus	Arbeit als Mittel zum Geschäftserfolg	Professionalisierung den Notwendigkeiten des Geschäfts entsprechend	Orientierung an Geschäftsprinzipien, Kontinuität, gesicherte Perspektive	Chance zu höherem Einkommen und finanzieller Unabhängigkeit	Distanz gegenüber betrieblichen Hierarchien, berufliche Autonomie: „eigener Herr"

Unter die Kategorie *Beschränkung auf Statusarrangement* fallen die BGM „Betriebsidentifizierung" und „Lohnarbeiterhabitus", die beide durch einen niedrigen Anteil an individueller Biografiegestaltung und eine geringe Karriereorientierung gekennzeichnet sind. Der BGM „Betriebsidentifizierung" tritt vor allem bei Befragten auf, die sich nach schulischen Abkühlungsprozessen in beruflichen Kontexten mit ungünstigen Beschäftigungschancen und Laufbahnstrukturen befinden. Seine Dimensionen, auf die detaillierter eingegangen werden soll, um anhand dieses Typus die Operationalisierung in der standardisierten Befragung (vgl. Abschnitt 4.1) exemplarisch zu verdeutlichen, lassen sich wie folgt beschreiben:

- In der Dimension *Arbeitstätigkeit* beschränken sich die Akteure mit dem BGM „Betriebsidentifizierung" auf einen eng umgrenzten Tätigkeitsbereich, etwa Nischenarbeitsplätze, und sind bereit, sich den betrieblichen Anforderungen unterzuordnen. Hohe Arbeitsbelastungen werden durchaus kritisiert, aber bis zu einem gewissen Grad ertragen.

- Die Dimension *Qualifikation* des BGM „Betriebsidentifizierung" ist dadurch gekennzeichnet, dass Weiterbildungen nur besucht werden, wenn sie zur Anpassung an neue Anforderungen durch sich wandelnde Arbeitsstrukturen erforderlich sind.

- *Karriere*: Die Befragten glauben, am Ende ihrer beruflichen Entwicklungsmöglichkeiten angekommen zu sein. Sie bemühen sich um Etablierung und Kontinuität im erreichten beruflichen Status. Veränderungs- oder Aufstiegsambitionen bestehen nicht. Die Akteure möchten in einem Betrieb verbleiben, der ihnen einen sicheren und festen Arbeitsplatz bietet und in dem sie sich wohl fühlen.

- Hinsichtlich *Einkommen* antizipieren und akzeptieren die Akteure ökonomische Kalkulationen des Betriebes und sind bereit, sich mit einem niedrigen Einkommensniveau zu arrangieren.

- Der *Betrieb* wird als eine Gruppe betrachtet, in der alle zusammen an einem Strang ziehen, und nicht als eine wirtschaftliche Organisationseinheit, die geprägt ist durch Interessengegensätze zwischen Arbeitgeber und Arbeitnehmer, durch Hierarchien und damit verbundene Konfliktpotenziale. In der Regel bemühen sich die Akteure, die an sie gerichteten Erwartungen durch den Vorgesetzten zu erfüllen. Für das Arrangement mit z. T. schwierigen Arbeitsbedingungen und dem relativ geringen Einkommen erwarten sie eine Gegenleistung in Form von Fürsorge und Anerkennung. Dabei kann der Betrieb zu einer „zweiten Heimat" werden und familiäre Züge annehmen. Zentraler Bewertungsmaßstab für die Akteure ist das Ideal eines guten Betriebsklimas, das nicht durch rigide Konkurrenz- und Hierarchieverhältnisse, sondern durch vertrauensvolle, solidarische, harmonische und konfliktarme Sozialbeziehungen gekennzeichnet ist.

Bei Akteuren, die dem BGM „Lohnarbeiterhabitus" zugeordnet werden können, wird Arbeit vorwiegend als Notwendigkeit zur materiellen Reproduktion betrachtet. Sie wird als Aufwand eingeschätzt, der ins Verhältnis zum finanziellen Ertrag gesetzt wird. Für ein höheres Einkommen sind die Akteure auch bereit, Tätigkeiten auszuführen, die ihrem Qualifikationsniveau nicht entsprechen, zum Beispiel Fließbandarbeit. Es gibt jedoch auch Zumutbarkeitsgrenzen, etwa wenn die Arbeit mit gesundheitlichen Risiken verbunden ist oder durch die Arbeitszeit die Spielräume für Freizeitaktivitäten stark eingeschränkt werden. Neben dem Einkommen sind noch gute Beziehungen zu den Arbeitskollegen wichtig. Erwerbslosigkeitsphasen ohne oder mit vermindertem Einkommen sollen möglichst vermieden werden. Weiterbildungen stellen grundsätzlich einen zusätzlichen Aufwand dar und werden nur wahrgenommen, wenn sie ein besseres Einkommen versprechen oder unbedingt notwendig zur Erhaltung des Arbeitsplatzes sind.

Der Kategorie *Entwicklung von Karriereambitionen* sind die BGM „Laufbahnorientierung" und „Chancenoptimierung" zugeordnet. Es sind BGM mit ausgeprägter Karriereorientierung und einem hohen Anteil an individueller Biografiegestaltung. Befragte, deren berufsbiografisches Handeln wir dem BGM „Laufbahnorientierung" zugeordnet haben, beschränken sich auf ein eher enges Spektrum beruflicher Optionen. Sie richten ihre konkreten Zielvorstellungen auf berufliche und meist betriebliche Laufbahnmuster. Ein Aufstieg zu höheren Positionen im Rahmen der Laufbahnvorgaben ist ihnen wichtig. Die Akteure sind bereit, für ihr berufliches Fortkommen viel Zeit zu investieren und schränken gegebenenfalls dafür auch private oder Freizeitaktivitäten ein. Besonderer Wert wird auf den Erwerb von Kompetenzen gelegt, die streng an tätigkeitsbezogenen Qualifikationsanforderungen orientiert sind. Daher wird an Weiterbildungsveranstaltungen der Anspruch erhoben, dass sie praxisorientiert und zu einer Spezialisierung zum „Experten" in einem bestimmten Bereich oder zum Erlangen einer leitenden Position nützlich sind. Sie erwarten, dass die dokumentierte Leistungsbereitschaft durch ihre Vorgesetzten anerkannt und mit der Eröffnung von Aufstiegspfaden einschließlich entsprechend höherer Gehaltsstufen honoriert wird.

Akteure, die dem BGM „Chancenoptimierung" zugerechnet werden, legen großen Wert auf Handlungs- und Gestaltungsspielräume ihrer Arbeitstätigkeit. Sie streben nach wechselnden neuen Herausforderungen in der Arbeit und nach Übernahme von Verantwortung. Durch das Sammeln von beruflichen Erfahrungen in vielfältigen Gebieten bemühen sich die Akteure, ihre Position auf dem Arbeitsmarkt zu stärken und die Voraussetzung für einen beruflichen Aufstieg zu schaffen. Mit diesem beruflichen Aufstieg wird zudem ein höheres Einkommen angestrebt, das als Anerkennung der eigenen Leistung betrachtet wird. Diese jungen Erwachsenen realisieren eine breite Kompetenzentwicklung durch sukzessive Anhäufung von Qualifikationen. Zur Optimierung ihrer Chancen legen sie sich nicht auf eine bestimmte betriebliche Laufbahn fest, sondern versuchen, so lange es geht, das Einschlagen möglichst vieler beruflicher Wege offen zu halten. Dabei bemühen sie sich im Gegensatz zu den Akteuren mit dem BGM „Laufbahnorientierung", deren Optionen meist enger auf betriebliche Laufbahnstrukturen ausgerichtet sind, um erweiterte, d.h. meist überbetriebliche, Entwicklungsmöglichkeiten.

Die eher selten[4] vorkommenden BGM „Persönlichkeitsgestaltung" und „Selbständigenhabitus" gehören zur Kategorie *Streben nach Autonomiegewinn*, die einen hohen Anteil an individueller Biografiegestaltung, aber ein eher geringes Maß an Karriereorientierung aufweist. Als Grundprinzip ihrer Orientierungen und Handlungen legen die Akteure viel Wert auf Autonomie und damit Distanz zu abhängiger Beschäftigung. Subjektiver Maßstab des Berufslebens kann einmal die persönliche Weiterentwicklung und Selbstverwirklichung (BGM „Persönlichkeitsgestaltung") sein. Die Verwirklichung dieses Anspruches stößt angesichts der Notwendigkeit, durch die Erwerbsarbeit die materielle Reproduktion und Unabhängigkeit zu sichern, häufig auf Schwierigkeiten. Die Befragten halten jedoch, soweit es geht, an ihren Zielen fest, machen Kompromisse oder gehen auch das Risiko berufsbiografischer Brüche ein. Arbeit, Aufstiegschancen und materielle Ansprüche an das Einkommen sind den Interessen an Sinnhaftigkeit der Arbeit und des Berufes oder der Realisierung von individuellen Moralvorstellungen untergeordnet.

Akteure mit dem BGM „Selbständigenhabitus" legen Wert auf Selbstbestimmung über die betriebliche Organisation. Sie betonen die Freiheit ihres beruflichen Handelns, die zum einen geprägt ist durch Autonomie bezüglich der Arbeitsbedingungen und -ziele und zum anderen dadurch, dass von der aufgewendeten eigenen Arbeitsleistung wirtschaftlich kein fremder Arbeitgeber profitiert. Selbstverwirklichungsinteressen wie bei den Persönlichkeitsgestaltern fehlen. Die Selbständigkeit wird als eine Chance zu einem höheren Einkommen und einer gesicherten Zukunft betrachtet. Im Mittelpunkt der Anstrengungen steht der Geschäftserfolg, arbeitsinhaltliche Interessen sind von nachgeordneter Bedeutung. Zur Optimierung bzw. Sicherung des Geschäftserfolgs sind die Akteure zu Qualifizierungen bereit.

3.4 Theoretischer Stellenwert

Berufsbiografische Gestaltungsmodi - so lassen sich die bisherigen Ausführungen zusammenfassen - synthetisieren die Prinzipien der Biografiegestaltung nach typischen Relevanzkriterien und Selbstverpflichtungen, die erklären, wie es den Akteuren mit unterschiedlichem biografischen Wissen und Situationsdeutungen gelingt, die „lockere Verbindung" (Elder/O'Rand

---

4 Das seltene Auftreten des BGM „Persönlichkeitsgestaltung" mag daran liegen, dass unser Sample aus jungen Fachkräften und nicht aus Studierenden besteht.

1995) zwischen Sozialstruktur und Lebenslauf zu überbrücken. Sie sind als relativ stabile, aber durchaus modifizierbare biografische „Leitlinien" zu betrachten, die aus bisherigen Erfahrungen und Handlungen sowie deren Deutungen abgeleitet sind und auf die Zukunft bezogene Vorstellungen und Erwartungen integrieren. Das heißt, sie sind Sozialisationsresultate, die berufsbiografisches Handeln moderieren oder ausrichten.

Dabei stellt sich Sozialisation als kontinuierlicher, lebenslanger Prozess der „Selbstsozialisation" (Heinz 2000; Heinz 2001; Heinz/Witzel 1995) dar. Im Gegensatz zu älteren Sozialisationstheorien, die von Wrong (1961) als „oversocialized conception of man" kritisiert wurden, betont dieses Konzept den Eigenanteil der Akteure am Sozialisationsprozess. Sozialisation besteht nicht in einer passiven Internalisierung sozialer Normen oder einer Übernahme kollektiver Deutungsmuster, sondern ist aktive Erfahrungsverarbeitung und biografische Selbstreflexion unter Bezugnahme auf individuelle Identitätskonstruktionen. Auf diese Weise entstehen biografische Wissensbestände und Selbstverpflichtungen oder biografische Gestaltungskompetenzen, die insbesondere in Übergangsprozessen gefordert und geformt werden, in denen die chronischen Konflikte zwischen individuellen Erwartungen und Ansprüchen einerseits und Anforderungen, biografischen Unsicherheiten und unintendierten Handlungsresultaten andererseits zu lösen sind. Mit der Konzeptualisierung des Verhältnisses von Individuum und Gesellschaft als reflexiv und reziprok lässt das Konzept der Selbstsozialisation offen, ob die an Übergängen zu treffenden Lebenslaufentscheidungen kurz- oder weitsichtig, kontextgebunden oder kontextgestaltend, planvoll, rational oder stark an Rollenerwartungen orientiert sind und ob sie dem als normal unterstellten „timing" entsprechen oder nicht.

Das empirisch begründete Konzept berufsbiografischer Gestaltungsmuster ist anschlussfähig an verschiedene soziologische Theoretisierungen, weist allerdings auch Besonderheiten auf, die in den vorliegenden Vorschlägen nicht aufgehoben sind. Mit dem Strukturmodell von Giddens (1995) hat unser Ansatz die doppelte Bestimmung von Strukturen als Ermöglichung und Restriktion von Handeln sowie als Medium und Ergebnis sozialer Praxis gemeinsam. Das heißt: Soziale Strukturen sind als objektive Faktizität den Handelnden vorgegeben und begrenzen - in situativ unterschiedlichem Maße - deren Handlungsspielraum. Aber sie determinieren Handeln nicht. Ohne Rückgriff auf Strukturen ist soziales Handeln nicht denkbar; Strukturen versorgen Handelnde mit einem für soziale Interaktion unabdingbaren Satz von Werkzeugen. Wie im Ansatz der Selbstsozialisation bedürfen sie aber ständiger Interpretation und unterliegen damit auch der Modifikation durch die Akteure. Im Anschluss an dieses Konzept der „Dualität von Struktur" halten wir also offen, ob berufsbiografisches Handeln eher kontextgebunden oder kontextüberschreitend ist.

Mit dem Akteursmodell von Giddens teilt das BGM-Konzept die Annahme, dass Menschen mit Wissen und Bewusstheit („knowledgeability") sowie Handlungsfähigkeit („capability") ausgestattete und intentional handelnde Akteure sind, die ihr Verhalten sowie den Kontext, in dem sie sich bewegen, reflexiv steuern und kontrollieren. Diese Reflexivität lokalisiert Giddens primär im „praktischen Bewusstsein", das all das umfasst, *„was Handelnde stillschweigend darüber wissen, wie in den Kontexten des gesellschaftlichen Lebens zu verfahren ist, ohne dass sie in der Lage sein müssten, all dem einen direkten diskursiven Ausdruck zu verleihen"* (Giddens 1995, 36). Allerdings stellt Giddens nicht nur die prinzipielle Diskursfähigkeit des praktischen Bewusstseins in Rechnung, sondern auch andere Handlungsantriebe wie bewusste Motive und das „diskursive Bewusstsein". Dieses bezieht sich auf das explizite und artikulierbare Wissen um soziale Zusammenhänge, um Handlungsbedingungen und Handlungskonsequenzen. Mit dem praktischen und dem diskursiven Bewusstsein, d.h. dem impliziten und expliziten sozialen Wissensbestand, verfügen die Akteure über einen beträchtlichen Reflexions- und Erfahrungsvorrat, der sie nicht nur in die Lage versetzt, am sozialen Leben teilzunehmen, sondern dieses auch aktiv zu gestalten.

Trotz vielfältiger Überlappungen lässt die Strukturierungstheorie von Giddens allerdings drei Aspekte unterbelichtet, die für das BGM-Konzept zentral und im Habituskonzept von Bourdieu (z.B. Bourdieu 1987; Überblick und kritische Auseinandersetzung bei Schaeper 1997b) systematischer ausgeführt sind. Erstens ist der Habitus - wie die BGM - ausdrücklich als analytisches Bindeglied zwischen Struktur und Praxis und als Prozess der Verklammerung von Gesellschaft und Individuum konzipiert. Zweitens besteht eine Analogie zwischen den BGM und dem Habitus insofern, als beide ein System von Wahrnehmungs-, Deutungs- und Handlungsmustern beschreiben, d.h. Habitus und BGM stellen nicht nur ein kognitives und evaluatives Schema der Wahrnehmung und Bewertung[5] dar, sondern darüber hinaus ein handlungserzeugendes Prinzip, ein generatives Schema für Praxis. Drittens schließlich ist auch im Habituskonzept die biografische Dimension berücksichtigt - der Habitus ist „geronnene Geschichte", eine „Vergangenheit, die im Gegenwärtigen überdauert und sich in Zukunft fortzupflanzen trachtet" (Bourdieu 1993, 102) -, und der Habitus ist wie die BGM als Ergebnis von Sozialisationsprozessen bestimmt.

Allerdings entwirft Bourdieu Sozialisation eher als einen passiven Aneignungsprozess, er misst der Primärsozialisation einen überdauernden Einfluss bei und geht von einer relativen Stabilität des Habitus aus. Der Habitus unterliegt zwar einem anhaltenden Restrukturierungsprozess, da er in

---

5 Der für die BGM bedeutsame Bezug auf Evaluationen von Handlungen und auf nachträgliche Sinnzuschreibungen von Handlungsresultaten fehlt im Übrigen bei der wiederbelebten konstruktivistischen Sozialisationsforschung (Grundmann 1999).

der Konzeption von Bourdieu aber zugleich die Transformationsregeln für mögliche Veränderungen enthält und dazu neigt, sich vor Krisen und kritischer Hinterfragung zu schützen, entwickelt er sich in dem von der Primärsozialisation abgesteckten Rahmen gemäß einer „systematischen Biografie" (Steinrücke 1988). Das Konzept der Selbstsozialisation, das den BGM zugrunde liegt, betont hingegen stärker die reflexiven Eigenanteile und akzentuiert die aktive Auseinandersetzung mit Sozialstrukturerfahrungen und kulturellen Deutungsmustern vor dem Hintergrund der individuellen Aspirationen, Handlungen und Bilanzierungen. Darüber hinaus geht es angesichts der Kontingenz moderner Lebensverläufe von der Annahme aus, dass Sozialisationsprozesse in Kindheit und früher Jugend ihre Langzeitwirkung eingebüßt haben und Stabilität in einer Mobilität erfordernden Gesellschaft nicht eo ipso unterstellt werden kann.

Schließlich besteht ein weiteres Abgrenzungskriterium zu den BGM darin, dass Bourdieu mit seinem Habituskonzept die präreflexiven Handlungsgrundlagen und damit das, was Giddens als „praktisches Bewusstsein" bezeichnet (Habitus als „sense pratique", „praktische Vernunft"), ins Visier nimmt. Zwar weist Bourdieu auf die prinzipielle Bewusstseinsfähigkeit des Habitus hin; für das „diskursive Bewusstsein" aber ist in seinem Ansatz, der die Regelmäßigkeiten sozialer Praxis, das „Konzert ohne Dirigent", erklären will, kein Platz. Anders verhält es sich bei dem BGM-Konzept, das nicht nur auf Regelmäßigkeiten, sondern auch auf individuelle Variationen abstellt und das - angesichts sich auflösender gesellschaftlicher Verbindlichkeiten - den Aufwand an Gestaltungsleistung und Reflexivität deutlich höher einschätzt als Bourdieu.

4. Die quantitative Typologie berufsbiografischer Orientierungsmuster

Zum Zeitpunkt der vierten Welle des quantitativen Panels, die drei bis dreieinhalb Jahre nach der letzten Welle des „Mikro-Panels" stattfand, war die qualitative Analyse so weit fortgeschritten, dass das Konzept und die Typologie berufsbiografischer Gestaltungsmodi feste Konturen angenommen hatte. Insbesondere lagen ausführliche Beschreibungen der die Typologie definierenden Dimensionen und der verschiedenen Modi berufsbiografischer Gestaltungsweisen vor. Mit diesem Wissen war die Voraussetzung dafür gegeben, die BGM mit einem standardisierten Instrument zu erfassen. Wie dabei im Einzelnen vorgegangen wurde und zu welchem Ergebnis der Rekonstruktionsversuch führte, wird in den folgenden Abschnitten dargestellt.

4.1 Operationalisierung

Die Operationalisierung der verschiedenen Typen berufsbiografischer Gestaltungsmodi stützt sich vor allem auf zwei Elemente der Triade Aspiration - Realisation - Bilanzierung, nämlich *Aspirationen*, die sich allerdings auch aus Bilanzierungen entwickeln, und *Realisationen*.

Um die Mehrdimensionalität der Aspirationen erfassen zu können, wurden gängige Skalen zur Messung von Arbeits-, Berufs- und Weiterbildungsorientierungen[6] herangezogen und modifiziert, wie sie u. a. in der „Allgemeinen Bevölkerungsumfrage der Sozialwissenschaften" (ALLBUS), dem „International Social Survey Programme" (ISSP), dem „Sozio-ökonomischen Panel" (SOEP) und der vom Institut zur Erforschung sozialer Chancen durchgeführten Untersuchung zur Weiterbildungsabstinenz (Bolder et al. 1994) zu finden sind. Darüber hinaus entwickelten wir aus dem Interviewmaterial sowie vorliegenden Untersuchungen (insbesondere Geissler/Oechsle 1996) weitere Items und Fragen, die den spezifischen Aspekten unseres Konzepts sowie der weiblichen Perspektive auf Erwerbsarbeit und Beruf Rechnung tragen sollten. Die Ebene der Realisationen wurde durch eine Vielzahl von Fragen zum Berufsverlauf, zu Weiterbildungsaktivitäten und den beruflichen Tätigkeiten abgedeckt. Während diese Manifestationen berufsbiografischen Handelns größtenteils als Längsschnittdaten vorliegen, handelt es sich bei den Orientierungen um einmalig zum Zeitpunkt der vierten Welle erhobene Querschnittsdaten.

Abbildung 2 zeigt exemplarisch am Beispiel des BGM „Betriebsidentifizierung", wie die Umsetzung der qualitativen Typologie in das standardisierte Erhebungsinstrument erfolgte.

Aufgrund der vorliegenden qualitativen Analysen und Beschreibungen wurde möglichst jede der die BGM-Typologie aufspannenden Dimensionen durch mindestens einen Indikator repräsentiert. Dieses gelang nicht bei allen BGM so gut wie im dargestellten Beispiel. Als schwierig erwies sich zum einen, den „Selbständigenhabitus" zu operationalisieren. Da hier nicht alle Aspekte des Konstrukts angemessen berücksichtigt werden konnten, war nur eine geringe Inhaltsvalidität zu erwarten. Zum anderen ließen sich schon bei der Operationalisierung die BGM „Laufbahnorientierung" und „Chancenoptimierung" nicht trennscharf voneinander abgrenzen, so dass von einer unbefriedigenden diskriminierenden Validität ausgegangen werden musste.

---

6 Unter Arbeitsorientierungen verstehen wir eine bestimmte Struktur von Bedürfnissen und Erwartungen der Erwerbsarbeit gegenüber. Dagegen fokussiert der Begriff der Berufsorientierung die subjektive Relevanz, den Stellenwert der Erwerbstätigkeit im Vergleich zu anderen Lebensbereichen.

Abb. 2: Operationalisierung des BGM „Betriebsidentifizierung"

BGM-Dimension	Indikator[1]
Arbeitstätigkeit	*Arbeitsorientierungen*[2]: geringer Stellenwert von: vielseitige, abwechslungsvolle Tätigkeit; Möglichkeit, selbständig und eigenverantwortlich zu arbeiten; eine Arbeit, die mich herausfordert; Möglichkeit, neue Aufgabenbereiche kennen zu lernen *Weiterbildungsorientierungen*[3]: geringer Stellenwert von: interessantere, anspruchsvollere Tätigkeit; Horizonterweiterung; breitere, vielfältigere berufliche Möglichkeiten
Qualifikation	*Weiterbildungsorientierungen*: hoher Stellenwert von: Aufforderung durch Vorgesetzte/Arbeitgeber; Anpassung der beruflichen Kenntnisse und Fähigkeiten an Veränderungen am Arbeitsplatz; Auffrischung, Erweiterung der Fachkenntnisse; mehr Sicherheit vor Verlust des Arbeitsplatzes; Weiterbildung wird im Betrieb erwartet; gesundheitliche Gründe *Weiterbildungsaktivitäten*[4]: Teilnahme an Maßnahmen der Anpassungsweiterbildung, nicht aber an Aufstiegsfortbildungen
Karriere	*Arbeitsorientierungen*: hoher Stellenwert von: Arbeitsplatzsicherheit; niedriger Stellenwert von: gute Aufstiegschancen; eine leitende Position; verantwortungsvolle Aufgaben; eine Arbeit, die mich herausfordert *Weiterbildungsorientierungen*: geringer Stellenwert von: Verbesserung der Aufstiegschancen; Verbesserung der Arbeitsmarktchancen allgemein *Berufsverlauf*[5]: lange Betriebszugehörigkeitsdauer, wenig Arbeitgeberwechsel
Einkommen	*Arbeitsorientierungen*: geringer Stellenwert von: gute Verdienstmöglichkeiten *Weiterbildungsorientierungen*: geringer Stellenwert von: höherer Verdienst *Einkommen*[6]: geringes Einkommen
Betrieb	*Arbeitsorientierungen*: hoher Stellenwert von: gutes Verhältnis zu Vorgesetzten; eine familiäre Atmosphäre; gutes Arbeits- und Betriebsklima; Anerkennung für geleistete Arbeit

1 Bei der Operationalisierung des BGM „Betriebsidentifizierung" fanden Berufsorientierungen keine explizite Berücksichtigung. Die mit einer fünfstufigen Antwortskala dargebotenen Items zur Messung dieser Orientierungen wurden mit folgendem Text eingeleitet: „Die Berufstätigkeit kann für verschiedene Menschen unterschiedliche Bedeutung haben. Welche Bedeutung hat sie für Sie persönlich?"
2 Die mit einer fünfstufigen Antwortskala präsentierten Items zur Erfassung der Arbeitsorientierungen wurden mit folgendem Test eingeführt: „Stellen Sie sich vor, Sie hätten die Wahl zwischen verschiedenen Stellenangeboten. Wie wichtig wären die folgenden Gesichtspunkte bei Ihrer Entscheidung?"
3 Die Items (fünfstufige Antwortskala) zur Messung der Weiterbildungsorientierungen wurden mit folgendem Einleitungstext präsentiert: „Weiterbildung, das Nachholen eines Schulabschlusses, ein Studium oder berufliche Fortbildung, kann sehr unterschiedliche Gründe und Ziele haben. Wie wichtig sind für Sie die folgenden Gründe und Ziele?"

4 Als Weiterbildungsaktivitäten wurden erhoben: Nachholen eines Schulabschlusses, weitere Berufsausbildung, Umschulung, Studium, Aufstiegsfortbildungen (jeweils mit Abschlussdatum), Anpassungsweiterbildung (ohne Zeitangaben).
5 Der berufliche Verlauf wurde monatsgenau mit zwei Kalendarien erhoben. Das eine Kalendarium bildet die Erwerbsverläufe mit elf relativ groben Kategorien zum Erwerbsstatus ab, mit dem anderen wurden die beruflichen Tätigkeiten detaillierter erhoben (u. a. Arbeitszeitumfang, Art der Tätigkeit, Arbeitgeberwechsel).
6 Klassifiziert nur für die zuletzt ausgeübte Erwerbstätigkeit erhoben.

4.2 Empirische Klassifikation

Bei der auf Grundlage der dargestellten Indikatoren vorzunehmenden Klassifikation der Befragten stellte sich eine Vielzahl von Fragen, deren Beantwortung die Typenbildung maßgeblich prägt. In diesem mehrstufigen Entscheidungsprozess war zunächst zu klären, ob eine *a priori* Zuordnung vorgenommen oder ein exploratives Vorgehen gewählt werden sollte. Gegen eine *a priori* Zuordnung sprach, dass diese angesichts der Vielzahl von Dimensionen, Subdimensionen und Analyseebenen nicht einfach aufgrund von Merkmalskombinationen erfolgen konnte, sondern eine Einzelfallanalyse vorausgesetzt hätte. Nach der Entscheidung für ein exploratives, clusteranalytisches Vorgehen stand als Nächstes die Wahl eines geeigneten Verfahrens aus der Familie der Clusteranalysen an. Diese wurde vor allem deshalb zugunsten des partitionierenden Austauschverfahrens K-Means getroffen, weil die Annahme einer hierarchischen Ähnlichkeits- oder Unähnlichkeitsbeziehung zwischen den zu analysierenden Einheiten, wie sie den hierarchisch agglomerativen Ansätzen zugrunde liegt, nicht plausibel schien (Bacher 1996), und hierarchische Verfahren schnell an die Kapazitätsgrenzen eines Computers stoßen. Das K-Means-Verfahren setzt zwar die Verwendung der quadrierten euklidischen Distanz als Unähnlichkeitsmaß und damit intervallskalierte Variablen voraus, hat sich aber gegenüber der Verletzung dieser Anwendungsbedingung als relativ robust erwiesen (ebd., 145), so dass auch der Einbezug der streng genommen nur ordinalskalierten Orientierungsvariablen gerechtfertigt war.

Eine weitere Entscheidung betraf die Auswahl der in die Clusteranalyse aufzunehmenden Variablen und dabei insbesondere die Frage, ob die Handlungsebene und in welcher Weise die Orientierungsvariablen berücksichtigt werden sollten. Die Konzeption der BGM schließt Realisierungsschritte mit ein, und ihr Einbezug wäre bei geeigneter Transformation der nominalskalierten Indikatoren für Berufsverlauf und Weiterbildung in 0/1-kodierte Dummyvariablen auch prinzipiell möglich gewesen. Allerdings ergaben damit durchgeführte Clusteranalysen insoweit unbefriedigende Lösungen, als die Verhaltensvariablen die Clusterstruktur stark bestimmten und die Gruppenbildung sich kaum interpretieren ließ. Deshalb beschränkten sich die weiteren Analysen auf die Orientierungsebene; die Verhaltensvariablen wurden allerdings als externe Merkmale zur Charakterisierung (und damit auch zur Überprüfung der Validität) der Cluster herangezogen (s. Abschnitt

4.3 und 5.1). Bei der letztlich gefundenen Typologie handelt es sich also nicht um eine Typologie berufsbiografischer *Gestaltungs*muster, sondern berufsbiografischer *Orientierungs*muster (BOM).

Zur Identifizierung einer überschaubaren Anzahl latenter Konstrukte wurden mit den (z-standardisierten) Items der Skalen zu Arbeits-, Berufs- und Weiterbildungsorientierungen sowohl Faktorenanalysen nach der Hauptkomponentenmethode mit Varimax-Rotation als auch variablenorientierte Clusteranalysen (hierarchisch agglomeratives Verfahren nach Ward) durchgeführt. Die daraus resultierenden, in Abbildung 3 dargestellten Faktoren gingen als ungewichtete Summenindizes (gebildet aus den für den jeweiligen Faktor charakteristischen z-standardisierten Variablen mit gültigen Werten) in die Clusteranalyse ein. Darüber hinaus wurden zwei weitere Arbeitsorientierungen als Einzelitems berücksichtigt („Arbeitsplatzsicherheit" und „gute Verdienstmöglichkeiten").

Abb. 3: Dimensionen der Skalen zu Arbeits-, Berufs- und Weiterbildungsorientierungen

Faktor	Beispielitems
Arbeitsorientierungen	
„geringe Arbeitsintensität"	viel Freizeit; wenig Arbeitsstress (3 Items; Cronbachs Alpha = 0,66)
„gutes Betriebsklima"	gutes Verhältnis zu den Vorgesetzten; eine familiäre Arbeitsatmosphäre; Anerkennung für geleistete Arbeit (4 Items; Alpha = 0,67)
„Karriere"	verantwortungsvolle Aufgaben; gute Aufstiegschancen; eine leitende Position (5 Items; Alpha = 0,83)
„autonome Vielseitigkeit"	vielseitige, abwechslungsreiche Tätigkeit; Möglichkeit, selbständig und eigenverantwortlich zu arbeiten (5 Items; Alpha = 0,77)
Berufsorientierungen	
„Priorität des Berufs"	Der Beruf ist mir so wichtig, dass ich bereit bin, auf vieles im Privatleben zu verzichten. (2 Items; Alpha = 0,58)
„Breadwinning"	Berufstätigkeit ist nur ein Mittel, um Geld zu verdienen - mehr nicht (2 Items; Alpha = 0,53)
Weiterbildungsorientierungen	
„Anpassungsweiterbildung"	Anpassung der beruflichen Kenntnisse und Fähigkeiten an Veränderungen am Arbeitsplatz; mehr Sicherheit vor Verlust des Arbeitsplatzes (5 Items; Alpha = 0,78)
„Aufstiegsorientierung"	Verbesserung der Aufstiegschancen; höherer Verdienst (3 Items; Alpha = 0,63)
„Persönlichkeitsentwicklung"	persönliche Weiterentwicklung; breitere, vielfältigere berufliche Möglichkeiten; Spaß am Lernen (5 Items; Alpha = 0,72)

Fälle mit fehlenden Werten bei den in die Clusteranalyse einbezogenen Variablen bzw. Indizes wurden nicht aus der Analyse ausgeschlossen, sondern aufgrund der Variablen mit gültigen Werten den Clustern zugeordnet. Auf diese Weise konnten 988 der 989 Befragten klassifiziert werden.

Zur Bestimmung der optimalen Clusterzahl wurden verschiedene Kriterien herangezogen: die in einem Cluster vertretene Fallzahl, die - um differenziertere Analysen vornehmen zu können - nicht zu klein sein sollte, die substantielle Interpretierbarkeit sowie die Trennschärfe und Homogenität der Cluster. Hinsichtlich dieser Kriterien erwies sich die im folgenden Abschnitt vorzustellende 7-Cluster-Lösung als überlegen.

Zusammenfassend ist festzuhalten, dass sich die BOM-Typologie von der BGM-Typologie in zwei wesentlichen konzeptionellen Merkmalen unterscheidet: Erstens basiert sie nur auf Orientierungen, während die qualitative Typologie auf Grundlage von Orientierungen (Aspirationen), Handlungen (Realisationen) und Bilanzierungen entwickelt wurde. Zweitens konnten für die Konstruktion der quantitativen Typologie - im Gegensatz zur BGM-Typologie, für die der Panelansatz charakteristisch ist - keine Längsschnittdaten herangezogen werden.

4.3 Beschreibung der Typologie

Die auf die dargestellte Weise ermittelten Typen berufsbiografischer Orientierungsmuster sollen im Folgenden anhand der zur Clusterbildung herangezogenen Variablen (siehe Tabelle 1) sowie von Merkmalen der Handlungsebene (siehe Tabelle 2) vorgestellt werden.

Cluster 1 „Betriebsidentifizierung": Diese Gruppe hebt sich von anderen Typen insbesondere durch die überdurchschnittliche Bedeutung des Betriebsklimas bei gleichzeitig unterdurchschnittlicher Bewertung von Entlohnungs- und Karriereaspekten ab. Die Bereitschaft zur Anpassungsweiterbildung und die Wertschätzung geringer Arbeitsintensität sind leicht überdurchschnittlich ausgeprägt. Das Cluster weist einen der höchsten Anteile von Befragten auf, die an keiner Weiterbildungsmaßnahme oder nur an Anpassungsweiterbildungen teilgenommen haben. Die geringe Arbeitslosigkeitsdauer, die niedrige Zahl von Arbeitgeberwechslern und die lange Betriebszugehörigkeitsdauer deuten auf den Stellenwert hin, den dieser Typus der beruflichen und betrieblichen Kontinuität beimisst. Die geringe Bedeutung guter Einkommenschancen korrespondiert mit einem auch faktisch nur niedrigem Einkommensniveau, so dass man von einem Arrangement mit den gegebenen schlechten Verdienstmöglichkeiten sprechen kann.

Cluster 2 „Lohnarbeiterhabitus": Für Befragte dieses Clusters steht Erwerbstätigkeit nicht im Mittelpunkt, sondern stellt in erster Linie ein notwendiges Übel dar. Entsprechend wird großer Wert auf ausreichend Freizeit und geringe Arbeitsbelastung gelegt. Arbeitsinhaltliche Aspekte sowie Aufstiegs- und Entwicklungsmöglichkeiten spielen dagegen eine untergeordnete Rolle. Die leicht überdurchschnittliche Orientierung an Arbeitsplatzsicherheit, lange Betriebszugehörigkeitsdauern sowie ein hoher Anteil von

Befragten, die kontinuierlich bei einem Arbeitgeber beschäftigt sind, weisen auf ein ausgeprägtes Kontinuitätsstreben hin.

Cluster 3 „anspruchslose Notwendigkeitsorientierte": Bei diesem Typus handelt es sich um eine relativ kleine Gruppe von Befragten, die stark negativ orientiert sind. Fast alle Aspekte sind unterdurchschnittlich ausgeprägt, viele („Betriebsklima", „Karriere", „autonome Vielseitigkeit", „Persönlichkeitsentwicklung") sogar stark unterdurchschnittlich. Leicht stärker als im Mittel wird lediglich der Stellenwert der Berufstätigkeit gegenüber anderen Lebensbereichen und die materielle Notwendigkeit der Erwerbsarbeit bewertet. Die Anspruchslosigkeit oder sogar Desillusionierung kann Ergebnis eines relativ instabilen Berufsverlaufs mit vergleichsweise hoher betrieblicher Diskontinuität und langer Arbeitslosigkeit sein.

Tab. 1: Charakterisierung der BOM-Typologie anhand der zur Clusterbildung herangezogenen Merkmale (arithm. Mittel der z-standardisierten Variablen)[1]

Variable	Cluster						
	1 Betriebsidentifizierung	2 Lohnarbeiterhabitus	3 Anspruchslose	4 Sicherheitsorientierte	5 Laufbahnorientierung	6 Chancenoptimierung	7 Anspruchsvolle
Arbeitsorientierungen							
Arbeitsplatzsicherheit	+0,09	+0,19	-0,15	**+0,43**	-0,03	**-1,58**	**+0,42**
gute Verdienstmöglichkeiten	**-1,00**	+0,49	-0,40	-0,25	**+0,70**	-0,42	**+0,70**
geringe Arbeitsintensität	+0,23	**+0,77**	-0,45	-0,22	**-0,84**	-0,53	**+0,80**
gutes Betriebsklima	+0,46	+0,07	**-1,21**	-0,06	-0,23	-0,43	**+0,98**
Karriere	**-0,93**	-0,82	**-0,96**	+0,04	**+0,91**	+0,60	**+0,89**
autonome Vielseitigkeit	-0,59	-0,80	**-1,14**	+0,06	**+0,57**	+0,63	**+0,95**
Berufsorientierungen							
Priorität des Berufs	-0,54	**-0,73**	+0,30	-0,13	**+1,23**	+0,38	-0,15
Breadwinning	-0,20	**+1,44**	+0,30	-0,20	-0,32	**-0,63**	-0,12
Weiterbildungsorientierungen							
Anpassungsweiterbildung	+0,23	+0,00	-0,32	+0,23	-0,18	**-1,20**	**+0,81**
Aufstiegsorientierung	**-0,72**	-0,40	-0,61	+0,15	**+0,64**	-0,34	**+0,88**
Persönlichkeitsentwicklung	-0,24	-0,75	**-0,89**	-0,02	+0,23	**+0,45**	**+1,00**
insgesamt abs.	116	154	92	239	123	120	144
% (horizontal)	11,7	15,6	9,3	24,2	12,4	12,1	14,6

[1] Hohe Werte stehen für große Bedeutung des Merkmals, niedrige Werte für geringe Bedeutung. Umrandete und schattierte Felder: im Mittel überdurchschnittlich starke Ausprägung des Merkmals. Umrandete Felder: im Mittel unterdurchschnittlich starke Ausprägung des Merkmals. Die höchsten und niedrigsten Mittelwerte sind zusätzlich durch Fettdruck gekennzeichnet.

Tab. 2: Charakterisierung der BOM-Typologie anhand exogener Merkmale des Berufsverlaufs und der Weiterbildungsaktivitäten (arithm. Mittel bzw. in %)[1]

Merkmal	Cluster							insg.
	1 Betriebsidentifizierung	2 Lohnarbeiterhabitus	3 Anspruchslose	4 Sicherheitsorientierte	5 Laufbahnorientierung	6 Chancenoptimierung	7 Anspruchsvolle	
Weiterbildung (Anteile)								
keine oder nur Anpassungsweiterbildung	58	65	59	54	27	18	50	48
Aufstiegsweiterbildung (laufend oder abgeschlossen)	16	18	23	28	41	21	36	27
Studium (laufend oder abgeschlossen)	8	5	10	10	17	48	6	14
sonstige Weiterbildung (Berufsausbildung, Hochschulreife)	18	12	9	8	15	13	8	11
Berufsverlauf								
durchschnittliche Arbeitslosigkeitsdauer (in Monaten)	1,1	2,8	2,7	2,2	2,1	1,9	2,2	2,2
Anteil Selbständiger (letzte Erwerbstätigkeit)	1	3	4	4	9	18	7	6
Anteil Befragter ohne - Arbeitgeberwechsel[2]	42	42	33	36	34	33	35	36
durchschnittl. längste Betriebszugehörigkeitsdauer (in Monaten)[2]	66,9	70,0	64,5	63,5	54,3	42,6	62,1	60,6
Anteil Vollzeitbeschäftigter mit Bruttoeinkommen unter 3500 DM	51	30	17	19	15	15	26	24
insgesamt abs.	116	154	92	239	123	120	144	988
% (horizontal)	11,7	]15,6	9,3	24,2	]12,4	12,1	14,6	100,0

1 Umrandete und schattierte Felder: überdurchschnittlich hohe Anteils- bzw. Mittelwerte. Umrandete Felder: unterdurchschnittlich hohe Anteils- bzw. Mittelwerte. Die höchsten und niedrigsten Anteils- bzw. Mittelwerte sind zusätzlich durch Fettdruck hervorgehoben.
2 Ohne Mütter.

Cluster 4 „Sicherheitsorientierte": Diese Gruppe stellt den höchsten Anteil an den Befragten und weist im Großen und Ganzen ein Durchschnittsprofil auf. Hervorzuheben ist lediglich die hohe Bedeutung von Arbeitsplatzsicherheit. Die Besonderheiten dieses Clusters spiegeln sich auch auf der Verhaltensebene: Abgesehen vom leicht überdurchschnittlichen Anteil derer, die keine oder nur Anpassungsweiterbildungen absolviert haben, weichen die Berufsverlaufs- und Weiterbildungsmerkmale kaum vom Durchschnitt ab.

Cluster 5 „Laufbahnorientierung": Dieser Typus ist durch eine starke Aufstiegs- und Karriereorientierung, durch eine hohe Berufszentrierung, die sich auch in dem unterdurchschnittlichen Stellenwert von stressfreier Arbeit und Freizeit bemerkbar macht, sowie durch ein hohes materielles Anspruchsniveau gekennzeichnet. Ein hoher Anteil der dieser Gruppe zugeordneten Befragten hat eine Aufstiegsfortbildung abgeschlossen; nur ein geringer Prozentsatz hat an keiner oder nur an Anpassungsweiterbildung teilgenommen.

Cluster 6 „chancenoptimierende Persönlichkeitsgestaltung": Für die jungen Frauen und Männer dieses Typus sind die geringe Betonung extrinsischer Arbeitsorientierungen sowie der überdurchschnittlich hohe Stellenwert der Berufstätigkeit, von arbeitsinhaltlichen Aspekten und von beruflichen wie persönlichen Entwicklungsmöglichkeiten kennzeichnend. Arbeitsplatzsicherheit und gute Einkommenschancen sind ebenso wie instrumentelle Weiterbildungsmotive von untergeordneter Bedeutung. Fast die Hälfte der Befragten dieses Clusters hat ein Studium abgeschlossen bzw. studiert zum Befragungszeitpunkt; Weiterbildungsabstinenz ist kaum zu beobachten. Neben der starken Bildungsbereitschaft ist für diesen Typus auch ein hoher Anteil an Selbständigen charakteristisch.

Cluster 7 „anspruchsvolle ganzheitlich Orientierte": Dieser Typus zeichnet sich durch eine stark überdurchschnittliche Ausprägung fast aller in die Clusterbildung einbezogenen Merkmale aus. Leicht unterdurchschnittlich bewertet werden lediglich der Stellenwert und die Bedeutung der Berufstätigkeit als materielle Existenzgrundlage. Das heißt, an die Berufstätigkeit werden hohe Erwartungen gestellt, gleichzeitig ist sie aber auch nicht ausschließlicher Lebensmittelpunkt.

5. Gegenüberstellung der Typologien: Konvergenzen und Divergenzen

5.1 Die Typologien im direkten Vergleich

Trotz der konzeptionellen und methodischen Differenzen zwischen der qualitativen und quantitativen Typologie konnten drei BGM mit den standardisierten Daten recht gut abgebildet werden. Die quantitativ ermittelten Typen erhielten deshalb auch identische Bezeichnungen.

Die Übereinstimmung zwischen dem BGM und dem BOM „Betriebsidentifizierung" zeigt sich auf allen Dimensionen: Der für den BGM charakteristischen Orientierung auf einen eng umgrenzten, den betrieblichen Anforderungen untergeordneten Tätigkeitsbereich entspricht beim korrespondierenden BOM der geringe Stellenwert, den die Befragten einer vielseitigen, abwechslungsreichen, interessanten und herausfordernden Tätigkeit beimessen. Hinsichtlich der Dimension „Qualifikation" ist auch beim quantitativ ermittelten BOM „Betriebsidentifizierung" allenfalls eine Bereitschaft zu Anpassungsweiterbildung zu beobachten. Diese äußert sich sowohl in den Weiterbildungsorientierungen als auch im Weiterbildungshandeln. Der Bezug zur Karriere ist beim BOM wie beim BGM durch fehlende Aufstiegsambitionen gekennzeichnet. Das den BGM kennzeichnende Streben nach Kontinuität und Verbleib im Betrieb drückt sich beim BOM in langen Betriebszugehörigkeitsdauern und seltenen Arbeitgeberwechseln aus. Die für das BOM charakteristische geringe Bedeutung guter Verdienstmöglichkeiten und das auch faktisch nur niedrige Einkommen lassen sich als Bereitschaft zum Arrangement mit gegebenen Bedingungen interpretieren, die den BGM auszeichnet. Die weitgehende Kongruenz von BGM und BOM zeigt sich schließlich auch auf der Dimension „Betrieb": So wie den Akteuren des BGM „Betriebsidentifizierung" vertrauensvolle, solidarische und konfliktarme Sozialbeziehungen wichtig sind, legen die dem entsprechenden BOM zugeordneten Befragten hohen Wert auf ein gutes Verhältnis zu den Vorgesetzten, auf eine familiäre Atmosphäre, auf ein gutes Arbeits- und Betriebsklima sowie auf Anerkennung für geleistete Arbeit.

Bei dem zweiten BGM, der weitgehend rekonstruiert werden konnte, handelt es sich um den „Lohnarbeiterhabitus". Analog zur Ausprägung der BGM-Dimension „Arbeitstätigkeit", derzufolge Arbeit primär unter dem Gesichtspunkt der materiellen Reproduktion betrachtet wird, ist das BOM „Lohnarbeiterhabitus" durch eine starke Freizeitorientierung gekennzeichnet; die Berufstätigkeit wird häufig nur als ein Mittel zum Broterwerb gesehen, auf sie würde man gerne verzichten, wenn durch andere Quellen der Lebensunterhalt gesichert wäre. Starke Parallelen sind auch hinsichtlich der Qualifikationsdimension zu beobachten: Sowohl für den BGM als auch für das BOM ist ein geringes Weiterbildungsengagement charakteristisch. Das Streben nach beruflicher Kontinuität, über das u. a. der BGM „Lohnarbeiterhabitus" auf der Dimension „Karriere" definiert ist, spiegelt sich beim korrespondierenden BOM in einer leicht überdurchschnittlich hohen Wertschätzung von Arbeitsplatzsicherheit und vor allem in einem geringen Anteil von Arbeitgeberwechseln sowie langen Verbleibsdauern in einem Betrieb. Hinsichtlich der Dimension „Einkommen" sind insofern Überlappungen zwischen BGM und BOM zu beobachten, als bei beiden Typen das Einkommen ein wichtiges Bewertungskriterium der Erwerbstätigkeit darstellt. Dass - wie es für den BGM „Lohnarbeiterhabitus" kennzeichnend ist - Befragte des entsprechenden BOM das Verhältnis von Arbeitseinsatz und finanziellem Ertrag optimieren wollen, lässt sich indirekt daraus schließen, dass sowohl gute Verdienstmöglichkeiten als auch eine geringe Arbeitsintensität eine hohe Wertschätzung erfahren. Auf ein gutes Betriebsklima legen Befragte des BOM „Lohnarbeiterhabitus" zwar weniger Wert als Befragte der BOM „anspruchsvolle ganzheitliche Orientierte" und „Betriebsidentifizierung". Da dieser Aspekt aber höher bewertet wird als bei den restlichen vier BOM, ist auch in Hinblick auf die Dimension „Betrieb", die beim BGM „Lohnarbeiterhabitus" durch die große Bedeutung guter kollegialer Beziehungen charakterisiert ist, eine Entsprechung zwischen den beiden Typen gegeben.

Überwiegend kongruente Ergebnisse lassen sich schließlich beim BGM- und BOM-Typus „Laufbahnorientierung" feststellen. Das für den BGM charakteristische Streben nach einem wachsenden Verantwortungsbereich und leitenden Positionen sowie die ausgeprägte Leistungsbereitschaft finden sich beim entsprechenden BOM in der starken Karriere- und Aufstiegsorientierung, in der hohen Bedeutung selbständigen, eigenverantwortlichen Arbeitens in wechselnden und herausfordernden Tätigkeitsbereichen sowie in der Zentralität des Berufs und der geringen Freizeitorientierung wieder. Die hohe Weiterbildungsbereitschaft, die bei dem BGM „Laufbahnorientierung" auf Spezialisierung und beruflichen Aufstieg im Rahmen institutionalisierter Laufbahnmuster gerichtet ist, äußert sich bei den Befragten des BOM in der großen Bedeutung karrierebezogener Weiterbildungsmotive und dem hohen Anteil von Absolventinnen und Absolventen einer Aufstiegsfortbildung. Die hohe Beteiligung an Aufstiegsfortbildungen lässt sich auch als Indiz dafür lesen, dass - wie es für den BGM „Laufbahnorientierung" kennzeichnend ist - die Karriere fahrplanmäßig und stufenförmig absichernd geplant wird. Eine weitgehende Ähnlichkeit zwischen dem qualitativ und dem quantitativ ermittelten Typus kann auch in Hinblick auf die Dimension „Einkommen" festgestellt werden - gute Verdienstchancen haben sowohl für Akteure, die ihre Berufsbiografie nach dem Modus „Laufbahnorientierung" gestalten, als auch für die dem gleichnamigen BOM zugeordneten Befragten zentrale Bedeutung -, nicht jedoch hinsichtlich der Dimension „Betrieb". Die dem BGM eigene Erwartung, dass Vorgesetzte die Leistungsbereitschaft und fachliche Kompetenz anerkennen und von sich aus honorieren, lässt sich beim BOM nicht beobachten.

Neben den drei dargestellten BOM, die eine große Nähe zu BGM-Typen aufweisen, wurden mit der Clusteranalyse drei Gruppen identifiziert, für die keine Entsprechung in der Typologie berufsbiografischer Gestaltungsmodi gefunden werden kann. Es handelt sich zum einen um ein Durchschnittscluster, das sich nur hinsichtlich der hohen Bedeutung von Arbeitsplatzsicherheit vom mittleren Profil abhebt („Sicherheitsorientierte"). Zum anderen handelt es sich um zwei Extremtypen, bei denen entweder fast alle Aspekte negativ, d.h. deutlich unterdurchschnittlich, bewertet werden („anspruchslose Notwendigkeitsorientierte") bzw. stark positiv, d.h. deutlich überdurchschnittlich, ausgeprägt sind („anspruchsvolle ganzheitlich Orientierte").

Das BOM „chancenoptimierende Persönlichkeitsgestaltung" schließlich stellt sich als Mischtypus von drei BGM dar. Zum einen weist es Überlappungen mit dem BGM „Chancenoptimierung" auf. Analog zu diesem BGM ist das BOM durch ein Streben nach beruflichem Aufstieg sowie nach Gestaltungsspielräumen und wechselnden neuen Herausforderungen gekennzeichnet. Der hohe Anteil von Studierenden weist darauf hin, dass Befragte dieses Clusters - ähnlich wie Akteure, die dem BGM „Chancenoptimierung" zugeordnet wurden - Wert auf eine breite Kompetenzentwicklung legen, die nicht auf bestimmte berufliche oder betriebliche Laufbahnmuster festgelegt ist. Angesichts der untergeordneten Bedeutung von Arbeitsplatzsicherheit und guten Einkommenschancen, der geringen Ausprägung instrumenteller Weiterbildungsmotive und des hohen Stellenwertes von persönlichen Entwicklungsmöglichkeiten sind zweitens auch Überschneidungen dieses BOM mit dem BGM „Persönlichkeitsgestaltung" festzustellen. Schließlich sprechen das starke Interesse an Selbständigkeit in der Arbeitsausführung und der hohe Selbständigenanteil für Gemeinsamkeiten mit dem BGM „Selbständigenhabitus".

5.2 Vergleich der Typologien anhand ihrer Zusammenhänge mit Beruf und Geschlecht

Eine andere Möglichkeit, die beiden Typologien zu vergleichen und zu beurteilen, inwieweit die Rekonstruktion gelungen ist, besteht in der Untersuchung ihrer Zusammenhänge mit den Strukturmerkmalen Beruf und Geschlecht. Wie erwähnt konnten auf Grundlage der qualitativen Interviews systematische Beziehungen zwischen den Typen berufsbiografischer Gestaltungsmuster und den beruflichen Kontextbedingungen herausgearbeitet werden (vgl. ausführlicher Witzel/Kühn 2000): Im leistungs- und weiterbildungsorientierten Bankgewerbe dominieren die beiden BGM der Kategorie „Karriereambition". In dem durch einen hohen Frauenanteil gekennzeichneten Beruf der Bürokaufleute und der Friseure ist der BGM „Betriebsidentifizierung" stark vertreten. Auch Maschinenschlosser gestalten ihre Berufsbiografie häufig nach diesem Modus; gleichzeitig ist aber hier - wie auch bei den Kfz-Mechanikern - der BGM „Lohnarbeiterhabitus" stark ausgeprägt. Im Einzelhandel findet sich ein breiteres Spektrum von berufsbiografischen Gestaltungsmustern.

Tabelle 3 zeigt, dass sich diese Befunde zum Teil auch mit der quantitativen BOM-Typologie reproduzieren ließen. Bankkaufleute weisen einen deutlich überdurchschnittlichen Anteil von Befragten auf, die den BOM „Laufbahnorientierung" und „chancenoptimierende Persönlichkeitsgestaltung" zugeordnet wurden. Diese berufsbiografischen Orientierungsmuster sind zudem als ausgesprochen „männliche" Orientierungstypen zu charakterisieren. Kfz-Mechaniker gehören überdurchschnittlich häufig dem BOM „Lohnarbeiterhabitus" an; bei ihnen ist - ebenso wie bei den Maschinenschlossern - auch der Typus „anspruchslose Notwendigkeitsorientierte" stark vertreten. Wie schon aufgrund der qualitativen Analysen vermutet, stellt sich das berufsbiografische Orientierungsmuster „Betriebsidentifizierung" als typisch „weiblich" dar: Sowohl Bankkauffrauen als auch Büro- und Einzelhandelskauffrauen gehören weit überdurchschnittlich häufig dieser Gruppe an. Diese Aussage lässt sich für die befragten Friseurinnen allerdings nicht treffen - diese zeichnen sich vielmehr durch einen sehr hohen Anteil „anspruchsvoller ganzheitlich Orientierter" aus -, so dass der entsprechende Befund der qualitativen Auswertungen durch die quantitativen Analysen nicht bestätigt wird.

Tab. 3: Berufs- und Geschlechtsspezifik der berufsbiografischen Orientierungsmuster: Ergebnisse binärer Logitmodelle[1]

Kovariate	Cluster						
	1 Betriebs-identifizierung	2 Lohnarbeiterhabitus	3 Anspruchslose	4 Sicherheitsorientierte	5 Laufbahnorientierung	6 Chancenoptimierung	7 Anspruchsvolle
Ausbildungsberuf[2]							
Bankkaufleute	-0,45*	-0,32	-0,19	+0,08	+0,51***	+0,66***	-0,64***
Bürokaufleute	-0,16	+0,19	+0,38	-0,03	-0,25	+0,14	-0,24
Maschinenschlosser	+0,23	-0,06	+0,82***	+0,09	-0,19	-0,03	-0,02
Kfz-Mechaniker	-0,25	+0,49**	+0,63**	-0,06	-0,09	-0,78*	+0,34
Friseurinnen	+0,39	+0,30	-1,77**	-0,01	-0,26	-0,46	+0,86***
Einzelhandelskaufleute	+0,24	-0,60**	+0,14	-0,08	+0,29	+0,46*	-0,30
Geschlecht weiblich[3]	+1,11***	+0,06	-0,35**	+0,06	-0,49***	-0,38***	+0,50***

* p < 0,10; ** p < 0,05; *** p < 0,01
1 Konstante nicht aufgeführt.
2 Effektkodierung.
3 Effektkodierung, nur für Bank-, Büro- und Einzelhandelskaufleute geschätzt, Referenzkategorie: männlich.

5.3 Vergleich der Typologien anhand der Zuordnung von Einzelfällen

Während bislang Divergenzen und Konvergenzen auf der Ebene der Typologien diskutiert wurden, sollen als Letztes Einzelfälle gegenübergestellt werden. Dazu wurden die Befragten, die sowohl an der vierten Welle der standardisierten Befragung als auch an den qualitativen Interviews teilgenommen haben (n = 67), bezüglich ihrer Zuordnung zur BGM- und BOM-Typologie verglichen.

Die Tabelle 4 verdeutlicht, dass nur ein geringer Teil der Fälle, nämlich 14 von 67 (= 21 %), übereinstimmend klassifiziert wurde. Bei großzügiger Auslegung und unter Zugrundelegung der allgemeinen Kategorien „Statusarrangement", „Karriereambition" und „Autonomiegewinn" ergeben sich bei weiteren 29 Fällen (= 43 %) zumindest ähnliche Zuordnungen. In etwas mehr als einem Drittel der Fälle weichen die Typenbestimmungen allerdings deutlich voneinander ab.

Gegenstand des nächsten Abschnittes wird die Untersuchung der Frage sein, worauf die dargestellten Divergenzen zwischen der qualitativen BGM-Typologie und der quantitativen BOM-Typologie, die sich sowohl auf der Ebene der Typologien als auch bei der Zuordnung von Einzelfällen zeigen, zurückzuführen sind.

Tab. 4: Vergleich der Zuordnung im Rahmen der BGM- und der BOM-Typologie (abs.)[1]

BOM	BGM						insgesamt
	Statusarrangement		Karriereambition		Autonomiegewinn		
	Betriebsidentifizierung	Lohnarbeiterhabitus	Laufbahnorientierung	Chancenoptimierung	Persönlichkeitsgestaltung	Selbständigenhabitus	
Statusarrangement							
Betriebsidentifizierung	3	1	--	1	2	--	7
Lohnarbeiterhabitus	1	3	1	1	--	--	7
anspruchslose Notwendigkeitsorientierte	4	2	1	2	--	--	9
Sicherheitsorientierte	6	4	4	2	1	--	17
Karriereambition/ Autonomie							
Laufbahnorientierung	--	3	2	3	--	--	7
chancenoptimierende Persönlichkeitsgestaltung	2	--	2	4	1	1	10
anspruchsvolle ganzheitlich Orientierte	2	2	2	2	1	1	10
insgesamt	18	15	12	15	5	2	67

1 Schattierte Felder: weitgehende Übereinstimmung zwischen BGM- und BOM-Zuordnung. Umrandete Felder: Ähnlichkeiten zwischen BGM- und BOM-Zuordnung.
* In einem Fall Zuordnung zum BGM aufgrund Zweitinterview.

6. Erklärung der Divergenzen

Zur Erklärung der beschriebenen Divergenzen zwischen BGM und BOM wurden weitere statistische Befunde, allgemeine methodisch-methodologische und theoretische Überlegungen sowie 35 divergierende Fälle, bei denen sowohl jeweils drei qualitative Interviews als auch ein Fragebogen der vierten quantitativen Welle vorlagen, herangezogen. Bei dieser Analyse kristallisierten sich drei mögliche Ursachenkomplexe für Inkonsistenzen zwischen der qualitativen und quantitativen Typologie heraus:

1. *Methodenspezifische Faktoren*, wie sie insbesondere mit dem gewählten clusteranalytischen Verfahren verbunden sind.
2. *Sozialisationseffekte*, die sich aus der Zeitspanne zwischen dem letzten qualitativen Interview und der vierten Welle des standardisierten Panels ergeben.
3. *Konzeptionelle Differenzen* der Typenkonstruktion aufgrund der Einbeziehung bzw. Ausblendung der Handlungsebene und der dynamischen bzw. statistischen Herangehensweise.

Die Bedeutung dieser Faktorenbündel kann allerdings nicht gewichtet werden, und ihre Abgrenzung ist eine rein analytische. Empirisch betrachtet existieren sie häufig in unterschiedlich kombinierter Form.

6.1 Methodenspezifische Faktoren

Mit den standardisierten Daten konnten drei BGM - „Laufbahnorientierung", „Betriebsidentifizierung" und „Lohnarbeiterhabitus" - recht gut rekonstruiert werden. Ein Typus berufsbiografischer Orientierungen, die „chancenoptimierende Persönlichkeitsgestaltung", stellt sich als Mischtypus von drei BGM dar: „Persönlichkeitsgestaltung" und „Selbständigenhabitus", die sowohl in der qualitativen als auch in der quantitativen Stichproben selten vorkommen, sowie „Chancenoptimierung". Dieser Mischtypus ist zum einen auf die Eigenart des gewählten clusteranalytischen Verfahrens zurückzuführen, dass unter der Vorgabe ausreichend besetzter Klassen kleine Gruppen nicht „entdeckt" bzw. differenziert werden. Dagegen besteht in der qualitativen Typenkonstruktion auch ein Interesse an Ausnahmefällen, weil die differenzierende Suche auf möglichst alle Varianten, d.h. die gesamte Spannweite von Orientierungs- und Handlungsmustern, abzielt - vielleicht mit der Gefahr, die Besonderheit von Einzelfällen zu überzeichnen. Zum anderen ist dieser Mischtypus Resultat dessen, dass die drei BGM, die dieser Typus vereint, in zentralen Dimensionen - insbesondere hinsichtlich Autonomie und Vielseitigkeit der beruflichen Optionen - viele Gemeinsamkeiten aufweisen. Angesichts dieser Überlappungen und des Bemühens um eine sparsame Typenkonstruktion bedarf es einer besonderen Begründung für die Beibehaltung eines Typus, der eher Ausnahmefälle unter sich vereint. Warum etwa der BGM „Persönlichkeitsgestaltung" der qualitativen Typologie aufrechterhalten wurde, soll folgendes Beispiel deutlich machen.

Der Aspekt der Persönlichkeitsgestaltung ist bei *Rieke E.*[7] (eingestuft als BOM „chancenoptimierende Persönlichkeitsgestaltung" und BGM „Persön-

---
[7] An den Abkürzungen für den Nachnamen lässt sich der Ausbildungsberuf des jeweiligen Falles ablesen. „Ba" steht für Bankkaufleute, „Bü" für Bürokaufleute, „K" für Kfz-Mechaniker, „M" für Maschinenschlosser, „F" für Friseurinnen und „E" für Einzelhandelskaufleute.

lichkeitsgestaltung") insbesondere an ihrem Moralbewusstsein und den entsprechenden Handlungskonsequenzen erkennbar. Diese Moralität drückt sich in den qualitativen Interviews als Abwertung der Verkaufstätigkeit im Einzelhandel aus. Sie bezeichnet das Verkaufen als „Manipulation" von Kunden, als Anwendung „total fieser und perverser Tricks". Daher empfindet sie ihre Tätigkeit im Einzelhandel als „irgendwie so 'ne Art Prostitution". Sie versucht, berufliche Alternativen zu entwickeln und offen zu halten, ohne allerdings - wie es für den BGM „Chancenoptimierung" charakteristisch wäre - großen Wert auf die Entwicklung und Gestaltung der beruflichen Karriere zu legen. Vielmehr bezieht sich das Streben nach einem breiten Berufsspektrum - zum BGM „Persönlichkeitsgestaltung" passend - auf die offene Entwicklung der eigenen Persönlichkeit mit den o. g. berufsspezifischen Wertmaßstäben.[8] Der BGM begründet sich in der Besonderheit der individuellen Unterordnung von Arbeit, Aufstiegschancen und materiellen Ansprüchen unter Selbstverwirklichungsinteressen und moralischen Urteilen. Er entspricht noch am ehesten den theoretisch konstatierten Individualisierungstendenzen.[9]

Auch die folgenden methodischen Argumente, die für die Erklärung der Differenzen zwischen den Typologien bzw. der abweichenden Zuordnung von Einzelfällen zu den verschiedenen Typen der beiden Typologien herangezogen werden können, greifen auf Unterschiede in den Auswertungsverfahren zurück. So ist die Neigung des angewandten clusteranalytischen Verfahrens in Rechnung zu stellen, bei ausreichender Fallzahl zum einen extreme Gruppen (BOM „anspruchsvolle ganzheitlich Orientierte" und „anspruchslose Notwendigkeitsorientierte") und zum anderen ein Durchschnittscluster (BOM „Sicherheitsorientierte") zu bilden, für die es keine Entsprechung in der qualitativen Typologie gibt. Darüber hinaus muss die Möglichkeit einer mangelnden Übereinstimmung zwischen dem Durchschnittsprofil eines Clusters und dem individuellen Orientierungsprofil bedacht werden. Das gewählte Klassifikationsverfahren verwendet Clusterzentren (Mittelwerte des Clusters bei den einbezogenen Variablen) für die Bildung der Cluster und die Zuordnung der Fälle zu den verschiedenen Clustern. Dabei werden die Cluster so bestimmt, dass die Streuung zwischen ihnen maximiert und die interne Streuung minimiert wird. Damit gewährleistet das Verfahren zwar eine größtmögliche Homogenität und Abgrenzung der Cluster, Einzelfälle können aber auf bestimmten Dimensionen Ausprägungen aufweisen, die besser zu einem anderen Cluster passen würden. Beispielsweise wäre *Anton K.* (BGM „Laufbahnorientierung", BOM

---

8 Die Abweichungen des individuellen Profils von Rieke E. vom Durchschnitt der zur Clusterbildung herangezogenen Variablen bestätigen die qualitative Analyse. Die für eine Chancenoptimierung typische Aufstiegsorientierung ist deutlich unterdurchschnittlich ausgeprägt, dagegen sind die Werte für die Faktoren „autonome Vielseitigkeit" und „Persönlichkeitsentwicklung" vergleichsweise hoch.
9 Zu ähnlichen, empirisch ermittelten Typen aus anderen Studien vgl. Witzel/Kühn 2000, 19, Fußnote 10.

„Lohnarbeiterhabitus") wegen der geringen Bedeutung, die er einer verminderten Arbeitsintensität beimisst, und seinem stark ausgeprägten Karriceredenken besser im Cluster „Laufbahnorientierung" aufgehoben. Die Berufsorientierungen von Anton K. (geringe Priorität des Berufs und hohe Bedeutung der Erwerbstätigkeit als reine Existenzsicherung) rechtfertigen aber auch die Zuordnung zum BOM „Lohnarbeiterhabitus".

Diese beiden Überlegungen verweisen auf eine generelle methodische und konzeptionelle Differenz zwischen der qualitativen und quantitativen Analyse: In der standardisierten Rekonstruktion wurden die die qualitative Typologie aufspannenden Dimensionen über mehrere, als Kontinuum gefasste Subdimensionen operationalisiert. So sollte z.B. die Dimension „Arbeitstätigkeit" der qualitativen Typologie durch die Arbeitsorientierungen „geringe Arbeitsintensität" und „autonome Vielseitigkeit" sowie durch die Berufsorientierungen „Priorität des Berufs" und „breadwinning" repräsentiert werden. In die Clusteranalyse gingen all diese einmalig erhobenen Orientierungsdimensionen mit gleichem Gewicht ein. Das heisst, dass für die Verortung der Befragten in der Clusterstruktur nicht nur die Ausprägung einzelner Dimensionen entscheidend ist, sondern auch die Kombination der Ausprägungen aller Faktoren. In der qualitativen Typenbildung wurde zwar ähnlich wie bei der Kombination von Dimensionen in der quantitativen Analyse die Gestalt der Dimensionen in Form von Leitlinien oder „Leitmotiven" der Biografiegestaltung herauskristallisiert. Die einzelnen Dimensionen der Biografiegestaltung, die sich in unterschiedlichen Interviewkontexten, Lebensbereichen und Lebensstadien zeigte und gegenüber anderen Handlungsantrieben und biografischen Entscheidungen durchgängig dominierte, können aber eine unterschiedliche Bedeutsamkeit für den jeweiligen Typus besitzen. Für den BGM „Betriebsidentifizierung" z.B. ist die Dimension „Betrieb" von herausragender Bedeutung. Ob die Akteure dabei der Berufstätigkeit einen zentralen Stellenwert in ihrem Leben einräumen oder nicht, ob Arbeit primär unter dem Gesichtspunkt der materiellen Existenzsicherung gesehen wird oder nicht, ist für die Zuordnung zu diesem BGM im Zweifelsfall weniger wichtig. Gerade diese Fragen spielen aber beim BGM „Lohnarbeiterhabitus" eine entscheidende Rolle, während die subjektive Bedeutung des Betriebs als Arbeitsorganisation und soziale Umwelt für die Abgrenzung dieses Typus weniger bedeutsam ist.

Ein letzter methodenspezifischer Aspekt, der eher auf gemeinsam bestehende Probleme in der quantitativen und qualitativen Analyse hinweist, betrifft die bekannten sprachlichen Schwierigkeiten bei der Itemformulierung (Cicourel 1970), die zu einer intra- und interindividuellen Variabilität von begrifflichen Bedeutungen führen können. Es ist deshalb fraglich, ob die Interpretation der im Fragebogen verwendeten Begriffe durch die einzelnen Befragten mit dem bei der Operationalisierung intendierten Sinngehalt übereinstimmt. Diese mangelnde Übereinstimmung zwischen den Sinnzuschreibungen von Forschern und Forscherinnen auf der einen Seite und Befragten auf der anderen Seite sowie die Mehrdeutigkeit von Begriffen lassen sich gut am Konstrukt der Persönlichkeitsentwicklung aufzeigen.

Im Fragebogen sollte dieses Konstrukt unter anderem durch das Item „Möglichkeit, mich persönlich weiterzuentwickeln", das zur Erfassung von Arbeitsorientierungen herangezogen wurde, operationalisiert werden. Schon die statistische Evaluation der Skala zur Erfassung von Arbeitsorientierungen lieferte aber Hinweise auf die Mehrdeutigkeit dieses Items. Die Faktorenanalyse ergab zum einen eine hohe Ladung auf dem Faktor „Karriere", so dass das Item im Sinne einer aufstiegsorientierten Weiterentwicklung gedeutet werden kann. Zum anderen zeigte sich eine zwar geringere, aber dennoch bemerkenswerte Ladung auf dem Faktor „autonome Vielseitigkeit", was auf eine Interpretation als persönliche Weiterentwicklung oder als berufliche Weiterentwicklung im Sinne einer Erweiterung von Optionen verweist. Je nach Deutung des Fragebogenitems durch die Befragten würden hohe Werte also entweder für den BGM „Laufbahnorientierung", „Persönlichkeitsgestaltung" oder „Chancenoptimierung" sprechen.

Allerdings hat auch eine qualitative Analyse mit ähnlichen Problemen zu kämpfen. Zwar müssen sich die Befragten in problemzentrierten Interviews weniger auf Interviewerformulierungen beziehen, sondern sollen möglichst eigene Begriffe verwenden und erläutern - vielfach angeregt durch entsprechende Nachfragen. Unterschiedliche Interpretationsmöglichkeiten von Formulierungen können dann auch in der Satz für Satz vorgehenden Auswertung aufgrund der Einbettung in einen Kontext und auf dem Hintergrund der Gesamtstruktur des Falles aufgedeckt werden. Angesichts der Vielfalt möglicher Lesarten und auch deshalb, weil die Auslegung von Begriffen zu unterschiedlichen Erhebungszeitpunkten oder sogar im Laufe eines Interviews variieren kann, verbleiben dennoch häufig schwer zu lösende Interpretationsprobleme.

6.2 Sozialisationsfaktoren

Zwischen dem Zeitpunkt der letzten Welle des qualitativen Panels und der letzten Welle des quantitativen Panels liegt eine Zeitspanne von drei bis dreieinhalb Jahren, in der sich die berufliche Karriere positiv oder negativ entwickelt oder stabilisiert haben kann, in der möglicherweise langfristige Partnerschaften entstanden oder zerbrochen sind und in der vor allem viele Befragte eine Familie gegründet bzw. eine Familiengründung konkret ins Auge gefasst haben. Dem Konzept der Selbstsozialisation (siehe Abschnitt 3.4) zufolge können derartige Veränderungen der beruflichen und familiären Situation zu einer Transformation des berufsbiografischen Gestaltungsmodus führen.[10] Denn Individuen setzen sich aktiv und selbstreflexiv

---

10 Schon Campbell und Stanley (1963) haben in ihrer Diskussion von Faktoren, die die interne und externe Validität von Untersuchungen bedrohen, auf das Problem der

mit ihrer aktuellen Lage, ihrer Vergangenheit und ihrer Zukunft auseinander, sie bilanzieren ihre Erfahrungen, bewerten die Ergebnisse ihrer Entscheidungen, sondieren Optionen vor dem Hintergrund ihrer persönlichen Ziele und der gegebenen Bedingungen und passen ihre Aspirationen an die wahrgenommenen Opportunitäten und Restriktionen an.

Eine Modifikation des individuellen berufsbiografischen Orientierungs- und Handlungsmusters ist insbesondere bei Frauen zu erwarten, die eine Familiengründung realisiert haben. Denn diese stellt in den meisten Fällen eine Zäsur in der Berufsbiografie dar und ist häufig mit einem Umbruch im Bezug zur Erwerbsarbeit verbunden (Geissler 1998). In der Tat zeigen statistische Analysen für Frauen im Gegensatz zu den Männern starke Zusammenhänge zwischen Familienstatus und berufsbiografischen Orientierungsmustern. Im Vergleich zu kinderlosen Frauen weisen Mütter signifikant überdurchschnittlich häufig das BOM „Betriebsidentifizierung" sowie „Lohnarbeiterhabitus" und signifikant unterdurchschnittlich häufig das BOM „Laufbahnorientierung" sowie „chancenoptimierende Persönlichkeitsgestaltung" auf. Diese Korrelation ist allerdings nicht nur Ergebnis einer Veränderung der berufsbiografischen Orientierungs- und Handlungsmuster nach Übergang in die Mutterschaft. Vielmehr machen die qualitativen Längsschnittanalysen und der Vergleich der Zuordnungen im Rahmen der qualitativen und quantitativen Typologie deutlich, dass viele Mütter auch schon vor der Familiengründung Statusarrangement-BGM entwickelt haben, dass sie - so ließe sich diese Stabilität interpretieren - im Sinne eines antizipatorischen Sozialisationsprozesses die Familiengründung bei der Gestaltung ihrer Berufsbiografie bereits berücksichtigt haben (Witzel/Kühn 2001).

Allerdings gibt es auch Hinweise auf Umorientierungen, die durch die Geburt eines Kindes ausgelöst worden sind. So z.B. bei mehreren Fällen, die in der qualitativen Analyse einem der beiden Statusarrangement-BGM zugeordnet, im Rahmen der quantitativen Typologie aber als „anspruchsvolle ganzheitlich Orientierte" klassifiziert wurden. Diese ganzheitliche, aufgrund der schwierigen Vereinbarkeit von Familie und Beruf auch teilweise widersprüchliche Orientierung kommt schon in den qualitativen Interviews zum Vorschein. So bringt *Jill F.* einerseits zum Ausdruck, dass sie eigentlich nicht mehr arbeiten möchte: *„Weil, ich sag' mir ...ich hab nun schon 'ne Zeit lang gearbeitet."* Andererseits meint sie, dass sie es nicht aushalten würde, nur zu Hause zu sein: *„Ich muss denn, irgendwie was muss ich immer zu tun haben."* Zwar dokumentiert sie ein Interesse an beruflicher Veränderung: *„Immer mal was ausprobieren. Was Neues wieder. Damit das nicht eintönig wird."* Diese Absicht setzt sie jedoch nicht um, sondern ist im dritten Interview seit vier Jahren im Zustelldienst der Post. Genauso am-

---

„Reifung" („maturation") - d.h. der Möglichkeit von Veränderungen innerhalb der Untersuchungssubjekte - hingewiesen.

bivalent sehen ihre Zukunftsvorstellungen als berufstätige Mutter aus - auf der einen Seite eine bis dahin nicht praktizierte verstärkte berufliche Weiterentwicklung, auf der anderen Seite völlig im Gegensatz dazu ein Ausbau des Privatlebens durch weiteren Familiennachwuchs: *„Ja, privat - heiraten, Haus bauen und zweites Kind. Ja, und beruflich möglichst viel Weiterbildung, viel dazulernen ... "*

Die Interviews dokumentieren ein Spannungsverhältnis zwischen verschiedenen Orientierungen sowie zwischen Orientierungen und Handlungen, das sich durch die spätere Mutterschaft - Jill F. ist zum Zeitpunkt der vierten quantitativen Welle zum zweiten Mal schwanger - möglicherweise noch verschärft hat. Es hat wohl zu einer in dieser Situation praktisch folgenlosen Betonung beruflicher Ambitionen und Orientierungen geführt, die aber die Zuordnung zum BOM „anspruchsvolle ganzheitlich Orientierte" rechtfertigt. Neben diesem möglichen Orientierungswandel, der als Erklärung für die unterschiedliche Klassifizierung von Jill F. im Rahmen der BGM- und BOM-Typologie herangezogen werden kann, ist allerdings auch eine grundsätzliche konzeptionelle Differenz zwischen den Typologien zu beachten (vgl. auch Abschnitt 6.3): Während sich die quantitative Typologie nur auf Orientierungen stützt, ist für die Zuordnung im Rahmen der qualitativen Typologie die Handlungsrelevanz der Orientierungen, die bei den von Jill F. geäußerten Weiterbildungsaspirationen z.B. nicht gegeben ist, ein entscheidendes Kriterium für die Zuordnung zum BGM „Betriebsidentifizierung".

Nach dem dritten qualitativen Interview eingetretene Veränderungen der beruflichen Situation stellen einen weiteren Sozialisationsfaktor dar, auf den mit zwei Beispielen näher eingegangen werden soll. Eine durch berufliche Entwicklungen ausgelöste Modifikation des berufsbiografischen Orientierungs- und Handlungsmusters ist z.B. bei *Carola F.* plausibel. Carola F., die zu den wenigen Friseurinnen gehört, die über ein Abitur verfügen, entwickelt aus ihrer Kritik an dem Friseurberuf (zu hohe Arbeitsbelastung, geringes Einkommen, fehlende geistige Herausforderung) Karriereambitionen, die sie unter Rückgriff auf ihre schulischen Ressourcen durch ein Lehramtsstudium zu verwirklichen sucht. Ihren Aspirationen und Realisationen entsprechend wurde sie dem BGM „Laufbahnorientierung" zugeordnet. Das Studium schließt Carola F. nach dem dritten qualitativen Interview ab; sie absolviert das Referendariat und ist zum Zeitpunkt der vierten quantitativen Welle als verbeamtete Lehrerin Teilzeit beschäftigt. Die Antworten im Fragebogen der vierten quantitativen Welle lassen die für das BGM „Laufbahnorientierung" charakteristischen Aufstiegsambitionen nicht mehr erkennen. Stattdessen legt Carola F. großen Wert auf Arbeitsplatzsicherheit; sie wird dem BOM „Sicherheitsorientierte" zugeordnet. Carola F., so folgern wir, hat ihre in den qualitativen Interviews geäußerten Karriereambitionen inzwischen durch das Erreichen einer entsprechenden beruflichen Position eingelöst. Interesse an einem weiteren Aufstieg besteht nicht, weil

Carola F. mit ihrer beruflichen Situation, die ein hohes Maß an Sicherheit verspricht, zufrieden ist.

Im Fall des *Johann Ba.* legt nicht das Erreichen beruflicher und persönlicher Ziele, sondern deren Scheitern einen Orientierungswechsel vom BGM „Persönlichkeitsgestaltung" zum BOM „Sicherheitsorientierte" nahe. Aus den qualitativen Interviews geht hervor, dass sich Johann Ba. als Bankkaufmann nicht wohl fühlt und einen Beruf im sozialen Bereich („Menschenhelfer", „wirklich was Gutes") anstrebt. Da er nur über einen Hauptschulabschluss verfügt, besucht er folgerichtig und gegen den Wunsch und die Vorstellungen seiner Familie die Berufsaufbauschule, um die mittlere Reife zu erwerben. Darauf aufbauend will er das Fachabitur nachholen, um später einmal Sozialpädagogik oder Psychologie studieren zu können.

Die Angaben im Fragebogen der vierten quantitativen Welle sind unvollständig, so dass der weitere Berufs- und Bildungsverlauf von Johann Ba. nur schwer rekonstruiert werden kann. Doch offensichtlich hat er die Berufsaufbauschule abgebrochen und damit seine Pläne nicht weiter verfolgen können. Er arbeitet zum Zeitpunkt der Befragung zu einem relativ niedrigen Gehalt als einfacher Angestellter in einem Beruf, der weitgehend seiner Bankausbildung entspricht. Die durchschnittliche Ausprägung der Orientierungen spiegelt möglicherweise den schulischen und beruflichen Abkühlungsprozess wider, wobei es Johann Ba. - durch das BOM „Sicherheitsorientierte" ausgedrückt - wichtig ist, nicht in eine ungewisse Situation zu geraten, die er wohl in seinem diskontinuierlichen Berufsverlauf durchlebt hat.

Die Beispiele zeigen, wie stark die Ergebnisse einer Untersuchung von Berufsbiografien von dem Untersuchungszeitpunkt und der Länge des Beobachtungsfensters geprägt sein können. Ob Orientierungen überhaupt handlungsrelevant sind und ob Orientierungs- und Handlungsmuster konstant bleiben, lässt sich zwar prinzipiell mit dem Längsschnittansatz - unabhängig von der Verwendung qualitativer oder quantitativer Methoden - überprüfen. Die Antwort auf die Frage nach der Stabilität dieser Muster aber hängt entscheidend von den mit der Untersuchung abgedeckten Lebenslaufabschnitten und -kontexten der Befragten ab.

6.3 Konzeptionelle Differenzen

Zwei wesentliche Gesichtspunkte unterscheiden die qualitative von der quantitativen Typenbildung. Erstens konnten für die Konstruktion der qualitativen Typologie Längsschnittinformationen herangezogen werden, auf deren Grundlage *situationsübergreifende* berufsbiografische Gestaltungsmodi analysiert wurden. Gegenüber diesem dynamischen Ansatz musste sich die quantitative Typenbildung auf Querschnittsdaten und damit auf *situationsspezifische* Aspekte beschränken. Zweitens wurde bei der

BGM-Typologie systematisch die *Handlungsebene* einbezogen, während die BOM-Typologie nur auf *Orientierungen* zurückgreifen kann.

6.3.1 Situationsübergreifende versus situationsspezifische Analyse

Auch wenn mit der Erhebung von Arbeits- und Berufsorientierungen der Anspruch verbunden ist, situationsübergreifende „traits" zu erfassen, werden Spezifika der Situation, in der sich die Befragten zum Zeitpunkt der Befragung befinden, nicht ohne Einfluss auf das Antwortverhalten sein. So kann zum Beispiel „Sicherheitsorientierung" Resultat eines Berufsverlaufs sein, bei dem die Tatsache, eine Stelle im öffentlichen Dienst erreicht zu haben, überhaupt erst neue Maßstäbe der Beurteilung des Arbeitsplatzes geweckt hat. Die hohe Wertschätzung von Arbeitsplatzsicherheit bzw. die Zuordnung zum BOM „Sicherheitsorientierte" kann dann damit erklärt werden, dass die Befragten den erreichten Stand der Arbeitsplatzsicherheit nach den bilanzierten Vorteilen des eigenen Arbeitsplatzes nicht mehr missen wollen. Diese Sicherheitsorientierung würde in der situationsübergreifenden Analyse im Gegensatz zu der situationsspezifischen Typenzuordnung zu den BOM die Bestimmung des BGM-Typus aufgrund der fehlenden Handlungsrelevanz gar nicht tangieren.

Dieses lässt sich am Fall der *Margarethe Bü.* (BGM „Betriebsidentifizierung", BOM „Sicherheitsorientierte") verdeutlichen. Die Einstufung zum BGM „Betriebsidentifizierung" erfolgte aufgrund ihres durchgängigen Arrangements mit den gegebenen beruflichen und betrieblichen Bedingungen, wie es in der folgenden Aussage idealtypisch zum Ausdruck kommt: *„Das eine, was man gerne möchte, und das andere, was man hat, aber auch gut ist. Man kann ja nicht immer alles das haben, was man möchte."* Mit ihrer zum Zeitpunkt des dritten Interviews ausgeübten Tätigkeit als Verwaltungsangestellte im Fernmeldedienst ist sie *„vollkommen zufrieden"*. Ihren Betrieb betrachtet sie als Heimat: *„Wenn man Urlaub gehabt hat, ist zwar ganz schön ..., aber man freut sich auch denn wieder, wenn man zur Arbeit geht. Alleine schon mit den Kollegen und überhaupt was zu machen und wissen, wo man hingehört und dass man auch sein Geld verdient und so, das ist schon wichtig, doch, muss ich sagen."*

Eine Sicherheitsorientierung spielt in den Interviews keine Rolle. Vielmehr besucht sie einen Weiterbildungslehrgang zur Verwaltungsfachangestellten im Fernmeldedienst, ohne zu wissen, dass sich für sie bei erfolgreicher Teilnahme die Möglichkeit eröffnet, in das Beamtenverhältnis übernommen zu werden. Erst die Lehrgangsleitung klärt sie über diese Perspektive auf: *„Wir wussten das ja nun alle nicht."* Die im Fragebogen zum Vorschein kommende Sicherheitsorientierung von Margarethe Bü. ist also kein roter Faden, der sich durch ihre gesamte Berufsbiografie zieht und ihr berufsbiografisches Handeln motiviert. Sie ist vielmehr Ausdruck der aktuellen beruflichen Situation, die - Margarethe Bü. ist inzwischen verbeamtet - Arbeitsplatzsicherheit garantiert.

Das Argument der Situationsgebundenheit der Analyse bezog sich im Zusammenhang mit den Sozialisationsfaktoren auf die Frage, für welchen Zeitraum oder Lebenslaufabschnitt die ermittelten Orientierungen und Handlungen Gültigkeit besitzen. Ein zu enges Beobachtungsfenster kann demnach zu Fehlschlüssen führen. Dagegen verweist obiges Beispiel umgekehrt auf Fehlschlüsse, die aus einer isolierten Betrachtung einer Lebenssituation für eine Typologisierung von Orientierungen resultieren können. Eine Querschnittsanalyse kann zu einer Überbetonung einzelner situativer Aspekte führen. In diesem Fall werden überdies Orientierungs- bzw. Handlungsursache und -wirkung verwechselt: Das Entscheidungskriterium der Befragten für den Betriebs- und Berufswechsel besteht nicht in einer Sicherheitsorientierung. Der Sicherheitsaspekt taucht im Interview vielmehr als Bilanzierung der beruflichen Veränderung auf. Die ex post vorgenommene Bewertung steht in keinem Zusammenhang mit Veränderungen anderer Orientierungs- und Handlungsdimensionen, ebenso nicht in den beiden vorangegangenen Interviews.

6.3.2 Inklusion versus Exklusion der Handlungsebene

Das Beispiel *Uschi E.* (BGM „Lohnarbeiterhabitus", BOM „anspruchsvolle ganzheitlich Orientierte") gibt Hinweise darauf, welche Fehlurteile resultieren können, wenn Handlungen aus Orientierungen erschlossen werden. Es sind nur Hinweise insofern, als ein Wechsel des Orientierungs- und Handlungsmusters aufgrund des beschränkten Beobachtungsfensters der qualitativen Analyse nicht ausgeschlossen werden kann (vgl. Abschnitt 6.2).

Uschi E. möchte zur Bank wechseln und wird im Bewerbungsgespräch gefragt, warum sie ihre Position im Einzelhandel verlassen wolle:

> „... da hab' ich ihr halt gesagt, ja, ich kenne hier (in der alten Firma im Einzelhandel, Anm. d. Verf.) halt einfach schon sehr viel, und ich möchte gerne was Neues kennen lernen. Und sie hat mir dann halt Möglichkeiten eröffnet, dass sie gesagt hat, ja, also bei uns ist immer sehr viel zu lernen, Sie können das und das machen, und Sie können noch wieder was Neues dazulernen, und wir haben Seminare und dies und das. Und ich mein', das war natürlich genau das, was ich wollte, weil ich will ja immer wieder was Neues dazulernen, so ist das ja nicht."

Diesen in der zweiten Interviewwelle betonten Karriereambitionen entspricht die hohe Bewertung des Items „Möglichkeit, neue Aufgabenbereiche kennen zu lernen" in der vierten quantitativen Welle. Der Nachsatz „so ist das ja nicht" weist aber darauf hin, dass der berufliche Ehrgeiz bislang nicht als selbstverständlich betrachtet wurde. Er weckt auch den Verdacht auf eine kalkulierte Selbstpräsentation in der Bewerbungssituation, in der sich Uschi E. als Person darzustellen versucht, die der in Banken typischen Erwartung einer hohen Weiterbildungsmotivation entspricht.

Die weitere qualitative Analyse offenbart dann eine starke Freizeitorientierung, die im deutlichen Widerspruch zu dem geforderten beruflichen Ehrgeiz steht:

> „... und da hab' ich eigentlich gemerkt, dass einfach nicht nur die Arbeit das Leben ist, sondern es gibt so viel anders auch noch im Leben, was schön ist. Ich meine jetzt z.B. ausgehen oder da und da, ich hab 'ne ganze Menge Leute kennen gelernt, und das war eigentlich der Punkt, also der absolute Wendepunkt, wo ich dann gesagt hab, na, ich bin nicht mit der Firma verheiratet."

Ihren Äußerungen ist zu entnehmen, dass Uschi E. nicht sonderlich an einer Karriere interessiert ist. Die normativen Anforderungen der Bank lassen sie zwar selbstkritisch ihren Orientierungen gegenüber werden. Für deren Wandel hin zu mehr beruflichem Engagement sieht sie sich allerdings selbst nicht als Subjekt, vielmehr wartet sie auf einen wie auch immer gearteten, von außen kommenden Auslöser, der ihre Haltung zur Karriere verändert:

> „Irgendwie, ich meine, sicherlich, das ist nicht die richtige Einstellung ... Sondern ich denk mir, wenn ich jetzt mal irgendwie vielleicht eine tolle Chance bekomme, dann würd' ich die ergreifen. Aber nicht, dass ich jetzt auf Deubel komm' raus was suche ..., sondern lieber etwas abwarten und schauen, dass was Gescheites kommt."

Die Interpretation der Karriereambition als „nicht ernsthaft verfolgt" stützt sich bis zu dieser Stelle noch auf Orientierungen. Die folgende Welle der Längsschnittanalyse erlaubt die Einbeziehung der Handlungsebene und damit die Überprüfung des behaupteten fehlenden Zusammenhangs ihrer Orientierungen mit den entsprechenden Handlungen. Uschi E. sucht tatsächlich Nischenarbeitsplätze und vermeidet Lehrgänge, soweit dies möglich ist. Das für den BGM „Lohnarbeiterhabitus" typische Statusarrangement wird in der folgenden Aussage im dritten Interview deutlich:

> „Das Lernen selber fällt mir überhaupt nicht schwer. Das Problem ist nur, dass man sich endlich mal hinsetzt und was tut. Das ist das einzige Problem. Und da hat's bei mir schon immer gehapert. Und, also da bin so eigentlich, wie's jetzt ist, vollkommen zufrieden."

7. Zusammenfassende Diskussion

Die abschließende Bewertung des in den vorangegangenen Abschnitten vorgestellten Beispiels einer Methodentriangulation steht vor zwei Schwierigkeiten: Zum einen kann nicht beurteilt werden, wie groß der Beitrag der verschiedenen Quellen zur Erklärung der abweichenden Resultate ist. Wie erwähnt ist die Unterscheidung der drei möglichen Ursachenbündel - Methodenfaktoren, Sozialisationsprozess und konzeptionelle Differenzen - eine analytische und im konkreten Fall empirisch kaum zu treffen. Zum anderen ist der Ausgang unseres Versuchs, eine qualitative Typologie mit standardisierten Daten zu reproduzieren, uneindeutig in Hinblick auf die Frage, in welchem Verhältnis die qualitativ und quantitativ ermittelten Befunde zueinander stehen.

Zum Teil konvergieren die Resultate: Drei BGM ließen sich mit der quantitativen Typologie gut reproduzieren, und wenn man das Cluster „chancenoptimierende Persönlichkeitsgestaltung", das weitere drei BGM vereint, mit einbezieht, finden sich in den BOM alle sechs BGM-Typen wieder. Diese partielle Konvergenz konnte dann genutzt werden, um Befunde der qualitativen Analyse hinsichtlich der Zusammenhänge der BGM mit den Strukturmerkmalen Beruf und Geschlecht zu validieren und quantitativ zu generalisieren.

Zum Teil unterscheiden sich die Ergebnisse der qualitativen und der quantitativen Analyse. Auf der Ebene der Typologien wurden in der quantitativen Typologie drei Gruppen identifiziert, für die es keine Entsprechung in der qualitativen Typologie gibt; ein Cluster stellt sich als Mischtypus von drei BGM dar. Auf der Ebene von Einzelfällen, die sowohl am qualitativen wie auch am quantitativen Panel teilgenommen haben, weichen die typologischen Zuordnungen bei gut einem Drittel deutlich voneinander ab.

Diese Abweichungen sind allerdings nicht ausschließlich als konfligierende Ergebnisse zu begreifen, sondern zum Teil auch als unterschiedliche, sich ergänzende Facetten eines Phänomens, die sich unter einem theoretischen Dach zusammenführen lassen. Unter Rückgriff auf das theoretische Konzept der Selbstsozialisation konnte anhand von Einzelfallanalysen plausibel gemacht werden, dass biografische Veränderungen, die zwischen der letzten qualitativen und der letzten quantitativen Erhebung stattgefunden haben, zu einem Wandel des berufsbiografischen Gestaltungsmodus und damit auch zu einer unterschiedlichen Zuordnung im Rahmen der beiden Typologien geführt haben. Diese empirisch untermauerten Überlegungen verweisen auf die zentrale Bedeutung des Beobachtungsfensters für die Reichweite von biografie- bzw. lebenslauftheoretischen Aussagen. Und sie verdeutlichen den besonderen Status der qualitativen Typologie als einer Übergangstypologie, deren Geltungsbereich auf den Übergang von der Schule in die Arbeitswelt und die Anfangsphase der Erwerbskarriere beschränkt ist. Zwar haben sich die mit dem qualitativen Material identifizierten berufsbiografischen Gestaltungsmodi innerhalb dieser Periode als relativ stabil erwiesen. Ob sie auch in nachfolgenden Lebensphasen beibehalten werden, ist aber eine theoretisch offene und nur empirisch zu beantwortende Frage.

Neben dieser Komplementarität abweichender Ergebnisse gibt es auch Divergenzen, die nicht nur prima facie widersprüchlich sind, sondern darauf hinweisen, dass die beiden Typologien - zumindest partiell - unterschiedliche Phänomene repräsentieren. Dieses führen wir zum Teil darauf zurück, dass zum einen qualitativ und zum anderen quantitativ vorgegangen wurde. Verschiedene methodische Vorgehensweisen produzieren bis zu einem gewissen Grade auch ihren jeweils spezifischen Gegenstand. Clusteranalysen z.B. berücksichtigen das gesamte Merkmalsprofil eines Falls, genauer: dessen Ausprägungen bei allen einbezogenen Variablen. Das verwendete clusteranalytische Verfahren klammert zudem kleine Gruppen aus und bildet Extremgruppen, aber auch Durchschnittscluster. Die qualitative Analyse sucht hingegen nach theoretisch begründeten Mustern, unabhängig von der Häufigkeit des Auftretens in der Stichprobe und bei unterschiedlicher Gewichtung einzelner Dimensionen.

Für die Widersprüchlichkeit von Ergebnissen machen wir zu einem anderen Teil Differenzen zwischen den beiden Typologien verantwortlich, die wir konzeptionelle Differenzen genannt haben, weil sie nicht aus der Verwendung unterschiedlicher Methoden, sondern aus dem Einbezug unterschiedlicher Merkmale resultieren. Auch diese Faktoren haben dazu geführt, dass die beiden Typologien nicht völlig identische Phänomene erfassen. Stattdessen haben wir es auf der einen Seite mit - auch von der aktuellen Lebenssituation geprägten - Orientierungen von möglicherweise geringer Handlungsrelevanz zu tun, auf der anderen Seite aber mit Mustern situationsübergreifender Handlungsorientierungen und -strategien, die als ein verallgemeinertes Prinzip der Erzeugung von Praxis gefasst werden können. Dabei läuft im Unterschied zur situationsübergreifenden Konstruktion der qualitativen Typologie die Analyse einmalig erhobener Orientierungen Gefahr, dass situative Umstände in ihrer Konsequenz für Orientierungen überbetont werden und der Stellenwert von Orientierungen als Handlungsfolge oder Handlungsursache nicht bestimmt werden kann. Sowohl der Längsschnittansatz als auch die Inklusion der Handlungsebene im qualitativen Untersuchungsteil erlaubten es, diese Unterscheidung vorzunehmen und zudem die Handlungsrelevanz von Orientierungen zu überprüfen.

Literatur

Bacher, Johann (1996): Clusteranalyse. Anwendungsorientierte Einführung. 2. Aufl., München und Wien: Oldenburg

Baethge, Martin et al. (1989): Jugend: Arbeit und Identität. Lebensperspektiven und Interessenorientierungen von Jugendlichen. 2. Aufl., Opladen: Leske und Budrich

Berger, Peter A./Sopp, Peter (1995): Dynamische Sozialstrukturanalysen und Strukturerfahrungen. In: Berger, P. A./Sopp, P. (Hrsg.): Sozialstruktur und Lebenslauf. Opladen: Leske und Budrich, 9-26

Bolder, Axel et al. (1994): Weiterbildungsabstinenz: 1. Makrostrukturen und Bedingungen von Weiterbildungsteilnahme und -abstinenz in Deutschland 1993. (Berichte des ISO; 49). Köln: Institut zur Erforschung sozialer Chancen

Bourdieu, Pierre (1987): Die feinen Unterschiede. Kritik der gesellschaftlichen Urteilskraft. Frankfurt a. M.: Suhrkamp
Bourdieu, Pierre (1993): Sozialer Sinn. Kritik der theoretischen Vernunft. Frankfurt a. M.: Suhrkamp
Campbell, Donald T./Stanley, Julian C. (1963): Experimental and Quasi-Experimental Designs for Research. Dallas: Houghton Mifflin
Cicourel, Aaron V. (1970): Methode und Messung in der Soziologie. Frankfurt a. M.: Suhrkamp
Corsten, Michael (1998): Die Kultivierung beruflicher Handlungsstile. Einbettung, Nutzung und Gestaltung von Berufskompetenzen. Frankfurt a. M. und New York: Campus
Elder, Glen H. Jr./O'Rand, Angela (1995): Adult Lives in a Changing Society. In: Cook, K. S./Fine, G. A./House, J. S. (Hrsg.): Social Perspectives on Social Psychology. Boston: Allyn & Bacon, 452-475
Erzberger, Christian (1998): Zahlen und Wörter. Die Verbindung quantitativer und qualitativer Daten und Methoden im Forschungsprozess. Weinheim: Deutscher Studien Verlag
Erzberger, Christian/Prein, Gerald (1997): Triangulation: Validity and Empirically-Based Hypothesis Construction. In: Quality & Quantity 2/97, 141-154
Fielding, Nigel G./Fielding, Jane L. (1986): Linking Data. Beverly Hills et al.: Sage
Flick, Uwe (1992): Triangulation Revisited: Strategy of Validation or Alternative? In: Journal for the Theory of Social Behaviour 2/92, 175-197
Geissler, Birgit (1998): Hierarchie und Differenz. Die (Un-)Vereinbarkeit von Familie und Beruf und die soziale Konstruktion der Geschlechterhierarchie im Beruf. In: Oechsle, M./Geissler, B. (Hrsg.): Die ungleiche Gleichheit. Junge Frauen und der Wandel im Geschlechterverhältnis. Opladen: Leske und Budrich, 109-129
Geissler, Birgit/Oechsle, Mechtild (1996): Lebensplanung junger Frauen. Zur widersprüchlichen Modernisierung weiblicher Lebensläufe. Weinheim: Deutscher Studien Verlag
Giddens, Anthony (1995): Die Konstitution der Gesellschaft. Grundzüge einer Theorie der Strukturierung. Frankfurt a. M. und New York: Campus
Glaser, Barney G./Strauss, Anselm L. (1967): The Discovery of Grounded Theory. Strategies for Qualitative Research. New York: Aldine
Grundmann, Matthias (1999): Dimensionen einer konstruktivistischen Sozialisationsforschung. In: Grundmann, M. (Hrsg.): Konstruktivistische Sozialisationsforschung. Lebensweltliche Erfahrungskontexte, individuelle Handlungskompetenzen und die Konstruktion sozialer Strukturen. Frankfurt a. M.: Suhrkamp, 20-34
Heinz, Walter R. (2000): Selbstsozialisation im Lebenslauf: Umrisse einer Theorie biographischen Handelns. In: Hoerning, E. M. (Hrsg.): Biographische Sozialisation. Stuttgart: Lucius und Lucius, 165-186
Heinz, Walter R. (2001): Selfsocialization and Post-Traditional Society. In: Settersten, R. A./Owens, T. J. (eds.): Advances in Life-Course Research: New Frontiers in Socialization. New York: Elsevier
Heinz, Walter R./Witzel, Andreas (1995): Das Verantwortungsdilemma in der beruflichen Sozialisation. In: Hoff, E.-H./Lappe, L. (Hrsg.): Verantwortung im Arbeitsleben. Heidelberg: Asanger, 99-113

Kelle, Udo (1998): Empirisch begründete Theoriebildung. Zur Logik und Methodologie interpretativer Sozialforschung. 2. Aufl., Weinheim: Deutscher Studien Verlag (1. Aufl., 1994)

Kelle, Udo/Erzberger, Christian (1999): Integration qualitativer und quantitativer Methoden. Methodologische Modelle und ihre Bedeutung für die Forschungspraxis. In: Kölner Zeitschrift für Soziologie und Sozialpsychologie 3/99, 509-531

Kelle, Udo/Kluge, Susann (1999): Vom Einzelfall zum Typus. Fallvergleich und Fallkontrastierung in der qualitativen Sozialforschung. Opladen: Leske und Budrich

Kleining, Gerhard (1991): Methodologie und Geschichte qualitativer Sozialforschung. In: Flick, U. et al. (Hrsg.): Handbuch qualitative Sozialforschung. Grundlagen, Konzepte, Methoden und Anwendungen. München: Psychologie Verlags Union, 11-22

Kluge, Susann (1999): Empirisch begründete Typenbildung. Zur Konstruktion von Typen und Typologien in der qualitativen Sozialforschung. Opladen: Leske und Budrich

Küchler, Manfred (1983): „Qualitative" Sozialforschung. Ein neuer Königsweg? In: Garz, D./Kraimer, K. (Hrsg.): Brauchen wir andere Forschungsmethoden? Beiträge zur Diskussion interpretativer Verfahren. Frankfurt a. M.: Scriptor, 9-31

Lazarsfeld, Paul F. (1955): Interpretation of Statistical Relations as a Research Operation. In: Lazarsfeld, P. F./Rosenberg, M. (Hrsg.): The Language of Social Research. New York: Free Press, 115-125

Lenz, Karl (1988): Die vielen Gesichter der Jugend. Jugendliche Handlungstypen in biographischen Portraits. Frankfurt a. M. und New York: Campus

Lüders, Christian/Reichertz, Jo (1986): Wissenschaftliche Praxis ist, wenn alles funktioniert und keiner weiß warum - Bemerkungen zur Entwicklung qualitativer Sozialforschung. In: Sozialwissenschaftliche Literaturrundschau 12/86, 90-102

Mayer, Karl Ulrich (1995): Gesellschaftlicher Wandel, Kohortenungleichheit und Lebensverläufe. In: Berger, P. A./Sopp, P. (Hrsg.): Sozialstruktur und Lebenslauf. Opladen: Leske und Budrich, 27-47

Mönnich, Ingo/Witzel, Andreas (1994): Arbeitsmarkt und Berufsverläufe junger Erwachsener. Ein Zwischenergebnis. In: Zeitschrift für Sozialisationsforschung und Erziehungssoziologie 3/94, 262-277

Prein, Gerald/Kelle, Udo/Kluge, Susann (1993): Strategien zur Integration quantitativer und qualitativer Auswertungsverfahren. Arbeitspapier Nr. 19 des Sfb 186, Universität Bremen

Schaeper, Hildegard (1997a): Bridging the Gap between Quantitative Life Course Research and Qualitative Biographical Research: Methodological Suggestions and Research Examples. Vortrag, gehalten auf dem International Research Seminar „Life Course and Biographical Research in Sociology". Bergen (Norway), 4.-6. Dezember 1997, unveröff. Typoskript

Schaeper, Hildegard (1997b): Lehrkulturen, Lehrhabitus und die Struktur der Universität. Eine empirische Untersuchung fach- und geschlechtsspezifischer Lehrkulturen. Weinheim: Deutscher Studien Verlag

Schütz, Alfred (1974): Der sinnhafte Aufbau der sozialen Welt. Eine Einleitung in die verstehende Soziologie. Frankfurt a. M.: Suhrkamp

Steinrücke, Margareta (1988): Notiz zum Begriff des Habitus bei Bourdieu. In: Das Argument 1/88, 92-95
Strauss, Anselm L./Corbin, Juliet (1996): Grounded Theory: Grundlagen Qualitativer Sozialforschung. Weinheim: Beltz, PVU
Witzel, Andreas (1989): Das problemzentrierte Interview. In: Jüttemann, G. (Hrsg.): Qualitative Forschung in der Psychologie. Grundfragen, Verfahrensweisen, Anwendungsfelder. Heidelberg: Asanger, 227-255
Witzel, Andreas (1996): Auswertung problemzentrierter Interviews. Grundlagen und Erfahrungen. In: Strobl, R./Böttger, A. (Hrsg.): Wahre Geschichten? Zur Theorie und Praxis qualitativer Interviews. Baden-Baden: Nomos, 49-76
Witzel, Andreas (2000): Modell zur Rekonstruktion berufsbiographischer Handlungen. Manuskript, Universität Bremen
Witzel, Andreas/Kühn, Thomas (2000): Orientierungs- und Handlungsmuster beim Übergang in das Erwerbsleben. In: Heinz, W. R. (Hrsg.): Übergänge: Individualisierung, Flexiblisierung und Institutionalisierung des Lebensverlaufs. 3. Beiheft der Zeitschrift für Sozialisationsforschung und Erziehungssoziologie (ZSE), Weinheim: Juventa, 9-29
Witzel, Andreas/Kühn, Thomas (2001): Biographiemanagement und Planungschaos. Arbeitsmarktplazierung und Familiengründung bei jungen Erwachsenen. In: Born, C./Krüger, H. (Hrsg.): Individualisierung und Verflechtung. Geschlecht und Generation im deutschen Lebenslaufregime. Weinheim/München: Juventa, 55-82
Wrong, Dennis (1961): The Over-Socialized Conception of Man in Modern Sociology. In: American Sociological Review 26/1961, 183-193

Andreas Böttger

„Das ist schon viele Jahre her ..."
Zur Analyse biografischer Rekonstruktionen bei der Integration qualitativer und quantitativer Methoden in Panel-Studien

Wie in vielen Beiträgen des vorliegenden Bandes bereits deutlich wurde, sind die Kombinationsmöglichkeiten qualitativer und quantitativer Erhebungs- und Auswertungstechniken sehr vielfältig und führen zu den unterschiedlichsten Fragen einer Integration. Folglich kann es auch in diesem Beitrag nicht darum gehen, alle Integrationsmöglichkeiten qualitativer und quantitativer Erhebungs- und Auswertungstechniken im Rahmen von Panel-Studien in der Lebenslaufforschung in den Blick zu nehmen oder auch nur zu umreißen. Vielmehr werden nach einem Exkurs zu verschiedenen Bezugsebenen empirisch-sozialwissenschaftlicher Erkenntnis, der als theoretische Grundlage für die weiteren, insbesondere auf Panel-Studien zugeschnittenen Darstellungen dient, die Ausführungen auf die Integration von zwei Einzeltechniken fokussiert, nämlich das qualitative Leitfadeninterview und die standardisierte Face-to-face-Befragung. Dabei soll ein bisher nur selten thematisierter Aspekt beleuchtet werden, nämlich der Umgang mit verschiedenen Informationen zu denselben biografischen Ereignissen, die aus den unterschiedlichen Erhebungswellen einer Panel-Studie resultieren, also einer Längsschnitt-Untersuchung mit immer derselben Stichprobe.

1. Bezugsebenen empirisch-sozialwissenschaftlicher Erkenntnis

Bei längsschnittlichen Erhebungsdesigns, insbesondere bei Panel-Studien, kommt der Integration qualitativer und quantitativer Methoden eine besondere Bedeutung zu (siehe auch Kluge in diesem Band). Studien dieser Art zeichnen sich vorrangig durch ein größeres Ausmaß an erhobener Information im Rahmen der zeitlich versetzten mehrfachen Erhebungen aus. Werden dabei sowohl qualitative als auch quantitative Methoden eingesetzt, besteht zudem die Möglichkeit, die standardisierten Instrumente bei späteren Wellen den bei den ersten Erhebungen qualitativ-induktiv gewonnenen Erkenntnissen anzupassen, sofern das Erhebungsdesign dies trotz der bei Zeitvergleichen gebotenen Einheitlichkeit der Instrumente in den verschiedenen Wellen zulässt. Darüber hinaus lassen sich jedoch in solchen Studien die Einflüsse der jeweiligen Erhebungssituation und -interaktion sowie die Auswirkungen der zur Zeit der Erhebung jeweils wirksamen Selektions- und Deutungsmechanismen (vgl. hierzu Rohwer/Pötter 1999, 19 ff.) genauer identifizieren und gegebenenfalls in ihrer besonderen Form berücksichtigen - oder auch, wenn dies das Ziel sein soll, „neutralisieren".

Um diesen letzten Aspekt, um den es im weiteren gehen soll, genauer beleuchten zu können, sei ein kurzer Exkurs zu den verschiedenen „Erkenntnisebenen" gestattet, auf die sich sozialwissenschaftliche Empirie insbesondere auch im Kontext der Lebenslauf- und Biografieforschung beziehen kann. Von diesen Erkenntnisebenen nämlich hängt es (unter anderem) ab, wie mit Unterschieden bei der Rekonstruktion derselben Ereignisse durch dieselben Personen einer Stichprobe in verschiedenen Wellen einer empirischen Untersuchung (z.B. einer biografie-analytischen Panel-Studie) umgegangen werden sollte und wie sich dies auf die Integration qualitativer und quantitativer Erhebungsmethoden auswirken kann.

Insgesamt lassen sich - bei grober Unterteilung - drei mögliche Bezugsebenen sozialwissenschaftlicher Erkenntnis in empirischen Erhebungen unterscheiden (vgl. Böttger 1999; Böttger/Strobl 2001). Dabei handelt es sich zunächst um den *„objektiven" Verlauf* der zu untersuchenden Ereignisse, weiterhin um das *subjektive Erleben* dieser Ereignisse zur Zeit ihres Geschehens durch die an ihnen beteiligten oder sie beobachtenden Personen und schließlich um die *spätere Aktualisierung des Erlebens* dieser Ereignisse, die sich auf Erinnerungen und retrospektive Deutungen stützt, z.B. im Rahmen von Interviews mit den entsprechenden Personen.

Nun wurde der im Positivismus noch diskutierte Anspruch, eine „objektive" Realität unverzerrt erkennen und erklären zu können, bereits im kritischen Rationalismus, der zumeist als wissenschaftstheoretische Basis quantitativer Empirie angeführt wird, aufgegeben (vgl. Popper 1971), da jedes Erkennen durch Subjekte mit Interpretationen und Filterungen verbunden ist. In der qualitativen Sozialforschung spielt die „objektive Ebene" der sozialen Realität (im Folgenden als *Verlaufsebene* bezeichnet), wenn überhaupt, zumeist nur eine untergeordnete Rolle, da objektive soziale Strukturen, sofern sie als erkennbar angesehen werden, allein über die in der Gesellschaft (inter)agierenden Personen vermittelt werden. In der Tradition qualitativer, „interpretativer" Theorie und Empirie steht in erster Linie die *soziale Welt aus der Sicht der Handelnden*, d.h. der „beforschten Subjekte", im Blickpunkt (vgl. Kade 1983, 67), also die Ebene des unmittelbaren Erlebens und Interpretierens sozialer Realität (hier *Erlebensebene* genannt) sowie die Ebene des aktuellen Präsentierens in der Forschungssituation, bei dem sich Erinnerungen an das frühere Erleben mit Umdeutungen, Auslassungen und bisweilen auch nachträglichen Ergänzungen vermischen (was als *Aktualisierungsebene* bezeichnet wird).

Dennoch kann freilich auch in der qualitativen Sozialforschung - obwohl die Ebene einer endgültigen Erkenntnis „objektiver" Handlungs- und Ereignisverläufe prinzipiell nie zugänglich ist - die Erklärungskraft wissenschaftlicher Erkenntnisse kritisch überprüft werden, etwa durch die Anwendung verschiedener, auch non-verbaler Erhebungsmethoden (wie Beobachtungen), die im Idealfall jeweils von mehreren Forschern/innen eingesetzt werden.

Weiterhin sind - bei strenger Betrachtung - Erlebens- und Aktualisierungsebene für die Perspektive der Forschung nicht vollständig voneinander zu trennen, da es sich bei der Erlebensebene quasi um „Momentaufnahmen" handelt, die unmittelbar nach diesem Zeitpunkt bereits Erinnerung sind und damit den Prozess ihrer Erforschung immer auf die Aktualisierungsebene verweisen. Die Rekonstruktion des früheren Erlebens vergangener Handlungen und Ereignisse durch die in der Forschung befragten Personen kann jedoch der qualitativen Empirie als Zielrichtung dienen. Dies wird z.B. bei Projekten der Lebenslaufforschung relevant, sobald diese Erkenntnisse gewinnen wollen nicht nur über die retrospektiven Rekonstruktionen einzelner Biografien, sondern auch über subjektive Interpretationen, Handlungsplanungen etc. der entsprechenden Personen, wie sie in früheren Stadien ihres Lebenslaufs im Zusammenwirken mit den jeweils wirksamen „objektiven" sozialen Bedingungen stattfanden und als solche die Sozialisation beeinflussten. Hier kann versucht werden, das frühere subjektive Erleben, das trotz später erfolgter Umdeutungsprozesse in weiten Bereichen zum Wissensbestand einer Person zu rechnen ist, im qualitativen Erhebungsprozess so genau wie möglich zu rekonstruieren.

Die Aktualisierungsebene dagegen ist relevant, wenn das aktuelle Selbstkonzept eines Individuums zur Zeit der Erhebung beleuchtet werden soll, inklusive der zu diesem Zeitpunkt retrospektiv aktualisierten Biografie, die ja Teil dieses Selbstkonzepts ist. Ein solcher Ansatz kann z.B. verfolgt werden, wenn gegenwärtig bestehende subjektive Lebenswelten von Personen erhoben werden sollen, die der Forschung bisher nur wenig bekannt sind (z.B. neu entstandene Jugendkulturen), wobei diese Lebenswelten die subjektiv rekonstruierte Biografie der befragten Personen genauso beinhalten wie aktuelle Probleme, in die Zukunft gerichtete Wünsche oder auch Träume.

Von diesen Bezugsebenen sozialwissenschaftlicher Erkenntnis hängt es zudem ab, welche Verfahren der „Validierung" der erhobenen Daten eingesetzt werden können (vgl. hierzu Terhart 1981). In der Lebenslaufforschung käme für die Verlaufsebene am ehesten eine Methodentriangulation in Betracht, durch die z.B. Befragungen relevanter Bezugspersonen der Interviewpartner/innen oder die Analyse biografischer Dokumente zusätzlich zum Einsatz gelangen. Bei der Erlebensebene könnte in zusätzlichen dialogisch geführten Gesprächen mit den Befragten versucht werden, ihre Erinnerung an das frühere Erleben weiter zu schärfen sowie ihre Bereitschaft zu fördern, darüber zu berichten (wobei man allerdings an forschungsethische Grenzen stoßen kann). Auf der Aktualisierungsebene schließlich, auf der die Biografie dem retrospektiven Selbstkonzept des/der Befragten zur Zeit des Interviews entspricht, könnten in einem interdisziplinären Projekt (Soziologie/Psychologie) z.B. zusätzliche persönlichkeitsdiagnostische Verfahren zum Einsatz gelangen, um Selbstkonzept und retrospektive Biografiekonstruktion weiter zu erhellen.

2. Panel-Studien: Verschiedene „Realitätsversionen" in verschiedenen Erhebungswellen

Die getroffene Unterscheidung zwischen verschiedenen Bezugsebenen empirisch-sozialwissenschaftlicher Erkenntnis gewinnt, wie weiter oben bereits angesprochen, bei Panel-Studien einen entscheidenden Stellenwert, und zwar insbesondere bei solchen, in denen qualitative und quantitative Methoden einander ergänzend eingesetzt werden.

Dies soll im Folgenden anhand des Projekts „Berufsverlauf und Delinquenz" (A3) des Sonderforschungsbereichs 186 der Universität Bremen („Statuspassagen und Risikolagen im Lebensverlauf") verdeutlicht werden, einer Panel-Studie über die biografische Entwicklung von bildungsbenachteiligten Jugendlichen in den neunziger Jahren. Im Rahmen dieser seit 1988 durchgeführten Untersuchung[1] wurden die Lebensverläufe von Bremer Haupt- und Sonderschulabgängern/innen in einer Fünf-Wellen-Befragung analysiert. Die erste Erhebung wurde mit den Jugendlichen am Ende ihrer Schulzeit geführt, vier weitere Befragungen folgten jeweils im Abstand von zwei bis drei Jahren. Dabei wurden in jeder Welle im Schnitt ca. 450 Jugendliche (etwa 50% von ihnen sind weiblich) mit einem standardisierten Instrument befragt. Mit einer Teilstichprobe dieses Samples von ca. 60 Jugendlichen (auch hier sind die Geschlechter etwa gleich stark vertreten) wurden zusätzlich - ebenfalls in fünf Wellen - qualitative, biografische Leitfaden-Interviews geführt. Diese qualitative Untersuchung[2] sollte insbesondere einen Einblick in die individuelle Gestaltung der Lebensverläufe ermöglichen. Im Vordergrund standen dabei die Dynamiken von Ausbildung und Beruf, von sozialen Bindungen zu Familie, Partnern/innen und Clique, von Freizeitverhalten, Delinquenz und Instanzenkontakten sowie weitere Lebensperspektiven der Jugendlichen (vgl. Dietz et al. 1997).

---

1 Neben dem Autor sind Beate Ehret, Fred Othold, Gerald Prein, Karl F. Schumann (Leiter) und Lydia Seus als hauptamtliche Mitarbeiter/innen in diesem Projekt tätig.
2 An der Auswertung des hier vorgestellten Materials aus den qualitativen Interviews waren Regine Köller, Wiebke Reyels und Alina Solberg als studentische Hilfskräfte beteiligt.

Dadurch dass in Panel-Befragungen dieselben Personen mehrfach an der Erhebung teilnehmen, kann es bei Fragen (oder Leitfadenpunkten), die sich in verschiedenen Wellen auf dieselben in der Vergangenheit liegenden Ereignisse, Einstellungen oder Handlungen beziehen, zu Angaben der Befragten kommen, die sich scheinbar widersprechen, da sie ein und dasselbe biografische Ereignis in zwei (oder mehreren) Befragungswellen unterschiedlich beschreiben bzw. zu den in den verschiedenen Wellen identisch gestellten Fragen unterschiedliche Antworten liefern.

Hierzu ein Beispiel: In der Studie „Berufsverlauf und Delinquenz" wurden die jugendlichen bzw. jungen erwachsenen Interviewpartner/innen in verschiedenen Wellen sowohl der quantitativen als auch der qualitativen Untersuchung nach ihrem „Wunschberuf" gefragt, dem Beruf, den sie sich aussuchen würden, wenn sie die freie Wahl hätten. Dem lag die theoretische Annahme zugrunde, dass für eventuell zu identifizierende Beziehungen zwischen Berufsausbildung bzw. Berufstätigkeit einerseits und dem Begehen delinquenter Handlungen andererseits weniger die Tatsache entscheidend ist, ob die betroffenen Jugendlichen und jungen Erwachsenen *irgendeinen* Beruf erlernen bzw. ausüben, sondern vielmehr die Frage, ob dieser Beruf gegebenenfalls ihren *subjektiven Berufswünschen* entspricht oder nicht (wobei es im negativen Fall sowohl zu einer erfolgreichen Anpassung an den „Misserfolg" im Sinne eines Cooling-Out-Prozesses (Goffman 1962) kommen kann, jedoch auch zu Widerständen gegen eine solche Entwicklung).

Bei den quantitativen Befragungen änderte sich die Angabe dieses Wunschberufes nun bei vielen Interviewten von Welle zu Welle, was zunächst als nachvollziehbar erscheint, da es ja durchaus vorstellbar ist, dass ein solcher Berufswunsch im Kindes- und Jugendalter häufiger wechselt. In der zweiten Befragungswelle wurde nun allerdings noch einmal nach dem Wunschberuf gefragt, den die Jugendlichen *zur Zeit der ersten Befragung* hatten, die drei Jahre zurück lag. Und auch hier ergaben sich zum Teil erhebliche Abweichungen in den Antworten derselben Personen zu ihren Berufswünschen zu einer bestimmten Zeit. So gaben in der ersten Welle zehn Jugendliche an, dass Koch bzw. Köchin ihr Wunschberuf höchster Priorität gewesen sei, in der zweiten Welle dagegen sagten nur drei dieser Befragten, dass sie den Berufswunsch des Kochs bzw. der Köchin zur Zeit der ersten Befragung gehabt hätten.

Nach traditioneller Sichtweise könnte dies als ein „Validitätsproblem" (das Instrument hat in mindestens einer der Befragungen nicht gemessen, was es zu messen beansprucht) bzw. als ein „Reliabilitätsproblem" (das Instrument misst ein Merkmal nicht zuverlässig immer in derselben Weise) der quantitativen Erhebungen gedeutet werden. Bei einer Studie, die qualitative und quantitative Erhebungen einander ergänzend einbezieht, besteht jedoch die Möglichkeit, den im Rahmen der standardisierten Erhebung auftretenden

„Widerspruch" anhand des qualitativ erhobenen Materials empirisch genauer auszuleuchten, sofern auch dieses Bezug nimmt auf die zunächst widersprüchlich erscheinenden Inhalte.

Zu dem hier vorgestellten Beispiel verschiedener Angaben über den „Wunschberuf" zu einem bestimmten biografischen Zeitpunkt erbrachte die Sichtung des qualitativen Materials zunächst, dass es auch dort Fälle gibt, in denen sich die Ausführungen zu der Frage, was früher einmal der „Wunschberuf" gewesen sei, erheblich voneinander unterscheiden. So erzählte einer der befragten Jugendlichen in dem qualitativen Interview der zweiten Welle, dass sein Wunschberuf in seiner Kindheit der des Piloten gewesen sei. Er erinnerte sich in diesem Interview an ein konkretes Erlebnis, das mit diesem Wunsch in Zusammenhang stand:

> „B[3]: Ich wollte früher mal Flugzeugflieger werden. Ja, das war irgendwie, bin früher mit meinen Eltern mal nach Iran gefahren, weil mein Vater da auf dem Schiff gearbeitet hat. ... Dann bin ich nach vorne ins Cockpit gegangen und dann durft' ich mich bei dem auf den Schoß setzen."

Im Interview der fünften Welle, sieben Jahre später, spielte diese Kindheitserinnerung keine Rolle mehr. Der Befragte hatte in der Zwischenzeit eine Ausbildung zum Dachdecker begonnen und berichtete nun, dass dies auch in seiner Kindheit bereits sein Wunschberuf gewesen sei. In diesem Zusammenhang beherrschte offenbar eine ganz andere Kindheitserinnerung die Rekonstruktion seiner früheren Biografie:

> „B: Und der Beruf Zimmermann hat mir eigentlich ganz gut gefallen, weil meine Eltern ja auch gebaut haben so, und daher hab' ich - da hab' ich dann ja auch 'n bisschen mitgeholfen so, ja, da hab' ich dann noch 'n bisschen mehr Spaß dran gehabt auf sowas, Zimmermann oder Dachdecker so, ne, in der Art. Ja, und seitdem mach' ich das jetzt."

Eine erste Erklärung für diese Veränderung liefert der Befragte bereits im Interview der zweiten Welle: Der Kindheitswunsch, Pilot zu werden, sei nicht sehr realistisch gewesen, eher ein für die Kindheit typischer „Traum":

> „B: Oh, das - das war dann halt mal so ein Traum, nech."

In seiner Kindheit habe er viele Träume gehabt, einige davon seien in Erfüllung gegangen, die meisten jedoch nicht. Aber diejenigen Träume, die in seinem weiteren Leben tatsächlich noch eine Rolle spielten (sei es, weil sie sich erfüllt hatten, sei es, weil der Alltag aus anderen Gründen noch viel mit ihnen zu tun hatte), erwiesen sich als sehr viel anschlussfähiger an das spätere Selbstkonzept des Befragten als solche, zu denen das spätere Leben

---

3 Bei Zitaten aus Interviews steht die Abkürzung „B" für den/die Befragte/n, „I" für den/die Interviewer/in. Das Symbol „ ..." kennzeichnet jeweils Auslassungen bis zur Länge eines Satzes, „(...)" solche, die eine Satzlänge überschreiten.

keinerlei Bezug mehr hatte und die aus diesem Grund mitunter nicht mehr erinnert wurden.

Damit wird deutlich, dass es von den Bezugsebenen empirisch-sozialwissenschaftlicher Erkenntnis abhängt, ob die hier aufgezeigten Unterschiede in den Darstellungen des Befragten hinsichtlich seines Wunschberufes als Validitäts- bzw. Reliabilitätsproblem zu werten sind - was auch in der qualitativen Forschung durchaus diskutiert wird (vgl. z.B. Eckert/Reis/Wetzstein 2000, 29 f.) - oder ob sich komplexere Interpretationsmuster identifizieren lassen. Ist es die Erlebensebene, über die mit der Interpretation der Interviews (und der standardisierten Daten, in denen ja - wie oben gezeigt - diese Unterschiede ebenfalls enthalten sind) Erkenntnisse gewonnen werden sollen, so ist die Verwertung der „widersprüchlichen" Informationen aus den beiden Wellen in der Tat bedenklich. Denn wenn es darum geht herauszukristallisieren, welcher Wunschberuf zur Zeit der Kindheit des oben zitierten Jugendlichen in seinem Erleben dominierte, ist hier kaum eine Entscheidung möglich, die empirisch begründbar wäre. Denkbar sind vielmehr verschiedene Versionen: Sowohl der eine als auch der andere Berufswunsch können in der Kindheit dominiert haben, beides könnte aber auch Produkt retrospektiver Umdeutungen sein. Auch ist vorstellbar, dass beide Berufswünsche gleichzeitig oder nacheinander in der Kindheit des Befragten dominiert haben, jedoch lässt sich auch dies nicht empirisch erhärten, da der Befragte, jeweils nach seinem Wunschberuf befragt, in beiden Interviews nur einen nennt und diesen als den Einzigen seiner Kindheit darstellt (wie jeweils aus dem Kontext der zitierten Interviewpassagen hervorgeht).

Sollen jedoch mit der Auswertung des Materials Erkenntnisse über die Aktualisierungsebene gewonnen werden, also über das Selbstkonzept des Befragten jeweils zur Zeit der Interviews in den verschiedenen Wellen, lässt sich der „Widerspruch" anders interpretieren. In diesem Fall ist es unbedeutend, welcher Wunsch im Erleben der Kindheit dominiert hat. Wird vorausgesetzt, dass die beiden Episoden, die der Befragte im Zusammenhang mit seinem jeweiligen Berufswunsch schilderte (Aufenthalt im Cockpit eines Flugzeugs und Mithilfe beim Bau des Hauses der Eltern), tatsächlich von ihm in der dargestellten oder einer ähnlichen Weise erlebt wurden, so lässt sich schließen, dass der Stellenwert der Erinnerung an diese Erlebnisse und damit auch an die damit verknüpften Berufswünsche zu den verschiedenen Zeiten der beiden Interviews unterschiedlich war. Im Interview der zweiten Welle, als der Jugendliche noch keine Berufsausbildung begonnen hatte, dominierte offensichtlich die Erinnerung an den Aufenthalt im Flugzeug-Cockpit, ein seltenes und außergewöhnliches Erlebnis. Im Interview der fünften Welle dagegen erscheint das Erlebnis, beim Bau des Hauses der Eltern mitgeholfen zu haben, und in diesem Zusammenhang der Berufswunsch des Zimmermanns bzw. Dachdeckers als anschlussfähiger an das Selbstkonzept, da der Befragte zu dieser Zeit tatsächlich eine entsprechende Ausbildung begonnen hatte und seine veränderte Retrospektion zu einer

Biografie führt, in der er seinen damaligen Wunschberuf nun tatsächlich erlernt.

Hier zeigt sich der besondere Erklärungswert von Panel-Studien hinsichtlich einer Differenzierung in Erlebens- und Aktualisierungsebene: Erst bei der Auswertung von zwei (oder mehreren) Interviews mit einem/einer Befragten, die in einem größeren zeitlichen Abstand geführt wurden, wird deutlich, dass sich die jeweils retrospektiven „Realitätskonstruktionen" zu verschiedenen Zeiten des Lebenslaufs voneinander unterscheiden können (und das insgesamt ausgewertete empirische Material zeigt, dass Unterschiede dieser Art die Regel sind) und dass damit die „Erinnerung" an früheres Erleben (und an frühere Wünsche) von den Erlebnissen bzw. Ereignissen selbst in der Interpretation zu trennen ist. Mit dem sich verändernden Selbstkonzept im Sinne einer lebenslang „balancierenden Identität" (Krappmann 1969) der in einer empirischen Studie befragten Person ändert sich zugleich die Retrospektion auf den eigenen Lebenslauf.

Dieser Umstand kann bei einer Integration qualitativer und quantitativer Methoden fruchtbar zur Interpretation von anfangs „widersprüchlich" erscheinenden Informationen herangezogen werden. So lassen sich in der Konsequenz auch die im quantitativen Material unterschiedlichen Angaben zum Wunschberuf in der Kindheit zu verschiedenen Erhebungszeiten dahingehend auswerten, dass die Erinnerung an einen früheren Berufswunsch als „Variable" über die Zeit des Beobachtungsfensters zu behandeln ist, deren Ausprägung sich in Abhängigkeit von dem jeweils vertretenen Selbstkonzept ändert. Die genauere Analyse des qualitativen Materials kann es dabei ermöglichen, den Prozess dieser Veränderung, der ja mit weiteren biografischen Phasen und Erlebnissen in komplexen Zusammenhängen steht (im gezeigten Beispiel etwa mit dem Beginn der Dachdeckerlehre), näher zu beleuchten.

Zu diesem letzten Aspekt sei auf zwei weitere Beispiele anderer Art aus dem qualitativen Material der Studie „Berufsverlauf und Delinquenz" verwiesen[4]: Einige der in dieser Untersuchung interviewten Jugendlichen berichteten über Episoden ihres Lebenslaufs, die sich durch häufige und regelmäßige delinquente Handlungen auszeichneten. Die Delinquenz blieb bei ihnen jedoch auf diese Phasen ihrer Biografie beschränkt und wurde während des Verlaufs der Studie wieder aufgegeben. Diese Jugendlichen berichteten - oft nicht ohne Stolz -, sie seien aus delinquentem Handeln „wieder ausgestiegen", was im amerikanischen Sprachraum unter dem Begriff „desistance" diskutiert wird (vgl. z.B. Warr 1998). Dieses Phänomen zeigte sich sowohl bei den quantitativen als auch bei den qualitativen Analysen im Rahmen der Studie.

---

4 Die Diskussion dieser Beispiele findet sich mit Bezug zum Thema „desistance" auch in Böttger 2000 bzw. 2001.

Für die weitere Entwicklung der Jugendlichen, die eine Abkehr von deviantem Handeln realisiert hatten, war unter anderem von Bedeutung, auf welche Weise sie die früheren devianten Episoden retrospektiv in das eigene Selbstkonzept und damit auch in die eigene Biografie integrierten. Der oben bereits angesprochenen interaktionistischen Annahme folgend, dass das Selbstkonzept eines Individuums als Bestandteil seiner Identität nicht als statisches oder zu einem bestimmten Zeitpunkt „abgeschlossenes" Phänomen zu begreifen ist, sondern dass personale und soziale Identität als „balancierende" Konstrukte immer wieder neu in Interaktionen ausgehandelt und realisiert werden (vgl. Krappmann 1969; Mead 1974), muss auch die Integration devianter Phasen in das Selbstkonzept als Prozess begriffen werden, der einer andauernden Dynamik unterliegt, die sich auf Identität und Selbstkonzept auswirkt und damit ebenfalls auf die Rekonstruktion der eigenen Biografie zu verschiedenen Zeiten im Lebensverlauf.

Unsere qualitative Panel-Studie gestattet es auch in diesem Zusammenhang, unterschiedliche Biografieversionen der Befragten, die im Rahmen der verschiedenen Befragungswellen rekonstruiert wurden, vergleichend aufeinander zu beziehen und damit Aufschlüsse über die Dynamik zu erhalten, der die retrospektive Deutung devianter Phasen im Lebensverlauf unterliegt.

In vielen Fällen war dabei zu beobachten, dass mit einer fortschreitenden Zeit, die durch konformes Handeln geprägt ist, die frühere deviante Phase mehr und mehr verharmlost wird und subjektiv an Bedeutung verliert.

Jedoch war dies nicht immer der Fall. Eine Interviewpartnerin schilderte z.B. eine Phase ihrer Biografie, in der sie zum Teil schwere Diebstahls- und Betrugsdelikte beging (bisweilen zusammen mit anderen in organisierter Form), während eines Interviews, das zeitlich in diese Phase fiel, folgendermaßen:

„B: Schlimm oder so hab' ich eigentlich nichts empfunden so. ... Aber das war ja für mich - also ich musste ja - ich musste ja an mich denken, und wie's den anderen geht, war mir eigentlich - ehrlich gesagt so, wenn ich die nicht kannte, war's mir eigentlich völlig egal, ne. Und ich musste ja an mich denken, dass ich irgendwas zu essen hab' oder so, oder Geld oder so."

In einem zwei Jahre später geführten Interview wurde dann deutlich, dass sich nach einer inzwischen erfolgten Abkehr von Devianz mit dem neuen Selbstkonzept dieser Befragten als „Aussteigerin" eine nachträgliche Umdeutung ihrer devianten Phase verband, die sie retrospektiv einerseits als weitaus gefährlicher für die Realisierung ihrer Zukunftspläne einschätzte als in dem früheren Interview, andererseits aber auch als weniger schädlich für konkrete andere Personen und damit weniger belastend für sich selbst, wodurch diese Phase leichter in das neue Selbstkonzept integrierbar war:

„B: Mein Leben wär' zu Ende gewesen, hätten die mich bei irgend so'm Scheiß (erwischt), ne. Ich hätt's nie wieder in'n Griff gekriegt, wahrscheinlich mit 'ner Vorstrafe oder so, da hätt' ich nicht als Kellnerin mit Geld arbeiten dürfen, das hätten die gleich (verhindert), ne. Also von daher denk' ich, war's wirklich gut für mich, dass die mich nicht erwischt haben, ne. So hab' ich's alleine wieder geregelt gekriegt, ne. Und ich hab' da vielleicht jemandem Schaden zugefügt, aber jetzt keiner bestimmten Person, ne. Wir haben viel Kreditkartenbetrug gemacht und auch, äh, Scheckbetrug und (Firmenname) hab' ich hoch angeschissen, ne. Als ich da als Kassiererin war, das war der größte Fehler des Unternehmens (lacht), aber ja, wir haben das aber auch so (Firmenname-)mäßig voll aufgebaut, ne. (Name eines Einkaufszentrums) und so, überall saßen unsere Leute so, da haben wir alles so durch die Kasse gejagt, und da haben wir richtig Mist gemacht, ne."

Die biografische Konstruktion der späteren Version dieser devianten Phase, in der die Befragte die Delinquenz als schwerer und für die eigene Lebensplanung gefährlicher darstellte, ist geprägt von der Überzeugung, den „Ausstieg" bereits geschafft zu haben. Die Intention, sie zu entdramatisieren, um sich vor Stigmatisierungen zu schützen, tritt demgegenüber eher in den Hintergrund. Dass sie gleichzeitig betonte, in der Regel „keiner bestimmten Person" geschadet zu haben, verweist demgegenüber - wie gesagt - auf einen Mechanismus, ihr Selbstkonzept als weniger problematisch darzustellen. Insgesamt schilderte sie also in zeitlicher Distanz zu ihrer abweichenden Episode ihre Devianz als für sich selbst wesentlich riskanter, und insofern mag sie hier auch dichter an ihrem Erleben zur Zeit dieser Phase liegen als in dem früheren Interview, aber auch als weniger schädlich für andere, wodurch sie sich wiederum als „sozialverträglicher" bzw. „fairer" darstellt.

Möglich wäre darüber hinaus, dass die spätere Darstellung des größeren Ausmaßes der früheren Delinquenz auch den Effekt haben sollte, den Weg aus der Devianz hinaus als schwieriger darzustellen und damit die Tatsache, es geschafft zu haben, als „verdienstvoller" (leider konnten diese Spekulationen mit Hilfe des Interviewmaterials empirisch nicht weiter geprüft werden).

Jedoch ist es - wie bereits betont - eher selten der Fall, dass deviante Phasen von Jugendlichen, die sich als „Aussteiger/innen" von ihnen distanzieren, mit fortschreitender Zeit als schwerwiegender oder risikoreicher dargestellt werden. Zumeist überwiegt in der größeren zeitlichen Distanz zu den Ereignissen eine verharmlosende Darstellung - oder eine Schilderung als jugendlicher Streich, wie im Beispiel des folgenden Interviewpartners:

„B: Wir ham auch schon mal 'n Trecker geklaut.
I: Mm.
B: Aber, ach, das ist - das war schon viele Jahre her. Da sind wir auf'er Zeltdisco gewesen, und mit'm Fahrrad nach Hause, und keiner konnt'

mehr Fahrrad fahren. Dann war da so'n Trecker eingemauert für die Melkmaschine. Und dann ha'm wir den kurzgeschlossen und da sind wir damit dann durch's Dorf gefahren hier, ne. Ab nach Hause. Fahrräder hinten drauf geklemmt und denn pücht, no Hus. Inne Seite rein und nach Hause denn.
I: Mm.
B: Ich mein', da ha'm wir gut drüber gelacht, aber das war für mich jetzt auch nicht groß 'n Verbrechen. Also eigentlich ist es ja ein -
I: Was habt ihr schließlich mit dem Trecker gemacht?
B: Den ham wir abgestellt. Und der hat dann die Kabel abgerissen da und dann abgehauen.
I.: Mm.
B: Weil 'n andrer Bauer hinterherkam, der fuhr aber 'n bisschen schneller (lacht). Aber ist schon viele Jahre her. Oh, da war ich 15 oder 16. Oh, acht Jahre."

Ob eine deviante Phase oder Handlung im Nachhinein als schwerwiegend oder eher harmlos dargestellt wird, dürfte neben dem jeweils aktuellen Selbstkonzept der Befragten auch davon abhängen, wie diese Phase bzw. Handlung zur Zeit ihres Ausübens erlebt wurde. Ein als solcher verübter und auf diese Weise erlebter jugendlicher „Streich" mag auch zu späterer Zeit eher in dieser Form dargestellt werden. Eine „harte" delinquente Handlung oder Phase dagegen, die mit Etikettierungs- und Stigmatisierungsprozessen, und häufig auch mit Unsicherheit und Selbstzweifeln verbunden ist, unterliegt offensichtlich selbstschutzbedingten Verharmlosungstendenzen bei einer Darstellung, die in geringer zeitlicher Distanz erfolgt, während diese Tendenzen bei späteren Interviews nach einer erfolgreichen Abkehr von der Devianz unter Umständen nicht mehr oder nur in geringerem Maße wirksam sind.

Das qualitative Material gestattet also insgesamt den Aufweis biografischer Bedingungen und Muster, die verschiedene Rekonstruktionen derselben devianten Phasen zu unterschiedlichen Zeiten erklären können. Mit diesen Ergebnissen ließen sich nun für eine quantitative Untersuchung des Phänomens der Erinnerung an deviante bzw. delinquente biografische Phasen relevante Variablen identifizieren, was eine Analyse der Häufigkeit und Verbreitung der entsprechenden Zusammenhänge in einer größeren Stichprobe bzw. in der Grundgesamtheit ermöglichte. Die Erinnerung an die frühere Devianz hätte ihrerseits dabei ebenfalls den Charakter einer Variablen, deren Ausprägung sich in den verschiedenen Wellen der Erhebung ändern kann, in Abhängigkeit von anderen Ereignissen in der Biografie.

Freilich werden bei einem solchen Vorgehen nun zwei der oben dargestellten Ebenen emprisch-sozialwissenschaftlicher Erkenntnis gleichzeitig bemüht: Die unterschiedlichen Darstellungen der devianten Phase werden auf verschiedene Deutungs- und Erinnerungsprozesse zurückgeführt, also auf der Aktualisierungsebene behandelt, während biografische Ereignisse, die diese Deutungs- und Erinnerungsprozesse beeinflussen, als „Fakten" gewertet werden, die auf die im Interview dargestellte oder ähnliche Weise erlebt wurden, was auf die Erlebensebene verweist. Ein solches Vorgehen ist jedoch nur dann möglich, wenn es Kriterien gibt, nach denen bestimmte Teile des Interviewtextes als (verzerrte) Erinnerungen, andere als so oder ähnlich erlebte Ereignisse gewertet werden. Einige solcher Kriterien gehen bei dialogisch geführten Interviews auf die Art der Gesprächsführung zurück: Je genauer etwa die dialogische Rekonstruktion des Erlebens devianter Phasen mit Hilfe hierfür geeigneter Gesprächstechniken erfolgt, desto eher kann von Inhalten ausgegangen werden, die der Erlebensebene zugerechnet werden können (vgl. Böttger 1996, 1998, 1999). Das Hauptkriterium jedoch liegt in der Konsistenz (oder Inkonsistenz) der Darstellungen eines biografischen Ereignisses in verschiedenen Interview-Wellen: Je weniger sich die Rekonstruktionen im gesamten Beobachtungsfenster voneinander unterscheiden, desto eher kann davon ausgegangen werden, dass das Rekonstruierte in der dargestellten Form auch erlebt wurde und von nachträglichen Verdrängungs- oder Umdeutungsprozessen nicht oder nur wenig betroffen ist.

Erst Panel-Studien ermöglichen es also, Unterschiede in der Rekonstruktion früherer Realität als biografische Prozesse in eine empirische Analyse einzubeziehen. Und Erkenntnisse über die Abhängigkeiten solcher Prozesse von anderen biografischen Ereignissen sind hinsichtlich ihrer Art und Komplexität und gleichzeitig ihrer Häufigkeit bzw. Verteilung in größeren Populationen nur dann möglich, wenn innerhalb des Panel-Designs qualitative und quantitative Methoden einander ergänzend eingesetzt werden.

3. Resümee

Die vorliegende Abhandlung konzentrierte sich auf den Aspekt möglicher Unterschiede bei Rekonstruktionen derselben biografischen Ereignisse, wie sie sich in den verschiedenen Wellen einer Panel-Studie ergeben können, in der qualitative und quantitative Befragungen bzw. Interviews einander ergänzend eingesetzt werden.

Besonders bei Panel-Studien (grundsätzlich aber auch bei querschnittlichen Untersuchungen) ist zunächst von Bedeutung, auf welche *Ebene empirisch-sozialwissenschaftlicher Erkenntnis* Bezug genommen werden soll. Zu unterscheiden sind dabei die „objektive" *Verlaufsebene* (biografischer) Ereignisse und Phänomene, die subjektive *Erlebensebene* dieser Ereignisse bzw. Phänomene sowie ihre *Aktualisierungsebene* zur Zeit der empirischen Erhebung bzw. Erhebungswelle. Diese Unterscheidung ermöglicht es - neben ihrer grundsätzlichen Relevanz bei der Interpretation verbal erhobener Daten - im Rahmen von Panel-Studien, verschiedene Rekonstruktionen derselben biografischen Ereignisse und Phänomene zu verschiedenen Erhebungszeitpunkten nicht vorschnell als Validitäts- bzw. Reliabilitätsproblem zu begreifen, sondern (auch) als Folge spezifischer biografischer Erfahrungen, die zu verschiedenen Zeiten die Produktion verschiedener „Realitätsversionen" als subjektiv sinnvoll (oder sogar notwendig) erscheinen lassen. Mit Hilfe von Panel-Studien, die qualitative und quantitative Methoden einander ergänzend einbeziehen, ist es (neben anderen Vorzügen eines solchen Designs) möglich, solche in jedem Lebenslauf stattfindenden Effekte hinsichtlich ihrer genauen Struktur sowie in Bezug auf ihre Häufigkeit bzw. Auftretenswahrscheinlichkeit in großen Populationen zu analysieren.

Literatur

Böttger, Andreas (1996): „Hervorlocken" oder Aushandeln? Zu Methodologie und Methode des „rekonstruktiven Interviews" in der Sozialforschung. In: Strobl, R./Böttger, A. (Hrsg.): Wahre Geschichten? Zu Theorie und Praxis qualitativer Interviews. Baden-Baden: Nomos, 131-158

Böttger, Andreas (1998): Gewalt und Biographie. Eine qualitative Analyse rekonstruierter Lebensgeschichten von 100 Jugendlichen. Baden-Baden: Nomos

Böttger, Andreas (1999): Das rekonstruktive Interview. Methodologischer Hintergrund, methodische Konzeption und Möglichkeiten der computergestützten qualitativen Auswertung. In: Bolscho, D./Michelsen, G. (Hrsg.): Methoden in der Umweltbildungsforschung. Opladen: Leske und Budrich, 63-78

Böttger, Andreas (2000): Devianz als Episode. Wege des „Ausstiegs" aus kriminalisierbarem Handeln. In: Heinz, W. R. (Hrsg.): Übergänge: Individualisierung, Flexibilisierung und Institutionalisierung des Lebensverlaufs. 3. Beiheft der Zeitschrift für Soziologie der Erziehung und Sozialisation, Weinheim: Juventa, 77-90

Böttger, Andreas (2001): „Da haben wir richtig Mist gemacht." Zu Beginn und Ende „devianter Sequenzen" in den Lebensgeschichten Jugendlicher. In: Sackmann, R./Wingens M. (Hrsg.): Strukturen des Lebenslaufs: Übergang, Sequenz, Verlauf. Weinheim/München: Juventa, 53-77

Böttger, Andreas/Strobl, Rainer (2001): Möglichkeiten und Grenzen qualitativer Erhebungs- und Auswertungsverfahren in der Gewaltforschung. In: Heitmeyer, W./Hagan, J. (Hrsg.): Handbuch der Gewaltforschung. Opladen und Wiesbaden: Westdeutscher Verlag

Dietz, Gerhard-Uhland et al. (1997): „Lehre tut viel ...". Berufsbildung, Lebensplanung und Delinquenz bei Arbeiterjugendlichen. Münster: Votum

Eckert, Roland/Reis, Christa/Wetzstein, Thomas A. (2000): „Ich will halt anders sein wie die anderen!" Abgrenzung, Gewalt und Kreativität bei Gruppen Jugendlicher. Opladen: Leske und Budrich

Goffman, Erving (1962): On Cooling the Mark Out: Some Aspects of Adaption to Failure. In: Rose, A. M. (Hrsg.): Human Behavior and Social Processes. Boston: Mifflin

Kade, Sylvia (1983): Methoden des Fremdverstehens. Bad Heilbrunn: Klinkhardt

Krappmann, Lothar (1969): Soziologische Dimensionen der Identität. Stuttgart: Klett-Cotta
Mead, George Herbert (1974): Geist, Identität und Gesellschaft. Frankfurt a. M.: Suhrkamp
Popper, Karl R. (1971): Logik der Forschung. Tübingen: J. C. B. Mohr
Rohwer, Götz/Pötter, Ulrich (1999): Methoden sozialwissenschaftlicher Datenkonstruktion. Bochum: Online-Publikation
Terhart, Ewald (1981): Intuition - Interpretation - Argumentation. In: Zeitschrift für Pädagogik 27/81, 769-793
Warr, Mark (1998): Life-Course Transitions and Desistance from Crime. In: Criminology 2/98, 183-216

Jens Zinn

Die Integration qualitativer und quantitativer Daten und Methoden bei der Untersuchung von Individualisierungsprozessen

Einleitung

Die Frage nach dem Zusammenhang zwischen der *„Institutionalisierung des Lebenslaufs"* und *sozialen Individualisierungsprozessen* wurde seit Mitte der 1980er Jahre zu einem viel diskutierten Thema in der Westdeutschen Lebenslaufforschung, die bis dahin noch stark von strukturfunktionalistischen und entwicklungstheoretischen Ideen der US-amerikanischen Forschung geprägt war (Kohli 1978). Als Kohli (1985, 1986) die These von der *„Institutionalisierung des Lebenslaufs"* als einem *neuen gesellschaftlichen Integrationsmodus* ausführte, wurde sie bereits durch anhaltende gesellschaftliche Wandlungsprozesse in Frage gestellt. Wiederkehrende Wirtschaftskrisen und anhaltende Massenarbeitslosigkeit brachten den kurzen Traum immer währender Prosperität (Lutz 1984) ins Wanken. Durch einen erneuten *„Individualisierungsschub"* - so Beck (1986) - würden Individualisierungsprozesse zunehmend auch auf die institutionalisierten „Normalformen" des Lebenslaufs übergreifen. Die im Nachkriegsdeutschland der 1950er und 1960er Jahre stabilisierten Formen des Lebens-, Erwerbs- und Partnerschaftsverlaufs, die schon fast als anthropologische Konstanten erschienen, erodierten. Das Prinzip individueller Ausgestaltung des Lebenslaufs - so die These - würde auch bisherige Selbstverständlichkeiten erfassen, Gewissheiten in Frage stellen und zum Wandel oder sogar Auflösung gesellschaftlicher Institutionen (bspw. Ehe, Familie, Beruf) führen.

Der Nachweis zunehmender Individualisierung ist jedoch umstritten (bspw. Friedrichs 1998; Beck/Beck-Gernsheim 1993; Burkart 1993)[1]. Die bisher unternommenen Versuche der empirischen Bearbeitung mögen bisweilen

---

1 Vor allem kreist die Diskussion um die scharfe Hypothese eines „Individualisierungsschubs" und eines „Bruchs" beim Übergang von der ersten zur zweiten Moderne. Der vorliegende Aufsatz beschränkt sich dagegen auf den empirischen Zugang zu Individualisierungsphänomenen.

eher den Eindruck erwecken, mit zu kurz greifenden Operationalisierungsversuchen den eigenen Absichten einer Bestätigung oder Widerlegung der Individualisierungsthese Vorschub zu leisten. Das liegt nicht zuletzt daran, dass, wie bspw. Beck und Sopp (1997, 9) schreiben, *„diese These ... zu schillernd* [ist und] *beinahe so viele Interpretationen gehandelt* [werden,] *wie es Befürworter und Gegner gibt"*. Wenn die These jedoch nicht nur ein verschwommenes Schlagwort bleiben, sondern zur Bezeichnung einer wissenschaftlich überprüfbaren Theorie dienen soll, muss sie präzisiert und operationalisiert werden.

Dazu versucht der vorliegende Aufsatz einen Beitrag zu leisten. Denn weder die Beobachtung von Pluralisierungsprozessen (bspw. von Erwerbs- oder Partnerschaftsverlaufsmustern) noch die Veränderungen gesellschaftlicher oder individueller Semantiken (bspw. Deutungsmuster der Selbstkontrolle, Selbstverantwortung oder Selbststeuerung) reichen jeweils für sich genommen aus, um den Kern der Individualisierungsthese bestätigen oder widerlegen zu können. Vielmehr muss die häufig in der Individualisierungsdiskussion mitgeführte Trennung zwischen Handlungs*resultaten* (bspw. Sozialstrukturanalyse) und Handlungs*sinn* (bspw. Biografieforschung, Deutungsmusteranalyse) überwunden werden, wenn fundiert von einem allgemeinen Prozess gesellschaftlicher Individualisierung gesprochen werden soll. Nur so kann die These der Individualisierung als ein *„neuer Modus der Vergesellschaftung ... eine Art ‚Gestaltwandel' oder ‚kategorialen Wandel' im Verhältnis von Individuum und Gesellschaft"* (Beck 1986, 205) verstanden und überprüft werden.

Wenn entscheidbar bleiben soll, inwieweit sozialstruktureller Wandel in Zusammenhang steht mit veränderten sinnhaften Handlungsweisen der Gesellschaftsmitglieder, veränderten formalen und institutionellen Handlungskontexten oder etwa einem wirtschaftlichen Aufschwung, muss die in der Diskussion häufig dominierende institutionelle und sozialstrukturelle Perspektive um die Mikroperspektive handelnder Akteure erweitert werden. Denn wenn die individuellen Umgangsweisen von Gesellschaftsmitgliedern in einem deterministischen Zusammenhang mit institutionellen Veränderungen konzeptionalisiert werden, droht die Möglichkeit differenzierter Analysen von Individualisierungsprozessen verloren zu gehen: Dies betrifft beispielsweise die Frage, inwieweit sich Individualisierungsprozesse in verschiedenen gesellschaftlichen Teilbereichen (z.B. Wirtschaft, Familie, Freizeit) unterschiedlich durchsetzen, ob sich Individualisierung gerade in neuen Verstrickungsverhältnissen zwischen den verschiedenen Teilbereichen ausdrückt oder inwieweit unterschiedliche regionale, klassen-, schicht-, milieu-, geschlechts- und berufsspezifische sowie sonstige Effekte zu beobachten sind.

Die Ergänzung der theoretischen Perspektive um eine eigenständige Mikro-Ebene der Individualisierung verlangt nach einer Umstellung der empirischen Forschungsstrategien. Anhand eines Beispiels aus der Lebenslaufforschung soll gezeigt werden, wie der Zusammenhang zwischen institutionellen Vorgaben, Handlungsresultaten und -sinn mit Hilfe einer Typologie von Handlungs- und Strukturierungslogiken untersucht werden kann, die sowohl auf (der Auswertung von) qualitativen als auch quantitativen Daten beruht. Darüber hinaus erweist sich die Kombination qualitativer und quantitativer Forschungsstrategien als nützlich, um die *inhaltliche* Repräsentativität der Typologie zu optimieren. Wenn schließlich mit der Individualisierungsthese in Zusammenhang stehende Fragestellungen untersucht werden sollen - etwa inwieweit biografische Handlungsweisen und traditionelle Sozialstrukturindikatoren zusammenhängen, individuelle Handlungsweisen durch sozialstrukturellen und institutionellen Wandel beeinflusst sind oder wenn Handlungsmuster intergenerationell verglichen werden sollen -, ist eine Übertragung der qualitativ gewonnenen Typologie in ein standardisiertes Instrument hilfreich.

Mit einigen begrifflichen Klärungen soll im *ersten Abschnitt* des Beitrags zunächst Ordnung in die vielfältige Verwendung des Individualisierungsbegriffs gebracht werden. Zentrale Schwierigkeiten, die sich durch bestimmte Auffassungen und Bearbeitungsstrategien der Individualisierungsthese ergeben, beziehen sich auf das Verhältnis von objektiven Ereignissen zu subjektiven Deutungen einerseits und von Institutionen zu Akteuren andererseits. Die Verwendung empirisch unüberprüfter Annahmen über das Verhältnis objektiver Ereignisse zu subjektiven Deutungen und institutionellen Veränderungen zu individuellen Handlungsweisen im bisherigen Individualisierungsdiskurs wird kritisiert, und es wird eine ergänzende akteurstheoretische Forschungsperspektive gefordert, mit der die Individualisierungsthese in der Handlungspraxis der Gesellschaftsmitglieder verankert werden kann.

An die konzeptionellen Vorüberlegungen schließt sich im *zweiten Abschnitt* der empirische Teil mit einem Beispiel aus der Lebenslaufforschung an. Es wird gezeigt, wie unter Rückgriff auf qualitative und quantitative Daten die These eines neuen „gesellschaftlichen Integrationsmodus" auf der Akteursebene untersucht werden kann: Bereits bei der Ziehung der qualitativen Stichprobe für diese Untersuchung kann durch den Rückgriff auf quantitative/standardisierte Daten kontrolliert werden, inwieweit bestimmte theoretisch relevant erscheinende (Struktur-)Merkmale und subjektive Deutungsmuster zusammenhängen. Damit kann die inhaltliche Repräsentativität einer qualitativen Stichprobe im Hinblick auf relevant erscheinende Merkmale optimiert werden (Abschnitt 2.1). Darüber hinaus können qualitative und quantitative Daten systematisch aufeinander bezogen werden, um Logiken der Biografiegestaltung junger Erwachsener zu typisieren (Abschnitt 2.2). Mit der Typisierung von Handlungslogiken (d.h. einer *verbindenden* Analyse von Deutungsmustern und Handlungsresultaten) können spezifische Eigenschaften der Individualisierungsthese erfasst werden (Abschnitt 2.3) -

bspw. Uneindeutigkeiten bezüglich der Handlungsresultate (von „Individualisierung" kann nicht auf bestimmte Handlungsresultate geschlossen werden) oder des Einflusses von Handlungskontexten. Schließlich ist es auch bei der Standardisierung der qualitativ gewonnenen Typologie von Vorteil, wenn auf qualitative und quantitative Daten zurückgegriffen werden kann (Abschnitt 2.4). Der Beitrag endet schließlich mit einem resümierenden Ausblick.

1. Konzeptionelle Überlegungen zur „Individualisierungsthese"

In der Diskussion um die Individualisierungsthese entstehen zahlreiche Probleme bereits deswegen, weil auf *verschiedenen Ebenen* von „Individualisierung" gesprochen wird - von Personen auf der Mikro-Ebene, von Institutionen auf der Meso-Ebene oder sozialstrukturellen Veränderungen auf der Makro-Ebene -, und die These unter Rückgriff auf *unterschiedliche Vorannahmen* über das Verhältnis von Individuum und Gesellschaft (Homologie-/Autonomieannahme, Determinismus/Voluntarismus) sowie *verschiedene Forschungstraditionen* (z.B. Biografieforschung, Diskursanalyse, Sozialstrukturanalyse) operationalisiert wird[2]. Das führt zu empirischen Daten, die sich auf unterschiedliche Phänomenbereiche beziehen und dadurch den *Kern der Individualisierungsthese* nicht treffen, der in der veränderten *Reproduktionslogik sozialer Strukturen* liegt[3].

Doch was ist unter einer veränderten „Reproduktionslogik" sozialer Strukturen zu verstehen? Damit werden *übersituative Logiken* bezeichnet, die sich in einem verbindenden Muster von Deutungen und Handlungsweisen in einem Lebenslauf(sabschnitt) ausdrücken. In unterschiedlichen biografischen Situationen situierte Handlungen von Personen können auf solche übersituativen Logiken zurückgeführt werden. Dabei wird auch das Gegenteil einer radikal situativ-kontextorientierten Handlungsweise als eine solche Reproduktionslogik aufgefasst.

Solche übersituativen Logiken können, so die grundlegende These, nur über die *Einheit* aus Handlungs*praxis* und Handlungs*sinn* erfasst und empirisch überprüft werden. Dazu erscheint ein Perspektivenwechsel notwendig, der die Mikro-Ebene sozialer Prozesse in die Analyse mit einbezieht. Denn mit einer Beschränkung auf die Meso- und Makroebene als Argumentationsebenen, müssen empirisch nicht geprüfte Annahmen über das Verhältnis von Handlungspraxis und -sinn eingeführt werden, um Strukturveränderungen erklären zu können. Im Diskurs um das Individualisierungstheorem kommt es, so die Beobachtung des Autors, immer wieder zu expliziten und

---

[2] Siehe auch die Darstellung der Positionen einer „Sozialstruktur des Lebenslaufs" vs. einer „Institutionalisierung des Lebenslaufs" bei Wohlrab-Sahr (1992).
[3] Beck (1986, 205) spricht von einem *„neuen Modus der Vergesellschaftung"*.

impliziten Unterstellungen über das Verhältnis der verschiedenen Analyseebenen zueinander, die gleichzeitig Teil der empirisch zu untersuchenden Hypothese sind. (Bspw. wenn von der Zunahme der Scheidungsraten auf zunehmende Individualisierungsprozesse geschlossen wird, ohne die Gründe für die Scheidungen zu ermitteln, oder wenn die Zunahme des Teilzeit- oder Befristungsanteils von Beschäftigungen in Zusammenhang mit veränderten Einstellungsmustern der Erwerbstätigen zu Beruf und Erwerbsarbeit gesehen wird.)

Deswegen soll vorerst mit Hilfe einiger begrifflicher Präzisierungen Ordnung in die unterschiedlichen Analyseebenen, Gegenstandsbereiche und unüberprüften Vorannahmen gebracht werden, bevor eine alternative Strategie zur Untersuchung sich (rasch) wandelnder Gesellschaften vorgeschlagen wird.

1.1 Vorannahmen und begriffliche Klärungen

Bei der Operationalisierung der Individualisierungsthese werden häufig zusätzliche Annahmen über das Verhältnis von Gesellschaft und Individuum mehr oder weniger explizit eingeführt, die der These eines gesellschaftlichen *Struktur*wandels nicht gerecht werden. Das ist jedoch kein Zufall, sondern steht u.a. in Zusammenhang mit Becks Definition eines *„ahistorischen Modells der Individualisierung"* (1986, 206 f.), bei dem drei zentrale Momente von Individualisierung unterschieden werden: Herauslösung (bzw. Freisetzung), Stabilitätsverlust und Wiedereinbindung:

- „Herauslösung" bezeichnet das Phänomen der Freisetzung aus historisch vorgegebenen Sozialformen und -bindungen im Sinne traditioneller Herrschafts- und Versorgungszusammenhänge (*„Freisetzungsdimension"*). Hier wäre bspw. an die Kleinfamilie und soziale Klassenstrukturen zu denken.

- Mit „Stabilitätsverlust" wird auf den mit der Herauslösung einhergehenden Verlust traditioneller Sicherheiten im Hinblick auf Handlungswissen, Glauben und leitende Normen abgezielt (*„Entzauberungsdimension"*). Solche Sicherheiten gehen etwa mit der Erosion von Normalitätsvorstellungen bezüglich des Lebenslaufs, der Familie, des Erwerbsleben oder geschlechtsspezifischer Arbeitsteilung verloren.

- Mit der dritten Dimension (*„Kontroll-"* bzw. *„Reintegrationsdimension"*) werden neue Formen sozialer Integration in den Blick genommen. Damit wird auf Zwänge des Arbeitsmarktes und der Konsumexistenz abgezielt, auf die Zunahme der Abhängigkeiten von sekundären Institutionen (etwa: Arbeitsmarkt, Sozialstaat) sowie institutionellen Eingriffen und Festlegungen (bspw. staatliche Regelungen zu Bildungszeiten und -wegen, zu Kinderbetreuungseinrichtungen oder partnerschaftlicher Absicherung).

Zusätzlich unterscheidet Ulrich Beck auf der jeweiligen Dimension zwischen objektiver Lebenslage und subjektivem Bewusstsein bzw. Identität. Diese zusätzliche Differenzierung hat auch Folgen für seine Argumentation. In der „*Risikogesellschaft*" (1986) will er sich ausschließlich der objektiven Seite widmen, während die Frage nach Bewusstsein und Identität weitgehend ausgeklammert bleibt[4]. Von der objektiven Lebenslage (institutionelle Regelungen, Sozialstruktur) kann jedoch nicht umstandslos auf individuelle Deutungsmuster geschlossen werden. Zumindest müsste der Nachweis eines entsprechenden Zusammenhangs empirisch erbracht werden. Dagegen verbindet Beck, entsprechend seiner Trennungslogik zwischen objektiver und subjektiver Seite der Individualisierung, das Verhältnis von Makro- und Mikro-Ebene mit einer unidirektionalen Erklärungsstrategie. Ausgehend von gesellschaftlichen Strukturveränderungen (bspw. steigenden Scheidungsraten, verlängerten Berufseinmündungsphasen) und allgemein verfügbaren Semantiken mit Allgemeingültigkeitsanspruch (bspw. Deutungsmuster der Selbstkontrolle, Selbstverantwortung oder Selbststeuerung) werden spezifische Anforderungsstrukturen an das Subjekt abgeleitet:

> „In der individualisierten Gesellschaft muss der Einzelne entsprechend bei Strafe seiner permanenten Benachteiligung lernen, sich selbst als Handlungszentrum, als Planungsbüro in Bezug auf seinen eigenen Lebenslauf, seine Fähigkeiten, Orientierungen, Partnerschaften usw. zu begreifen. ... Gefordert ist ein *aktives Handlungsmodell des Alltags*, das das Ich zum Zentrum hat, ihm Handlungschancen zuweist und eröffnet und es auf diese Weise erlaubt, die aufbrechenden Gestaltungs- und Entscheidungsmöglichkeiten in Bezug auf den eigenen Lebenslauf sinnvoll kleinzuarbeiten. Dies bedeutet, dass hier ... für die Zwecke des eigenen Überlebens ein *ichzentriertes Weltbild* entwickelt werden muss, das das Verhältnis von Ich und Gesellschaft sozusagen auf den Kopf stellt und für die Zwecke der individuellen Lebenslaufgestaltung handhabbar denkt und macht. ... Für den Einzelnen sind die ihn determinierenden institutionellen Lagen nicht mehr nur Ereignisse und Verhältnisse, die über ihn hereinbrechen, sondern mindestens *auch Konsequenzen der von ihm selbst getroffenen Entscheidungen*, die er als solche sehen und verarbeiten muss." (Beck 1986, 217 f.)

Da „Individualisierung" als struktureller Veränderungsprozess konzeptionalisiert wird, dem letztlich kein Gesellschaftsmitglied entrinnen kann, erscheint der Nachweis und die Spezifizierung des postulierten Zusammenhangs zwischen Strukturwandel und individuellem Wandel verzichtbar oder es erscheint hinreichend, für einzelne „Spezialgruppen" oder „Pioniere" einen solchen Nachweis zu erbringen.

---

4 Bis heute argumentiert Beck schwerpunktmäßig auf der „objektiven" Seite des Analyseschemas.

Da die Verknüpfung von Makro- und Meso-Ebene mit der Mikro-Ebene individueller Akteure selten systematisch untersucht wird, muss auf empirisch unüberprüfte Zusatzannahmen zurückgegriffen werden, die etwa unter Rückgriff auf Einzelbeobachtungen aus dem Alltag der Forscherin oder des Forschers oder allgemeine sozialstrukturelle Daten plausibilisiert werden. Diese Forschungs- und Argumentationspraxis perpetuiert bisher einen Großteil der Schwierigkeiten in der Individualisierungsdebatte:

Einerseits wird von Handlungsresultaten und allgemeinen Semantiken auf der Makro-Ebene auf Bewusstsein, Identität und individuelle Deutungsmuster sowie damit verbundene Ereignisse/Handlungen auf der Mikro-Ebene geschlossen. Gleichzeitig werden auf der Makro-Ebene allgemeine gesellschaftliche Semantiken (bspw. der Selbstfindung, Selbstverwirklichung oder Authentizität) und Strukturveränderungen (bspw. zunehmende Scheidungsraten, Destandardisierung der Berufseinmündung) in einem eindeutigen Zuordnungsverhältnis gedacht, indem davon ausgegangen wird, dass auch auf der Mikro-Ebene ein entsprechender Zusammenhang zwischen Handlungsresultaten und Deutungsmustern[5] besteht. Solche Schlüsse sind jedoch nur insoweit möglich, wie zusätzliche Annahmen über das Verhältnis zwischen Handlungsorientierungen, Deutungsmustern und Handlungsresultaten (Homologie-/Autonomie-Annahme)[6] sowie zwischen sozialen Strukturen und individuellem Handeln (Annahme eines deterministischen/voluntaristischen Zusammenhangs) als geltend angenommen werden können. Nur dann kann berechtigterweise die relativ komplexe Annahme eines *neuen Integrationsmodus* auf einige einfach zu überprüfende Zusammenhangshypothesen reduziert werden.[7]

Beispielsweise wird häufig die Beobachtung von Pluralisierung oder Diversifizierung von Lebensläufen (Partnerschafts- oder Erwerbsverläufen) zur Plausibilisierung von Individualisierungsprozessen herangezogen und ihr Fehlen als Hinweis zu ihrer Widerlegung angesehen. Mit Pluralisierung wird dabei häufig nichts anderes bezeichnet, als eine Vervielfältigung beobachtbarer Merkmalskombinationen oder Verlaufsmuster (vgl. etwa die Definition von Huinink/Wagner 1998, 88). Wenn in diesem Sinne Pluralisierung die Richtigkeit der Individualisierungsthese belegen soll, muss ihr genauer die These zugrunde gelegt werden, dass Pluralisierung in einem direkten Zusammenhang mit Individualisierungsprozessen steht (*„plurale In-*

---

5 Etwa wenn von einer Scheidung auf den Bedeutungsverlust der Ehe geschlossen wird. Qualitative Analysen zeigen jedoch, dass auch das genaue Gegenteil richtig sein kann und gerade die gesteigerte Bedeutung der Ehe zu erhöhten Scheidungsraten führt (vgl. Furstenberg 1987, 31 f.).
6 Vgl. dazu auch Giddens 1988, 295.
7 Gleiches gilt für Untersuchungen, die auf qualitatives und quantitatives Material unterschiedlicher Studien zurückgreifen (bspw. Vester 1997). Auch sie sind auf Zusammenhangsannahmen angewiesen, die sie mit dem zugrunde liegenden Daten nur plausibilisieren können.

dividualisierung"). Nur dann kann von beobachteter Pluralisierung direkt auf Individualisierungsprozesse geschlossen werden.

Wenn Individualisierung sich jedoch nicht nur durch „Handlungsresultate", sondern durch einen spezifischen Zurechnungsmodus[8] auszeichnet, versagt diese Form der Operationalisierung, da die zweite wesentliche Komponente - die Deutungsebene - fehlt, um Pluralisierung als Individualisierung qualifizieren zu können. Dann können die gleichen Daten mit unterschiedlichen Deutungen verbunden werden, ohne dass entscheidbar wäre, welche mehr Gültigkeit beanspruchen können. Beispielsweise kann die Frage, inwieweit diskontinuierliche Erwerbsverläufe auf eigene Entscheidungen oder etwa allgemeine Globalisierungsprozesse zugerechnet werden, die über die einzelnen Arbeitnehmer „hereinbrechen", nur durch die Analyse der individuellen Handlungslogiken beantwortet werden.

Wenn rasante Veränderungen auf der Ebene beobachtbarer Handlungsresultate ausbleiben, wird dies als Gegenevidenz zur Individualisierungsthese betrachtet. Dann wird kritisiert, dass es sich bei der These um eine Individualisierungs*ideologie* handele, da sich an Handlungspraxen und sozialen Ungleichheitsverhältnissen nichts Wesentliches verändern würde (bspw. Koppetsch/Maier 1998). Individualisierung könne entsprechend nur als *„semantische Individualisierung"* interpretiert werden.

Eine solche Trennung zwischen Handlungsresultaten und Handlungssinn übersieht, dass Handlungen erst durch ihren Sinn konstituiert werden. Verändert sich der Sinn, sind auch die Handlungen nicht mehr die gleichen[9]. Denn Handlungen besitzen keine „eindeutige" objektive Identität, sondern erhalten sie erst durch Zuschreibung eines Akteurs oder Beobachters (bspw. Hahn 1992). Sozialer Wandel drückt sich jedoch nicht allein durch beobachtbare „objektive" Handlungsresultate, sondern auch durch die mit dem Bedeutungswandel einhergehenden veränderten Handlungslogiken aus. Wenn bspw. in der Partnerschaft trotz gewandelter Deutungsmuster eine unveränderte Arbeitsteilung realisiert wird, kann sie heute immer weniger mit traditionellen Geschlechterrollen begründet werden. Dadurch werden neue Aushandlungsprozesse (jenseits traditioneller Setzungen) notwendig,

---

8 Unter dem Wandel des Zurechnungsmodus wird eine „qualitative Veränderung des Verhältnisses von Individuum und Gesellschaft" im Zuge gesellschaftlicher Individualisierungsprozesse verstanden in Richtung eines Deutungsmusters, „das Selbstkontrolle, Selbstverantwortung und Selbst-Steuerung akzentuiert" (Wohlrab-Sahr 1997, 28): „Individualisierung wird hier demnach als ... Verlagerung der Zurechnung biografischer Ereignisse auf die einzelne Akteurin interpretiert, die sich im Hinblick auf ihr biografisches Arrangement nicht mehr auf einen - unterstellten - kollektiven Konsens, d.h. auf allgemein akzeptierte Selbstverständlichkeiten berufen kann." (Wohlrab-Sahr 1993, 88; vgl. 1997, 28 und 1993, 62; vgl. auch die Diskussion zwischen Beck/Beck-Gernsheim 1993 und Burkart 1993)

9 Das sehen letztlich auch die Autorinnen Koppetsch und Maier (1998), interpretieren es jedoch als Nachweis für den *ideologischen Charakter* der Individualisierungsthese.

die auf neue Begründungsweisen (bspw. institutionelle Rahmenbedingungen, Einkommensdifferenzen, persönliche Vorlieben) zurückgreifen müssen. Damit werden jedoch auch alternative Arbeitsteilungsmuster denkbar, die zuvor durch Normalitätsannahmen bezüglich partnerschaftlicher Arbeitsteilung und der „Natur" von Männern und Frauen ausgeschlossen waren.[10]

Der Argumentation sowohl der „*semantischen*" als auch der „*pluralen Individualisierung*" liegt, pointiert formuliert, die Annahme zugrunde, dass ein individueller biografischer Sinnzusammenhang und strukturelle Einflüsse zwei voneinander unabhängige oder sich wechselseitig ausschließende Größen seien. Strukturelle Ungleichheiten reproduzieren sich im Fall *semantischer Individualisierung* quasi „hinter dem Rücken" der Akteure - unbemerkt und ohne durch die Sinnzuschreibungen beeinflusst zu werden. Im Fall der These einer *pluralen Individualisierung* werden beobachtete Pluralisierung, Diversifizierung und nicht mehr auf formale Strukturindikatoren zurückführbare Lebensläufe als ein Ausdruck des Rückgangs struktureller Einflussfaktoren zugunsten „autonomer" individueller Entscheidungen aufgefasst, die quasi *jenseits* sozialer Strukturen zu verorten seien. Damit gehen beide Konzepte jedoch an der Individualisierungsthese - soweit sie von Beck als *Steigerungszusammenhang* wachsender Institutionenabhängigkeit *und* Gestaltungsnotwendigkeit oder als „*widersprüchliches Doppelgesicht institutionenabhängiger Individuallagen*" (Beck 1986, 210) formuliert wurde - vorbei:[11]

Denn einerseits werden Gesellschaftsmitglieder abhängiger von den Leistungen und Zertifikaten etwa des Bildungssystems, den Verteilungsmechanismen des Arbeitsmarktes und den Leistungen des Sozialstaates. Andererseits erzeugen diese Institutionen neue Entscheidungsmöglichkeiten und -situationen - ganz gleich ob sie als Chancen oder Belastung empfunden werden -, in denen Handeln oder Unterlassen dem Einzelnen zugerechnet werden kann. Dies kann etwa die Entscheidung für eine bestimmte Schulform (Gesamtschule, Realschule, Gymnasium, Privatschule) sein, die Entscheidung nach der Mittleren Reife doch noch die allgemeine Hochschulreife zu erwerben, eine Familie zu gründen, sich scheiden zu lassen oder trotz der anstehenden Hochschulreform auf eine Wissenschaftskarriere zu setzen oder all dies nicht zu tun, sondern etwas anderes. Gleichzeitig können Strukturvorgaben neu kombiniert oder ausgestaltet, bisher Getrenntes vermischt oder neu bewertet werden, „Ungewöhnliches" mit „Normalem" verbunden werden.

---

10 Vgl. dazu auch die vorübergehende Wiederbelebung solcher Naturkonstruktionen im Begriff des „weiblichen Arbeitsvermögens": Beck-Gernsheim/Ostner 1978; und zur Kritik: Knapp 1987.
11 Vgl. auch die Argumentation bei Wohlrab-Sahr 1992; 1993, 40 ff.

Weitere Probleme im Individualisierungsdiskurs manifestieren sich durch den empirisch unüberprüften Schluss von Beobachtungen auf institutioneller Ebene auf die Akteursebene oder von Einzelbeobachtungen auf allgemeine institutionelle oder sozialstrukturelle Veränderungen.

Die bekannte Argumentationsfigur der Individualisierungsthese geht von einer institutionellen Perspektive aus. Durch *„Freisetzung"* und *„Entzauberung"* sind die Individuen zur Individualisierung *gezwungen* (bspw. Beck/Beck-Gernsheim 1994, 14 f.). Als Folge sozialer Wandlungsprozesse gehen Basissicherheiten verloren und muss sich jeder Einzelne nach neuen Formen gesellschaftlicher Integration umschauen. Individualisierung könnte dann, ähnlich wie bei Schimank (1985), der von veränderten Gesellschaftsformen auf neue Identitätstypen schließt, als eine Art institutioneller Determinismus oder als eine *„institutionelle Individualisierung"*, die sich von den Institutionen zu den Subjekten vollzieht, aufgefasst werden. Die Institutionen setzen die Rahmenbedingungen, auf die alle Gesellschaftsmitglieder nur mit individualisierten Zurechnungsmodi antworten können.

Wenn „Individualisierung" als gesamtgesellschaftlicher Wandlungsprozess verstanden werden soll, muss die Argumentation jedoch über die Ebene „objektiver" institutioneller Veränderungen hinausgehen und entsprechend dem Diktum der „Dualität von Struktur" (Giddens 1988, 77 f.) den Wandel von Handlungs- oder Strukturierungslogiken angeben können, mit denen Gesellschaftsmitglieder soziale Institutionen handlungspraktisch reproduzieren und modifizieren. Dem liegt ein dynamischer handlungspraktischer Institutionenbegriff zugrunde, der Institutionen nicht auf die Perspektive formaler Handlungsregulierung durch Gesetzgebung und ihre Ausführungspraxis reduziert. Stattdessen werden sie auf die Praxis der Individuen zurückführt (Giddens 1984, 25; 1988, 69, 77).

Damit ergäbe sich jedoch eine weitere wichtige Unterscheidung für die Analyse gesellschaftlicher Individualisierungsprozesse. Da ohne eine empirische Überprüfung nicht vorbehaltlos davon ausgegangen werden kann, dass *„institutionelle Individualisierung"* nur zu einer bestimmten Variante von individuellen Gestaltungsweisen führt, müsste auch auf der Mikro-Ebene untersucht werden, inwieweit *„personale Individualisierungsprozesse"* beobachtbar sind.

Die bisher angeführten begrifflichen Vorannahmen und Klärungsversuche beziehen sich auf zwei Problembereiche des Individualisierungsdiskurses, die weiterer Erläuterung bedürfen: das Verhältnis von *objektiven Ereignissen* und *subjektiven Deutungen* sowie das Verhältnis von *Institutionen* und *Akteuren*.

1.2 Zum Verhältnis von Institutionen und Akteuren

Gesellschaftliche Individualisierungsprozesse drücken sich in einem Steigerungsverhältnis von wachsender Institutionenabhängigkeit und damit einhergehender Gestaltungsnotwendigkeit aus. In diesem Zusammenhang wird häufig auf die zunehmende Bedeutung „sekundärer Institutionen" - wie Arbeitsmarkt oder Sozialstaat (Beck 1986) - verwiesen, die „individualisiertes" Handeln ermöglichen oder herausfordern würden. Beispielsweise hätte die Expansion des Sozialstaats nach dem zweiten Weltkrieg dazu geführt, dass auch bisher ausgeschlossene Gruppen vom Prozess der Individualisierung erfasst wurden: alte Menschen infolge eines Ausbaus von Renten- und Krankenversicherung, Frauen vor allem infolge der Bildungsexpansion und die Gruppe der Armen infolge moderner Sozialhilfe (Leisering 1997, 157). Inwieweit jedoch der Wandel formaler Vorgaben wie der Sozialgesetzgebung zu allgemeinen Individualisierungsprozessen führt, kann nicht allein auf der Grundlage institutionellen Wandels (hier vor allem im Sinne einer sich ausbreitenden Sozialgesetzgebung) untersucht werden. Denn ohne Wissen über die Praxis individueller Akteure kann nicht auf allgemeine gesellschaftliche Individualisierungsprozesse geschlossen werden.[12]

Institutioneller Wandel kann einerseits Ausdruck einer veränderten individuellen Praxis sein, die beispielsweise in einem entsprechenden Gesetz Anerkennung und Regulierung erfährt. Andererseits kann eine Gesetzgebung auch einer neuen gesellschaftlichen Praxis vorangehen, beispielsweise, wenn aus rechtsdogmatischen oder politischen Gründen neue gesetzliche Regelungen eingeführt werden, die erst in die alltägliche Gestaltungspraxis und Biografie der Gesellschaftsmitglieder eingefügt werden müssen. In der Regel ist es jedoch beides: Pioniere oder Vorreiter forcieren die Einführung oder Veränderung von formalen Regelungen, die dann, wenn sie gelten, den Ausgangspunkt bilden können für neue Praktiken. *Welche* neuen Praktiken sich aus solchen formalen Veränderungen ergeben, bleibt jedoch eine offene, empirisch zu beantwortende Frage. Das Gleiche gilt, wenn die Veränderung oder Pluralisierung gesellschaftlicher Leitbilder (bspw. in öffentlichen Diskursen) als Indikator für voranschreitende Individualisierungsprozesse herangezogen wird. Ohne eine Verbindung zwischen den leitbildhaften Idealisierungen und der Handlungspraxis der Gesellschaftsmitglieder bleibt unklar, inwieweit Leitbilder zur Strukturierung individueller Handlungspraxis beitragen.[13]

---

12 In diesem Sinne stellt Leisering (1997) eine Verbindung zwischen einem sozialstaatlich bedingten Individualisierungschub im Nachkriegsdeutschland und beobachteten Copingstrategien von Sozialhilfebeziehern her.
13 Wohlrab-Sahr (1997, 30 f., 33 ff.) unterscheidet entsprechend zwischen *kultureller Zurechnung, institutioneller Verankerung* und *subjektiver Erfahrung und Zurechnung* und verweist auf die möglichen Diskrepanzen zwischen den unterschiedlichen Bereichen.

Bei der Überprüfung gesellschaftsübergreifender Individualisierungsprozesse kommt es der hier vertretenen Auffassung nach darauf an, den Nachweis veränderter Handlungs- und Zurechnungsmuster zu erbringen, die in welcher Weise auch immer mit institutionellen und sozialstrukturellen Veränderungen in Verbindung stehen. Um eine veränderte Reproduktion sozialer Strukturen empirisch aufzeigen zu können, ist entsprechend die Art und Weise zu untersuchen, mit der Handelnde soziale Strukturen herstellen und verändern (bspw. „doing gender", Familie, soziale Ungleichheit). Da es nicht darum gehen kann, an die Stelle eines strukturellen Determinismus nun einen individuellen Voluntarismus zu setzen, muss gezeigt werden, inwieweit eine Reproduktions- oder Handlungslogik im Sinne der „Dualität von Struktur" (Giddens 1984, 25 ff.; 1988, 77 ff.) als Medium und als Ergebnis von Handlungen dargestellt werden kann und inwieweit sie in Zusammenhang mit spezifischen Handlungsbedingungen und -kontexten steht.

Forschungspraktisch bedeutet dies, dass eine Analyse institutioneller Handlungskontexte und sozialstruktureller Handlungsbedingungen zur *institutionellen Individualisierung* mit der Analyse individueller Handlungslogiken zur Spezifizierung *personaler Individualisierung* verbunden werden muss. Denn sozialstrukturelle Veränderungen auf der Makro-Ebene (etwa steigende Scheidungsraten oder die Zunahme diskontinuierlicher Erwerbsverlaufsmuster) konstituieren sich aus den Aktivitäten von Gesellschaftsmitgliedern in Auseinandersetzung mit ihren sozialen Handlungskontexten. Dabei sind zusätzlich auch sozialstrukturelle Rückkopplungseffekte von der Makro- auf die Mikro-Ebene zu berücksichtigen, etwa im Sinne von Knappheitserfahrungen auf dem Arbeitsmarkt. Diese werden jedoch häufig nicht als Strukturphänomene wahrgenommen, sondern erst dann realisiert, wenn sie sich in eigenen Erfahrungen (Arbeitslosigkeit, Scheidung usw.) auswirken.

Solange das Konstitutionsverhältnis sozialer Institutionen durch die Praxis von Akteuren noch nicht empirisch geklärt ist und dementsprechend auch noch kein valides standardisiertes Instrument für die Untersuchung *personaler Individualisierung* zur Verfügung steht, sind qualitative Forschungsstrategien notwendig. Aber auch wenn ein standardisiertes Messinstrument zur Verfügung stehen würde, müsste seine Gültigkeit - vor allem unter der Annahme sich rasch wandelnder Gesellschaften und sozialer Milieus -durch die Ergänzung mit qualitativen Methoden immer wieder abgesichert werden.

Doch was ist unter *Reproduktions-* oder *Handlungslogiken* auf der Mikro-Ebene zu verstehen? Dazu ist vorerst das Verhältnis von „objektiven" Ereignissen zu „subjektiven" Deutungen, aus denen diese abgeleitet werden können, zu klären.

1.3 Zum Verhältnis von „objektiven" Ereignissen und „subjektiven" Deutungen

Die Versuche, die Individualisierungsthese mit Daten zu unterstützen oder zu widerlegen, die entweder allein auf der Ebene objektiver Ereignisse und Eigenschaften[14] oder individueller Handlungsorientierungen und Deutungsmuster[15] argumentieren, sind zum Scheitern verurteilt, weil sich die Individualisierungsthese auf die Verknüpfung beider Seiten bezieht. Die Versuche, dies trotzdem zu tun, gehen mit impliziten Zusammenhangshypothesen einher (etwa zwischen bestimmten Verlaufs- und Deutungsmustern, Ereignissen und ihrer individuellen Zurechnung oder zwischen gesellschaftlichen Semantiken und individuellen Deutungsmustern), die erst überprüft werden müssen, um die Gültigkeit der Individualisierungsthese bestätigen oder widerlegen zu können.

Diese Trennungslogik ist nicht zufällig, denn der Diskurs folgt damit der traditionellen Arbeitsteilung in der deutschen Sozialforschung. Auf der einen Seite steht eine an *formalen Indikatoren* (z.B. Geschlecht, Schulabschluss, Berufsstatus) orientierte *Sozialstrukturanalyse*, die von Verteilungen auf die ihnen zugrunde liegenden sinnhaften Handlungen schließt, statt die Bedeutungen der Handlungen aus der Perspektive der Handelnden selbst zum Gegenstand der Forschung zu machen. Das heißt auf der Grundlage großer Datensätze werden mit Strukturindikatoren wie Berufsstatus, Einkommen, Geschlecht, Alter usw. statistische Zusammenhänge zwischen Variablen oder Verlaufsmustern untersucht. Unter Rückgriff auf allgemeine Annahmen über die Handlungsrationalität von Akteuren, wie sie der Wissenschaftlerin oder dem Wissenschaftler durch eigene Erfahrungen oder allgemeine Forschungsliteratur zur Verfügung stehen, werden dann die quantitativen Ergebnisse plausibilisiert. Dieses Verfahren ist insoweit erfolgreich, wie die Stabilitätsannahme der Handlungsrationalität nicht durch sozialen Wandel gefährdet erscheint oder die Handlungsrationalität einer spezifischen Subkultur nicht unbekannt ist (Kelle/Lüdemann 1995, zur „Gewohnheitsheuristik des Alltagswissens" vergleiche auch die Einleitung oder Erzberger in diesem Band). Immer dann, wenn diese Annahmen nicht zutreffen, versagt das Verfahren und es werden zusätzliche Forschungsanstrengungen erforderlich, in denen der Zusammenhang zwischen Deutungsmustern und Merkmalskombinationen bzw. Handlungspraktiken zum Gegenstand gemacht wird.

---

14 „Die vergangene Lebensgeschichte bestimmt in einem zunehmend höheren Ausmaß, welche Lebenschancen sich später eröffnen. Die Mechanismen der sozialen Selektion werden rigider, die Sozialstruktur wird nicht zunehmend offener und mobiler. Sie wird zunehmend geschlossener und immobiler." (Mayer/Blossfeld 1990, 311; vgl. auch Mayer 1991)
15 Bspw. in der Jugendforschung: Lenz 1988, 155; Hornstein 1989, 243; Alheit/Glaß 1986, 11 f.

Auf der anderen Seite steht eine an *Deutungsmustern* orientierte *Einstellungs-, Identitäts-* oder *Biografieforschung*, die dazu neigt, die Handlungsrelevanz der ermittelten Sinnstrukturen nicht systematisch in den Blick zu nehmen bzw. unüberprüft lässt. Bei verschiedenen Versuchen, diese *Trennungslogik* zu überwinden, indem Einstellungsmuster mit Mustern soziodemografischer Merkmale korreliert werden (bspw. Vester 1997), zeigt sich, dass Identitäten oder Deutungsmuster, wie sie in biografischen Interviews oder standardisierten Instrumenten erhoben werden, häufig nicht in einem eindeutigen Zusammenhang zu biografischen Handlungsweisen stehen (etwa Baethge et al. 1988, 190 ff., 247). Denn die Logik, in der Subjekte Kontexterfahrungen[16] ins Verhältnis zu eigenen Wünschen setzen und schließlich auf die Handlungsebene herunterbrechen, bleibt ausgeblendet. So können zwar auf der Grundlage standardisierter Befragungen Korrelationen errechnet werden, d.h. statistische Zusammenhänge zwischen Strukturindikatoren, Handlungsresultaten und Identitäts- bzw. Einstellungsmustern. Damit ist jedoch noch wenig über die individuellen Sinnzusammenhänge gesagt, die zu ihrer Erklärung dienen könnten. Diese müssen unter Bedingungen sozialen Wandels und ihrer Unbekanntheit mit qualitativen Methoden rekonstruiert werden.

Wie kommt man jedoch von Handlungsresultaten und Deutungsmustern zu allgemeinen Handlungs- und Strukturierungslogiken des Lebenslaufs? Wie kann ein neuer Integrationsmodus, ein *„neuer Modus der Vergesellschaftung"* (Beck 1986, 205) auf der individuellen Ebene analysiert werden?

1.4 Handeln und situationsübergreifende Handlungslogiken

Bisher wurde gezeigt, dass zumindest ein simultaner Rückgriff auf objektive Handlungsresultate einerseits und subjektive Deutungen und Handlungsorientierungen andererseits notwendig ist, um Handlungslogiken aus der Akteursperspektive zu untersuchen. Es genügt jedoch nicht, einzelne Entscheidungsprozesse und deren Handlungsresultate zu rekonstruieren, um die „wahren" Ursachen einer Handlung oder Handlungskette zu entdecken. Die unverbundene Analyse einzelner Entscheidungsprozesse, an deren Ende beobachtbare Handlungen oder Reaktionen auf Ereignisse stehen (wie etwa in der analytischen Handlungsphilosophie, vgl. Davidson 1990), reicht nicht aus, um einen allgemein veränderten *Integrationsmodus* zu beschreiben. Dazu bedarf es der vergleichenden Analyse einer Abfolge biografischer Handlungen und Ereignisse, um eine *situationsübergreifende* Hand-

---

16 Die Begriffe „Kontexterfahrung" oder „Handlungskontext" werden hier in einem denkbar weiten Sinn verwendet. Sie umfassen die individuelle „Wahrnehmung" (das heißt aber nicht unbedingt reflexive Bewusstwerdung) von sozialstrukturellen Handlungsbedingungen (bspw. *kann* sich ein ungünstiger regionaler Arbeitsmarkt dadurch bemerkbar machen, dass der einzelne nur schwer eine ausbildungsadäquate Tätigkeit findet), staatlichen Regelungen und Vorgaben, (Betriebs-)Kulturen, Arbeitsbedingungen, Lebenslagen usw.

lungslogik zu extrahieren und darüber hinaus den Vergleich mit anderen Akteuren, um allgemeine Typen aus individuellen Logiken abzuleiten. Die Forschungsfrage lautet: Inwieweit lassen sich ähnliche Umgangsweisen mit Kontexterfahrungen zu übersituativen Logiken gruppieren, denen ganze Bündel von kontextspezifischen Handlungs- und Bewältigungsmustern verschiedener Personen zugeordnet werden können?

Von einer so relativ kontextunabhängig formulierten Handlungslogik kann dann nicht mehr auf bestimmte Handlungsresultate geschlossen werden. (Die empirische Analyse der beruflichen Verläufe junger Fachkräfte (siehe weiter unten) zeigt etwa, dass der Versuch, sich mit einer bestimmten Handlungslogik in betriebliche Laufbahnstrukturen des *Einzelhandels* einzuklinken, bei Männern und Frauen unterschiedliche Ergebnisse zeitigt: bei Männern führt er zur Realisierung von Laufbahnen, während der Aufstieg der Frauen in aller Regel bereits auf niedrigen Positionen in der beruflichen Hierarchie endet.) Vielmehr muss unter Rückgriff auf die sich wandelnden Handlungsbedingungen - Kontexte (Institutionen, Kulturen, Regeln), Ressourcen, biografische Erfahrungen - gezeigt werden können, wie sich die jeweiligen Handlungslogiken auswirken und inwieweit veränderte Umgangsweisen zu anderen Handlungsresultaten führen.

Im Rahmen des Individualisierungsdiskurses bestehen nicht nur die bereits erläuterten Gefahren des *Fehlschlusses von institutioneller auf personale Individualisierung* und *von bestimmten Handlungsresultaten auf ihren Handlungssinn*, sondern es besteht auch die Gefahr, von einem *veränderten Integrationsmodus* oder einer *individuellen Handlungslogik auf bestimmte Handlungsresultate zu schließen*.

Wenn die Individualisierungsthese richtig ist und damit die These eines sich grundlegend wandelnden *Integrationsmodus*, dann stellt sich die Frage, *wie* sich diese Veränderungen in den Strukturierungs- bzw. Handlungslogiken[17] der Akteure zeigen. Ist es nur eine Frage der Selbst- oder Fremdzurechnung von Handlungen? Liegt der Kern in einem „*aktiven Handlungsmodell des Alltags*" und einem „*ich-zentrierten Weltbild*" (Beck 1986, 217)? Sind ganz neue Umgangsweisen mit Strukturerfahrungen zu beobachten, die sich von allem bisher Dagewesenen unterscheiden? Oder eher eine Modifikation von Bekanntem, während sich an der Handlungslogik nichts Grundlegendes ändert? Also verschreibt man sich beispielsweise nicht mehr der christli-

---

17 Die Begriffe „Strukturierungslogik" und „Handlungslogik" unterscheiden sich durch die Beobachterperspektive. Einmal wird die Struktur- einmal die Akteursperspektive eingenommen. Im Sinne des Postulats der *Dualität von Struktur* (Giddens 1984) müssten Typen von Integrationsmodi beide Perspektiven vereinen: einerseits als Handlungsvoraussetzung erscheinen und gleichzeitig Folge der Umgangsweisen individueller Akteure mit ihren Handlungsbedingungen sein. Es bleibt dann weiteren Interpretationen eines spezifischen empirischen Beispiels überlassen, ob ein beobachteter Sachverhalt eher auf soziale Strukturen oder individuelles Handeln zurückführbar zu sein scheint.

chen Kirche, sondern entscheidet sich für einen Glauben, der den persönlichen Vorstellungen entspricht und bleibt dann dabei.[18]

Im vorangegangenen Abschnitt wurde bereits herausgestellt, dass eine neue, individualisierte Handlungslogik nur durch eine gleichzeitige Analyse von Handlungs*resultat* und Handlungs*sinn* identifiziert werden kann. Dabei ist diese Möglichkeit, eine spezifische individualisierte Handlungspraxis zu identifizieren, Voraussetzung dafür, Strukturphänomene auf der gesellschaftlichen Makro-Ebene eher auf *personale* oder *institutionelle Individualisierung* bzw. bestimmte Verstrickungsverhältnisse beider Ebenen oder auf ganz andere soziale Veränderungen zurückzuführen (etwa Kollektivierungsprozesse, vorübergehende Moden oder einen wirtschaftlichen Wachstumsschub). Damit stellt sich die Frage nach den konkreten empirischen Forschungsstrategien. *Wie kann einerseits eine Handlungs- oder Strukturierungslogik aus der Akteursperspektive identifiziert werden und andererseits ihre Verallgemeinerbarkeit zur Überprüfung der Individualisierungsthese als einem allgemeinen gesellschaftlichen Wandlungsprozess sichergestellt werden?*

2. Empirische Forschungsstrategien

Im vorangegangenen Abschnitt wurde argumentiert, dass auf der Datenebene eine Integration von Handlungsresultaten und Handlungssinn essentiell für die Untersuchung von Individualisierungsprozessen sei. Erst mit dem Rückgriff auf die individuelle Handlungslogik könne unterschieden werden, inwieweit sozialstrukturelle Veränderungen (etwa zunehmende Scheidungsraten oder destandardisierte Erwerbsverläufe) auf *institutionelle* oder *personale Individualisierungsprozesse* zurückgeführt werden können oder anderen gesellschaftlichen Veränderungen zugerechnet werden müssen. *Dazu erscheint es notwendig, in verschiedenen Forschungsphasen qualitative und quantitative Forschungsstrategien zu kombinieren.* Denn die auf der Analyse formaler Strukturindikatoren (bspw. Mayer 1991; Mayer/Blossfeld 1990) beruhenden quantitativen Studien, mit denen Pluralisierungs- oder Destandardisierungsprozesse spezifiziert werden, sagen für sich genommen nichts über die zugrunde liegenden Deutungsmuster der Akteure aus. Diese können heute jedoch nicht mehr unüberprüft aus einem bisher geteilten gesellschaftlichen Wissenskorpus entnommen werden, da die Individualisierungsthese, mit der These eines neuen gesellschaftlichen Integrationsmodus, gerade auf den Wandel und die strukturelle Änderung dieses „gemeinsamen Wissens" zielt. Deswegen erscheint es notwendig bisher unhinter-

---

18 Entsprechend kann etwa das Beispiel Wohlrab-Sahrs (1995) einer Konversion zum Islam interpretiert werden.

fragte Selbstverständlichkeiten bezüglich des Zusammenhangs von Handlungs- und Deutungsmustern mit in den Blick zu nehmen.[19]

Dieses Problem kann nicht einfach mit einer quantitativen Strategie gelöst werden, bei der formale Verlaufsmuster mit Einstellungsfragen korreliert werden. Denn die statistische Korrelation sagt nur wenig über die individuelle *Handlungslogik* aus, die von Akteuren aus der Auseinandersetzung mit biografischen Kontexten generiert wird. Diese Logik, die sich weder allein aus individuellen Handlungs- noch Einstellungsmustern, sondern nur aus ihrer Verbindung im Zeitverlauf ableiten lässt, müsste unter den heutigen Bedingungen vermeintlich gewandelter Verhältnisse erst in einer qualitativen Studie spezifiziert werden, bevor sie in ein valides standardisiertes Messinstrument transformiert werden kann, um schließlich auch in ihrer quantitativen Bedeutsamkeit überprüft werden zu können (siehe hierzu auch Abschnitt 2.4).[20]

Qualitative Fallstudien eröffnen - soweit sie sich auf Lebensläufe und deren biografische Beschreibungen beziehen und nicht nur auf die Rekonstruktion von Einstellungsmustern, Werthaltungen oder Lebensentwürfen - die Möglichkeit, die Verbindung zwischen Deutungsmustern und Handlungsresultaten im Lebenslauf zu rekonstruieren. Die Verallgemeinerbarkeit solcher Studien wird jedoch fragwürdig, wenn sie sich auf Einzelfälle, Spezialgruppen (bspw. Pioniere, Eliten, aus gesellschaftlichen Teilbereichen exkludierte Personen) und aus der Theorie oder dem Alltagswissen von Wissenschaftlerinnen oder Wissenschaftlern abgeleitete Normalitätsunterstellungen stützen statt auf die systematische Kontrastierung von „besonderen" mit „normalen" Gruppen.[21] Um die Wahrscheinlichkeit möglichst zu maximieren, dass die im Vergleich zu quantitativen Studien aus relativ wenigen Fällen[22] abgeleiteten Aussagen (Konstrukte oder Typologien) verallgemeinerbar sind, und um die Gefahr *unbeobachteter Heterogenität* gering zu halten, bedarf es einer systematischen Auswahl der qualitativen Stichprobe. Deswegen empfiehlt sich auch bei der Ziehung der qualitativen Stichprobe (Merkmale: inhaltliche Repräsentativität, gezielte Fallauswahl, Einzelfallanalyse) die Kombination mit einer quantitativen Auswahllogik (Merkmale:

---

19 Dabei muss an dieser Stelle offen bleiben, ob die bisherige Annahme eines allgemein geteilten Wissenskorpus nicht schon in der Vergangenheit eine grobe Vereinfachung der sozialen Wirklichkeit darstellte.
20 Dabei kann bspw. auch überprüft werden, inwieweit bestimmte standardisierte Items dazu geeignet sind, spezifische Handlungslogiken zu erfassen.
21 Vgl. etwa die Forschungsstrategien und methodologischen Grundannahmen der objektiven Hermeneutik (bspw. Reichertz 1997).
22 Dem steht eine, mit der zunehmenden Verbreitung computergestützter Auswertungstechniken (etwa mit Programmen wie „Atlas", „NUDIST" oder „winMax") größer werdende Anzahl qualitativer Studien gegenüber, die 50 und mehr Fälle in die Analyse einbeziehen. Vgl. die Veröffentlichungen verschiedener Projekte aus dem Kontext des Bremer Sonderforschungsbereichs: bspw. Erzberger 1998, 174; Heinz et al. 1998; Kühn/Witzel 2000; siehe auch Kluge in diesem Band, Abschnitt 2.3.1.

statistische Repräsentativität, Zufallsauswahl bzw. Vollerhebung). Werden beispielsweise in einer standardisierten (statistisch) repräsentativen oder geschichteten Vorstudie für bedeutsam erachtete Merkmale wie formale Strukturindikatoren (bspw. Geschlecht, soziale Herkunft, Schulabschluss) oder bestimmte Lebenserfahrungen (bspw. Scheidung, Erwerbslosigkeit, Drogenkonsum, Abtreibung) erhoben, können diese Informationen für die Ziehung der qualitativen Stichprobe genutzt werden. Durch die *optimale Platzierung* der Fälle und gezielte *Fallkontrastierungen* bezüglich der für die Forschungsfragestellung als bedeutsam erachteten Merkmale, kann die Wahrscheinlichkeit systematischer Verzerrungen - wenn auch nicht gänzlich beseitigt - so doch deutlich verringert werden (vgl. Kluge in diesem Band, Abschnitt 2.1).

Des Weiteren können standardisierte und qualitative Erhebungsverfahren kombiniert werden, wenn - wie in der Lebenslauf- oder Biografieforschung üblich - Erwerbs-, Partnerschafts- oder ganze Lebensläufe rekonstruiert werden sollen. Wird einer Erhebungswelle qualitativer Interviews eine standardisierte Untersuchung vorangestellt, bei der bereits Lebenslaufdaten erhoben wurden, können diese Daten nicht nur für die Fallauswahl, sondern auch für gezielte Nachfragen im Gespräch genutzt werden. Umgekehrt können qualitative Interviews dazu dienen, formale Verläufe zu überprüfen und zu korrigieren. Damit kann die Qualität der standardisiert erhobenen Daten besser eingeschätzt werden (vgl. Kluge in diesem Band, Abschnitt 2.2).

Im Folgenden soll an einem Beispiel aus der Lebenslaufforschung gezeigt werden, wie die Kombination qualitativer und quantitativer Daten und Methoden genutzt werden kann, um bestimmte Problemstellungen aus dem Kontext des Individualisierungsdiskurses empirisch zu bearbeiten.

In einer Studie über „Statuspassagen in die Erwerbstätigkeit" (vgl. Heinz et al. 1991, 1996, 1998; Zinn 2001; Mönnich/Witzel 1994; vgl. auch Schaeper/Witzel in diesem Band) konnten systematisch quantitative und qualitative Forschungsstrategien aufeinander bezogen werden, und damit die subjektiven Orientierungen und typischen Formen des individuellen Umgangs mit Erwerbserfahrungen in den ersten Berufsjahren vor dem Hintergrund sozialstruktureller Kontextbedingungen untersucht werden. Dazu wurden junge Fachkräfte in zwei Arbeitsmarktregionen mit unterschiedlichen Chancenstrukturen (Bremen und München) ausgewählt, die ihre Berufsausbildung in einem von sechs unter den zehn am stärksten besetzten Ausbildungsberufen (Bankkauffrau/mann, Bürokauffrau/mann, Maschinenschlosser/in, Kfz-Mechaniker/in, Einzelhandelskaufmann/frau, Friseur/in) 1989/90 erfolgreich abschlossen. Im Makro-Panel wurden Daten derselben jungen Fachkräfte zu vier Zeitpunkten mittels standardisierter Fragebögen erhoben, zum Abschluss der Lehre (1989, n = 2230), zwei, fünf und acht Jahre (1997, n = 989) danach. Parallel zu den ersten drei Erhebungswellen des Makro-Panels wurden die jungen Erwachsenen in einem Mikro-Panel mittels qualitativer leitfadengestützter Interviews befragt. Dabei wurde die Stichprobe der ersten Welle (n = 194) in der zweiten Welle systematisch reduziert (n = 113). In der dritten Welle konnten noch 91 Personen interviewt werden, für die somit Interviewmaterial über alle drei Wellen vorlag.

Bei der Erhebung und Auswertung des Mikro- und Makro-Panels erwies sich die Kombination qualitativer und quantitativer Daten und Strategien insbesondere auf drei Ebenen als nützlich, die auch für die Bearbeitung der Individualisierungsthese relevant erscheinen:

- Bei der *Ziehung der qualitativen Stichprobe*, die als Grundlage für verallgemeinerbare Forschungsergebnisse dienen sollte (Heinz et al. 1991, 19 ff.),

- bei der *Entwicklung einer Typologie subjektiver Orientierungen und erwerbsbiografischer Handlungsweisen* in den ersten Erwerbsjahren, der Typologie „berufsbiografischer Gestaltungsmodi" (BGM), bei der systematisch Handlungsresultate und Deutungsmuster aufeinander bezogen wurden (vgl. Witzel/Kühn 1999, 2000), und

- bei der *Quantifizierung der qualitativ entwickelten Typologie* erwerbsbiografischer Handlungsweisen, wobei statistische Korrelationen und qualitativ gewonnene Typen zur wechselseitigen Überprüfung und Einschätzung der Ergebnisse herangezogen wurden und Aussagen zur quantitativen Verteilung der Typen im Makro-Panel erlaubten (vgl. auch Schaeper/Witzel in diesem Band).

Im Folgenden wird gezeigt, inwieweit diese Strategien der Verknüpfung qualitativer und quantitativer Daten und Methoden auch für die Untersuchung der Individualisierungsthese genutzt werden können.

Zuerst wird im Abschnitt 2.1 der Frage nachgegangen, was bei der Ziehung einer Stichprobe zu beachten ist, wenn aus den Ergebnissen möglichst allgemeine Aussagen über gesamtgesellschaftliche Entwicklungsprozesse abgeleitet werden sollen. Im Anschluss daran wird in Abschnitt 2.2 diskutiert, inwieweit die in dieser Studie im Kontext der Lebenslaufforschung entwickelte Längsschnitt-Typologie von Handlungs- und Strukturierungslogiken, die Typologie *berufsbiografischer Gestaltungsmodi* (BGM), als eine Strategie aufgefasst werden kann, *personale Individualisierungsprozesse* empirisch zugänglich zu machen, und im Abschnitt 2.3 wird erörtert, welche Aussagen sich aus den BGM bezüglich gesellschaftlicher Individualisierungsprozesse ableiten lassen. Schließlich wird im Abschnitt 2.4 erläutert, welche Vorteile die Kombination qualitativer und quantitativer Daten bei der Übersetzung einer qualitativ gewonnenen Typologie in ein standardisiertes Erhebungsverfahren mit sich bringt und welche Perspektiven eine solche standardisierte Typologie für die Untersuchung gesellschaftlicher

Individualisierungsprozesse - insbesondere das Verhältnis von institutioneller zu personaler Individualisierung - eröffnet.

2.1 Stichprobenziehung

Sampling-Strategien in der qualitativen Forschung gehorchen einer anderen Logik als in der quantitativen Forschung, bei der die Zufallsauswahl als beste Lösung angesehen wird (z.b. Schnell/Hill/Esser 1999), um von der Stichprobe auf eine angebbare Grundgesamtheit zu schließen (*statistische Repräsentativität*). Vielmehr geht es eher um die Frage der „Generalisierbarkeit"[23] der Ergebnisse, im Sinne einer *inhaltlichen Repräsentation* einer Problemkonstellation (Merkens 1997, 100) oder *theoriegeleiteten Repräsentativität* (Prein/Kluge/Kelle 1994, 6). Hierbei repräsentiert die qualitative Stichprobe nicht die quantitative Verteilung von Merkmalen, sondern eine spezifische Problemkonstellation[24], damit die Ergebnisse auf ähnliche Problemstellungen anderer Gruppen oder Bereiche übertragen werden können. Deshalb wird mit der Stichprobenziehung versucht, mit Merkmalen, die als relevant erachtet werden, einen „großen Variantenreichtum" möglicher Problemkonstellationen zu gewährleisten (vgl. etwa Patton 1990, 172; Küchler 1983, 26), um die Typik von Wirkungszusammenhängen hinreichend zu erfassen (vgl. Kelle/Kluge 1999, 46 ff., sowie Kluge in diesem Band). Dieser Logik folgt auch das in der qualitativen Forschung verbreitete *theoretical sampling* (Glaser/Strauss 1970), ohne jedoch von einem im Vorhinein festgelegten Stichprobenplan auszugehen. Explizit ist die theoriegeleitete Erweiterung der Stichprobe im Forschungsverlauf vorgesehen. Mit der Hinzunahme von kontrastierenden Fällen wird der Anwendungsbereich der Theorie spezifiziert und abgesichert bzw. der rekursive Ausbau der Theorie bis zur *theoretischen Sättigung* vorangetrieben (Glaser/Strauss 1967; Strauss/Corbin 1990).[25]

---

23 Das gilt um so mehr, wenn nicht allein versucht wird, den subjektiv gemeinten Sinn der Äußerungen bestimmter Personen nachzuvollziehen, sondern - wie bereits in der ethnomethodologischen und interaktionslogisch orientierten Forschung (bspw. Bohnsack 1984) - auf die Rekonstruktion der Regeln sozialen Handelns abgezielt wird oder - wie etwa in der objektiven Hermeneutik (Oevermann et al. 1979) - die Rekonstruktion von deutungs- und handlungsgenerierenden Strukturen angestrebt wird.
24 Es geht bspw. um die Verstrickungsverhältnisse zwischen den Strukturvorgaben in einem erlernten Beruf und individuellen beruflichen Gestaltungswünschen, die je nach Geschlecht, Ethnie, sozialer Herkunft, Region etc. variieren können. Statt nach unterschiedlichen statistischen Zusammenhängen zu suchen, stellt sich die Frage nach der Qualität des Zusammenhangs und inwieweit er sich verändert, wenn Personen mit anderen Merkmalen untersucht werden. Etwa wenn statt Deutschen Türken, statt Männern Frauen, statt Münchnern Bremer, statt Arbeiter Bildungsbürger usw. untersucht werden.
25 Dagegen betonen Studien in der Tradition der frühen objektiven Hermeneutik, deren Ziel die Aufdeckung der objektiven Bedeutungsstruktur von Texten war (Reichertz 1997, 31), die Bedeutung einer möglichst heterogenen Zusammensetzung der Inter-

Ein Beispiel aus der beruflichen Sozialisationsforschung
Thema des bereits dargestellten Forschungsprojekts „*Statuspassagen in die Erwerbstätigkeit*" waren die subjektiven Orientierungen und typischen Umgangsweisen junger Fachkräfte in den ersten Berufsjahren vor dem Hintergrund sozialstruktureller Rahmenbedingungen. Dazu wurden die gleichen Personen dreimal mittels qualitativer leitfadenorientierter Interviews und viermal mittels standardisierter Fragebögen befragt, zum Abschluss der Lehre (1989), zwei und fünf Jahre danach und 1997 nur quantitativ (vgl. Heinz et al. 1996). Das Design des Projekts beinhaltete also von vornherein einen quantitativen und einen qualitativen Forschungsstrang, die in allen Forschungsphasen füreinander nutzbar gemacht werden konnten. Bei der qualitativen Stichprobenziehung konnte auf die standardisierte Erhebung zurückgegriffen werden, um ein *„zweistufiges Stichprobenverfahren"* zu realisieren.

Grundlegend für das Forschungsdesign des Projekts (vgl. Heinz et al. 1991, 15 ff.) waren die theoretischen Annahmen, dass sich regional-, berufs- und geschlechtsspezifische Strukturen auf die Berufseinmündungsprozesse von Jugendlichen niederschlagen und die erfolgreiche Bewältigung der ersten Schwelle - dem Übergang von der Schule in die Berufsausbildung - bereits eine entscheidende Bedingung für die Chancenrealisierung der zweiten Schwelle - dem Übergang von der Ausbildung in den Beruf - darstellt. Um unterschiedliche *regionale Arbeitsmarktbedingungen* systematisch in den Blick nehmen zu können, wurden auf der Grundlage einer *regional vergleichenden Strukturanalyse* der Ausbildungs- und Arbeitsmarktsituation (vgl. Baumeister/Bogun 1991) zwei städtische Arbeitsmärkte, einmal mit guter (München) und einmal ungünstiger Ausbildungs- und Arbeitsmarktsituation (Bremen) ausgewählt. Eine weitere wichtige Vorannahme bestand in der Berufsspezifik der Arbeitsmarktbedingungen. Aus diesem Grund wurde die Stichprobe nach Ausbildungsberufen mit hohen (Kraftfahrzeugmechaniker/in, Friseur/in, Einzelhandelskaufmann/frau) und mit niedrigen Beschäftigungsrisiken (Bankkaufmann/frau, Bürokaufmann/frau, Maschinenschlosser/in) differenziert, wobei gleichzeitig die Geschlechtsspezifik Beachtung fand. Sowohl typische Frauenberufe (Friseur/in, Bürokauffrau/mann), typische Männerberufe (Maschinenschlosser/in, Kraftfahrzeugmechaniker/in) wie auch typische Mischberufe (Bankkaufmann/frau, Einzelhandelskaufmann/frau) wurden berücksichtigt.

Auf der Grundlage dieser theoriegeleiteten Vorüberlegungen wurden mittels einer standardisierten Befragung die Bildungs- und Beschäftigungsverläufe sowie weitere formale Merkmale - wie Schulabschluss, Geschlecht, Geburtsjahr, die Teilnahme an berufsvorbereitenden Maßnahmen, Über-

---

pretationsgruppe, um hochwertige Fallanalysen zu erzielen. Die Generalisierbarkeit der Ergebnisse wird dabei eher aus der Qualität der Einzelfallanalyse (oder Analyse weniger Fälle) als aus dem Vergleich mit mehreren anderen systematisch ausgewählten Fällen abgeleitet.

nahmeangebot des Ausbildungsbetriebs etc. - erhoben. Um möglichst umfassende Daten zu erhalten, die die ganze Spannbreite der Erfahrungskonstellationen Bremer Auszubildender in den sechs ausgewählten Berufen dieses Jahrgangs erfassen, wurde in Bremen eine Vollerhebung aller Auszubildenden durchgeführt, die zu einem bestimmten Stichtag die Berufsschule besuchten und in München eine vergleichbare Stichprobe gezogen (vgl. Helling/Mönnich 1991; Heinz et al. 1991).

Die standardisierte Fragebogenerhebung kann als erste Stufe der qualitativen Stichprobenziehung aufgefasst werden. Denn die standardisierte Erhebung, bei der gleichzeitig die Bereitschaft für die Durchführung qualitativer Interviews eingeholt wurde, stellte die Ausgangspopulation für die folgende Auswahl der qualitativen Interviewpartner/innen dar. Auf der Grundlage der erhobenen Merkmale und Verläufe wurde in der zweiten Stufe der qualitativen Stichprobenziehung eine optimale Platzierung der Fälle entlang der als theoretisch relevant eingeschätzten Merkmale und individueller Verlaufsmuster gewährleistet. Aus jeder Berufsgruppe wurden für die erste Interviewwelle je 30 Personen kriteriengeleitet ausgewählt, die sich gleichermaßen auf die beiden Regionen mit guten und eher ungünstigen Arbeitsmarktaussichten verteilten. Weitere Indikatoren, nach denen systematisch die Fallauswahl variiert wurde, waren: Geschlecht, die Übergangsform in die Lehre (direkt/nicht-direkt), Schulabschluss (Abitur, Mittlere Reife usw.) und Übernahmeerklärung des Ausbildungsbetriebs (ja, nein, Bedingung). Schließlich wurden zusätzlich Fälle mit besonders auffallenden Übergangsformen oder ungewöhnlichen Merkmalskombinationen ausgewählt, um die Reichweite der angestrebten qualitativen Typologie durch die Konfrontation mit möglichen Ausreißern optimieren zu können (vgl. Zinn 2001; Mönnich/Witzel 1994, 266; Heinz et al. 1991, 20 ff.).

Durch die quantitative (Vor-)Untersuchung konnte die qualitative Stichprobe bezogen auf die ausgewählten Merkmale (Geschlecht, Schulabschluss, Region, Beruf, Übergangsform an der ersten Schwelle usw.) systematisch variiert werden. Inwieweit die Bedingungen der beiden Arbeitsmarktregionen und der ausgewählten Berufe auf andere Arbeitsmärkte bzw. Berufe übertragbar sind oder im weiteren Untersuchungsverlauf noch gelten, müssen weitere Untersuchungen zeigen[26]. Das Stichprobendesign gewährleistete jedoch, dass die Wahrscheinlichkeit von systematischen Verzerrungen bezogen auf die erhobenen Strukturindikatoren gering gehalten werden konnte.

---

26 Beispielsweise zeigte sich im Untersuchungsverlauf, dass die vermeintlich guten Arbeitsmarktaussichten des Maschinenschlosserberufs mit der allgemeinen Krise des deutschen Maschinenbaus immer ungünstiger wurden. Auch diese Studie folgte bezüglich der Übertragbarkeit der Ergebnisse, die für bestimmte Berufe in ausgewählten Regionen ermittelt wurden, einer Replikationslogik und nicht einer Auswahllogik (vgl. Yin 1989, 53 ff.).

Wie sieht nun ein adäquates Stichprobendesign zur Untersuchung von Individualisierungsprozessen aus?

Stichprobendesign zur Untersuchung der Individualisierungsthese
Für die systematische Untersuchung der Individualisierungsthese ist es bspw. notwendig, sich von der ausschließlichen Untersuchung spezifischer „Sondergruppen" wie sog. „Pioniere" oder „Vorreiter" zu verabschieden (bspw. Bonß/Kesselring 1998), wenn die gesellschaftliche Reichweite von Individualisierungsprozessen untersucht werden soll. Vielmehr müssen solche „Sondergruppen" in einem *vergleichend* angelegten Sample integriert werden. Nur dann kann entschieden werden, inwieweit es sich bei möglichen Individualisierungsprozessen um *bereichsspezifische* Prozesse handelt, die sich in unterschiedlicher Weise auf das Beschäftigungssystem, die Gestaltung der Partnerschaft oder die Freizeitgestaltung beziehen, um *gruppenspezifische* Entwicklungen, die bestimmte Berufe, Altersgruppen oder soziale Schichten betreffen oder *allgemeingesellschaftliche* Entwicklungsprozesse, die sich auf allen Ebenen in vergleichbarer Weise bemerkbar machen. Damit soll nicht für „allumfassende Studien" plädiert werden, vielmehr geht es darum, je nach Themenfeld hinreichende Kontrast- oder Kontrollgruppen mit zu berücksichtigen, um besondere Entwicklungen von allgemeinen gesellschaftlichen Entwicklungsprozessen unterscheiden und im Hinblick auf die jeweiligen sich wandelnden Handlungsbedingungen in einem Bereich oder für eine Gruppe (institutionelle Individualisierung) kontextualisieren zu können.

Auch bei der Untersuchung der Individualisierungsthese sind vor der Sampleziehung Überlegungen anzustellen, welcher Phänomenbereich im Hinblick auf Individualisierungsprozesse untersucht werden soll. Zur Frage nach einer sich ausbreitenden *Arbeitsmarktindividualisierung* wäre zuerst die Frage nach theoretisch relevanten und entsprechend zu variierenden Merkmalen zu beantworten. Beispielsweise könnte der Frage nachgegangen werden, inwieweit die Zunahme des Anteils befristeter Tätigkeitsverhältnisse in Zusammenhang mit personalen Individualisierungsprozessen steht. Die Stichprobe wäre dann zunächst nach dem Merkmal „Erwerbsstatus" zu schichten (beispielsweise mit den Merkmalsausprägungen „Normalarbeitsverhältnis", „befristete Tätigkeit" und „Erwerbslosigkeit"). Wird die These der Umdefinition von Arbeit untersucht, könnte zusätzlich nach „ehrenamtlicher Arbeit" oder „Hausarbeit" gefragt werden.

Zielt eine Untersuchung dagegen auf Individualisierungsprozesse im Bereich der *Partnerschaft* - man denke beispielsweise an die Scheidungsraten, die sowohl als Bedeutungsverlust wie -zuwachs der Institution Familie interpretiert werden können (vgl. Furstenberg 1987) und entsprechend mit Prozessen der „Freisetzung" und „Entzauberung" in Verbindung gebracht werden -, wäre eine entsprechende Stichprobe nach den relevant erscheinenden Beziehungsformen zu schichten, etwa mit den Merkmalsausprägungen „feste Partnerschaft" bzw. „Ehe" und „Single", die kombiniert werden können mit der Frage, ob Kinder betreut werden oder nicht. Weitere Merkmale, für die vermutet wird, dass sie in Zusammenhang mit Einstellungen und Handlungsweisen stehen, wie Scheidungserfahrungen oder verschiedene Partnerschaftsformen, können als zusätzliche Kriterien mittels eines standardisierten Fragebogens erhoben werden, um später für die gezielte Auswahl der Fälle zur Verfügung zu stehen.

Wird vermutet, dass es sich bei Arbeitsmarktindividualisierung oder Veränderungen im Bereich der Partnerschaft um *schicht- oder milieuspezifische Phänomene* handelt (bspw. Friedrichs 1998, 7; Treibel 1996, 431), kann bei der Stichprobenziehung zusätzlich anhand eines Indikators die soziale Schichtzugehörigkeit variiert werden (bspw. nach den Berufen bzw. Bildungsabschlüssen der Eltern und/oder der Befragten). Für die These *geschlechtsspezifischer Unterschiede* muss entsprechend nach Frauen und Männern differenziert werden.

Sollen solche oder ähnliche Faktoren bei der (qualitativen) Untersuchung systematisch berücksichtigt und die systematische Verzerrung der Stichprobe durch weitere Faktoren minimiert werden, bietet sich die Kombination qualitativer und quantitativer Verfahren in einem *zweistufigen Stichprobendesign* an.[27] Um Effekte *unbeobachteter Heterogenität*, etwa durch organisationsspezifischen, schichtspezifischen, regionalen oder ähnlichen Feldzugang gering zu halten, ist eine *Zufallsstichprobe* die nach wie vor beste Lösung. Wenn zu befürchten ist, dass bestimmte theoretisch bedeutsame Spezialgruppen (etwa Alleinerziehende, Arbeitslose) unterrepräsentiert sind, kann die Stichprobe zusätzlich geschichtet werden, um eine hinreichend große Anzahl an Personen mit vielfältigen Merkmalskombinationen zu erfassen. Das ist wichtig, weil auf die Heterogenität der quantitativen Stichprobe in einem zweiten Schritt *theoriegeleitet* zurückgegriffen wird. Entsprechend einer qualitativen Forschungslogik, wie bspw. beim *theoretical sampling* (Glaser/Strauss 1970), können dann aus der quantitativen Stichprobe, nach theoretisch als relevant erachteten Merkmalskombinationen (etwa soziale Herkunft, Geschlecht, Alter) gezielt Fälle ausgewählt werden. Die quantitative Stichprobe gibt in einem solchen Design die Grenzen an Problemkonstellationen und Wirkungszusammenhängen vor, auf die sich die theoriegeleitete Fallauswahl und später die gewonnenen Forschungsergebnisse beziehen. Sind bestimmte Personenkreise nicht in die

---

27 Eine standardisierte Erhebung kann jedoch auch noch für weitere Auswertungsstrategien genutzt werden, die über die bloße Stichprobenziehung hinausgehen, etwa indem Zusammenhänge von Erwerbs- oder Partnerschaftsverläufe und Einstellungsmustern untersucht werden.

quantitative Stichprobe gelangt, bleiben sie aus der Analyse ausgeschlossen, wenn nicht ein neuer Zugang zum Feld gesucht wird.[28]

Die Grundidee der Kombination qualitativer und quantitativer Forschungsstrategien, die im Verfahren der „zweistufigen Stichprobenziehung" zur Anwendung kommt, kann bspw. auch dann genutzt werden, wenn die im Rahmen des Individualisierungsdiskurs diskutierte These der Zunahme diskontinuierlicher oder fragmentierter Lebensläufe (Patchwork-Biografien) als Anzeichen zunehmender gesellschaftlicher Individualisierungsprozesse überprüft werden soll. Dafür wären vorerst in einer standardisierten Befragung formale Erwerbsverläufe zu erheben und in einem ersten quantitativen Auswertungsschritt soweit möglich nach Verlaufsmustern zu typisieren[29]. In einem zweiten Schritt würden diesmal aus den jeweiligen Verlaufstypen zu gleichen Teilen Probandinnen bzw. Probanden für die qualitative Analyse gezogen, wobei wiederum nach weiteren Merkmalen differenziert werden sollte (vgl. Erzberger/Kluge 2000 sowie Kluge in diesem Band). Damit wären durch die Kombination quantitativer und qualitativer Forschungsstrategien Aussagen über das Verhältnis von Verlaufs- und Deutungsmustern möglich.

Inwieweit sich Deutungsmuster verändern oder der Integrationsmodus auf der individuellen Ebene gleich bleibt, kann zudem besser im *Paneldesign* untersucht werden als in einer einzelnen retrospektiven Erzählung, wie das in der Biografieforschung üblich ist (vgl. Kluge in diesem Band). Werden die Lebensgeschichten möglichst zeitnah zu den verschiedenen Situationen und Phasen des Lebensverlaufs erzählt, kann ihr Wandel besser kontrolliert werden als bei einer einzelnen Befragung. Entsprechend wäre auch für die Untersuchung der Individualisierungsthese die Parallelführung eines quantitativen und eines qualitativen Panels zu empfehlen. Denn im Vergleich der Interpretationsmuster und Handlungsweisen zu verschiedenen Erhebungszeitpunkten können allgemeine biografische Integrationsmodi von situationsspezifischen Handlungsweisen besser unterschieden werden. Das gilt auch für den Grenzfall, dass kein „übersituatives" Muster beobachtbar ist. Damit kann die im Diskurs viel diskutierte Frage untersucht werden, ob sich Individualisierung in einem bestimmten Modus ausdrückt (beispielsweise auf seine „innere Stimme" zu hören und sich situationsspezifisch zu entscheiden) oder kein bestimmter Modus mehr durchgehalten wird, sondern zwischen verschiedenen „üblichen" Modi häufig gewechselt wird (bspw. von einem traditionellen Muster zu einem situativ-kontextuellen,

---

28 Das kann jedoch praktisch unmöglich werden, wenn Lebensläufe im Längsschnitt untersucht werden. Denn wenn sich nach zehn Jahren herausstellt, dass eine wichtige Untersuchungsgruppe unbeachtet geblieben ist, kann dieses Defizit nicht mehr korrigiert werden.
29 Dabei hat sich das Verfahren des „Optimal-Matching" bewährt (vgl. Schaeper 1999; Erzberger/Prein 1997).

von einem rationalen zu einem metaphysisch-magischen und wieder zurück).

Ziel der hier vertretenen Stichprobenstrategie ist es immer, bezüglich bestimmter, theoretisch als relevant erachteter Merkmale systematische Verzerrungen bzw. Lücken in der Auswahl zu vermeiden, um die Reichweite der getroffenen Aussagen nicht unnötig und unkontrolliert einzuschränken und damit die ohnehin schwierige These der Verallgemeinerbarkeit der qualitativ gewonnenen Ergebnisse nicht von vornherein zu gefährden. Die Beispiele zeigen jedoch, dass für die qualitative Stichprobenziehung sehr schnell die Möglichkeiten erschöpft sind, einen variantenreichen Merkmalsraum zu kontrollieren. Unterscheidet man nur zwischen zwei Geschlechtern (weiblich, männlich) und drei Erwerbsstatus („Normalarbeitsverhältnis", befristete Erwerbstätigkeit, Erwerbslosigkeit), wären sechs Felder mit Fällen zu besetzen. Werden für jede Merkmalskombination wenigstens zehn Fälle interviewt, wären das bereits 60 qualitative Interviews. Deshalb ist es zu empfehlen - entsprechend dem Ideal möglichst guter Platzierung -, auch bei der Fallauswahl innerhalb der Zellen nach weiteren Merkmalen zu variieren, um zufällige Klumpungen bezüglich relevanter Merkmale (bspw. soziale Herkunft, Alter, Familienstand) auszuschließen. Damit kann das Problem unkontrollierter Einflüsse („unbeobachtete Heterogenität") zwar nicht völlig ausgeschlossen, jedoch bereits durch einen systematischen Stichprobenplan gering gehalten und damit die Qualität der Stichprobe maximiert werden (vgl. Kluge in diesem Band).

In diesem Abschnitt wurde argumentiert, dass bereits bei der Planung des Stichprobendesigns, das zur Untersuchung von Prozessen allgemeinen gesellschaftlichen Wandels dient, wie sie von der Individualisierungsthese postuliert werden, eine Kombination qualitativer und quantitativer Forschungsstrategien unerlässlich erscheint, um die Güte und Verallgemeinerbarkeit (inhaltliche Repräsentativität) der aus dem qualitativen Sample abgeleiteten Aussagen zu optimieren. Das ist besonders wichtig, wenn darüber hinaus angestrebt wird, eine qualitativ ausgearbeitete Typologie in ein standardisiertes Instrument zu transformieren und an einer größeren Population zu erproben.

2.2 Die Typisierung biografischer Handlungslogiken

Wie kann nun eine Typologie von „Integrationsmodi" entwickelt werden, die dazu geeignet ist, personale Individualisierungsprozesse zu beschreiben? Das soll an einem Beispiel aus der bereits erwähnten Studie über junge Fachkräfte, der Typologie *Berufsbiografischer Gestaltungsmodi* (BGM)[30], gezeigt werden. Da die Typologie nicht mit der Absicht entwi-

---

30 Vgl. hierzu ausführlich: Witzel/Kühn 1999 sowie Witzel/Kühn 2000; Zinn 2001; Kühn/Zinn 1998; Witzel/Zinn 1998.

ckelt wurde, gesellschaftliche Individualisierungsprozesse zu untersuchen, müssen gewisse Einschränkungen in Kauf genommen werden. Das betrifft insbesondere die Beschränkung auf einen bestimmten Gegenstandsbereich - die Gestaltung der ersten Berufsjahre junger Fachkräfte mit *erfolgreich abgeschlossener Berufsausbildung* - und die Dimensionalisierung der Typologie[31]. Gleichwohl müssten sich, wenn die Individualisierungsthese richtig ist, in dem untersuchten Lebensabschnitt und dem primären Untersuchungsfeld (erste Erwerbsjahre) Hinweise auf Individualisierungsprozesse wieder finden.

Der Schwerpunkt der folgenden Ausführungen liegt vorerst auf der *Konstruktionslogik* der Typologie, auf deren Grundlage der empirische Zugang zu *personalen Individualisierungsprozessen* möglich sein soll, bevor gezeigt wird, inwieweit die Typologie zur Beschreibung von Individualisierungsprozessen genutzt werden kann.

Das Forschungsprojekt, dessen Sampling-Strategie im vorangegangenen Abschnitt beschrieben wurde, untersuchte den Übergang ins Erwerbssystem und den Erwerbsverlauf junger Fachkräfte in den ersten Berufsjahren mit qualitativen Interviews und standardisierten Fragebögen. Dadurch waren sowohl standardisierte Analysen über Erwerbs- und Partnerschaftsverläufe junger Fachkräfte möglich als auch die Entwicklung einer qualitativen Längsschnitttypologie zu berufsbiografischen Umgangsweisen in den ersten fünf Erwerbsjahren.

Das qualitative Interviewmaterial der drei Erhebungswellen wurde unter Rückgriff auf ein axiales Kodierschema (sog. „ARB"-Schema) ausgewertet (vgl. Witzel/Kühn 2000 sowie auch Schaeper/Witzel in diesem Band). Mit seiner Hilfe konnte das Material zuerst hinsichtlich berufsbiografischer Ereignisse, realisierter und unterlassener Handlungen („Realisierungen") strukturiert werden. Gleichzeitig wurde den jeweiligen Ereignissen auf sie bezogene Interessen, Ziele und Präferenzen („Aspirationen") sowie Bewertungen der Handlungsresultate („Bilanzen") zugeordnet. Das bedeutet nicht, dass dieses Schema die „tatsächliche" Ablauflogik des biografischen Entscheidungsprozesses wiedergibt. Vielmehr können Aspirationen auch im Nachhinein entsprechenden Realisierungen zugewiesen werden oder können in der Entscheidungssituation andere, gar nicht reflektierte Gründe die entscheidende Rolle spielen. Darauf kam es jedoch nicht an. Vielmehr bestand die Hauptaufgabe des ARB-Schemas in der Strukturierung des qualitativen Interviewmaterials, in dem in aller Regel der Zwang, eine konsistente und begründete Geschichte zu erzählen, zum Ausdruck kam. Aus dem so strukturierten Interviewmaterial konnte die „Situationslogik" der biografi-

---

31 Zwar werden die Dimensionen (Arbeitstätigkeit, Qualifikation, Karriere, Einkommen, Betrieb) die der Typenbildung zugrunde gelegt wurden, ausführlich erläutert (siehe bspw. Witzel/Kühn 1999, 30 f.; Schaeper/Witzel in diesem Band), es wird jedoch nicht deutlich aufgrund welcher Überlegungen sie ausgewählt wurden.

schen Einzelereignisse rekonstruiert werden. Darüber hinaus ergab sich jedoch auch eine Ablaufstruktur biografischer Ereignisse, die dazu beitrug, situationsspezifische Umgangsweisen zu verstehen und gleichzeitig eine situationsübergreifende Ablauflogik zu konstituieren.[32] Aus dem in Anlehnung an die *Grounded Theory* (Glaser/Strauss 1967; Strauss/Corbin 1990) durchgeführten systematischen Vergleich der Aspirationen, Realisierungen und Bilanzen eines Falls und dem Vergleich der biografischen Muster der Fälle untereinander, kristallisierte sich eine begrenzte Zahl übersituativer biografischer Auseinandersetzungsweisen heraus, die als *Berufsbiografische Gestaltungsmodi (BGM)* typisiert wurden.

Berufsbiografische Handlungslogiken junger Fachkräfte
Die Interviews der jungen Fachkräfte zeigten sehr unterschiedliche Gestaltungsweisen und Auseinandersetzungsformen mit den beruflichen Anforderungsstrukturen, die in sechs unterschiedlichen Modi der Biografiegestaltung bzw. BGM typisiert wurden (vgl. Witzel/Kühn 2000 sowie auch Schaeper/Witzel in diesem Band):

Im Kern der BGM *Chancenoptimierung* und *Laufbahnorientierung* steht die *„Karrieregestaltung"*. Die jungen Fachkräfte, die ihre Biografie nach dem BGM *Chancenoptimierung* gestalten, legen großen Wert auf Handlungs- und Gestaltungsspielräume in ihrer Arbeitstätigkeit. Sie streben nach wechselnden, neuen Herausforderungen in der Arbeit, die zu einem Erfahrungsgewinn und zu einer Verbesserung ihrer Qualifikationen führen, somit ihre Position auf dem Arbeitsmarkt stärken und Voraussetzungen für einen beruflichen Aufstieg bieten. Sie bemühen sich um einen sukzessiven Erwerb von Qualifikationen. Um eine breite Kompetenzentwicklung zu erreichen, legen sie sich nicht auf bestimmte betriebliche Laufbahnen fest, sondern halten sich, so lange es geht, möglichst viele berufliche Wege offen.

Das Offenhalten von beruflichen Perspektiven unterscheidet sie von den jungen Fachkräften, deren berufsbiografisches Handeln dem BGM *Laufbahnorientierung* zugeordnet wurde. Diese legen sich bei der Wahrnehmung beruflicher Optionen auf vorgegebene Laufbahnstrukturen ihres Berufs oder Betriebs fest. Dementsprechend entwickeln sie frühzeitig konkrete Zielvorstellungen. Ein vorhersehbarer Aufstieg im Rahmen vorgegebener Bahnen ist ihnen wichtig, dabei wird - wie beim BGM *Chancenoptimierung* - der private Lebensbereich tendenziell den Arbeitsanforderungen untergeordnet. Die Investitionen in Humankapital sind jedoch im Unterschied zum BGM *Chancenoptimierung* nicht auf große Breite ausgerichtet, sondern eng an den Anforderungen und Notwendigkeiten der angestrebten Laufbahn o-

---

32 Dabei handelte es sich nicht um einen stufenweisen, nur in einer Richtung verlaufenden Interpretationsprozess. Auch die vermeintlich erkannten situationsübergreifenden Gestaltungsweisen wurden wiederum zur Erklärung der unterschiedlichen „Situationslogiken" des Einzelfalls erprobt, bis ein schlüssiges Verhältnis von Situationslogik und übersituativer Handlungslogik hergestellt war.

rientiert. Junge Fachkräfte mit BGM *Laufbahnorientierung* bevorzugen praxisorientierte und eng auf ihren spezifischen Tätigkeitsbereich bezogene Qualifizierungsstrategien.

Die BGM *Persönlichkeitsgestaltung* und *Selbständigenhabitus* lassen sich durch den mit ihnen verbundenen „*Autonomiegewinn*" charakterisieren. Sie waren in der qualitativen Stichprobe jedoch nur selten anzutreffen. Die jungen Fachkräfte mit BGM *Persönlichkeitsgestaltung* orientieren sich bei berufsbiografischen Entscheidungen überwiegend an persönlichen Ansprüchen und Bedürfnissen, die oft im Widerspruch zu den Verhaltenserwartungen am konkreten Arbeitsplatz oder ihrem Herkunftsmilieu stehen. Sie haben den Anspruch, dass Arbeit nicht nur die materielle Reproduktion sichern, sondern „sinnvoll" sein soll. Um ihre Vorstellungen zu verwirklichen, nehmen die jungen Fachkräfte sowohl berufsbiografische Brüche wie lange Qualifizierungspfade in Kauf. Dabei sind häufig schwierige Kompromissbildungen notwendig. Auch beim *Selbständigenhabitus* spielt die berufliche Autonomie eine zentrale Rolle, geht allerdings mit der Ablehnung abhängiger Beschäftigung einher. Sein „eigener Chef" zu sein, wird als Chance zu einem höheren Einkommen und einer gesicherten Zukunft begriffen. Zentral ist der Geschäftserfolg.

Die jungen Fachkräfte mit BGM *Betriebsidentifizierung* und BGM *Lohnarbeiterhabitus* zeichnen sich durch fehlende Karriereorientierung aus und weisen einen vergleichsweise geringen Anteil selbstinitiierter Gestaltung des Berufsverlaufs aus. „*Statusarrangement*" ist ihr zentrales Motiv bei der Gestaltung ihrer Erwerbsbiografie. Der BGM *Lohnarbeiterhabitus* tritt vor allem bei Befragten auf, die sich in beruflichen Kontexten mit ungünstigen Beschäftigungschancen und Laufbahnstrukturen befinden. Die Befragten bemühen sich um ein Arrangement mit den Bedingungen, streben vor allem nach beruflicher Kontinuität und arrangieren sich unter Hinweis auf betriebliche Anforderungen mit einem niedrigen Einkommensniveau und Tätigkeiten, die wenig Handlungsspielräume beinhalten. Die Arbeit wird lediglich als Notwendigkeit zur materiellen Reproduktion betrachtet und als notwendiges Übel aufgefasst, das ins Verhältnis gesetzt wird zum finanziellen Ertrag. Das gegenwärtig erzielte Einkommen ist der zentrale Bewertungsmaßstab einer Tätigkeit. So sind die jungen Facharbeiter auch dazu bereit, für ein höheres Einkommen Tätigkeiten auszuführen, die ihrem Qualifikationsniveau nicht mehr entsprechen.

Junge Erwachsene mit BGM *Betriebsidentifizierung* glauben, am Ende ihrer beruflichen Entwicklungsmöglichkeiten angekommen zu sein. Sie betrachten den Betrieb primär als eine Art Heimat, in der sie hoffen, einen endgültigen und dauerhaften Platz zum Arbeiten gefunden zu haben. Sie kompensieren geringes Einkommen und mangelnde berufliche Perspektiven mit einem sehr positiv bewerteten *familiären* Betriebsklima, in dem sie sich geborgen fühlen. Die jungen Erwerbstätigen bemühen sich um Etablierung und Kontinuität im erreichten beruflichen Status, Veränderungs- oder Aufstiegsambitionen bestehen nicht.

Die sechs BGM zeigen in idealtypischer Weise, wie sich junge Fachkräfte mit individuellen Gestaltungswünschen und Strukturvorgaben auseinandersetzen. Die Typologie weist jedoch einige wichtige Besonderheiten auf:

Durch die parallele Erhebung eines standardisierten und eines qualitativen Panels konnten qualitative und quantitative Daten wechselseitig aufeinander bezogen werden. So flossen die standardisiert erhobenen Daten über die Erwerbs- und Partnerschaftsverläufe sowie eine Anzahl von formalen Daten nicht nur in die Ziehung der qualitativen Stichprobe ein (vgl. vorangegangenen Abschnitt), sie konnten darüber hinaus für die Rekonstruktion des Lebenslaufs und wichtiger beruflicher und partnerschaftlicher Ereignisse während der Durchführung der qualitativen Interviews genutzt werden. Dadurch sind die ermittelten und in den Interviews erfragten Verläufe weniger stark von der selektiven Erinnerung in der *einzelnen* Interviewsituation bestimmt. Gleichzeitig konnten die bei der Durchführung der Interviews bereits vorliegenden Verlaufsdaten für gezielte Nachfragen genutzt werden, wenn bestimmte Ereignisse unerwähnt blieben.

Mit der Kombination qualitativer und quantitativer Verfahren bei der Ermittlung der Erwerbs- und Partnerschaftsverläufe lässt sich jedoch nicht nur die Validität der erhobenen Verläufe verbessern. Viel wichtiger ist, dass sich hierin ein anderes Forschungsinteresse als in vielen qualitativen Fallstudien niederschlägt, die sich überwiegend auf die (biografischen) Erzählungen zu einem bestimmten Zeitpunkt beziehen. Da „personale Individualisierung" als Integrationsmodus aufgefasst wurde, der sich in den Handlungs- oder Strukturierungslogiken der Lebensläufe niederschlagen müsste, kommt es, entsprechend der hier präsentierten Typenbildung, auf die sinnhafte *Handlungspraxis* der Akteure an.

Durch das *Paneldesign* war es zusätzlich möglich, Schilderungen zu einem bestimmten Befragungszeitpunkt mit den Äußerungen zu anderen Zeitpunkten zu vergleichen (vgl. zu diesem Aspekt auch Böttger in diesem Band). Damit konnten bereits in den Interviews Widersprüche thematisiert, aber auch Veränderungsprozesse oder Stabilitäten in den Selbstpräsentationen beobachtet werden.

Im Unterschied zu Querschnittstudien konnte nachvollzogen werden, inwieweit geäußerte Vorstellungen bezüglich der eigenen Erwerbsbiografie im Beobachtungszeitraum *handlungsrelevant* wurden. Denn bereits bei Geissler und Oechsle (1996) wurde deutlich, dass „Lebensentwürfe" und „Lebensplanung" in keinem eindeutigen Verhältnis zueinander stehen. Während Geissler und Oechsle unter „Lebensplanung", die in aktuellen biografischen Entscheidungen relevant werdenden Pläne verstehen, kann die Handlungsrelevanz von Lebensentwürfen stark variieren. Die BGM beziehen sich entsprechend auf im Beobachtungszeitraum handlungswirksam werdende Orientierungen und nicht auf allgemeine Einstellungsmuster oder Lebensentwürfe.

Es geht dabei nicht allein darum, imaginierte Zukunft hinsichtlich ihrer Handlungsrelevanz zu kontrollieren. Vielmehr zielen die BGM neben den reflexiven Entscheidungsprozessen (*reflexives Bewusstsein*)[33] auch auf die routinisierten Praktiken (*praktisches Bewusstsein*), für die zwar in der Regel auf Nachfrage eine Begründung angegeben werden kann, denen jedoch keine reflexiven Entscheidungsprozesse vorausgehen müssen. So kann analytisch beides unterschieden werden: dass sich im Zuge einer stabilen biografischen Gestaltungspraxis die Deutungsmuster anpassen, oder umgekehrt, dass veränderte Deutungsmuster eine neue Gestaltungspraxis nach sich ziehen. Damit bleibt offen, inwieweit Individualisierung in Form selbstreflexiver biografischer Entscheidungspraxis wirksam wird oder auf der Ebene routinisierter Praxen, mit denen sich Individuen auf neue Handlungskontexte einstellen oder Altbewährtes weiterhin praktizieren.

Sind die BGM nun eher von individuellen Faktoren oder den Kontexterfahrungen (vgl. Fußnote 16) der jungen Fachkräfte beeinflusst? Inwieweit machen sich die jungen Erwachsenen mit den BGM von ihren Handlungskontexten abhängig oder setzen sich über sie hinweg? In welcher Weise können die BGM als Hinweis auf Individualisierungsprozesse interpretiert werden und welche BGM sind dazu besonders geeignet?

Die Stabilisierung biografischer Handlungslogiken

Die Handlungslogiken in den ersten Berufsjahren unterscheiden sich als Selbstsozialisationsergebnis *im* Beruf - die sich in der „Ernstsituation" Erwerbsarbeit vollziehen (Heinz et al. 1998) - von den sich während der Schulzeit und Berufsausbildung vollziehenden Sozialisationsprozessen *für* den Beruf (Heinz 1995). Da BGM Ergebnisse von Strukturerfahrungen in (beruflichen) Handlungskontexten darstellen, beschreiben sie sowohl erlebte „Situationslogiken"[34], wie auch die Handlungsweisen, mit denen Akteure Strukturvorgaben reproduzieren und modifizieren (Giddens 1984). Damit sind sie auch der Ort, an dem veränderte Zurechnungsmodi, Auseinandersetzungsweisen oder *personale Individualisierungsprozesse* beobachtbar sein müssten.

Die qualitativen Daten zeigten, dass weder die Handlungskontexte die Handlungsweisen der jungen Fachkräfte determinieren, noch die Handlungsweisen völlig unabhängig von den Strukturerfahrungen in spezifischen

---

33 Vgl. zur Unterscheidung zwischen reflexivem und praktischem Bewusstsein Giddens (1984) Stratifikationsmodell des handelnden Selbst.
34 Damit ist nicht eine „verobjektivierte" Situationslogik wie bei Popper (1974) gemeint, sondern die durch die einzelnen interpretierte und durch eigenes sinnhaftes Handeln reproduzierte Situationslogik.

Handlungskontexten sind. Vielmehr stehen Handlungskontexte und BGM in einem lockeren Verhältnis zueinander. BGM und Kontext müssen zueinander passen oder „viabel"[35] sein. Das kann mit drei kurzen Beispielen aus dem Einzelhandel und dem Bankwesen illustriert werden:

Der *Einzelhandel* ist ein Tätigkeitsbereich, der hochgradig geschlechtsspezifisch differenziert ist, einmal nach Fachgebieten (horizontal[36]) und einmal nach Berufspositionen und Karriereperspektiven (vertikal). Die Laufbahnstrukturen in größeren Kaufhäusern, Verkaufsketten oder Supermärkten sind in aller Regel für Männer reserviert.[37] Deswegen machen junge Fachfrauen immer wieder die Erfahrung, dass ihre Mühen, sich in die Laufbahnstrukturen des Einzelhandels einzuklinken, vergeblich sind: *„Als Frau hat man sowieso unheimliche Schwierigkeiten, da weiterzukommen. Und ich hab' gearbeitet und ich hab' mir den ‚Arsch' aufgerissen, aber Männer. Die Männer sind so an mir vorbeigelaufen. Das ging ja nicht nur mir so."*, wie die Interviewte *Thea* sagte. Oder sie wissen bereits von anderen, wie gering ihre Chancen innerbetrieblicher Karriere sind. So meinte *Anne: „Die Firma F. hat glaub' ich 5000 Mitarbeiter, ... Jetzt kenn' ich keine einzige Frau in dieser Firma, die da die Karriereleiter hochgestiegen ist."*

Junge Frauen ziehen daraus unterschiedliche Konsequenzen. Manche, wie beispielsweise *Thea* mit BGM *Lohnarbeiterhabitus*, suchen sich eine besser bezahlte Stelle in einem anderen Tätigkeitsbereich. *Thea* kann schließlich auch nicht mehr durch ein Beförderungsangebot auf eine von ihr lange vergeblich angestrebte Substitut-Stelle vom Wechsel abgehalten werden. Denn mit der Beförderung würde sich, ihrer Einschätzung nach, nichts Grundsätzliches an der Arbeitssituation (geringe Bezahlung bei hoher Belastung) ändern. Stattdessen wechselt sie in den öffentlichen Nahverkehr (Straßenbahnfahrerin), der ihr eine geringere Arbeitsbelastung bei höherem Einkommen verspricht.

Andere Frauen sehen ebenfalls keine Chance, sich in betriebliche Laufbahnstrukturen einzuklinken. Sie ziehen jedoch andere Konsequenzen aus ihren Erwerbserfahrungen als jene mit BGM *Lohnarbeiterhabitus*. Solche Frauen wie *Anne* versuchen, durch den Erwerb weiterer Bildungsressourcen

---

35 Statt von „Passung" von „Viabilität" zu sprechen, soll deutlich machen, dass es sich hier nicht um ein Eins-zu-eins Passungsverhältnis im Sinne einer Entsprechung handelt, sondern im konstruktivistischen Sinne (vgl. von Glasersfeld 1987) um „Vereinbarkeit".
36 Dabei ist nicht zu verkennen, dass auch die horizontale Segregation nach Fachgebieten vertikale Ungleichheitsstrukturen impliziert, beispielsweise durch geringere Bezahlung oder ungünstigere Karriereperspektiven.
37 Das drückt sich nicht zuletzt durch den Stellenzuschnitt aus. Die unterdurchschnittliche Bezahlung auf den Aufstiegspositionen geht häufig mit einer überdurchschnittlichen Arbeits-belastung einher. Dabei wird stillschweigend eine weitere Person vorausgesetzt, die im Hintergrund die Reproduktionsarbeit leistet. Solche Tätigkeiten werden häufig nur deswegen in Kauf genommen, weil sie als eine vorübergehende Episode auf dem Weg nach oben interpretiert werden (Zinn 2001).

ihren Anspruch auf eine attraktivere und besser bezahlte Tätigkeit doch noch zu verwirklichen, und stabilisieren den BGM *Chancenoptimierung*. Damit wird plausibel, warum im Forschungszusammenhang des Projekts keine jungen Einzelhandelskauffrauen mit BGM *Laufbahnorientierung* gefunden wurden: Der Modus ist mit den Handlungskontexten nicht kompatibel, da im Einzelhandel die Laufbahnstrukturen für die jungen Einzelhandelskauf*männer* reserviert sind.

Auch ein Beispiel aus dem Bereich des *Bankgewerbes* zeigt, wie BGM und Handlungskontext wechselseitig aufeinander bezogen sind. Im Bankgewerbe sind die berufsbegleitende Weiterqualifizierung und die Versuche einer Höherqualifizierung eine Norm, der sich vor allem junge Bankkauf*männer* im Konkurrenzkampf um knappe Aufstiegspositionen ausgesetzt sehen. Als *Heinrich* eine Höherqualifizierungsmaßnahme abbricht, die ihm neben der Erwerbsarbeit zu stark zeitlich eingeschränkt hätte, versucht er ohne Weiterqualifizierung im Beruf zu verbleiben (BGM *Lohnarbeiterhabitus*). Ihm gelingt es nach mehreren Betriebswechseln jedoch nicht, in Konkurrenz zu anderen eine dauerhafte berufliche Perspektive im Bankgewerbe zu realisieren. Vielmehr wird er aus dem fachspezifischen Arbeitsmarkt herausgedrängt und wechselt den Beruf, um nicht arbeitslos zu werden.

Mit den Beispielen wurde deutlich, dass junge Fachkräfte auf ihre Kontexterfahrungen unterschiedlich reagieren: Sie können den *ermöglichenden Charakter* (Giddens 1984: *enabling*) sozialer Strukturen nutzen, um eigene Wünsche trotz widriger Bedingungen zu realisieren, um aus den gegebenen Bedingungen das Beste zu machen oder sich mit dem erreichten Berufsstatus zu arrangieren.

Die Bindung biografischer Akteure an ihre Handlungskontexte
Die BGM stehen nicht einfach nur in einem lockeren Verhältnis zu ihren Handlungskontexten - mit ihnen binden sich die jungen Fachkräfte gleichzeitig in unterschiedlicher Weise an ihre Kontexte (z.B. geschlechtsspezifische Verhaltenserwartungen, regionale und berufliche Arbeitsmarktsituation):

Die Umgangsweisen der jungen Fachkräfte mit BGM *Chancenoptimierung* sind relativ unabhängig von ihren Handlungskontexten. Durch ihre multioptionalen Strategien vermeiden sie ganz bewusst die Abhängigkeit von bestimmten Arbeitgebern oder Berufspositionen, aber auch von aktuellen Berufsvorstellungen. Denn oft sehen sie auch ihre eigenen Wünsche und Vorstellungen als Variable. Wenn eine Option enttäuscht wird oder sich ihre Wünsche und Vorstellungen ändern, können sie so aus mehreren anderen Möglichkeiten auswählen.

Dagegen legen sich jene mit BGM *Laufbahnorientierung* bereits relativ stark auf einen Betrieb oder Arbeitgeber fest. Die Handlungsstrategien variieren zwischen einem „*Mal sehen, wie weit ich komme.*" bis zu einem engagierten „*Streben nach einer bestimmten Position*". Durch die eng auf die Laufbahnvorgaben orientierten Qualifizierungsstrategien können sie zwar durch *learning on-the-job* Karriere machen, sind also weniger auf den Erwerb zertifizierter Bildungsabschlüsse angewiesen, jedoch um den Preis stärkerer Abhängigkeiten von ihrem Arbeitgeber. Im Krisenfall (bspw. Konkurs) oder wenn die Laufbahn „verstopft" ist, droht die Entwertung ihrer unzertifizierten betriebsgebundenen Qualifikationen.

Mit dem BGM *Lohnarbeiterhabitus* machen sich die jungen Fachkräfte zwar nicht von bestimmten Arbeitgebern, aber von den Gelegenheiten des regionalen Arbeitsmarkts abhängig. Ihr Verhältnis zum Arbeitsmarkt konstruieren sie als im Zeitverlauf gleich bleibend. Auf der einen Seite sehen sie ihre eigenen Qualifikationen als weitgehend konstant an (keine langangelegten Qualifizierungsstrategien erscheinen notwendig). Auf der anderen Seite gehen sie von relativ gleich bleibenden Arbeitsmarktbedingungen aus, die sie beispielsweise mit Aussagen wie „*Wer arbeiten will, der bekommt auch Arbeit.*" rationalisieren.

Im Unterschied zu Fachkräften mit BGM *Lohnarbeiterhabitus* kompensieren jene mit BGM *Betriebsidentifizierung* ihre ungünstigen Karriereaussichten oder ihr niedriges Einkommen mit einem guten Betriebsklima. Diese Umgangsweise wird vor allem bei jungen Frauen angetroffen, die durch ihre Erwerbsarbeit keine Familie ernähren müssen, häufig bereits eine Hausfrauenrolle antizipieren und keinen (weiteren) beruflichen Aufstieg mehr anstreben.

Im Unterschied zum BGM *Selbständigenhabitus*, mit dem sich die jungen Erwachsenen von ihrem eigenen Geschäftserfolg im Rahmen wirtschaftlicher Bewertungskriterien abhängig machen, zeigt der BGM *Persönlichkeitsgestaltung* eine nach persönlichen Werten und Bedürfnissen ausgerichtete Form der Selbstbindung. Sie setzen sich über traditionelle Orientierungsmuster wie Status, Einkommen oder Verhaltenserwartungen des Herkunftsmilieus hinweg. Jenseits ausgetretener Orientierungsmuster können sie die Verhaltensstandards ihres Herkunftsmilieus überwinden. Auf der Basis persönlicher Beurteilungskriterien können dabei auch solche Berufsverläufe positiv bewertet werden, die aus anderer Perspektive (z.B. monetärer) als sozialer Abstieg erscheinen („Lebenskünstler").

In einer Arbeitswelt, die sich immer mehr durch lebenslanges Lernen und relativ schnell wandelnde Qualifikationsbedarfe auszeichnet, während vorhersehbare Laufbahnstrukturen zunehmend wegbrechen, werden berufsbiografische Selbstbindungsformen unterschiedlich prämiert: Mit multioptionalen Gestaltungsstrategien der Berufsbiografie reagieren die jungen Fachkräfte am flexibelsten auf Veränderungen im Beschäftigungssystem. Damit sind sie auch am wenigsten der Gefahr rascher Entwertung ihrer Qualifikationen ausgesetzt. Das Verlassen auf betriebliche Laufbahnangebote und betriebsfixierte Qualifizierungsstrategien bringt nicht nur Chancen mit sich, sondern auch Gefahren, wenn bei einem Betriebswechsel erworbene Qualifikationen entwertet werden. Schließlich bleiben jene, die nicht mehr oder nur wenig in ihr Humankapital investieren, Spielball der (regionalen) Arbeitsmarktsituation und sind von Marginalisierung bedroht. Die verstärkte Orientierung an persönlichen Kriterien der Biografiegestaltung kann ganz unterschiedliche Folgen haben. Der Chance sozialen Aufstiegs steht das Risiko sozialen Abstiegs entgegen. Aber auch ganz neue Erwerbsformen können erschlossen werden.

Im Folgenden soll nun gezeigt werden, inwieweit die Selbstbindungsformen der jungen Fachkräfte in Zusammenhang stehen mit verschiedenen Formen von BGM-Wechseln.

Konstanz und Wandel der Handlungslogiken
Haben die jungen Fachkräfte in den ersten Berufsjahren erst einmal einen berufsbiografischen Gestaltungsmodus etabliert, dann ist er in der Regel auch für den Rest des Beobachtungszeitraums stabil. In einigen Fällen werden jedoch früh stabilisierte Modi durch berufliche Ereignisse oder veränderten Bezug zur jeweiligen Erwerbstätigkeit noch einmal in Frage gestellt und gewechselt.

Grundsätzlich können zwei Varianten des BGM-Wechsels beobachtet werden. Zum einen wird der Wechsel durch veränderte Handlungsbedingungen in einer neuen Tätigkeit ausgelöst, die entweder zu grundsätzlich neuen Arbeitserfahrungen führen und neue berufliche Perspektiven eröffnen oder berufliche Karriereperspektiven verschließen. Zum anderen geht der Wechsel auf veränderte subjektive Ansprüche an die Erwerbsarbeit zurück, die zur Suche nach einer Berufsperspektive führen, die ganz persönlich *„Sinn macht"*. Die BGM-Wechsel sind vor allem bei jungen Fachkräften mit formal niedrigen schulischen Ressourcen zu beobachten:

So wechselt beispielsweise der Interviewpartner *Kuno* vom BGM *Lohnarbeiterhabitus* zum BGM *Laufbahnorientierung*, nachdem er seinen Wunschberuf (Einzelhandelskaufmann) zugunsten einer Bankanstellung aufgab. Entsprechend dem Modus *Lohnarbeiterhabitus* nutzt er die Gelegenheit des Stellenwechsels, um das Verhältnis von Aufwand (Arbeitsbelastung) und Ertrag (Lohn) zu optimieren, der sich ihm im expandierenden Münchner Arbeitsmarkt aufgrund einer regionalen Arbeitskräfteknappheit im Bankgewerbe eröffnete. In dem neuen beruflichen Umfeld, in dem ihm seinen Möglichkeiten entsprechende Karriereperspektiven eröffnet werden, entwickelt er berufsbiografische Umgangsweisen, die dem BGM *Laufbahnorientierung* entsprechen.

Umgekehrt verhält es sich bei *Marco*, der aus den gleichen Motiven den Betrieb wechselt wie *Kuno*. Er gelangt jedoch in einen kaufmännischen Arbeitskontext, in dem ihm mit formal niedrigen schulischen Ressourcen

(Hauptschulabschluss) - im Unterschied zum Einzelhandel - weitere betriebsinterne Karrierepfade verstellt sind. Dazu müsste er in den Erwerb weiterer Bildungsressourcen (höherer Schulabschluss, Studium) investieren, wozu er sich wegen der Notwendigkeit, seine junge Familie zu ernähren, nicht in der Lage sieht. Er wechselt vom BGM *Laufbahnorientierung* zum BGM *Lohnarbeiterhabitus*.

In beiden Fällen besteht ein relativ enger Zusammenhang der BGM-Wechsel mit einem spontanen Wechsel des beruflichen Handlungskontextes. Anders verhält es sich in einem weiteren Fall.

Johann orientiert sich bei der Berufswahl an der herkunftsspezifischen Umgangsweise mit Erwerbsarbeit und stabilisiert den BGM *Lohnarbeiterhabitus* im Bankgewerbe. Schnell stellt er jedoch fest, dass die Banktätigkeit trotz guter Bezahlung und Karriereperspektiven nicht seinen Vorstellungen entspricht. Er entwickelt stattdessen die Vorstellung, dass ihm die Erwerbsarbeit auch persönlich *„etwas bringen muss"*. Auf der Suche nach einer solchen Tätigkeit erwirbt er die Mittlere Reife und die fachgebundene Hochschulreife mit dem Ziel eines Studiums. Damit wechselte *Johann* zum BGM *Persönlichkeitsgestaltung*.

Dass sich ein Wechsel des Gestaltungsmodus vor allem bei jungen Erwachsenen mit BGM *Lohnarbeiterhabitus* und *Laufbahnorientierung* feststellen lässt und dass sich vor allem jene mit BGM *Persönlichkeitsgestaltung* und *Chancenoptimierung* über eingrenzende Kontextbedingungen (Herkunftsmilieu, betriebliche und berufliche Handlungsbedingungen) hinwegsetzen, scheint kein Zufall zu sein. Vielmehr stehen sie in Zusammenhang mit den unterschiedlichen Selbstbindungsformen der BGM, die mit unterschiedlichen Abhängigkeiten von betrieblichen Handlungsbedingungen und regionalem Arbeitsmarkt einhergehen. Die jungen Fachkräfte mit dem BGM *Lohnarbeiterhabitus* reagieren direkter auf Veränderungen oder Gelegenheiten des regionalen Arbeitsmarkts und jene mit BGM *Laufbahnorientierung* machen sich von den betrieblichen Laufbahnstrukturen abhängig. Dagegen „basteln" sich die Fachkräfte mit BGM *Persönlichkeitsgestaltung* vor allem nach eigenen Kriterien und jene mit BGM *Chancenoptimierung* im Hinblick auf überbetriebliche und -regionale Chancenstrukturen ihre „Erwerbsbiografie" zusammen (vgl. vorangegangenen Abschnitt).

Da die jungen Erwachsenen trotz gleicher formaler Bildungsressourcen und vergleichbarer sozialer Herkunft unterschiedliche erwerbsbiografische Entscheidungen treffen, wird deutlich, dass trotz anhaltendem Einfluss struktureller und institutioneller Faktoren, Handlungsspielräume bleiben[38], die von den Interviewten in unterschiedlicher Weise und mit unterschiedlichen Folgen für die weitere Erwerbsbiografie genutzt werden. Inwieweit können die

---

38 Im Sinne des Diktums des ermöglichenden Charakters sozialer Strukturen (Giddens 1984).

unterschiedlichen Umgangsweisen und Selbstbindungsformen an berufliche Kontexte und normative Verhaltenserwartungen, die mit den BGM charakterisiert werden, als Ausdruck von Kollektivierungs- oder Individualisierungsprozessen interpretiert werden?

2.3 Individualisierte Modi der Biografiegestaltung

Wenn Individualisierung auf „die Auflösung vorgegebener sozialer Lebensformen" zielt und „wo immer solche Auflösungstendenzen sich zeigen[, die Frage zu stellen ist,] welche neuen Lebensformen entstehen, wo die alten, qua Religion, Tradition oder vom Staat zugewiesenen, zerbrechen?" (Beck/Beck-Gernsheim 1994, 11 f.), dann kann mit dem vorgestellten Konzept - statt nach verdinglichten neuen Lebens*modellen* - nach den Strukturierungsprozessen, Handlungslogiken oder Gestaltungsmodi gefragt werden, mit denen Akteure Neues umzusetzen suchen und damit gleichzeitig alte Ungleichheitsmuster reproduzieren, verschärfen oder neu konstituieren. Wenn der Einzelne in „der individualisierten Gesellschaft ... entsprechend bei Strafe seiner permanenten Benachteiligung lernen (muss,) sich selbst als Handlungszentrum, als Planungsbüro in Bezug auf seinen eigenen Lebenslauf seine Fähigkeiten, Orientierungen, Partnerschaften usw. zu begreifen" (Beck 1986, 216 f.), stellt sich die Frage - wenn das Argument der Individualisierungsthese nicht auf der Ebene der Ideologie verharren soll - nach den handlungswirksamen Konsequenzen, die sich jedoch nicht einfach auf bestimmte Verlaufsmuster, sondern auf die Logiken ihrer Entstehung beziehen müssen.

Mit der Typologie berufsbiografischer Gestaltungsmodi lässt sich eine, für die Individualisierungsthese typische Schwierigkeit aufzeigen. Individualisierung als Diagnose auf der institutionellen Ebene (*institutionelle Individualisierung*) erlaubt nur begrenzte Aussagen darüber, welche Handlungslogiken auf der Akteursebene mit dem institutionellen Wandel korrespondieren. Entsteht *ein* neuer *„individualisierter" Typus*, der in der reflexiven Moderne dominiert? Modernisieren sich bisherige Umgangsweisen unter dem Eindruck voranschreitenden gesellschaftlichen Wandels? Verschiebt sich das Verhältnis der Typen zueinander, so dass in verschiedenen historischen Epochen unterschiedliche Gestaltungsmodi vorherrschen? Da ohne einen historischen Vergleich mit früheren Handlungsweisen Thesen über historische Entwicklungstrends kaum empirisch gestützt werden können - im Sinne einer direkten Gegenüberstellung früherer und heutiger Umgangsweisen -, beschränken sich die abschließenden Erörterungen auf die Frage, inwieweit die BGM Umgangsweisen entsprechen, die zur Individualisierungsthese kompatibel erscheinen.

Der Vergleich der verschiedenen BGM untereinander legt es nahe, den eher seltenen Modus *Persönlichkeitsgestaltung* (Witzel/Kühn 2000, 20) als individualisierten Modus zu interpretieren. Er scheint durch seine geringe Bindung an berufliche Handlungskontexte als die am stärksten dem Individualisierungskonzept entsprechende Umgangsweise[39]. Sowohl institutionalisierte Angebote wie der Zweite Bildungsweg werden genutzt, aber auch neue Wege gesucht, beispielsweise durch beruflichen Umstieg oder Ausstieg. Teilweise werden aufwendige Bildungskarrieren in Angriff genommen, aber auch bereits vorhandene Qualifikationen scheinbar achtlos beiseite gelegt. Maßstab der Biografiegestaltung sind persönliche Kriterien, die gegenüber institutionalisierten - hier vor allem beruflichen Normen - durchgesetzt werden. Die eigenen Maßstäbe als Kriterien der Biografiegestaltung, jenseits von gesellschaftlichen Karriere- und Laufbahnstrukturen, können, gemessen an herkömmlichen erwerbs- und einkommensorientierten Maßstäben, sowohl zum Erfolg wie auch zum „bösen Erwachen" führen. Der BGM *Persönlichkeitsgestaltung* zeigt damit die Ambivalenz von individualisierten Strategien der Biografiegestaltung, deren „Erfolg" ungewiss erscheint: Inwieweit sie zu Karrieren führen, die als vertikale oder horizontale Mobilität beobachtet werden können, bleibt offen. Die Konsistenz erhalten die Biografien der jungen Fachkräfte, die zuweilen als Patchwork- oder Bruchbiografie beobachtet werden können, durch ihre persönlichen Gestaltungs- und Bewertungsmaßstäbe.

Jene mit den Modi *Chancenoptimierung* oder *Selbständigenhabitus*[40] scheinen für die modernisierte Moderne gut gerüstet zu sein, denn im Zuge raschen gesellschaftlichen Wandels werden „multioptionale Karrierestrategien" prämiert. Sie erscheinen aus sozialisationstheoretischer Perspektive als folgerichtige Reaktion auf Handlungsbedingungen, die den Eindruck zu erwecken versuchen, dass beruflicher Erfolg und gesellschaftlicher Status überwiegend in die Leistungsbereitschaft des Einzelnen gestellt sind. Insoweit schließen sie an die Reproduktionslogiken eines Beschäftigungssystems an, das nach wie vor an Bildungszertifikaten und Leistungsbereitschaft orientiert ist, auch wenn der *Lebensberuf* und die Karrieren in relativ festen Laufbahnstrukturen an Bedeutung verlieren.

Für Frauen mit BGM *Chancenoptimierung* ist die Berufskarriere häufig eng verbunden mit der Frage nach der Vereinbarkeit von Berufs*karriere* und Familie. Es erscheint plausibel, dass es gerade jene Frauen sind, die keine Familie haben, die berufliche Karriere verwirklichen, oder jene, die Ehe eher partnerschaftlich organisieren und sich nicht nach dem Leitbild der „guten Mutter" überwiegend auf die Familiengestaltung festlegen. Wenn sie sich nicht mit einer Tätigkeit auf einfachem Qualifikationsniveau zufrieden geben und den Modus Betriebsidentifizierung oder Lohnarbeiterhabitus

---

39 Vgl. etwa Giddens (1991) Auffassung, dass sich reflexive Modernisierung als Zunahme selbst-reflexiver Steuerung auffassen lässt.
40 Dabei darf der Modus Selbständigenhabitus als berufsbiografische Umgangsweise mit Erwerbserfahrungen in den ersten Erwerbsjahren nicht mit dem Erwerbsstatus „selbständig tätig" verwechselt werden. Diese sind weder inhaltlich deckungsgleich noch müssen sie bei ein und derselben Person zusammenfallen.

stabilisieren, sondern berufliche Karriereperspektiven verfolgen, sind sie in doppelter Weise gezwungen, ihre Chancen zu optimieren. Einmal im Berufsbereich, weil ihnen dort in der Regel keine Laufbahnstrukturen zur Verfügung stehen, auf die sie zurückgreifen könnten. Andererseits auf der Familienseite, da sie zwischen eigenen Ressourcen (z.B. Partnerschaft, Herkunftsfamilie, Vermögen) und staatlichen Versorgungseinrichtungen jonglieren müssen, um berufliche und familiale Wünschen zu verbinden. Sie sind sowohl auf ihre privaten Ressourcen, und wenn solche kaum vorhanden sind, umso mehr auf die Verfügbarkeit staatlicher Leistungsangebote, angewiesen. Letztere sind jedoch nach wie vor überwiegend am Modell der allzeit verfügbaren Hausfrau ausgerichtet (Krüger 1995). Damit zeigt sich ein weiteres Mal, dass „Individualisierung" *auch* von handfesten institutionellen Veränderungen (hier vor allem auch verstanden im Sinne gesetzlicher Rahmenbedingungen, vgl. Vobruba 1992) abhängig sein kann, wenn sie nicht nur ein Phänomen „ressourcenreicher", privilegierter Gruppen oder weniger Pioniere bleiben soll.

Wie sind schließlich die Modi *Lohnarbeiterhabitus* und *Laufbahnorientierung* unter modernisierungstheoretischer Perspektive zu interpretieren? Das Arrangement auf einem vergleichsweise niedrigen Qualifikationsniveau und die Bindung an eine verlässlich und vorhersehbar erscheinende Laufbahn erinnern an Handlungsbedingungen der einfachen Moderne. Eine Patchwork-Biografie, die aus einem Lohnarbeiterhabitus oder einer Laufbahnorientierung resultiert, ist Ergebnis betrieblicher und regionaler Kontextbedingungen, an die sich die jungen Fachkräfte binden. Während jene mit *Laufbahnorientierung* in hohem Maße auf den Bestand des Betriebs und seine *vacancy chains* angewiesen sind, ergeben sich die beruflichen Chancen und Risiken mit BGM *Lohnarbeiterhabitus* aus der regionalen Arbeitsmarktsituation. Wie die Beispiele der BGM-Wechsel gezeigt haben, ist es deswegen wohl kein Zufall, dass die jungen Erwachsenen mit Modus Lohnarbeiterhabitus und Laufbahnorientierung ihre Umgangsweisen noch in den ersten Berufsjahren wechselten.

Die qualitativen Analysen haben gezeigt, dass die BGM von den jungen Fachkräften in verschiedenen beruflichen Handlungskontexten (bspw. Betrieben, Arbeitsmarktregionen, Weiterbildungseinrichtungen, Berufen, Laufbahnstrukturen) erprobt werden, jedoch je nach den zur Verfügung stehenden Ressourcen (bspw. Bildungszertifikate, biografische Erfahrungen, soziale Netzwerke, Kompetenzen und Fertigkeiten, aber auch askriptiven Merkmalen wie Geschlecht), Kontexten und biografischen Prioritätensetzung zu unterschiedlichen - aber nicht beliebigen - Handlungsresultaten führen können. Dadurch, dass die BGM in dieser Weise kontext- und ressourcenunabhängig formuliert wurden, ist es eine empirisch zu prüfende Frage, inwieweit die BGM mit traditionellen Ungleichheitsindikatoren (soziale Herkunft, Schulabschluss, Geschlecht usw.) der einfachen Moderne zusammenhängen. Ein Blick auf die Zusammenhänge der BGM mit Schulabschlüssen und sozialer Herkunft in den qualitativen Interviews (vgl. Zinn 2001, Kap. 8.1) legt den Verdacht nahe, dass nach wie vor eine hohe Korrespondenz zwischen BGM und traditionellen Ungleichheitsindikatoren besteht. An anderer Stelle wurde jedoch gezeigt, dass auch jene mit geringeren formalen Bildungsressourcen[41] ihre Chancen optimieren können, indem sie Schulabschlüsse nachholen und multioptionale Karrierestrategien verfolgen. Am Beispiel junger Maschinenschlosser (Kelle/Zinn 1998) konnte gezeigt werden, inwieweit durch spezifische berufliche Erfahrungskonstellationen und erhöhten Selektionsdruck der BGM *Chancenoptimierung*, relativ unabhängig von den Bildungsressourcen und der sozialen Herkunft, stabilisiert werden kann.

Das Ergebnis zeigt, dass Herkunfts-, Bildungs- und biografische Ressourcen vermittelt sind durch die BGM, die sowohl als Handlungsroutinen wie auch selbstreflexive biografische Gestaltungsweisen, als Ausgangspunkt wie Folge biografischen Handelns wirksam werden. Handlungsresultate, die später in Form traditioneller Ungleichheitsindikatoren gemessen werden können (bspw. Mayer/Blossfeld 1990) hängen nicht eindeutig von den BGM ab, sondern von weiteren Handlungsbedingungen wie Ressourcenausstattung, askriptiven Merkmalen, biografischen Erfahrungen, sozialen Netzwerken und individuellen Prioritätensetzungen. Damit wird deutlich, dass personale Individualisierung weniger eine Frage des Scheiterns oder Gelingens ist[42], sondern eine Frage der Handlungslogik. Inwieweit diese jedoch dazu führt, soziale Ungleichheiten abzubauen, hängt wesentlich von weiteren Faktoren (Arbeitsmarktkonkurrenz, Konjunktur, normative Orientierungen usw.) ab. *Weder die formale Ressourcenausstattung noch die Handlungsresultate oder die Handlungslogik allein sind hinreichende Kriterien, um sozialen Wandel zu erklären.*

Mit der Typisierung von Handlungslogiken, wie am Beispiel der Typologie „Berufsbiografischer Gestaltungsmodi" vorgeführt, sind verschiedene Modi konstruierbar, die zur Beschreibung *personaler Individualisierungsprozesse* dienen können. Die Wechselwirkungen der BGM mit den unmittelbaren Handlungsbedingungen in den ersten Erwerbsjahren können untersucht werden. Hypothesen sind generierbar bezüglich des Auftretens eines neuen individualisierten Typus, seiner gesellschaftlichen Verbreitung (z.B. in bestimmten Milieus) oder einer „Individualisierung" herkömmlicher Modi. Um jedoch sicher zu gehen, dass die in der relativ kleinen Stichprobe beobachteten Handlungslogiken und Wechselwirkungen mit Strukturvorgaben auf gesamtgesellschaftliche Prozesse übertragbar sind, muss auch ihre quantitative Bedeutsamkeit ermittelt werden. Es muss nach einem Weg ge-

---

41 Es wurden Abiturienten Fachkräften mit formal niedrigeren Schulabschlüssen gegenübergestellt.
42 Vgl. Beck 1986. Gleichzeitig sind die Beurteilungskriterien des Scheiterns unklar: Sollen monetäre, durch den Wissenschaftler angelegte Kriterien oder die des Beobachteten gelten?

sucht werden, die Typologie in ein standardisiertes Instrument zu übersetzen.

2.4 Quantifizierung von typisierten Handlungslogiken

Bisher wurde argumentiert, dass für die Überprüfung der Individualisierungsthese nicht nur Veränderungen auf der institutionellen Ebene zu berücksichtigen seien, sondern auch die individuellen Handlungslogiken der Gesellschaftsmitglieder untersucht werden müssen, damit beobachtete sozialstrukturelle Veränderungen Individualisierungsprozessen oder anderen Erscheinungen zugerechnet werden können. Dazu wurde vorgeschlagen und am Beispiel berufsbiografischer Gestaltungsmodi (BGM) veranschaulicht, wie individuelle Handlungslogiken aus den sinnhaften Handlungen von Subjekten abgeleitet und typisiert werden können. Zuvor wurde gezeigt, wie mit der systematischen Kombination qualitativer und quantitativer Strategien bei der Stichprobenziehung eine Typologie auf eine möglichst breite Basis (*inhaltliche Repräsentativität*) gestellt werden kann.

Zum Abschluss geht es nun um die Frage, wie eine qualitativ gewonnene Typologie, mit der Handlungs- und Strukturierungslogiken aus der Akteursperspektive typisiert wurden, für quantitative Analysen zugänglich gemacht werden kann. Das erscheint notwendig, um auch quantifizierende Fragestellungen, die üblicherweise im Zusammenhang mit der Individualisierungsthese virulent werden, beantworten zu können. Etwa die Frage nach der quantitativen Bedeutsamkeit von Individualisierungsprozessen, der anhand der Verbreitung „individualisierter" Modi nachgegangen werden könnte, oder inwieweit sich Veränderungen der formalen Kontextbedingungen (bspw. Ausbildungsverordnungen und Weiterqualifizierungsmöglichkeiten) auf die Formen oder die Verbreitung der Gestaltungsweisen des Lebenslaufs auswirken. Mit einer standardisierten Typologie wäre es darüber hinaus möglich, den Zusammenhang zwischen bestimmten biografischen Umgangsweisen und formalen Strukturindikatoren für Klassen- oder Schichtzugehörigkeiten sowie sozialen Milieus zu überprüfen, um etwa die These eines nachlassenden Einflusses von Klassenlagen auf die biografischen Gestaltungsweisen untersuchen zu können.

Wie wäre nun vorzugehen, um eine qualitativ entwickelte Typologie von Handlungslogiken in ein standardisiertes und damit quantifizierbares Erhebungsinstrument zu transformieren? Ein Blick in die einschlägige Literatur zeigt, dass bisher relativ wenig Versuche unternommen wurden, qualitativ entwickelte Typologien zu quantifizieren.[43] In besonderem Maße betrifft dies jedoch Typologien, die versuchen qualitative *und* quantitative Daten zu integrieren, sowie qualitative Längsschnitttypologien, die aufgrund des ho-

---

43 So klagt etwa Fuchs-Heinritz bereits 1990 in seinem Resümee über den Stand der Jugendforschung.

hen Forschungsaufwandes bisher vergleichsweise selten entwickelt wurden[44]. Das gilt auch für die Biografieforschung, die zwar noch relativ häufig Verlaufstypologien - im Sinne erzählter Lebensgeschichten - erstellt, sich bisher jedoch auf ausführliche Einzelfallanalysen und kleine Samples konzentriert. Wenige Einzelfälle werden dabei als Beispiele für personenspezifische Manifestationen oder Bewältigungsmuster gesellschaftlicher Wirkungszusammenhänge aufgefasst. Eine quantifizierende empirische Überprüfung der individuellen Handlungslogiken würde dagegen den methodologischen und wissenschaftstheoretischen Grundannahmen des zugrunde liegenden Forschungsparadigmas widersprechen.[45]

Anhand des Beispiels der Typologie berufsbiografischer Gestaltungsmodi (BGM) und Erkenntnissen aus anderen Forschungszusammenhängen kann jedoch gezeigt werden, wie qualitative und quantitative Daten und Forschungsstrategien bei der Rekonstruktion einer solchen Typologie nutzbringend aufeinander bezogen werden können: etwa bei der Entwicklung eines standardisierten Erhebungsinstruments oder bei der clusteranalytischen Reproduktion der Typologie.

In der Studie zu „Statuspassagen in die Erwerbstätigkeit" (vgl. Heinz et al. 1998; Zinn 2001, Kap. 4) wurde nach drei qualitativen Erhebungswellen, auf deren Grundlage die qualitative Typologie berufsbiografischer Gestaltungsmodi (BGM) entwickelt wurde, versucht, die BGM in der vierten quantitativen Erhebungswelle in ein standardisiertes Instrument zu transformieren (vgl. Schaeper/Witzel in diesem Band).

In einem *ersten Schritt* wurden die der Typologie zugrunde liegenden Dimensionen (Arbeitstätigkeit, Qualifikation, Karriere, Einkommen, Betrieb) und die für die verschiedenen Typen signifikanten Ausprägungen in standardisierte Items transformiert. Dazu wurden gängige Skalen zur Messung von Arbeits-, Berufs- und Weiterbildungsorientierungen herangezogen, wie sie u.a. in der *„Allgemeinen Bevölkerungsumfrage der Sozialwissenschaften"* (ALLBUS) und dem *„Sozioökonomischen Panel"* (SOEP) Verwendung finden. Sie wurden auf der Grundlage des qualitativen Interviewmaterials für den Untersuchungszusammenhang modifiziert und ergänzt. Anhand des Datenmaterials konnten für die unterschiedlichen Typen besonders charakteristisch erscheinende Items abgeleitet werden. Am Ende standen Itembatterien (fünfstufige Rating-Skalen) zu allgemeinen Arbeitsorientierungen, dem Stellenwert der Erwerbstätigkeit im Verhältnis zu anderen Lebensbereichen und zu Gründen der Teilnahme an Weiterbildungsmaß-

---

[44] Dagegen gibt es mittlerweile in der quantitativen Lebenslaufforschung zunehmend Versuche ganze Lebensläufe anhand weniger formalisierter Status - etwa mit Hilfe der „Optimal-Matching"-Technik - zu typisieren (vgl. Erzberger/Prein 1997; Schaeper 1999).

[45] Vgl. etwa die Argumentationsweisen in der „objektiven Hermeneutik" (Soeffner 1989) oder in der „Narrationsanalyse biografischer Selbstrepräsentationen" (Fischer-Rosenthal/Rosenthal 1997).

nahmen. Die Handlungspraxis oder *Realisierungen* wurden durch eine Anzahl von Fragen zum Berufsverlauf, zu Weiterbildungsaktivitäten und zur Partnerschaft ermittelt. Insgesamt erschien dieses Verfahren als die praktikabelste Möglichkeit, Orientierungen in Bezug auf Arbeitstätigkeit, Weiterbildung oder die individuelle Lebensgestaltung und die Handlungspraxis mittels eines überschaubaren und bewältigbaren Fragebogens zu erfassen.

Im *zweiten Schritt* sollten mittels clusteranalytischer Verfahren die qualitativ entwickelten BGM im standardisiert erhobenen Datensatz reproduziert werden. Beim Versuch, sowohl Realisierungen (Handlungsresultate) wie Aspirationen[46] gleichzeitig in die Clusteranalyse miteinzubeziehen ergaben sich unerwartete Schwierigkeiten. Die Verhaltensvariablen bestimmten in uninterpretierbarer Weise die Clusterstruktur (vgl. Schaeper/Witzel in diesem Band), so dass die Handlungsweisen ausschließlich als Deskriptionsvariablen berücksichtigt wurden, d.h. die Zusammenhänge zwischen Handlungspraxis und Orientierungsmustern konnten nur korrelativ reproduziert werden. Die anschließende explorative Clusteranalyse bezog sich dementsprechend ausschließlich auf die Arbeits-, Berufs- und Weiterbildungs*orientierungen*. Deswegen wurde sie als Typologie berufsbiografischer *Orientierungs*muster (BOM) bezeichnet.

In einem *dritten Schritt* ging es schließlich um die Frage, inwieweit die sechs BGM mit den sieben berufsbiografischen Orientierungsmustern (BOM) konvergieren: Inwiefern unterscheidet sich die Typologie sinnhaften Handelns von der Typologie allgemeiner Orientierungen? Dabei zeigten sich sowohl weitgehende Übereinstimmungen von Typen, - die drei BGM *Betriebsidentifizierung, Lohnarbeiterhabitus* und *Laufbahnorientierung* ließen sich auch mittels der Clusteranalysen rekonstruieren, - wie auch grundlegende Unterschiede, weil drei BOM-Typen kein Pendant bei den BGM aufwiesen („Sicherheitsorientierte", „anspruchslose Notwendigkeitsorientierte", „anspruchsvolle ganzheitlich Orientierte"). Schließlich setzte sich das BOM „chancenoptimierende Persönlichkeitsgestaltung" als Mischtypus aus den drei BGM *Selbständigenhabitus, Persönlichkeitsgestaltung* und *Chancenoptimierung* zusammen (vgl. Schaeper/Witzel in diesem Band).

Wie können die Unterschiede zwischen den beiden Typologien und den Fallzuordnungen erklärt werden? (Siehe hierzu auch ausführlich Schaeper/Witzel in diesem Band.)

---

46 Interessanterweise wurde auf die Operationalisierung der Bilanzierungen verzichtet. Stattdessen wurde davon ausgegangen, dass sich Aspirationen aus Bilanzierungen heraus entwickeln. Wenn die vergangenen Erfahrungen jedoch zu neuen Umgangsweisen mit den beruflichen Handlungskontexten führen, fallen Handlungspraxis (in der Vergangenheit) und Aspirationen (noch nicht verwirklichte Zukunftsvorstellungen) auseinander. Damit wird nicht mehr sinnhafte Praxis untersucht, sondern die Differenz zwischen aktuellen Wünschen und Aspirationen auf der einen Seite und vergangener Handlungsresultate auf der anderen.

Methodische Fragen, bezüglich der Eignung des gewählten Clusterverfahrens zur Rekonstruktion einer qualitativ entwickelten Typologie werden hier zugunsten konzeptioneller Überlegungen und Entscheidungen zurückgestellt. Insbesondere bei dem Instrumentarium der Clusteranalyse erscheint es jedoch ratsam, dass theoretische Vorentscheidungen oder Kriterien der qualitativen Typenbildung systematisch in das statistische Instrument umgesetzt werden, damit Methodenartefakte vermieden werden können. Denn einzelne Parameter können ganz erheblichen Einfluss auf die späteren Clusterlösungen haben.[47] Zudem sind viele Entscheidungen im Rahmen der Clusteranalyse nicht durch statistische „Daumenregeln", sondern nur durch inhaltliche Begründung unter Bezug auf theoretische Vorüberlegungen und etwa qualitatives Interviewmaterial zu treffen (vgl. Micheel 2001a), etwa wenn es um die Frage geht, ob kleine Cluster beibehalten werden sollen oder vorerst wenig trennscharfe Gruppen konzeptionell genauer herausgearbeitet werden sollen.

Die folgenden Erörterungen beschränken sich auf drei zentrale konzeptionelle Problembereiche, die bei der vorliegenden Analyse und der Untersuchung von *Individualisierungsprozessen* von Bedeutung sind:

- Die Frage nach den Strategien der Integration von Handlungen (Realisierungen) und Deutungen (Aspirationen, Bilanzierungen) in Handlungslogiken bei standardisierten Erhebungs- und Auswertungsverfahren.

- Die Erfassung übersituativer Handlungslogiken.

- Die Untersuchung sozialen Wandels anhand übersituativer Handlungslogiken.

Zur Integration von Handlungen und Deutungen zu Handlungslogiken
Wie können Handlungen und Deutungen zu Handlungslogiken integriert werden? Aufgrund der theoretischen Vorüberlegungen dieses Aufsatzes überrascht es nicht, dass der Versuch der korrelativen Verknüpfung von Handlungsresultaten und allgemeinen Handlungsorientierungen bei der Standardisierung der qualitativen Typologie misslang. Das kann als Beleg dafür angesehen werden, was sich bereits in manchen Studien offenbarte (etwa bei Baethge et al. 1988) und deshalb in anderen Forschungsprojekten konzeptionell berücksichtigt wurde (etwa bei Geissler/Oechsle 1996 mit der Unterscheidung zwischen Lebensentwürfen und Lebensplanung): Zwischen allgemeinen Orientierungen und der Praxis von Akteuren besteht kein eindeutiges Zuordnungsverhältnis. Vielmehr sind - so die theoretische Argumentation - Handlungslogiken wie die BGM uneindeutig bezüglich der

---

47 Dazu ist der Rückgriff auf eine Software notwendig, die die statistischen Analysemöglichkeiten nicht von vornherein einschränkt wie etwa bei gängigen Softwarepaketen (bspw. SPSS), sondern vielfältige Entscheidungsmöglichkeiten bietet (bspw. Clustan, Almo).

Handlungsresultate. Diese werden durch zusätzliche Faktoren (etwa die Ressourcenlage, die Situation und Situationsdefinition des Akteurs u. Ä.) vermittelt. Das heißt, weder allein aus Handlungsresultaten noch allein auf der Grundlage allgemeiner Handlungsorientierungen kann auf Handlungslogiken geschlossen werden.

Wenn es nicht gelingt, bestimmte Items oder Skalen zu entwickeln, die als gute Indikatoren für Dimensionen bestimmter Handlungslogiken gelten können, dann stellt sich die Frage, ob nicht ein komplexeres Erhebungsinstrument entwickelt werden muss. Vergegenwärtigen wir uns dazu noch einmal die Konstruktionslogik der BGM. Sie wurden unter Rückgriff auf bestimmte *Realisierungen* (oder ihre Unterlassung) eines formalen Lebensablaufs[48] und darauf bezogene *Aspirationen* und *Bilanzierungen* entwickelt. Um diese Logik im standardisierten Instrument zu reproduzieren, müssten Items auf bestimmte Lebensereignisse bezogen werden, so dass Umgangsweisen und Deutungsmuster zu verschiedenen biografischen Ereignissen bei der Auswertung systematisch miteinander verglichen werden können. Zuerst wäre also zu erfragen, ob schon einmal bspw. ein Stellenwechsel oder eine Weiterbildung geplant oder vollzogen wurde, um im Anschluss - bezogen auf ein entsprechendes Ereignis - nach den in die Entscheidung eingeflossenen Gründen und Überlegungen zu fragen und welchen Stellenwert sie für die jeweilige Entscheidung hatten. Dieses Verfahren birgt im Unterschied zur Erfragung allgemeiner Handlungsorientierungen die Gefahr, zu umfangreichen und aufwendigen Fragebögen zu führen, hätte jedoch den Vorteil, stärker an die Handlungspraxis anzuknüpfen. Die übersituative Handlungslogik müsste dann aus dem Vergleich sinnhaften Handelns in mehreren biografischen Entscheidungssituationen abgeleitet werden.

Liegen für einen Teil der Fälle zu einem bestimmten Erhebungszeitpunkt sowohl standardisierte Daten wie auch qualitatives Interviewmaterial vor, kann eine weitere Strategie verfolgt werden. Dann wird es möglich, für jeden Einzelfall zu überprüfen, inwieweit die auf der Grundlage der standardisierten Items vorgenommenen Fallzuordnungen zu den Clustern mit den Zuordnungen der Fälle in der qualitativen Typologie übereinstimmen.[49]

---

48 Bspw. Stationen des Berufsverlaufs: Betriebs-, Berufs-, Stellenwechsel, Weiterbildung; Stationen der Partnerschaft: Zusammenziehen mit Partner, Heirat, Geburt des ersten Kindes.
49 Das haben Schaeper und Witzel (in diesem Band) versucht. Ihnen standen jedoch nur die qualitativen Daten der ersten drei Erhebungswellen zur Verfügung, die sie mit den Zuordnungen der vierten standardisierten Erhebungswelle verglichen. Dadurch konnten sie die Stärke des Einflusses verschiedener Faktoren (z.B. Sozialisationseffekte) auf die Güte der Fallzuordnung jedoch nicht einschätzen (weil der zeitliche Abstand zwischen der letzten qualitativen Befragung und der vierten quantitativen Erhebung immerhin drei Jahre betrug). Hinzu kommt die unterschiedliche Konstruktionslogik der Typologien. Die BGM bezogen die Handlungspraxis mit ein, während

Gibt es Differenzen, können die in der Clusteranalyse verwendeten Items daraufhin geprüft werden, ob sie die notwendige Trennschärfe und Varianz zur Reproduktion der Typen besitzen oder nicht besser aus der Analyse ausgeschlossen werden sollten. Diese Strategie verfolgte Jakob (2001), um eine Typologie von Sicherungsmodi beim Übergang von Offizieren am Ende des Studiums in den Zivilberuf zu entwickeln. Er verfügte über ein standardisiertes Sample mit Daten sowohl zu Handlungsweisen (handlungspraktische Vorbereitung auf den Übergang) wie Deutungsmustern (Bewertungen, Einschätzungen, Erwartungen). Beide Datenarten wurden in der von ihm durchgeführten Clusteranalyse berücksichtigt. Für ein Subsample lagen sowohl Daten aus einer standardisierten Erhebung wie qualitative Interviews vor. Damit war es möglich, den Gründen geringer Trennschärfe von Items oder Handlungsresultaten bei der Clusterbildung nachzugehen, nach Wegen ihrer angemessenen Berücksichtigung zu suchen oder aus dem Pool erhobener Einstellungsitems und Informationen über Handlungsresultate geeignetere Items (größere Trennschärfe/Eindeutigkeit, hohe Varianz) für die Analyse auszuwählen.

Zur forschungspraktischen Unterscheidung zwischen situationsspezifischen und übersituativen Handlungslogiken

Der zweite Problembereich bezieht sich auf die Frage, wie situationsspezifisches Handeln (bspw. in Bezug auf einen bestimmten Betrieb oder eine aktuelle Lebenspartnerin) von allgemeinen biografischen Handlungslogiken (des allgemeinen Umgangs mit betrieblichen Anstellungsverhältnissen oder Partnerschaft) unterschieden werden kann, die sich auf einen bestimmten Lebensabschnitt (bspw. die ersten Berufsjahre) beziehen.

Wenn in einem standardisierten Querschnittsdesign Begründungsmuster bezüglich einzelner Ereignisse abgefragt werden, so unterliegen sie der gleichen situationsspezifischen Antwortlogik wie das auch für biografische Interviews gilt, bei denen nur *eine* Befragung durchgeführt wird. Denn es kann davon ausgegangen werden, dass Meinungen, Sichtweisen und Beschreibungen bezüglich der vergangenen Lebensgeschichte durch die aktuelle Lebenssituation beeinflusst werden. Um mögliche Veränderungen, gerade wenn sie von den Befragten nicht reflektiert werden, empirisch erfassen zu können, ist es daher hilfreich, Akteure mit einigem Zeitabstand, etwa in sich alle drei Jahre wiederholenden Erhebungswellen, zu befragen. So können Veränderungen in den Darstellungs- und Begründungsweisen einer Abfolge von Lebensereignissen (auch derselben Lebensereignisse) kontrolliert und spezifiziert werden. Damit Aussagen über den Wandel oder die Stabilisierung biografischer Handlungs*logiken* möglich werden - unabhängig davon, ob standardisiert oder unstandardisiert erhoben - müssen die zu unterschiedlichen Erhebungszeitpunkten erhobenen Umgangsweisen mit-

---

sich die BOM allein auf die Orientierungen zum vierten Erhebungszeitpunkt gründeten.

einander verglichen werden. Es können dann übersituative Gestaltungsweisen von situationsspezifischen unterschieden werden (siehe auch Kluge in diesem Band).

Ein qualitatives Panel, wie es im Projekt zur „Statuspassage ins Berufsleben" realisiert wurde, erlaubte den Vergleich der Erzählungen zu unterschiedlichen Erhebungszeitpunkten. Darüber hinaus konnte auch in der Interviewsituation auf Veränderungen und Widersprüche aufmerksam gemacht werden, womit weitere Begründungen und Erklärungen provoziert wurden. Welche Deutungen dann als plausibler angenommen bzw. als unplausibel verworfen wurden, musste in jedem Einzelfall aus dem Gesamtzusammenhang des Interviews und des Berufsverlaufs entschieden werden.

Wie können jedoch unterschiedliche Selbstdarstellungsweisen im standardisierten Verfahren verglichen werden?

Auf der Grundlage von standardisierten Paneldaten könnte unter Zuhilfenahme einer probabilistischen Clusteranalyse verglichen werden, wie sich die Zuordnungswahrscheinlichkeiten von Einzelfällen zu einer bestimmten Clusterlösung im Vergleich der einzelnen Erhebungswellen verändern. Die Erhöhung der Zuordnungswahrscheinlichkeiten einzelner Fälle zu einem Cluster wäre dann als Stabilisierung einer idealtypischen Umgangsweise zu interpretieren. Damit könnte auch ermittelt werden, ob einzelne Personen - bei insgesamt gleich bleibender Clusterlösung für die gesamte Stichprobe - zwischen zwei Erhebungszeitpunkten den Typus biografischer Gestaltungsweisen wechseln.

Die Analyse sozialen Wandels anhand übersituativer Handlungslogiken
Um allgemeine Individualisierungsprozesse zu untersuchen, die sich auf unterschiedliche Statuspassagen und Abschnitte des Lebenslaufs beziehen, müssten die BGM, die für die ersten Erwerbsjahre entwickelt wurden, auf eine allgemeinere Basis gestellt werden, die weitere Personenkreise einbezieht (nicht nur erfolgreiche Lehrabsolvent/innen, sondern auch gescheiterte, nicht nur junge Erwachsene, sondern auch Personen im mittleren Lebensalter und nicht mehr im Erwerbsleben Stehende usw.).

Für die Untersuchung allgemeiner Individualisierungsprozesse im Sinne eines *allgemeinen gesellschaftlichen Wandels*, liegt der Vorteil der standardisierten Typologie in der Möglichkeit quantitative Veränderungen im Kohortenvergleich sichtbar zu machen. Dazu müssen Clusterlösungen aus Stichproben zu unterschiedlichen historischen Zeitpunkten verglichen werden.

Wird versucht, die Clusterlösung einer Anfangskohorte in späteren Kohorten zu reproduzieren, so können, je nachdem wie gut das gelingt, Hypothesen bzw. Schlüsse für die Art des sozialen Wandels abgeleitet werden. Sind - auch wenn sich die Proportionen verschieben - die einzelnen Fälle noch ebenso gut wie zu anderen Zeitpunkten den verschiedenen Gruppen zuzuordnen oder passen die Fälle immer schlechter in die Clusterlösung? Letzteres wäre Anlass, einzelne Fälle genauer zu untersuchen, wozu wiederum auf qualitative Befragungen zurückgegriffen werden müsste. Werden qualitative Interviews *nach* der Auswertung des standardisierten Materials durchgeführt, können Befragte - ähnlich dem zweistufigen Sampling (vgl. Abschnitt 2.1) - gezielt für qualitative Analysen ausgewählt werden: beispielsweise Fälle, die einem einzelnen Typus besonders nahe kommen und solche die nur schlecht oder gar nicht den Clustern zuzuordnen sind. Dadurch können Prozesse sozialen Wandels näher untersucht werden, die sich im standardisierten Instrument nur unspezifisch in der veränderten Güte clusteranalytischer Gruppenbildung niederschlägt. Neue Erkenntnisse aus den qualitativen Analysen können dann wieder Anlass für die Modifikation der Typologie sein (bspw. für die Entwicklung eines neuen Typus) oder zu neuen Formen der Standardisierung führen. Bisher wurden solche Problemstellungen der Reproduktion von Clusterlösungen zu verschiedenen Zeitpunkten nur selten statistisch ausgearbeitet (vgl. dazu jedoch: Hanssen/Micheel/Wagenblass 2001; Micheel 2001b). Nach wie vor besteht daher Forschungsbedarf. Der bezieht sich über die statistischen Problemstellungen hinaus auf die Gültigkeit und Vergleichbarkeit von Handlungsweisen zu unterschiedlichen historischen Zeitpunkten. Je größer die zeitlichen Abstände zwischen den untersuchten Kohorten werden (etwa beim Vergleich der „Flackhelfergeneration" mit der heutigen Jugend), desto größer wird das Problem der Gültigkeit und Übertragbarkeit des verwendeten standardisierten Instruments. Denn in der Regel nimmt das Problem sich wandelnder begrifflicher Deutungen und sich verändernden Sprachgebrauchs zu (bspw. Allerbeck/Hoag 1984). Um die Vergleichbarkeit solcher quantitativ standardisierter Verfahren abzusichern bzw. einschätzen zu können, empfiehlt sich daher die Verbindung mit qualitativen unstandardisiert erhobenen Daten, die Hinweise auf einen entsprechenden Bedeutungswandel und Möglichkeiten seiner Bearbeitung geben können.

Insgesamt konnte gezeigt werden, dass bei der Transformation einer qualitativen Typologie in ein standardisiertes Instrument und seiner Anwendung im Kohortenvergleich, die Kombination qualitativer und quantitativer Daten und Methoden auf verschiedenen Ebenen nützlich sein kann:

- Bei der Entwicklung eines standardisierten Fragebogens kann eine hohe Lebensnähe der Items gewährleistet werden, da auf die *in vivo* Formulierungen aus dem qualitativen Interviewmaterial zurückgegriffen werden kann.

- Bei der Reproduktion der qualitativen Typologie mittels einer auf standardisierten Items beruhenden Clusteranalyse gibt das qualitative Material Entscheidungshilfen, die nicht auf der Grundlage rein statistischer Überlegungen getroffen werden können - beispielsweise bei der Kriterienauswahl zur Operationalisierung bestimmter Dimensionen oder wenn entschieden werden muss, ob Cluster trotz geringer Fallzahlen beibehalten werden sollen, weil sie theoretisch von Bedeutung sind.

- Umgekehrt kann auch das quantitative Datenmaterial Hinweise für die Korrektur der qualitativen Typen geben, so etwa, wenn zwischen bestimmten qualitativen Typen nur eine geringe Trennschärfe erreicht werden kann. Dann muss im Einzelfall entschieden werden, inwieweit es sich um ein Problem der Typologie oder der Standardisierungsversuche handelt. Besteht die Möglichkeit, auf umfangreiches qualitatives Datenmaterial zurückzugreifen, können sich neue Auswertungsperspektiven für die qualitative Typenbildung ergeben. Reicht das vorhandene Material nicht aus, wären die aufgeworfenen neuen Fragestellungen in weiteren qualitativen Interviews zu berücksichtigen.

- Werden auf der Grundlage eines standardisierten Instruments Individualisierungsprozesse durch Kohortenvergleich untersucht, bedarf es ergänzender qualitativer Analysen, um die anhaltende Gültigkeit des Instruments abzusichern und seine Sensibilität für sozialen Wandel zu erhalten. Die gezielte Auswahl von idealtypisch erscheinenden sowie abweichenden Fällen kann zur Absicherung und Weiterentwicklung der Typologie genutzt werden.

3. Resümee und Ausblick

Zu Beginn wurde argumentiert, dass der Individualisierungsdiskurs im Nachkriegsdeutschland vor allem durch die Trennung zwischen qualitativen und quantitativen Daten und Erhebungsstrategien behindert, wenn nicht gar blockiert wird. Um Bewegung in diese verfahrene Situation zu bringen, wurde eine konzeptionelle und forschungspraktische Strategie vorgeschlagen. Es sollte gezeigt werden, wie mit der Kombination qualitativer und quantitativer Daten und Methoden die Individualisierungsthese besser als bisher überprüft werden kann.

Als Kern der Individualisierungsthese wurde die Behauptung eines neuen gesellschaftlichen Integrationsmodus angesehen. Dazu reicht es jedoch nicht aus, wie bislang, überwiegend die Zusammenhänge zwischen institutionellem Wandel auf der Meso-Ebene und sozialstrukturellem Wandel auf der Makro-Ebene zu untersuchen und daraus auf Veränderungen auf der Mikro-Ebene handelnder Akteure zu schließen. Vielmehr wurde es als empirisch offene Frage angesehen, inwieweit institutioneller Wandel auch auf der Mikro-Ebene zu den postulierten Veränderungen führt. Dadurch wird es möglich, beobachteten Wandel auf der Makro-Ebene differenziert, im Hinblick auf Zusammenhänge mit institutionellen oder individuellen Veränderungen, zu analysieren. Dieser Perspektivenwechsel schlug sich konzeptionell in einer begrifflichen Differenzierung nieder. Es wurde unterschieden zwischen *institutionellen Individualisierungsprozessen*, mit denen veränderte Strukturvorgaben auf der Meso-Ebene bezeichnet werden, und *personalen Individualisierungsprozessen*, die auf die Handlungslogiken von Subjekten in Auseinandersetzung mit ihren institutionellen Handlungsbedingungen auf der Mikro-Ebene abzielen.

Die Mikro-Ebene *personaler Individualisierung* erschien jedoch noch aus einem weiteren Grund von besonderer Bedeutung für die Analyse allgemeiner Individualisierungsprozesse. In sich rasch wandelnden modernen Gesellschaften kann immer weniger unhinterfragt von allgemein gültigen und überdauernden Deutungsmustern ausgegangen werden. Deswegen müssen Handlungspraxis und Handlungssinn als Einheit erhoben werden, wenn nicht unüberprüfte Zusammenhangshypothesen vorausgesetzt werden sollen. Da sich die Individualisierungsthese jedoch genau auf den Zusammenhang von Handlungspraxis und Handlungssinn bezieht, wie er sich in spezifischen Handlungslogiken manifestiert, kann sie nicht allein unter Bezug auf veränderte allgemeine Deutungsmuster oder Pluralisierungsprozesse analysiert werden.

Anhand eines empirischen Beispiels wurde demonstriert, wie auf verschiedenen Ebenen *personale Individualisierungsprozesse* bearbeitet und ins Verhältnis zu institutionellen Handlungskontexten und sozialstrukturellen Handlungsresultaten gesetzt werden können. Dabei wurden Strategien der Kombination qualitativer und quantitativer Daten und Methoden aufgezeigt, mit denen auf der Ebene der Stichprobenziehung, der Typenbildung und der Quantifizierung einer qualitativ gewonnenen Typologie hinreichend valides empirisches Material erhoben werden kann, auf dessen Grundlage fundiertere Aussagen über gesellschaftliche Individualisierungsprozesse möglich sein sollten.

Ein besonderer Schwerpunkt des empirischen Teils lag auf dem Beispiel einer Typologie berufsbiografischer Handlungslogiken („berufsbiografische Gestaltungsmodi"), mit der die spezifische Problematik der Individualisierungsthese exemplarisch aufgezeigt werden konnte. Eine veränderte Handlungslogik für sich genommen erlaubt keine eindeutigen Aussagen bezüglich der zu erwartenden Handlungsresultate. Dazu müssen die Logiken in Zusammenhang mit spezifischen Handlungskontexten analysiert werden. Inwieweit ein BGM *Chancenoptimierung* oder *Persönlichkeitsgestaltung* zu einer Patchworkbiografie führt, steht in Zusammenhang mit den jeweiligen Handlungskontexten, den zur Verfügung stehenden individuellen Ressourcen, Erfahrungen und Aspirationen.

Der Bedarf, neue methodische und konzeptionelle Wege zu gehen, steigt in dem Maße, wie Forschungsfragestellungen komplexer werden, auf moderne theoretische Entwicklungen Bezug genommen wird oder eine sich rasch wandelnde Gesellschaft bisherige Gewissheiten und Erklärungsgewohnheiten infrage stellt. Wenn verallgemeinerte Erklärungsmuster für die Handlungsrationalitäten von Akteuren an Gültigkeit verlieren, sich verschiedene gesellschaftliche Milieus der Erfahrungswelt der Wissenschaftler/innen zunehmend entziehen und bisherige Umgangsweisen durch neue ersetzt werden, müssen quantitative, an formalen Strukturindikatoren orientierte Studien ihre Erklärungsprämissen durch qualitative Untersuchungen untermauern, wenn sie sich nicht dem Vorwurf einer „Variablensoziologie" (Esser 1989; Faulbaum 1992; Kelle/Lüdemann 1995) aussetzen wollen.

In einer sich „*modernisierenden Moderne*" (Beck 1986) oder „*verflüssigenden*" Gesellschaft (Urry 2000) stellt sich die Frage noch einmal neu, inwieweit Forschung noch stärker auf individuelle Handlungslogiken bezogen werden muss, um den Wandel der sozialen Reproduktionsmechanismen in den Blick zu bekommen. Denn wenn sowohl die Vorstellungen stabiler biografischer Handlungskontexte als auch die Vorstellung stabiler oder sich nur krisenhaft wandelnder Identitäten verabschiedet werden müssen, dann erscheint eine Forschungsperspektive angebracht, die sich im Lebensverlauf wandelnde Subjektkonstellationen ins Verhältnis setzt zu biografischen Bedingungs- und Erfahrungskonstellationen und beides verbindet mit den Logiken ihrer Reproduktion und Veränderung. Dazu bedarf es der systematischen Kombination qualitativer und quantitativer Daten und Methoden im Forschungsprozess.

Literatur

Alheit, Peter/Glass, Christian (1986): Beschädigtes Leben. Soziale Biographien jugendlicher Arbeitsloser. Frankfurt a. M.: Campus
Allerbeck, Klaus/Hoag, Wendy J. (1984): Umfragereplikation als Messung sozialen Wandels: Jugend 1962-1983. In: Kölner Zeitschrift für Soziologie und Sozialpsychologie 4/84, 755-772
Baethge, Martin et al. (1988): Jugend: Arbeit und Identität. Lebensperspektiven und Interessenorientierungen von Jugendlichen. Opladen: Leske und Budrich
Baumeister, Hella/Bogun, Roland (1991): Regionale Chancenstrukturen für Jugendliche und junge Erwachsene auf den Ausbildungs- und Arbeitsmärkten Bremen und München: Mitteilungsblatt der zentralen wissenschaftlichen Einrichtung „Arbeit und Betrieb", Universität Bremen, 39-58
Beck, Ulrich (1986): Risikogesellschaft. Auf dem Weg in eine andere Moderne. Frankfurt a. M.: Suhrkamp
Beck, Ulrich/Beck-Gernsheim, Elisabeth (1993): Nicht Autonomie, sondern Bastelbiographie. Anmerkungen zur Individualisierungsdiskussion am Beispiel des Ansatzes von Günter Burkart. In: Zeitschrift für Soziologie 3/93, 178-187
Beck, Ulrich/Beck-Gernsheim, Elisabeth (1994): Individualisierung in modernen Gesellschaften: Perspektiven und Kontroversen einer subjektorientierten Soziologie. In: Beck, U./Beck-Gernsheim, E. (Hrsg.): Riskante Freiheiten. Individualisierung in modernen Gesellschaften. Frankfurt a. M.: Suhrkamp, 10-39

Beck, Ulrich/Sopp, Peter (Hrsg.) (1997): Individualisierung und Integration. Neue Konfliktlinien und neuer Integrationsmodus? Opladen: Leske und Budrich
Beck-Gernsheim, Elisabeth/Ostner, Ilona (1978): Frauen verändern - Berufe nicht? Ein theoretischer Ansatz zur Problematik von Frau und Beruf. In: Soziale Welt 3/78, 257-287
Bohnsack, Ralf (1984): Alltagsinterpretation und soziologische Rekonstruktion. Opladen: Westdeutscher Verlag
Bonß, Wolfgang/Kesselring, Sven (1998): Mobilitätspioniere. Zum Strukturwandel der Mobilität unter den Bedingungen reflexiver Modernisierung. In: Sonderforschungsbereich 536: „Reflexive Modernisierung" - Analysen zur (Selbst-)Transformation der industriellen Moderne. Antrag zur Finanzierung eines neuen Sonderforschungsbereiches für die Jahre 1999 - 2000 - 2001, Teil 2: Projektbereiche B und C, 457-501
Burkart, Günter (1993): Individualisierung und Elternschaft: Das Beispiel USA. In: Zeitschrift für Soziologie 22/93, 159-177
Davidson, Donald (1990): Handlung, Gründe und Ursachen. In: Derselbe: Handlung und Ereignis, Frankfurt a. M.: Suhrkamp, 19-42
Erzberger, Christian (1998): Zahlen und Wörter. Die Verbindung quantitativer und qualitativer Daten und Methoden im Forschungsprozess. Weinheim: Deutscher Studien Verlag
Erzberger, Christian/Kluge, Susann (2000): Repräsentativität qualitativer Untersuchungen. Lebensverlaufsmuster als Basis für Auswahlentscheidungen. In: Heinz, W. R. (Hrsg.): Übergänge: Individualisierung, Flexibilisierung und Institutionalisierung des Lebensverlaufs. 3. Beiheft der Zeitschrift für Soziologie der Erziehung und Sozialisation (ZSE), 298-313
Erzberger, Christian/Prein, Gerald (1997): Optimal-Matching-Technik: Ein Analyseverfahren zur Vergleichbarkeit und Ordnung individuell differenter Lebensverläufe. In: ZUMA-Nachrichten 40/97, 52-80
Esser, Hartmut (1989): Verfällt die „soziologische Methode"? In: Soziale Welt, Jubiläumsheft zum 40. Jahrgang „Über Soziologie", 57-75
Faulbaum, Frank (1992): Von der Variablenanalyse zur Evaluation von Handlungs- und Prozesszusammenhängen, ZUMA-Arbeitsbericht 5/92, 2. Aufl., Mannheim
Fischer-Rosenthal, Wolfram/Rosenthal, Gabriele (1997): Narrationsanalyse biographischer Selbstrepräsentationen. In: Hitzler, R./Honer, A. (Hrsg.): Sozialwissenschaftliche Hermeneutik. Opladen: Leske und Budrich, 133-164
Friedrichs, Jürgen (Hrsg.) (1998): Die Individualisierungsthese. Opladen: Leske und Budrich, 7-12
Fuchs-Heinritz, Werner (1990): Biographische Studien zur Jugendphase. In: Mayer, K. U. (Hrsg.): Lebensverläufe und sozialer Wandel (Kölner Zeitschrift für Soziologie und Sozialpsychologie Sonderheft 31). Opladen: Westdeutscher Verlag, 58-88
Furstenberg, Frank F. Jr. (1987): Fortsetzungsehen. Ein neues Lebensmuster und seine Folgen. In: Soziale Welt 1/87, 29-39
Geissler, Birgit/Oechsle, Mechtild (1996): Lebensplanung junger Frauen. Zur widersprüchlichen Modernisierung weiblicher Lebensläufe. Weinheim: Deutscher Studienverlag

Giddens, Anthony (1984): The Constitution of Society. Outline of the Theory of Structuration. Cambridge: Polity Press

Giddens, Anthony (1988): Die Konstitution der Gesellschaft. Grundzüge einer Theorie der Strukturierung. Frankfurt und New York: Campus

Giddens, Anthony (1991): Modernity and Self-Identity. Self and Society in the Late Modern Age. Stanford University Press: Stanford California

Glaser, Barney G./Strauss, Anselm L. (1967): The Discovery of Grounded Theory: Strategies for Qualitative Research. New York: Aldine de Gruyter

Glaser, Barney G./Strauss, Anselm L. (1970): Theoretical Sampling. In: Denzin, N. K. (Hrsg.): Sociological Methods. A Sourcebook. Butterworths, 105-114

Glasersfeld, Ernst von (1987): Wissen, Sprache und Wirklichkeit. Die Arbeiten zum radikalen Konstruktivismus. Wiesbaden: Braunschweig

Hahn, Alois (1992): Verstehen bei Dilthey und Luhmann. In: Annali di Sociologia, Soziologisches Jahrbuch 8, 1992 - I, 421-430

Hanssen, Kirsten/Micheel, Heinz-Günter/Wagenblass, Sabine (2001): Stabile Unsicherheit im Transformationsprozess: Typisierung von Lebenslagen Jugendlicher im Zeitvergleich. In: Otto, H.-U. et al. (Hrsg.): Neue Praxis Jahrbuch 2001. Empirische Forschung in der Sozialen Arbeit. Neuwied: Luchterhand

Heinz, Walter R. (1995): Arbeit, Beruf und Lebenslauf: Eine Einführung in die berufliche Sozialisation. Weinheim et al.: Juventa

Heinz, Walter R. et al. (1991): Statuspassagen in die Erwerbstätigkeit an der zweiten Schwelle. In: Sonderforschungsbereich 186: Statuspassagen und Risikolagen im Lebensverlauf. Institutionelle Steuerung und individuelle Handlungsstrategien, Arbeits- und Ergebnisbericht, Juli 1988 - Februar 1991, Bremen, 11-50

Heinz, Walter R. et al. (1996): Aufbruch in die Konvention? (Statuspassagen in die Erwerbstätigkeit III) In: Sonderforschungsbereich 186: Statuspassagen und Risikolagen im Lebensverlauf. Institutionelle Steuerung und individuelle Handlungsstrategien, Arbeits- und Ergebnisbericht 1994-1996, Bremen, 19-48

Heinz, Walter R. et al. (1998): Vocational Training and Career Development in Germany: Results from a Longitudinal Study. In: International Journal of Behavioral Development 22, Heft 1, 77-101

Helling, Vera/Mönnich, Ingo (1991): Beruf, Geschlecht und Region. Übergangsprozesse in die Berufsbildung. In: Mitteilungen der ZWE „Arbeit und Betrieb" 24/91, Universität Bremen, 59-76

Hornstein, Walter (1989): Ein halbes Jahrzehnt „Pädagogische Jugendforschung". Überlegungen am Ende eines Forschungsprogramms. In: Breyvogel, W. (Hrsg.): Pädagogische Jugendforschung. Erkenntnisse und Perspektiven. Opladen: Leske und Budrich, 227-257

Huinink, Johannes/Michael Wagner (1998): Individualisierung und die Pluralisierung von Lebensformen. In: Friedrichs, J. (Hrsg.): Die Individualisierungsthese. Opladen: Leske und Budrich

Jakob, Alexander (2001): Möglichkeiten und Grenzen der Triangulation quantitativer und qualitativer Daten am Beispiel der (Re-)Konstruktion einer Typologie erwerbsbiographischer Sicherheitskonzepte [69 Absätze]. In: Forum Qualitative Sozialforschung/Forum: Qualitative Social Research 2, Heft 1.

Verfügbar über: http://qualitative-research.net/fqs/fqs.htm [Datum des Zugriffs: 27.3.2001].
Kelle, Udo/Erzberger, Christian (1999): Integration qualitativer und quantitativer Methoden. Methodologische Modelle und ihre Bedeutung für die Forschungspraxis. In: Kölner Zeitschrift für Soziologie und Sozialpsychologie 3/99, 509-531
Kelle, Udo/Kluge, Susann (1999): Vom Einzelfall zum Typus. Fallvergleich und Fallkontrastierung in der qualitativen Sozialforschung. Opladen: Leske und Budrich
Kelle, Udo/Lüdemann, Christian (1995): „Grau, teurer Freund ist alle Theorie". Rational Choice und das Problem der Brückenannahmen. In: Kölner Zeitschrift für Soziologie und Sozialpsychologie 2/95, 249-267
Kelle, Udo/Zinn, Jens (1998): School-to-Work Transition and Occupational Careers: Results from a Longitudinal Study in Germany. In: Lange, Th. (Hrsg.): Understanding the School-To-Work Transition: An International Perspective. Commack und New York: Nowa Science Publisher, 71-89
Knapp, Gudrun-Axeli (1987): Arbeitsteilung und Sozialisation: Konstellationen von Arbeitsvermögen und Arbeitskraft im Lebenszusammenhang von Frauen. In: Beer, Ursula (Hrsg.): Klasse. Geschlecht. Feministische Gesellschaftsanalyse und Wissenschaftskritik. Bielefeld: AJZ-Verlag, 236-273
Kohli, Martin (1978): Soziologie des Lebenslaufs. Darmstadt und Neuwied: Luchterhand
Kohli, Martin (1985): Die Institutionalisierung des Lebenslaufs. Historische Befunde und theoretische Argumente. In: Kölner Zeitschrift für Soziologie und Sozialpsychologie 37/85, 1-29
Kohli, Martin (1986): Gesellschaftszeit und Lebenszeit. Der Lebenslauf im Strukturwandel der Moderne. In: Berger, J. (Hrsg.): Die Moderne - Kontinuitäten und Zäsuren? Soziale Welt Sonderband 4, Göttingen: Schwartz, 183-208
Koppetsch, Cornelia/Maier, Maja S. (1998): Individualisierung ohne Gleichheit? Zur aktuellen Lage des Geschlechterverhältnisses. In: Friedrichs, J. (Hrsg.): Die Individualisierungsthese. Opladen: Leske und Budrich, 143-164
Krüger, Helga (1995): Prozessuale Ungleichheit. Geschlecht und Institutionenverknüpfungen im Lebenslauf. In: Berger, P. A./Sopp, P. (Hrsg.): Sozialstruktur und Lebenslauf. Opladen: Leske und Budrich, 133-153
Küchler, Manfred (1983): „Qualitative" Sozialforschung: ein neuer Königsweg? In: Garz, D./Kraimer, K. (Hrsg.): Brauchen wir andere Forschungsmethoden? Beiträge zur Diskussion interpretativer Verfahren. Frankfurt a. M.: Scriptor, 9-31
Kühn, Thomas/Witzel, Andreas (2000): Der Gebrauch einer Textdatenbank im Auswertungsprozess problemzentrierter Interviews [115 Absätze]. In: Forum Qualitative Sozialforschung/Forum: Qualitative Social Research [On-line Journal] 3/00, verfügbar über: http://qualitative-research.net/fqs/fqs.htm [Zugriff: 27.12.00]
Kühn, Thomas/Zinn, Jens (1998): Zur Differenzierung und Reproduktion sozialer Ungleichheit im Dualen System der Berufsausbildung. In: Heinz, W. R. et al. (Hrsg.): Was prägt Berufsbiographien? Lebenslaufdynamik und Institutionenpolitik. Nürnberg: Institut für Arbeitsmarkt- und Berufsforschung, BeitrAB 215, 54-88

Leisering, Lutz (1997): Individualisierung und „sekundäre Institutionen": Der Sozialstaat als Voraussetzung des modernen Individuums. In: Beck, U./ Sopp, P. (Hrsg.): Individualisierung und Integration. Neue Konfliktlinien und neuer Integrationsmodus? Opladen: Leske und Budrich, 143-159

Lenz, Karl (1988): Die vielen Gesichter der Jugend. Jugendliche Handlungstypen in biographischen Portraits. Frankfurt a. M. und New York: Campus

Lutz, Burkart (1984): Der kurze Traum immer währender Prosperität. Eine Neuinterpretation der industriell-kapitalistischen Entwicklung im Europa des 20. Jahrhunderts. Frankfurt a. M. und New York: Campus

Mayer, Karl Ulrich (1991): Lebensverlauf und Bildung. Ergebnisse aus dem Forschungsprojekt „Lebensverläufe und gesellschaftlicher Wandel" des Max-Planck-Instituts für Bildungsforschung. In: Unterrichtswissenschaft 4/91, 313-332

Mayer, Karl-Ulrich (1993): Vorwort. In: Lappe, Lothar: Berufsperspektiven junger Facharbeiter. Eine qualitative Längsschnittanalyse zum Kernbereich westdeutscher Industriearbeit. Frankfurt a. M. und New York: Campus, 11-12

Mayer, Karl Ulrich/Blossfeld, Hans-Peter (1990): Die gesellschaftliche Konstruktion sozialer Ungleichheit im Lebensverlauf. In: Berger, P. A./Hradil, S. (Hrsg.): Lebenslagen, Lebensläufe, Lebensstile (Soziale Welt - Sonderband 7): Otto Schwartz und Co., 297-318

Merkens, Hans (1997): Stichproben bei qualitativen Studien. In: Friebertshäuser, B./Prengel, A. (Hrsg.): Handbuch qualitative Forschungsmethoden in der Erziehungswissenschaft, Weinheim: Juventa, 97-106

Micheel, Heinz-Günter (2001a): Explorative Typisierung von Ratingskalen. In: Otto, H.-U. et al. (Hrsg.): Neue Praxis Jahrbuch 2001. Empirische Forschung in der Sozialen Arbeit. Neuwied: Luchterhand

Micheel, Heinz-Günter (2001b): Vergleich explorativer Typologien aus verschiedenen Stichproben. In: Otto, H.-U. et al. (Hrsg.): Neue Praxis Jahrbuch 2001. Empirische Forschung in der Sozialen Arbeit. Neuwied: Luchterhand

Mönnich, Ingo/Witzel, Andreas (1994): Arbeitsmarkt und Berufsverläufe junger Erwachsener. Ein Zwischenergebnis. In: Zeitschrift für Sozialisationsforschung und Erziehungssoziologie 14/94, 262-277

Oevermann, Ulrich et al. (1979): Die Methodologie einer „objektiven Hermeneutik" und ihre allgemeine forschungslogische Bedeutung in den Sozialwissenschaften. In: Soeffner, H.-G. (Hrsg.): Interpretative Verfahren in den Sozial- und Textwissenschaften. Stuttgart: Metzlersche Verlagsbuchhandlung, 352-434

Patton, Michael Quinn (1990): Qualitative Evaluation and Research Methods. 2. Aufl., Newbury Park et al.: Sage

Popper, Karl R. (1974): Zur Logik der Sozialwissenschaften. In: Adorno, Th. W. et al. (Hrsg.): Der Positivismusstreit in der deutschen Soziologie. 3. Aufl., Darmstadt und Neuwied: Luchterhand

Prein, Gerald/Kluge, Susann/Kelle, Udo (1994): Strategien zur Sicherung der Repräsentativität und Stichprobenvalidität bei kleinen Samplen. Arbeitspapier Nr. 18 des Sfb 186, Universität Bremen

Reichertz, Jo (1997): Objektive Hermeneutik. In: Hitzler, R./Honer, A. (Hrsg.): Sozialwissenschaftliche Hermeneutik. Eine Einführung. Opladen: Leske und Budrich, 31-55

Schaeper, Hilde (1999): Erwerbsverläufe von Ausbildungsabsolventinnen und -absolventen. Eine Anwendung der Optimal-Matching-Technik. Arbeitspapier Nr. 57 des Sfb 186, Universität Bremen
Schimank, Uwe (1985): Funktionale Differenzierung und reflexiver Subjektivismus. Zum Entsprechungsverhältnis von Gesellschafts- und Identitätsform. In: Soziale Welt 4/85, 447-465
Schnell, Rainer/Hill, Paul B./Esser, Elke (1999): Methoden der empirischen Sozialforschung. 6. Aufl., München und Wien: R. Oldenbourg
Soeffner, Hans-Georg (1989): Auslegung des Alltags - Der Alltag der Auslegung. Frankfurt a. M.: Suhrkamp
Strauss, Anselm/Corbin, Juliet (1990): Basics of Qualitative Research: Grounded Theory Procedures and Techniques. Newbury Park et al.: Sage (deutsch 1996: Grounded Theory: Grundlagen Qualitativer Sozialforschung, Weinheim: Beltz/Psychologie Verlags Union)
Treibel, Annette (1996): Norbert Elias und Ulrich Beck. Individualisierungsschübe im theoretischen Vergleich. In: Rehberg, K.-S. (Hrsg.): Norbert Elias und die Menschenwissenschaften. Studien zur Entstehung und Wirkungsgeschichte seines Werkes. Frankfurt a. M.: Suhrkamp, 424-433
Urry, John (2000): Sociology beyond Societies. Mobilities for the Twenty-first Century. London und New York: Routledge
Vester, Michael (1997): Soziale Milieus und Individualisierung. Mentalitäten und Konfliktlinien im historischen Wandel. In: Beck, U./Sopp, P. (Hrsg.): Individualisierung und Integration. Neue Konfliktlinien und neuer Integrationsmodus? Opladen: Leske und Budrich, 99-123
Vobruba, Georg (1992): Autonomiegewinne. Konsequenzen von Verrechtlichung und Deregulierung. In: Soziale Welt 2/92, 168-181
Witzel, Andreas/Kühn, Thomas (1999): Berufsbiographische Gestaltungsmodi. Orientierungs- und Handlungsmuster beim Übergang in das Erwerbsleben. In: Arbeitspapiere Nr. 61 des Sfb 186, Universität Bremen
Witzel, Andreas/Kühn, Thomas (2000): Orientierungs- und Handlungsmuster beim Übergang in das Erwerbsleben. In: Heinz, W. R. (Hrsg.): Übergänge: Individualisierung, Flexibilisierung und Institutionalisierung des Lebenslaufs. 3. Beiheft der Zeitschrift für Sozialisationsforschung und Erziehungssoziologie (ZSE), 9-29
Witzel, Andreas/Zinn, Jens (1998): Berufsausbildung und soziale Ungleichheit. Sozialstruktur und Biographie beim Übergang von der Schule in die Erwerbstätigkeit. In: Diskurs 1/98, 28-39
Wohlrab-Sahr, Monika (1992): Über den Umgang mit biographischer Unsicherheit: Implikationen der „Modernisierung der Moderne". In: Soziale Welt 43, Heft 2, 217-236
Wohlrab-Sahr, Monika (1993): Biographische Unsicherheit. Formen weiblicher Identität in der „reflexiven Moderne": Das Beispiel der Zeitarbeiterinnen. Opladen: Leske und Budrich
Wohlrab-Sahr, Monika (1995): Das Unbehagen im Körper und das Unbehagen in der Kultur. Überlegungen zum Fall einer Konversion zum Islam. In: Wohlrab-Sahr, M. (Hrsg.): Biographie und Religion. Zwischen Ritual und Selbstsuche. Frankfurt a. M. und New York: Campus
Wohlrab-Sahr, Monika (1997): Individualisierung: Differenzierungsprozess und Zurechnungsmodus. In: Beck, U./Sopp, P. (Hrsg.): Individualisierung

und Integration: Neue Konfliktlinien und neuer Integrationsmodus? Opladen: Leske und Budrich, 23-36
Yin, Robert K. (1989): Case Study Research. Design and Methods. 2. Aufl., Newbury Park et al.: Sage
Zinn, Jens (2001): Zwischen Gestaltungsanspruch und Strukturvorgaben. Junge Fachkräfte in den ersten Berufsjahren - Erwerbsverläufe, Handlungskontexte und berufsbiographische Gestaltungsmodi, Baden-Baden: Nomos (im Erscheinen)

Die AutorInnen

Böttger, Andreas W., PD Dr. phil., Lehrer und Diplom-Pädagoge, Venia Legendi in Soziologie. Wissenschaftlicher Mitarbeiter am Sonderforschungsbereich 186 der Universität Bremen. Privatdozent am Fachbereich Erziehungswissenschaften der Universität Hannover. Arbeitsgebiete: Jugendsoziologie, Kriminologie, Sozialisation und Gewalt, Sterbebegleitung und Sterbehilfe, Methoden empirischer Sozialforschung. Sfb 186, Universität Bremen, Postfach 330 440, 28334 Bremen, E-Mail: boettger@sfb186.uni-bremen.de; boettger@arpos.de

Buhr, Petra, Dr. rer. pol., geb. 1960, Studium der Soziologie in Bielefeld, anschließend Tätigkeit am Institut für Bevölkerungsforschung und Sozialpolitik an der Universität Bielefeld, 1988 bis 1998 Wissenschaftliche Mitarbeiterin im Projekt „Sozialhilfekarrieren" im Sfb 186, Promotion 1994, 1998 bis 2000 Projektmitarbeiterin im CHE Centrum für Hochschulentwicklung in Gütersloh im Bereich Leistungstransparenz/Hochschulranking, seit Oktober 2000 wissenschaftliche Assistentin am Zentrum für Sozialpolitik der Universität Bremen im Projekt „Verlaufs- und Ausstiegsanalyse Sozialhilfe". Arbeitsschwerpunkte: Sozialpolitik, Armut und Sozialhilfe, international vergleichende Wohlfahrtsstaatsforschung. Zentrum für Sozialpolitik, Universität Bremen, Parkallee 39, 28209 Bremen, E-Mail: petra.buhr@zes.uni-bremen.de

Erzberger, Christian, Dr. phil., Dipl.-Soz., seit 1991 Wissenschaftlicher Mitarbeiter im Teilprojekt B1 des Sfb 186 „Statuspassagen und Risikolagen im Lebensverlauf", 1997 Promotion zum Thema „Die Verbindung quantitativer und qualitativer Daten und Methoden im Forschungsprozess". Arbeitsgebiete: Integration quantitativer und qualitativer Methoden, explorative Sequenzmusteranalysen mit Längsschnittdaten. Sfb 186, Universität Bremen, Postfach 330 440, 28334 Bremen, E-Mail: cerz@sfb186.uni-bremen.de

Hagen, Christine, Dipl.-Soz., Studium der Soziologie an der Johann Wolfgang Goethe-Universität in Frankfurt und seit 1997 Wissenschaftliche Mitarbeiterin im Sonderforschungsbereich 186. Arbeitsschwerpunkte: Armutsforschung, Lebenslauf- und Biografieforschung, Methoden der qualitativen Längsschnittanalyse. Sfb 186, Universität Bremen, Postfach 330 440, 28334 Bremen, E-Mail: chagen@sfb186.uni-bremen.de

Kelle, Udo, Dr. phil., Jg. 1960, vertritt zur Zeit den Lehrstuhl „Qualitative Forschungsmethoden" an der Fakultät für Soziologie der Universität

Bielefeld, ansonsten Akademischer Rat mit dem Lehr- und Forschungsgebiet „Methoden der empirischen Sozialforschung" an der Universität in Vechta. Gegenwärtige Arbeitsschwerpunkte: Qualitative und quantitative Methoden empirischer Sozialforschung und deren erkenntnistheoretische Grundlagen, Soziologie des Lebenslaufs und Alter(n)ssoziologie. Wichtige Veröffentlichungen der letzten Jahre: „Empirisch begründete Theoriebildung. Zur Logik und Methodologie interpretativer Sozialforschung", Weinheim 1998 (2. Auflage); „Vom Einzelfall zum Typus. Fallvergleich und Fallkontrastierung in der qualitativen Sozialforschung" (zusammen mit Susann Kluge), Opladen 1999 (2. Auflage). Institut für Interdisziplinäre Gerontologie, Hochschule Vechta, Driverstr. 22, 49377 Vechta, E-Mail: udo.kelle@uni-vechta.de

Kluge, Susann, Dr. phil, Dipl.-Sozialwiss., seit 1992 Wissenschaftliche Mitarbeiterin im Bereich Methodenentwicklung des Sfb 186 „Statuspassagen und Risikolagen im Lebensverlauf". 1998 Promotion zum Thema „Empirisch begründete Typenbildung in der qualitativen Sozialforschung". Arbeitsgebiete: Qualitative Methoden der Sozialforschung, Integration quantitativer und qualitativer Verfahren, Archivierung und Anonymisierung verbalen Datenmaterials, Frauen- und Geschlechterforschung. Sfb 186, Universität Bremen, Postfach 330440, 28334 Bremen, E-Mail: skluge@sfb186.uni-bremen.de

Schaeper, Hildegard, Dr. rer. soc., von 1997 bis 2000 Wissenschaftliche Mitarbeiterin im Sfb 186, seit 2001 Wissenschaftliche Mitarbeiterin beim Hochschul-Informations-System. Arbeitsschwerpunkte: soziale Ungleichheit, Arbeits-, Berufs- und Bildungssoziologie, Geschlechterverhältnisse, Lebenslaufsoziologie und quantitative Methoden. HIS Hochschul-Informations-System, Goseriede 9, 30159 Hannover, E-Mail: schaeper@his.de

Witzel, Andreas, Dr. phil., Dipl.-Psych., Wissenschaftlicher Mitarbeiter an der Universität Bremen, seit 1990 im Sonderforschungsbereich 186. Arbeitsschwerpunkte und Veröffentlichungen in den Bereichen berufliche Sozialisationsforschung, berufsbiografische Orientierungen und Handlungen Jugendlicher und junger Erwachsener sowie Methoden der interpretativen Sozialforschung, insbesondere qualitative Interview- und Auswertungsverfahren. Sfb 186, Universität Bremen, Postfach 330 440, 28334 Bremen, E-Mail: awitzel@sfb186.uni-bremen.de

Zinn, Jens, Dr. phil., Dipl.-Soz., Studium der Soziologie in Saarbrücken und Bielefeld, Diplom in Bielefeld (1994), Promotion in Bremen (1999/2000); Wissenschaftliche Tätigkeiten: Mitarbeit in einem Forschungsprojekt zum Berufsverbleib Bielefelder Soziologie-Absolvent/inn/en (1994), Wissenschaftlicher Mitarbeiter im Sonderforschungsbereich 186 „Statuspassagen und Risikolagen im Lebensverlauf" (1995-99), seit Oktober 1999 Wissenschaftlicher Mitarbeiter im

Sonderforschungsbereich 536 „Reflexive Modernisierung" in München. Forschungsinteressen: Kombination qualitativer und quantitativer Forschungsstrategien, soziologische Theorien, Lebenslauf- und Biografieforschung, Berufssoziologie, Soziale Ungleichheit. Fakultät für Sozialwissenschaften, Universität der Bundeswehr München, Werner-Heisenberg-Weg 39, 85577 Neubiberg, E-Mail: jens.zinn@unibw-muenchen.de, Tel. 089/6004-4518